KB164448

HOMO LUDENS
호모 루덴스

Homo Ludens: A Study of the Play Element in Culture
by Johan Huizinga
1938

HOMO LUDENS

—개정판—

요한 하위징아 지음 — 이종인 옮김

놀 이 하 는   인 간

호모 루덴스

연암서가

옮긴이 이종인

고려대학교 영어영문학과를 졸업하고 한국 브리태니커 편집국장과 성균관대학교 전문번역가 양성과정 겸임교수를 역임했다. 주로 인문사회과학 분야의 교양서를 번역했고 최근에는 E. M. 포스터, 존 파울즈, 폴 오스터, 제임스 존스 등 현대 영미작가들의 소설을 번역하고 있다.

번역서로는『그리스인 조르바』,『숨결이 바람될 때』,『촘스키, 사상의 향연』,『폴 오스터의 뉴욕 통신』,『프로이트와 모세』,『문화의 패턴』,『폰더 씨의 위대한 하루』,『중세의 가을』,『로마사론』,『군주론』등이 있고, 저서로는『번역은 글쓰기다』,『번역은 내 운명』(공저)과 『지하철 헌화가』,『살면서 마주한 고전』등이 있다.

놀이하는 인간
호모 루덴스

2010년　3월 10일 초　판 1쇄 발행
2018년　7월 15일 개정판 1쇄 발행
2024년 12월 20일 개정판 7쇄 발행

지은이 ｜ 요한 하위징아
옮긴이 ｜ 이종인
펴낸이 ｜ 권오상
펴낸곳 ｜ 연암서가

등 록 ｜ 2007년 10월 8일(제396-2007-00107호)
주 소 ｜ 경기도 고양시 일산서구 호수로 896, 402-1101
전 화 ｜ 031-907-3010
팩 스 ｜ 031-912-3012
이메일 ｜ yeonamseoga@naver.com
ISBN 979-11-6087-037-4　03380

값 16,000원

이 책은 네덜란드의 역사학자 요한 하위징아(Johan Huizinga, 1872~1945)의 *Homo Ludens*(1938)를 완역한 것이다. 하위징아는 이미 『중세의 가을』(1919)이라는 책으로 세계적 명성을 얻었고, 이어 『에라스뮈스와 종교개혁의 시대』(1924)를 내놓았다. 하지만 하위징아 자신은 향토색 짙은 두 저작 『흐로닝언(*Groningen*) 대학의 역사』(1914)와 『얀 베트의 생애와 저작』(1927)에 특히 애착을 가지고 있었다. 『호모 루덴스』는 그 발간 시점으로 보나 그 광범위한 주제로 보나 그의 학문이 집대성된 마지막 저작이라 할 수 있다.

 흐로닝언 대학과 레이던(Leiden) 대학에서 역사 강의를 할 때 하위징아는 당시의 역사학 교수들과는 다르게 제한된 범위를 가진 구체적 주제로 가르치는 것을 더 좋아했다. 그는 이론보다 실제를 강조했고 과거의 구체적 현실에 직접 접근하는 것이 더 바람직하다고 보았다. 역사가의 진정한 길은 세부 사항을 꼼꼼하게 살펴보는 것이라고 생각했다. 이처럼 세부 사항에 집중함으로써 비전, 이미지, 상상력이 발휘된다고 믿었다. 가령 중세 시대를 개관하기보다는 중세의 기사도 정신이나 궁정 연애라는 구체적 주제를 깊이 파고들었다. 그리하여 『중세의 가을』을 집필할 때에는 중세 부르고뉴와 프랑스 연대기 작가들의 저서를 가능한 한 많이 읽으려고 애썼고, 특히 조르주 샤틀랭(Georges Chastellain)과 장 프루아사르(Jean Froissart)의 연대기는 거의 외울 정도로 자주 읽었다.

세부 사항에 집중하는 이런 연구 자세는 『호모 루덴스』에서도 여실하게 드러난다. 민속학, 문화인류학, 역사학, 철학, 언어학, 법학, 예술, 심리학, 정치학, 종교학 등의 분야에서 많은 사례를 인용해 오면서도 막연하게 예증하는 경우는 거의 없다. 성실하게 자신의 견해를 제시하고 그에 대한 반대 의견을 존중하면서 둘 사이에서 종합을 이루려고 애쓴다. 특히 언어에 대하여 깊은 관심을 드러내고 있는데 이는 그가 당초 산스크리트 어 전문학자로 출발한 배경 때문에 그러하다.

이 책이 출판된 1938년으로부터 많은 세월이 흘렀으나 전 세계의 다양한 놀이 문화를 여러 학문의 관점에서 심도 있게 분석하고, 또 각종 사례들을 풍부하게 인용하고 있어서 지금 읽어도 재미있고 유익한 자료이다. 그저 읽을거리에 그치는 것이 아니고 인문학 전 분야에 대한 지적 관심을 높여 주어 더 깊은 지식의 세계로 나아가게 하는 길라잡이 성격의 인문 교양서이다.

이 책은 1981년 국내에 처음 번역 소개되었으나 관련 학문 분야의 사례가 폭넓게 인용되고 있어, 이 책을 처음 읽는 독자들은 내용이 너무 어렵다, 난해한 부분에 주석이 있었으면 좋겠다, 전반적인 배경 파악이 잘 안 된다, 문장이 너무 딱딱하다 등의 애로 사항을 호소해 왔다. 또한 지난 30년 동안 한국어 문장도 점점 쉽게 쓰는 쪽으로 발전해 왔으므로 쉽고 잘 읽히는 『호모 루덴스』의 번역본이 새로이 필요하게 되었다. 따라서 이 번역본에서는 하위징아의 생애와 저작의 배경을 풍부하게 제시하여 독자의 작품 이해를 돕는 한편, 이 책이 집필되던 1930년대 중반 나치 독일의 발호를 은근하게 비판한 하위징아 특유의 완곡어법과 표현들을 좀 더 분명하고 평이하게 번역하여 가독성을 높이려 애썼다. 또한 책 뒤편에 간략한 〈작품 해설〉을 실어 독자들이 비평적 관점에서 이 책을 읽을 수 있도록 배려했다.

저자의 생애

요한 하위징아는 1872년 12월 7일 네덜란드 북부 지방 도시인 흐로닝언에서 태어났다. 일곱 살 무렵 흐로닝언에 들어온 카니발 행렬을 보고서 그 광경에 매혹되었으며 평생 카니발과 관련된 것, 가령 의례, 축제, 놀이를 사랑하게 되었다. 초등학교를 다닐 때 제일 좋아했던 책은 안데르센 동화집이었고 중학교에 가서도 학교 성적이 우수한 학생에게 주는 상품으로 이 동화집을 요청하여 받았다. 고등학교에 들어가서는 두 살 위인 형 야콥과 함께 중세 귀족 가문의 문장을 열심히 수집하고, 또 문학 서적을 많이 읽었다. 하위징아가 귀족 가문에 이처럼 몰두한 것은 그의 가문이 침례교 목사와 시골 농사꾼 출신이 많은 평범한 집안이었기 때문이었다. 하위징아의 부친은 흐로닝언 대학의 생리학 교수를 지냈다.

고등학교에 다닐 때에는 언어학에 관심이 많았으며 장래 언어학자가 될 생각으로 그리스 어와 라틴 어 이외에 히브리 어와 아랍 어를 공부했다. 다른 학생들은 아랍 어 알파벳의 철자가 로마자와는 너무 달라서 고생을 했으나 하위징아는 타고난 언어 재능 덕분에 별 어려움 없이 아랍 어를 익혔다. 1891년 9월, 19세가 되던 해에 흐로닝언 대학의 네덜란드 어문학과에 입학했다. 당시 네덜란드 어문학은 그리스-라틴 고전학과 동양학을 제외한 모든 어문학을 통칭하는 말이었다. 대학을 다닐 때에는 언어, 문학, 음악, 미술 등에 심취했으나 수학, 철학, 과학은 등한히 했다. 그는 약간 우울하고 감상적인 기질이 있어서 흐로닝언 교외를 몽상에 빠져 산책하기를 좋아했다. 당대의 현실에는 관심이 없어서 대학 시절 내내 신문은 단 한 줄도 읽지 않았다.

1893년 10월 대학을 졸업하면서 네덜란드 언어, 역사, 지리를 가르칠 수 있는 중고등학교 교사 자격을 취득했다. 하지만 교사가 되려는 마음은 별로 없었고 공부를 계속하여 박사 학위를 취득할 계획이었다. 당시 네덜란드에서는 어문학으로 박사 학위를 취득하려면 무엇보다도 산스크리트 어를 공부해야 했다. 흐로닝언 대학의 대학원에는 J. S. 스파이어라는 훌륭한 산스크리트 어 학자가 있었는데 이 교수는 나중에 레이던 대학의 케른 교수가 은퇴하자 그 자리를 물려받았다. 하위징아는 10년 뒤인 1913년 스파이어의 무덤을 찾아가 선생님보다 더 좋은 산스크리트 어 교수를 만나본 적이 없다고 고백했다. 스파이어의 권유로 산스크리트 어를 공부하여 곧 불교 경전인 『자타카』와 힌두교 텍스트인 『우파니샤드』를 원어로 읽게 되었고, 그 덕분에 인도의 종교와 신비주의에 관심을 갖게 되었다. 그 외에 중세 고지 독일어와 고대 스칸디나비아 어도 함께 공부했다. 하위징아는 1895년 석사 자격시험을 통과했고, 이어 비교언어학을 연구할 목적으로 1895년 10월에 독일의 라이프치히 대학으로 유학을 떠났다.

라이프치히 유학은 그리 성공적이지 못했다. 그 대학에서는 강의보다 세미나를 더 중시했는데 하위징아는 강의를 많이 들었던 것이다. 1896년 초 "인도 유럽 언어들에서 발견되는 빛과 소리 감각의 표현"이라는 제목으로 박사 논문을 쓰려고 했으나 자료 수집이 어려워서 중도에 포기했다. 그 후 세이몬스 지도교수의 권유로 산스크리트 어 드라마인 「비슈다카」를 연구하기로 방향을 바꾸었다. 이 드라마를 연구한 논문으로 1897년 5월 흐로닝언 대학에서 문학박사 학위를 받았다. 같은 해 아버지의 도움으로 하를렘 고등학교에 국어(네덜란드 어) 교사가 아닌 역사 교사로 부임했다.

그는 역사 교사가 되기 전까지 자신을 언어학자 혹은 산스크리트 어 학자라고 생각했지 역사학자라고 생각해 본 적이 없었다. 하지만 중고등 학생을 상대로 일반 역사를 가르치면서 은연중에 유럽의 중세 역사에 마음이 끌리게 되었다. 그러나 과학을 중시하는 학교에서 역사를 가르친다는 것은 쉬운 일이 아니었다. 게다가 하를렘은 그 당시 유명한 스포츠 도시여서 학생들은 모두 축구에 열광하고 있었다

1899년에는 고등학교로부터 2주간 특별 휴가를 얻어 로마에서 개최된 동양학자 대회에 참석했고, 이때 알게 된 J. P. 보겔과 안드레 졸레스와는 평생 교우했다.

1903년에는 암스테르담 대학에서 고대 인도의 문화와 문학을 가르치는 무급 강사가 되었다. 1903~1904년 학기에는 베다-브라만 종교를 가르쳤고, 1904~1905년에는 불교를 강의했다. 그러나 하위징아는 이처럼 인도 문화와 역사를 강의했지만 인도 현지를 방문하여 인더스 강이나 갠지스 강을 직접 보고 싶다는 생각은 전혀 하지 않았다. 그의 마음은 점점 서양 중세 역사 쪽으로 기울어졌다.

그는 대학 시절에 역사를 가르친 은사인 P. J. 블로크로부터 커다란 영향을 받았다. 블로크는 하위징아에게 하를렘 시의 역사를 한번 집필해 보라고 권유했다. 1905년 내내 봉직 중인 고등학교는 절반 봉급에 절반 근무를 하기로 하고 이 역사책의 집필에 매달렸고, 그렇게 하여 『하를렘의 기원들(The Origins of the Haarlem)』(1905)이라는 책을 발간했다. 블로크 교수는 제자가 동양학과 언어에 매달릴 때에도 그의 본업은 역사라고 일깨우면서 학문적 정진을 권유했다. 1905년 흐로닝언 대학의 역사 교수가 레이던 대학으로 옮겨가면서 자리가 비자, 블로크는 주변의 반대에도 불구하고 영향력을 행사하여 하위징아를 흐로닝언 대학의 역사학 교수 자리에 앉혔다. 그는 이 대학에서 1915년까지 10년을 근무했고, 그 후 레이던 대학으로 옮겨가서 1940년 대학이 나치 독일군에 의해 폐쇄될 때까지 근속했다. 하위징아는 자신의 연구에 몰두하느라고 많은 제자를 두지는 못했고, 또 네덜란드 대학의 박사 학위 취득이 너무나 어렵고 까다롭기 때문에 적극 권유하지도 않았다. 논문 지도를 맡은 제자들이 하위징아를 찾아와 논문 제목을 정해 달라고 요청하면 "그보다는 차라리 내게 자네 아내 될 여자를 골라달라고 하는 게 더 낫겠네" 하고 농담을 하기도 했지만, 일단 맡은 제자들에 대해서는 물심양면으로 지원을 아끼지 않았다.

1915~1925년 사이에 하위징아는 레이던 대학에서 블로크의 아주 가까운 동료 교수로 활약했다. 그러나 1925년 블로크 교수의 후임자 문제를 놓고 심하게 다툰 끝에 서로 말을 하지 않는 사이가 되었다. 1929년 10월 블로크가 사망하자 심한 양심의 가책을 느꼈다. 블로크 교수의 학은(學恩)이 너무나 컸기 때문이었다. 가령 그의 대표작인 『중세의 가을』이나 『에라스뮈스와 종교개혁의 시대』도 모두 은사 블로크의 권유 아래 집필된 것이었다. 전작의 경우 은사가 "이제 자네 이름으로 된 한 권의 책을 쓸 때가 되었다"고 집필을 재촉하여 나온 것이고, 후자는 〈위대한 네덜란드 사람들〉 시리즈의 한 권이었는데 이 저작을 집필할 때에도 블로크는 많은 지원을 했다.

하위징아는 원래 조울증 기질이 있었다. 지속적으로 흥분되는 조증의 시기가 몇 주 동안 지속되다가 이어 울증의 시기가 찾아오면 몇 주 동안 말을 하지 않고 지냈다. 울증의 시기는 좀 힘이 들기는 했지만 일상생활을 영위하지 못할 정도는 아니었다. 1902년 3월 메리 빈센티아 쇼러와 결혼하면서 조울증 증상은 많이 가셔졌다. 아내와의 사이에 다섯 아이를 두고 아주 금슬이 좋았으나 아내는 1914년 7월 병으로 사망했다. 그 후 쭉 독신으로 살다가 1937년 재혼하여 다시 가정의 단

란함을 맛보게 되었다. 하지만 서구 세계에는 커다란 그림자가 드리워지고 있었다. 1933년 히틀러가 정권을 잡으면서 그는 나치 정권에 정면으로 반발했다(『호모 루덴스』의 마지막, 국제 정치를 언급하는 부분에서 비록 나치라고 명시하지는 않았지만 이런 입장이 분명하게 보인다). 1940년 5월 나치가 네덜란드를 침공하자 그는 동료들에게 말했다.

"곧 그렇게 되겠지만 우리 대학과 과학 및 학문의 자유를 옹호해야 할 일이 발생하면, 우리는 그것을 위해 모든 것을 내놓을 각오를 해야 합니다. 우리의 재산도, 자유도, 심지어 생명까지도." 독일군은 레이던 대학을 폐쇄했고, 늙고 병든 요한 하위징아를 한동안 가택 연금시켰다. 그 후 노학자를 네덜란드 동부의 변방 지역인 데스테흐로 추방하여 격리 조치했다. 그런 열악한 상황에서도 그는 펜을 손에서 놓지 않고 계속 글을 썼다. 전쟁이 막바지에 달한 1944~1945년 겨울, 해방군이 다가오던 그 시기에 하위징아는 전쟁의 국면에 처한 다른 민간인들과 똑같이 고통을 겪었으나 학문 연찬을 중단하지 않았다. 그는 조국 네덜란드가 해방되기 몇 주 전인 1945년 2월 1일 숨을 거두었다.

작품의 배경

하위징아는 『호모 루덴스』의 5장 끝부분과 11장의 중간 부분에서 이런 발언을 하고 있다.

"나는 여러 해 전에 출간한 나의 책 『중세의·가을』에서 이러한 [중세 기사도] 외양의 의미를 자세히 파악하려고 시도하면서, 문화와 놀이는 친밀한 관계라는 사상의 씨앗을 처음으로 마음에 뿌리게 되었다."

"중세의 놀이 요소에 대해서는 이미 다른 곳 [『중세의 가을』]에서 굉장히 길게 다루었기 때문에 여기서는 몇 마디면 충분할 것으로 생각한다."

이 두 발언을 종합하면 『호모 루덴스』라는 책을 써 보겠다는 생각을 처음 갖게 된 것은 『중세의 가을』을 집필했기 때문이고, 그 책에는 중세의 놀이 요소가 자세히 다루어져 있다는 것이다. 『중세의 가을』은 하위징아에게 세계적 학자의 명성을 가져다 준 명작이므로 그 집필 배경을 좀 알아볼 필요가 있다. 이 책의 최초 구상이 떠오른 계기에 대하여 저자는 그의 수필 「내가 걸어온 역사학의 길」에서 이렇게 말하고 있다.

"나는 그 아이디어가 난데없이 떠오른 순간을 명확하게 기억하고 있다. 하지만 그 정확한 연도는 잘 모르겠다. 1906년에서 1909년 사이였을 텐데 아마도 1907년이었지 싶다. 아내가 어린아이들을 돌보느라고 바쁜 오후 무렵이면 나는 흐로닝언의 교외로 산책을 나가곤했다. 어느 일요일 그런 산책길에서 담스테르디에프 강을 따라 산보하다가 중세 후기가 쇠락과 몰락의 시대라기보다 미래에 대한 서곡

의 시대가 아니었을까 하는 생각이 떠올랐다. 이렇게 생각하게 된
것은 주로 반 아이크 형제의 그림들 때문이었다. 당시 이들 형제를
포함하여 네덜란드의 노대가들이 북부 르네상스의 창도자였다는
사상이 유행되고 있었다."

『중세의 가을』은 14세기와 15세기의 프랑스와 네덜란드의 생활상
을 다룬 역사서인데, 그 시대의 특성을 기사도와 궁정 연애라는 놀이
정신으로 파악한 걸작이다. 문장이 간결하면서도 정확하여 문학 서
적으로 읽어도 손색이 없는 작품이다. 그는 이 책에서 인생을 아름답
게 파악해야 한다는 인식이 르네상스와 현대에 이르는 시기에 발생
한 것 못지않게 중세와 르네상스의 중간 시기(즉 중세의 가을)에서도 발
생했다고 주장한다. 그는 『중세의 가을』 2장 "보다 더 아름다운 삶을
위한 갈망"에서 중세인들 앞에 놓인 삶에는 세 가지의 길이 있었다고
말한다. 하나는 이 험난하고 참담한 세상을 부정하는 길이다. 두 번째
는 그런 세상에 정면으로 도전하여 그것을 더 좋고 더 행복한 세상으
로 만드는 길이다. 세 번째는 더 좋은 세상을 직접 만들지는 못하지만
그것을 꿈꾸는 것이다. 만약 지상의 현실이 절망적일 정도로 비참하
고 그 세상을 부정하는 것이 어렵다면 빛나는 환상의 꿈나라에 살면
서 그러한 이상의 황홀 속에서 지저분한 현실을 아름답게 채색하는
것이다.
  하위징아는 중세 후기의 꽃인 기사도와 궁정 연애에서 이 세 번째
의 길을 발견한다. 이것을 『호모 루덴스』의 언어로 말해 보자면 진지

함의 세계에서 벗어나 놀이의 세계로 들어갈 때 문화가 더욱 강력하게 추진된다는 것이다. 하위징아는 자신의 작품이 성공작으로 평가받을 만한 구석이 있다면 자신의 행복한 발명과 기발한 상상력 덕분이라고 말했는데, 이 상상력의 발휘는 곧 놀이 정신과 상통한다. 실제로 『호모 루덴스』의 개략적 주제를 밝히는 1장 "놀이는 문화적 현상이다: 그 본질과 의미"에서 하위징아는 이런 말을 하고 있다.

> "우리는…… 어린 시절 이런 종류의 연기를 펼칠 때 상상력(imagination)이 충만했다는 것은 알고 있다. 어린아이는 실제의 자신과는 다른 어떤 것, 더 아름다운 것, 더 고상한 것, 더 위험스러운 것의 이미지를 만들고 있는(making an image) 것이다. 그렇게 하여 아이는 왕자가 되고 아버지가 되고 사악한 마녀가 되고 혹은 호랑이가 된다. 어린아이는 문자 그대로 기쁨에 넘쳐 자기 자신의 밖으로 나가 버린다(beside himself). 너무 황홀하여 그 자신이 왕자, 마녀, 호랑이가 되었다고 생각하며 그러는 중에서도 '일상적 현실'에 대한 감각을 유지한다. 그의 재현(다른 어떤 것이 되기)은 가짜 현실이라기보다 외양의 실현이다. 바로 이것이 imagination의 원뜻이다."

중세의 기사도와 궁정 연애는 바로 그 외양의 실현이고 거기에 상상력이 결정적으로 작용했다는 것이 『중세의 가을』의 개략적 주제이다. 이 책의 3장 "영웅적인 꿈"과 4장 "사랑의 형태" 13장 "이미지와 어휘" 등에는 관련된 내용이 자세히 서술되어 있다. 특히 14세기와

15세기의 연대기 작가들을 풍부하게 인용하여 때로는 소설 같고 때로는 전기 같은 구체적 정보들을 많이 제공한다.

『호모 루덴스』의 또 다른 배경이 되는 저서는 『에라스뮈스』인데, 이 인물에 대하여 하위징아는 『호모 루덴스』 11장에서 이렇게 말하고 있다.

> "에라스뮈스! 그의 모든 존재는 놀이 정신을 발하고 있는 것처럼 보인다. 이런 놀이 정신은 『담화집(Colloquies)』과 『우신예찬(Laus Stultitiae)』뿐만 아니라, 그리스와 라틴 문학에서 나온 놀라운 경구들의 모임에 가벼운 풍자와 멋진 익살로 주석을 달아 놓은 『격언집(Adagia)』에서도 빛을 발한다. 그의 수많은 편지와 때때로 무게 있는 신학적인 논문에는 쾌활한 위트가 배어 있다. 그는 평생을 이런 쾌활한 위트와 놀이 정신 속에서 살았다."

쾌활한 위트와 놀이 정신이라면 하위징아도 에라스뮈스 못지않았다. 유머는 우울증을 앓고 있는 사람들에게 천부의 재능처럼 주어지는 치료제인데, 에라스뮈스도 하위징아와 마찬가지로 우울증에 시달렸다. 실제로 『에라스뮈스』의 정신과 성격을 다룬 장(12, 13, 14장)을 읽어 보면 두 사람의 공통점을 상당히 많이 발견할 수 있다. 학문적으로 볼 때 기독교 문헌에만 집중한 것이 아니라 고대 그리스와 로마의 이교도 문헌도 깊이 연구했다는 것, 이론이나 관념보다는 사물이나 세상에 더 관심이 많았다는 것, 언어학적·윤리적·미학적인 사항에 집중한다는 것, 자유와 진리를 좋아하여 그 어떤 파당에도 소속되지 않았다는 것, 자연의 전원적인 생활을 좋아했다는 것, 추상적 사항보다는 구체적 사항들을 더 선호했다는 것, 놀이와 진지함의 경계선상에서 마음을 정하지 못하고 왕복 운동을 했다는 것 등이 그런 사례이다.

『에라스뮈스』 영역본의 서문을 쓴 영국 옥스퍼드 대학의 G. 클라크 교수는 이 책이 『중세의 가을』의 속편에 해당한다면서 중세의 가을 직후에 도래한 르네상스와 휴머니스트 시대가 얼마나 놀이 정신에 충만했는가를 보여 주는 사례가 바로 에라스뮈스라고 지적한다. 클라크 교수는 이어 에라스뮈스와 하위징아의 유사성을 지적한다.

> "에라스뮈스는 하위징아가 특별한 애정을 갖고 있던 인물이었다. 그가 에라스뮈스에 대하여 쓴 말들은 하위징아에 대하여 그대로 적용될 수 있을 것이며, 에라스뮈스의 태도에서 세상의 변화에 반응하는 하위징아의 태도를 읽을 수 있다."

『호모 루덴스』가 출판된 1938년은 나치가 독일의 정권을 잡으면서 서유럽에 전운이 감돌던 시절인데, 이러한 세상의 변화에 대하여 하위징아가 어떻게 반응했는지는 『호모 루덴스』의 12장 마지막 부분에서 잘 알 수 있다. 그러나 정작 하위징아 자신은 에라스뮈스와의 유사성을 지적하는 논평에 대하여 다른 말을 하고 있다. 그는 수필 「내가 걸어온 역사학의 길」에서 이렇게 말한다.

"에라스뮈스 전기에 대하여 많은 사람들이 나와 에라스뮈스가 비슷하다는 말들을 했다. 하지만 이것은 결코 진실이 아니다. 비록 그를 존경하기는 하지만 그에게서 어떤 공감을 별로 느끼지 못했다. 그 저서를 집필한 후에는 그 일을 깨끗이 잊어버리려고 애썼다. 1932년 1월에 한 독일인 교수와 대화를 나눈 것이 기억난다. 그는 『에라스뮈스』가 내용상 『중세의 가을』보다 네덜란드적인 내용을 더 많이 다루고 있으므로 한결 작업하기가 쉬웠을 것이라고 말했다. 그러면서 『중세의 가을』을 쓰느라고 정말 고생했을 거라는 말도 부연했다. 나는 그 후 그 말을 다시 생각하면서 빙그레 미소를 짓게 되었다. 나의 역사 및 문학 연구는 고생의 개념과는 전혀 어울리지 않는 것이었다. 또 나의 어떤 저서든 집필하기가 정말 어려웠다는 생각이 들지 않았다. 책을 쓰면서 장애를 극복해야 한다는 아이디어는 경주에서 경쟁하는 개념만큼이나 내게는 어울리지 않는 것이다. 경쟁의 정신이 문화적 생활에서 아주 중요하다는 사실을 내가 『호모 루덴스』에서 되풀이하여 강조하기는 했지만 말이다."

하위징아처럼 일가를 이룬 학자가 선배 학자와 비슷하다는 소리를 듣는 것이 아마도 듣기 싫었으리라. 비록 하위징아 본인의 발언이기는 하지만, 자신이 학문적 경쟁을 위시하여 그 어떤 경쟁에도 무심했다는 말은 액면 그대로 받아들이기가 어렵다. 왜냐하면 『호모 루덴스』의 여러 군데에서 그는 다른 학자들의 주장에 치열한 반론을 제기하면서 강하게 경쟁하는 인상을 풍기기 때문이다(이 논쟁에 대해서는 책 뒤

편에 실은 옮긴이의 〈작품 해설〉을 참조하기 바람).

* * *

나는 『호모 루덴스』를 번역하기 전까지는 하위징아라는 학자에 대해서 이름과 책 제목 정도만 알고 있었고, 그의 대표 저작들을 읽어 보지는 못했다. 이번에 연암서가의 제의로 『호모 루덴스』를 번역하게 되면서 『중세의 가을』과 『에라스뮈스』가 여러 번 언급되는 것을 보고서 이 두 책의 영역본을 입수하여 읽었고 저자의 박학다식함, 예리한 통찰력, 그리고 문학적 서정성에 깊은 감명을 받았다. 특히 『17세기의 네덜란드 문명』이라는 하위징아의 영역 논문집도 같이 참조했는데 이 책에 들어 있는 하위징아의 수필 「내가 걸어온 역사학의 길」은 저자의 생애를 작성하는 데 큰 도움을 주었다.

『호모 루덴스』의 원서는 네덜란드 어로 되어 있다. 그러나 옮긴이는 영문판인 *Homo Ludens: A Study of the Play Element in Culture*(Boston: The Beacon Press, 1955)를 텍스트로 하여 중역을 했다. 향후 네덜란드 어에서 직접 번역된 『호모 루덴스』가 나올 때까지 독자들의 필요에 부응할 수 있기를 바란다. 한 가지 위안이라면, 하위징아는 사망 직전에 『호모 루덴스』를 자신이 직접 영어로 번역했는데, 영역자는 이 원고를 입수하여 뜻이 분명하지 않은 곳에서는 많이 참고했다고 한다. 비록 중역이기는 하지만, 저자의 영역 원고를 대하는 기분으로 번역에 임했고, 그것이 저자의 메시지를 잘 전달하는 데 효과가 있었기를 바란다. 마지막으로 영역본에는 각 장의 내부에 소제목이 들어 있지 않으나, 이 번역본에서는 필요한 곳마다 소제목을 붙여 독자들이 쉽게 내용을 파악할 수 있도록 하였다.

들어가는 글

　우리의 시대보다 더 행복했던 시대에 인류는 자기 자신을 가리켜 감히 "호모 사피엔스(Homo Sapiens: 합리적인 생각을 하는 사람)"라고 불렀다. 하지만 세월이 흐르면서 우리 인류는 합리주의와 순수 낙관론을 숭상했던 18세기 사람들의 주장과는 다르게 그리 합리적인 존재가 아니라는 게 밝혀졌고, 그리하여 현대인들은 인류를 "호모 파베르(Homo Faber: 물건을 만들어내는 인간)"라고 부르기 시작했다. 비록 인류를 지칭하는 용어로서 faber(물건을 만들어내는)라는 말이 sapiens(생각하는)라는 말보다는 한결 명확하지만, 많은 동물들도 물건을 만들어낸다는 점을 감안할 때 이 말 역시 부적절하기는 마찬가지이다. 인간과 동물에게 동시에 적용되면서 생각하기와 만들어내기처럼 중요한 제3의 기능이 있으니, 곧 놀이하기이다. 그리하여 나는 호모 파베르 바로 옆에, 그리고 호모 사피엔스와 같은 수준으로, 호모 루덴스(Homo Ludens: 놀이하는 인간)를 인류 지칭 용어의 리스트에 등재시키고자 한다.

모든 인간의 행위를 '놀이'라고 부르는 것이 고대의 지혜였지만, 일부 사람들은 그렇게 부르는 것을 천박하다고 생각해 왔다. 이러한 형이상학적 결론(놀이는 천박)을 지지하는 사람들은 이 책을 읽을 필요가 없으리라. 하지만 놀이 개념은 이 세상의 생활과 행위에서 뚜렷하면서도 중요한 요소로 작용해 왔다. 나는 지난 여러 해 동안 문명이 놀이 속에서(in play), 그리고 놀이로서(as play) 생겨나고 또 발전해 왔다는 확신을 굳혀 왔다. 그리하여 1933년 레이던 대학 연례 강연에서 이것을 주제로 강연했고, 취리히, 빈, 런던 대학 등에서도 같은 주제로 강연했다. 특히 런던 대학에서는 강연 제목이 "문화의 놀이 요소(The Play Element of Culture)"였다. 주최측은 강연 때마다 of Culture(문화의)를 in Culture(문화 속의)로 바꾸고 싶어 했다. 하지만 나는 그때마다 거부하면서 of Culture를 고집했다.[1]

왜 그렇게 했냐 하면 나의 목적은 여러 문화 현상들 중에서 놀이가 차지하는 지위를 논하려는 것이 아니라, 문화가 어느 정도까지 놀이의 특징을 지니고 있는지 탐구하려는 것이었기 때문이다. 이 책『호모 루덴스』를 펴내는 목적은 놀이 개념을 문화의 개념과 통합시키려는 데 있다. 따라서 이 책에서 사용된 놀이라는 용어는 생물적 현상이 아니라 문화적 현상으로 이해되어야 한다.

이 책은 놀이에 대해서 과학적인 접근 방법보다는 역사적인 접근

---

1 논리적으로는 하위징아의 말이 옳다. 하지만 영어의 전치사는 논리의 지배를 받지 않으므로 나는 이 책의 부제, "문화 속에 들어 있는 놀이 요소에 대한 연구(a study of the play element in culture)"에서 in Culture를 사용했다.—영역자 주

방법을 취한다. 독자들은 또한 아무리 중요한 개념일지라도 심리적 해석이 이 책에서 거의 원용되지 않았음을 발견할 것이다. 그리고 민족지학적 사실들을 인용하는 곳에서도 인류학 용어나 이론은 아주 드물게 사용되었다. 독자는 마나(Mana: 태평양 제도의 미개인들 사이에 믿어 왔던 초자연적 힘)나 주술에 대한 언급이 전혀 없다는 사실도 발견할 것이다. 나는 인류학 및 그 관련 학문과 관련하여 다소 유감의 뜻을 갖고 있는데, 이들 학문이 놀이 개념을 홀대하면서 놀이 요소가 문명에 끼친 영향을 거의 무시해 왔기 때문이다.

이 책을 읽는 독자들은 구사된 용어들에 대하여 자세한 참고문헌을 기대하지 말기 바란다. 문화의 일반적 문제들을 다루다 보니 그 방면의 전문가조차도 아직 충분히 탐구하지 못한 여러 분야를 약탈자처럼 침입할 수밖에 없었다. 이러한 약탈로 인한 지식의 부족분을 모두 채워 넣는다는 것은 불가능한 일이었다. 나로서는 지금 당장 글을 써나가느냐, 아니면 그만두느냐 둘 중 하나였다. 나는 전자를 선택했다.

1938년 6월
레이던 대학에서
하위징아

HOMO
LUDENS

Johan Huizinga——

1장
놀이는 문화적 현상이다: 그 본질과 의미

놀이는 문화보다 더 오래된 것이다. 그러나 일반적인 문화의 정의
는 다르다. 아무리 개략적으로 문화를 정의한다 할지라도 인간 사회
가 먼저 있고 그 다음에 문화가 있다고 가르쳐 왔다. 하지만 동물들
은 인간 사회가 놀이를 가르쳐 줄 때까지 기다리지 않고 스스로 놀이
를 해왔다. 우리는 아주 안전하게 다음과 같이 주장할 수 있다. 놀이
의 일반적 개념을 놓고 볼 때, 인간의 문명은 아무런 본질적 특징을
보태 준 것이 없다. 동물들은 인간과 똑같이 놀이를 한다. 강아지들의
즐거운 놀이를 유심히 지켜보면 거기에 인간의 놀이에 깃든 본질적
측면이 모두 갖추어져 있음을 알 수 있다. 강아지들은 어떤 일정한 자
세와 동작을 취하면서 상대를 놀이에 끌어들인다. 네 형제의 귀를 물
어서는 안 된다, 물더라도 세게 물어서는 안 된다 등의 규칙을 지키면

서 즐겁게 논다. 강아지들은 짐짓 화난 체하기도 한다. 그리고 이것이 가장 중요한 사실인데 강아지들은 이렇게 놀면서 엄청난 재미와 즐거움을 느낀다. 강아지들이 이처럼 뛰어노는 것은 동물 놀이의 가장 기본적인 형태이다. 물론 훨씬 잘 조직된 형태의 다른 놀이들도 있다. 가령 개들은 사람들이 보는 앞에서 정기적으로 경주를 하거나 멋진 공연을 해 보인다.

여기서 우리는 아주 중요한 사실 하나를 발견한다. 동물 수준의 가장 원시적 형태라 할지라도 놀이는 생리적 현상 혹은 심리적 반사 운동 이상의 의미를 갖는다는 것이다. 놀이는 순수한 신체적·생물적 활동의 영역을 훌쩍 벗어나는 것이다. 그것은 '의미심장한' 기능인데, 부연해서 말해 보자면 놀이에는 어떤 의미가 깃들어 있다. 놀이에는 어떤 중요한 의미가 '놀고 있는데(작용하고 있는데)', 그 의미는 생활의 즉각적인 필요를 초월하는 것으로서 그 행동 자체에 가치를 부여한다. 모든 놀이는 무엇인가를 의미한다. 만약 우리가 놀이의 본질이 '본능'에서 나온다고 말한다면 그것은 아무것도 설명하지 못한다. 반면에 놀이를 가리켜 '의지' 혹은 '의도'라고 말한다면 그건 너무 많이 말해 버린 것이 된다. 우리가 놀이를 어떻게 보든 간에, 놀이에 의미가 깃들어 있다는 사실은 놀이의 본질 속에 비(非) 물질적 특징이 있음을 보여 주는 것이다.

놀이에 대한 여러 가지 정의

심리학과 생리학은 동물, 아이, 어른들의 놀이를 관찰하고, 묘사하고, 설명한다. 이 학문들은 놀이의 본질과 의미를 결정하고 그것이 일상생활에서 차지하는 위치를 부여한다. 이러한 위치와 의미와 효용성은 놀이의 중요한 기능으로 당연시되고 있으며 과학적 연구의 출발점이 된다. 놀이의 생물적 기능을 정의하려는 시도는 아주 다양하다. 어떤 학자들은 놀이의 근원과 기본이 남아돌아가는 생명 에너지의 발산이라고 해석했다. 다른 학자들은 '모방 본능을 만족시키기' 혹은 '긴장을 해소시키기' 등으로 해석했다. 또 다른 학자는 놀이란 어린이를 훈련시켜 나중에 성인이 되었을 때 감당해야 할 진지한 작업에 준비시키는 것이라고 설명했다. 또 다른 학자는 놀이를 특정 기능을 구사하려는 내적 충동, 혹은 남을 지배하고 경쟁하려는 욕망 등으로 해석했다. 다른 학자들은 해로운 충동을 발산시키는 배출구 역할을 하는 '발산'으로 정의했다. 일방적인 행위로 소모된 에너지를 회복시켜 주는 것, '소망 충족', 개인적 가치의 느낌을 유지시켜 주는 허구적 개념 등으로 보는 해석들도 있다.[1]

이러한 가설들은 한 가지 공통점을 갖고 있다. 그러니까 놀이는 놀이 그 자체가 '아닌' 어떤 것에 봉사하고, 생물적 목적을 갖고 있다는

---

1 이런 이론들을 살펴보기 위해서는 다음 자료 참조. H. Zondervan, *Het Spel bij Dieren, Kinderen en Volwassen Menschen*(Amsterdam, 1928); F. J. J. Buytendijk, *Het Spel van Mensch en Dier als Openharing van levensdriften*(Amsterdam, 1932).

가정이 그것이다. 이 가설들은 놀이의 이유와 목적을 탐구한다. 이 가설들이 내놓는 다양한 설명들은 서로 뚜렷하게 구분되는 것이 아니라 겹쳐진다. 이런 설명들을 모두 받아들인다고 하더라도 모순을 일으키지는 않지만 그렇다고 해서 놀이 개념을 실질적으로 이해하게 되는 것도 아니다. 그것들은 문제를 부분적으로 해결하고 있을 뿐이다. 만약 이런 설명들 중 어떤 것이 정말로 결정적인 이론이라면, 다른 설명들을 모두 배제해 버리거나, 아니면 그 설명들을 보다 높은 통일성 속에서 취합해야 마땅하다. 이러한 설명들은 놀이 '그 자체'가 어떤 의미를 갖고 있는지, 놀이가 놀이하는 사람에게 어떤 의미를 부여하는지에 대해서는 피상적으로 다루고 만다. 이 설명들은 미학적 특성에 먼저 신경을 기울이는 것이 아니라 실험 과학의 수량적 방법으로 놀이의 문제를 다루려 한다. 그리하여 놀이의 일차적 특징은 손대지 않고 그냥 지나친다.

위에 제시한 여러 '설명들'에 대하여 이런 반론을 제기할 수 있다. "그게 무슨 소리인지는 잘 알겠다. 하지만 놀이하기의 '재미'란 어떤 것인가? 왜 어린아이는 기뻐서 소리를 지르는가? 왜 도박사는 도박에 몰두하는가? 왜 많은 관중은 축구 경기를 보면서 열광하는가?" 생물학적 분석으로는 이런 놀이의 열광과 몰두를 설명하지 못한다. 이런 열광, 몰두, 광분 등에 놀이의 본질 혹은 원초적 특징이 깃들어 있는데 말이다. 자연은 잉여 에너지의 발산, 힘든 일 이후의 긴장 완화, 장래의 일에 대비한 훈련, 충족되지 못한 동경의 보상 등을 위해서라면 기계적 운동이나 반응 등을 그 자녀들에게 제공하고 만족했을 수도 있었다. 하지만 자연은 그렇게 하지 않고 그 자녀들에게 긴장, 즐거움, 재미 등을 갖춘 놀이를 제공했다.

이 나중에 언급된 요소, 즉 놀이의 '재미'는 각종 분석과 논리적 해석을 거부한다. 그것을 하나의 개념으로 볼 때, 어떤 심리적 범주로 환원시키는 것이 불가능하다. 내가 아는 한 영어의 fun(재미)과 같은 의미를 가진 다른 단어들은 없다. 네덜란드 어의 aardigkeit가 여기에 가장 가까운데, aard는 독일어의 Art(천성)나 Wesen(본체)[2]과 같은 의미이다. 이것은 이 문제가 더 이상 환원될 수 없음을 보여 주는 증거이다. 그런데 현재 사용되고 있는 fun이라는 단어는 비교적 최근에 생겨난 것이다. 프랑스 어는 이에 상응하는 단어가 전혀 없고 독일어는 Spass와 Witz를 합치면 비슷한 뜻이 된다. 아무튼 놀이의 본질을 규정하는 것은 바로 이 fun(재미)의 요소라 할 수 있다. 여기서 우리는 삶의 일차적 범주와 만나게 되는데 이것은 누구에게나 친숙한 것이고, 심지어 동물의 수준에서도 발견된다. 현대적 의미에서 볼 때 '놀이'는 하나의 총체적 현상인 만큼, 그 총체성을 이해하고 평가하는 것이 무엇보다도 중요하다.

놀이가 벌어지는 현실은 인간 생활의 영역을 넘어서기 때문에 합리성에서 그 기반을 찾으려는 것은 무리이다. 이렇게 하면 놀이를 인간의 영역으로 한정시키는 게 된다. 놀이라는 현상은 문명의 특정 단계나 특정 세계관과 연계되어 있는 것이 아니다. 생각이 있는 사람이라

---

2 두싱, 꼰싱, 본세, 본실.

면 놀이가 그 스스로 독립된 것임을 즉각 알아보리라. 비록 그의 모국
어에 그런 일반적 개념의 단어가 없더라도 말이다. 놀이라는 현상은
부정될 수 없다. 정의, 아름다움, 진실, 선량함, 마음, 하느님 같은 진지
한 추상 개념을 부정할 수는 있어도 놀이를 부정하지는 못한다.

　이렇게 놀이의 존재를 인정한다면 그것은 곧 마음(정신)의 존재를
인정하는 것이다. 놀이를 어떻게 정의하든 그것이 물질은 아닌 까닭
이다. 동물의 세계에서조차도 놀이는 물질의 경계를 초월한다. 오로
지 맹목적인 힘만이 사태를 결정한다는 세계관으로 본다면 놀이는
피상적인 것이 되고 말리라. '마음'이 흘러들어와 우주의 절대적 결
정론을 무너뜨릴 때 비로소 놀이는 가능해지고, 생각해 볼 수 있고,
또 이해할 수 있다. 놀이의 존재는 인간적 상황의 초(超) 논리적 특성
을 끊임없이 확인해 준다. 동물들은 놀이를 하기 때문에 기계적 사물
이상의 것이 될 수 있다. 우리 인간도 놀이를 하고, 또 자신이 놀이를
한다는 것을 안다. 이런 놀이의 비합리적 특성으로 말미암아 우리는
합리적 존재 이상의 존재가 되는 것이다.

문화의 기능을 담당하는 놀이

　놀이를 동물이나 어린아이의 생활에 나타나는 행위로 보는 것이 아
니라 문화의 기능으로 인식할 때, 비로소 생물학과 심리학의 경계로
부터 벗어나게 된다. 문화를 예의 주시해 보면 놀이가 문화의 정립 이

36

전부터 당당한 크기로 존재했음을 알 수 있고, 이어 선사 시대의 초창기부터 우리가 현재 살고 있는 20세기에 이르기까지 문화를 수반하면서 그 속에 침투했다는 것을 알 수 있다. 우리는 세계 어디에서나 놀이가 '일상' 생활과는 구분되는 잘 정의된 특질을 가진 행위로 정립되어 있음을 발견한다. 과학이 어느 정도까지 이러한 놀이의 특질을 수량적 요소로 환원시켰는지는 따지지 말기로 하자. 우리가 볼 때 과학은 그렇게(수량적 요소로 환원) 하지 못했다.

우리가 '놀이'라고 부르는 생활 형태의 이러한 특질이야말로 정말로 중요한 사항이다. 특별한 활동 형태로서의 놀이, '의미심장한 형태'로서의 놀이, 사회적 기능으로서의 놀이 등이 이 책이 다루고자 하는 주제이다. 우리는 놀이를 제약하는 자연적 충동이나 습관 따위는 살펴보지 않고, 그 대신에 사회적으로 구성되는 다양하고 구체적인 형태의 놀이를 살펴보게 될 것이다. 우리는 놀이하는 사람이 놀이를 바라보는 관점(놀이의 일차적 의미)을 취하게 될 것이다. 놀이가 특정 이미지의 활용에 바탕을 둔 것, 혹은 현실의 특정 이미지 만들기(imagination, 즉 현실을 이미지로 바꾸어 놓는 것)에 바탕을 둔 것이라고 볼 때, 우리의 주된 관심사는 그런 이미지와 이미지 만들기의 가치와 의미를 파악하는 것이다. 우리는 이미지와 이미지 만들기(상상력)가 놀이에서 어떻게 작동하는지 살피고, 그렇게 하여 놀이가 생활 속에서 어떻게 문화의 기능을 담당하는지 설명할 것이다.

인간 사회의 중요한 원형적 행위들은 처음부터 놀이의 요소가 가미되어 있었다. 가령 의사소통, 교육, 지시 등을 위해 인간이 만들어낸 최초의 중요한 도구인 언어를 살펴보자. 언어 덕분에 인간은 사물을 구분하고, 정립하고, 진술할 수 있었다. 간단히 말해서 사물들에게 이름을 붙여 줌으로써 그것들을 정신의 영역으로 격상시켰다. 말과 언어를 만들어내는 과정에서, 정신은 이 놀라운 명명(命名) 기능을 가지고 놀이를 하면서 물질과 마음 사이에서 끊임없이 '불꽃'을 일으켰다. 모든 추상적 표현 뒤에는 대담한 은유가 깃들어 있는데, 이 은유라는 것이 실은 말을 가지고 하는 놀이이다. 이런 식으로 삶을 표현하는 과정에서 인간은 자연의 세계 바로 옆에 제2의 세계, 즉 언어의 세계(시(詩)의 세계)를 창조했다.

또는 신화의 세계를 살펴보자. 이것 역시 외부 세계의 변모 혹은 '이미지 만들기(imagination)'이다. 단지 신화의 과정이 개별 단어들의 경우보다 좀 더 정교하고 복잡하다는 것만이 다르다. 신화의 세계에서, 원초적 인간은 현상의 세계를 신성의 세계에 위치시킴으로써("신들이 이 세상을 만들어내고 책임진다.") 그 세상을 설명하려 했다. 신화의 황당한 상상력 속에서, 환상적인 정신은 농담(놀이)과 진담(진지함)의 경계선을 무시로 넘나든다. 마지막으로 의례를 살펴보자. 원시 사회는 신성한 의례, 희생, 성화, 신비를 수행했다. 이런 예식은 모두 세상의 웰빙(안녕과 복지)을 보장하기 위한 것이었는데, 순수한 놀이 정신의 구체화이다.

문명사회의 위대한 본능적 힘인 법과 질서, 상업과 이익, 기술과 예술, 시가(詩歌), 지혜, 과학 등은 신화와 의례에 뿌리를 내리고 있다. 이 모든 것이 놀이라는 원초적 토양에서 자양을 얻는다.

이 책은 문화를 놀이의 외양 아래에서(sub specie ludi) 살펴보는 것이 수사적(비유적) 표현을 넘어서는 작업임을 증명할 것이다. 놀이의 관점으로 문화를 살펴본다는 아이디어는 완전히 새로운 것은 아니다. 비록 이 책에 비하여 제한된 방식으로 관찰한 것이기는 하지만 그런 관찰 방식을 받아들였던 시대가 있었다. 가령 연극의 시대라 할 만한 17세기가 그러하다. 셰익스피어, 칼데론(Pedro Calderón de la Barca, 1600~1681), 라신 같은 쟁쟁한 극작가들이 활약하던 시대에 드라마는 서구의 문학을 지배했다. 세상을 하나의 무대에 비유하고 인간을 그 무대 위에서 놀이하는(연기하는) 자로 보았다.

그렇다면 17세기는 문명 속의 놀이 요소를 공개적으로 인정한 시대였던가? 전혀 아니다. 자세히 살펴보면 인생을 무대에 비유하는 것은, 당시 유행하던 신플라톤주의 사상에 도덕주의적 훈계를 가미한 것에 불과했다. 그것(무대의 비유)은 삼라만상이 헛되다는 저 오래된 주제의 변주였던 것이다. 놀이와 문화가 서로 긴밀하게 연결되어 있다는 사실은 관찰되지도 표현되지도 않았다. 이에 비해 이 책의 전반적 주제는 진정하고 순수한 놀이가 문명의 주된 기반들 중 하나임을 증명하려는 것이다.

놀이와 진지함

사람들의 일반적인 생각으로 놀이는 진지함의 정반대 개념이다. 일견 이러한 대립 관계는 놀이 개념 그 자체만큼이나 다른 범주로의 환원이 불가능해 보인다. 하지만 자세히 살펴보면 놀이와 진지함의 대립 관계는 확정적인 것도 고정적인 것도 아니다. 우리는 이렇게 말할 수 있다. "놀이는 진지한 것이 아니다." 이러한 명제는 놀이의 긍정적 특질에 대해서 아무것도 설명하지 못하고 또 아주 격파당하기 쉬운 명제이다. "놀이는 진지한 것이 아니다"에서 "놀이는 진지하지 못하다"로 나아가는 순간, 이러한 대립 관계는 우리를 난관에 봉착시킨다. 왜냐하면 어떤 놀이는 아주 진지하기 때문이다.

우리는 다른 여러 범주들도 "진지하지 않음"의 표제 아래 분류할 수 있으나, 이런 범주들은 '놀이'와는 아무런 조응 관계도 없다. 가령 웃음은 놀이와 아무 상관이 없으면서도 어느 의미에서는 진지함의 정반대 개념이다. 어린아이들의 게임, 축구 경기, 체스 경기 등도 아주 진지하게 진행된다. 이런 게임을 하는 선수들은 전혀 웃지 않는다. 또한 놀이의 유의미한 기능이 인간과 동물에게 공통인 반면, 웃음은 인간에게서만 발견되는 생리적 행위이다. 아리스토텔레스가 말한 "웃는 동물(animal ridens)"이라는 개념은 호모 사피엔스보다 더 확실하게 인간을 동물로부터 구분해 준다.

웃음의 특징은 코믹에도 그대로 적용된다. 코믹은 진지하지 않음의 카테고리에 들어가고, 웃음을 유발한다는 점에 있어서 웃음과도 어느 정도 관련이 있다. 하지만 코믹과 놀이의 관계는 부차적인 것이다. 놀이 그 자체는 놀이하는 사람에게나 일반 대중에게나 코믹한 점이 없다. 어린 동물이나 어린아이의 놀이는 때때로 우스꽝스러운 측면이 있으나 덩치 큰 개들이 서로 쫓고 쫓기는 광경은 우리를 웃게 만들지 않는다. 우리가 소극(笑劇)이나 코미디를 가리켜 '코믹'하다고 하는 것은, 놀이하기 때문이라기보다는 무대 상황이나 표현된 생각의 우스꽝스러움 때문이다. 광대의 흉내 내기나 웃기는 기술은 우스꽝스러우면서도 코믹하지만 그것을 진정한 놀이라고는 할 수 없다.

코믹이라는 카테고리는 어리석음의 여러 의미(고급한 의미와 저급한 의미)와 밀접하게 관련된다. 그러나 놀이는 어리석지 않다. 그것은 지혜와 어리석음이라는 대립 관계를 초월한다. 중세 후기는 어리석음(folly)과 합리성(sense)을 대립시킴으로써 다소 불완전하게 인생의 두 가지 무드—놀이와 진지함—를 표현하려 했다. 그러다가 에라스뮈스가 『우신예찬』에서 이러한 대립관계의 부적절함을 논증했다.

서로 느슨하게 연결되는 이러한 용어들—놀이, 웃음, 어리석음, 위트, 재담, 농담, 코믹 등—은 어떤 다른 용어로 환원되지 않는 놀이의 특징을 다들 갖고 있다. 이러한 용어들의 존재 근거와 상호관계는 우리 인간이 정신적 존재라는 심오한 사실에서 나온다.

우리가 '놀이'라는 형태를 그와 관련되어 보이는 다른 형태로부터 떼어놓으려고 애쓸수록, 놀이 개념의 절대적 독립성이 더욱 현저하게 드러난다. 놀이가 다른 대립 관계의 범주들로부터 구분된다는 사실은 그것뿐만이 아니다. 놀이는 지혜와 어리석음의 대립적 관계, 나아가 진리와 허위, 선과 악 등의 대립 관계 바깥에서 존재한다. 놀이가 비(非) 물질적 활동인 것은 맞지만 그렇다고 도덕적 기능을 가진 것도 아니다. 선과 악의 평가 기준은 놀이에 적용되지 않는다.

놀이를 진리 혹은 선의 범주로 분류하지 않는다면 그것을 미학의 영역 속에 포함시킬 수 있을까? 이런 질문에 대하여 우리는 판단을 내리기가 주저된다. 놀이 그 자체에는 아름다움의 속성이 깃들어 있지 않지만 놀이는 아름다움의 요소들을 취하는 경향이 있기 때문이다. 원시적 형태의 놀이에도 처음서부터 환희와 우아함의 속성이 부착되어 있었다. 놀이를 할 때, 움직이는 인간 육체의 아름다움이 절정에 도달한다. 고도로 발달된 놀이 형태에는, 인간에게 알려진 미적 지각의 가장 고상한 속성인 리듬과 하모니가 충만하다. 놀이를 아름다움에 연결시켜 주는 연결고리들은 다양하면서도 상호 밀접하게 관련되어 있다. 그렇지만 놀이 그 자체에 아름다움이 깃들어 있다고는 할 수 없다. 그래서 이렇게 말하는 것으로 만족해야 한다. 놀이는 생활의 한 기능이지만 논리적·생물적·미학적 정의들 중 어느 하나로 포섭되지 않는다. 놀이 개념은 정신적·사회적 생활 구조를 표현하는 그 어떤 사상 형태들로부터도 독립되어 있다. 이러한 점을 염두에 두면서 놀이의 주된 특징을 살펴보기로 하자.

놀이의 일반적 특징

우리의 주제는 놀이와 문화의 관계이므로, 놀이의 모든 형태를 살펴보는 것이 아니라 놀이가 사회적으로 어떻게 구체화하는지 그것을 주로 다루기로 한다. 우리는 이것을 놀이의 가장 높은 형태라고 부를 수 있다. 이런 형태들은 어린아이와 어린 동물의 유치한 놀이보다 묘사하기가 훨씬 쉽다. 왜냐하면 그 형태가 뚜렷하고 그 특징이 다양하고 현저한 반면, 유치한 놀이에서는 곧 순수한 놀이 정신을 만나게 되어 더 이상 분석할 것이 없기 때문이다. 따라서 우리는 놀이의 사회적 형태들 가령 경기와 경주, 공연과 전시, 춤과 무용, 행렬, 가면극, 토너먼트 등에 대해서 언급하게 될 것이다. 이처럼 사회적 놀이의 특징을 살펴보는 과정에서 자연스럽게 놀이의 일반적 특성도 언급하게 될 것이다.

무엇보다도 모든 놀이는 자발적 행위이다. 명령에 의한 놀이는 더 이상 놀이가 아니다. 기껏해야 놀이를 모방한 것에 지나지 않는다. 이러한 자발(자유)의 특징 하나만으로도 놀이는 자연의 과정과는 구분된다. 놀이는 자연 과정에 덧붙여져서 개화(開花), 장식(裝飾), 발현(發現)한다. 여기서 말하는 자유는 철학적 결정론의 문제를 배제하는 폭넓은 의미의 자유로 이해되어야 한다. 어떤 사람들은 어린아이나 동물에게 이런 자유가 없다고 반론을 제기할지도 모른다. 본능이 그렇게 시키기 때문에 혹은 신체 기능이나 선택 기능을 개발하기 위하여 놀이를 하는 것이라고 설명할지 모른다. 그러나 '본능'이라는 말은 미지의 수량을 도입하는 것이다. 처음부터 놀이의 효용성을 전제하는 것은 petitio principii(선결 문제 요구의 허위: 어떤 논점을 미리 옳은 것으로 가정해놓고 논리를 펴나가는 오류)를 저지르는 것이 된다. 어린아이와 동물은 재미있어서 놀이를 하는 것이며, 거기에 그들의 자유가 깃들어 있다.

사정이 그렇기는 하지만, 어른이나 책임 있는 사람의 경우, 놀이는 언제라도 그만둘 수 있는 기능이다. 놀이는 피상적인 것이다. 놀이의 필요라는 것은 그 놀이를 즐기고자 하는 욕망에 정비례한다. 놀이는 언제라도 연기되거나 정지될 수 있다. 육체적 필요나 도덕적 의무에 의해서 부과되는 것이 아니다. 그것은 결코 의무적으로 수행해야 하는 일이 아니다. '자유 시간'에 한가롭게 할 수 있는 행위이다. 놀이가 사회적 기능으로 인식될 때 비로소—가령 의례와 의식—강제와 의무의 개념과 연결된다.

이렇게 하여 우리는 놀이의 첫 번째 특징을 살펴보았다. 즉 놀이는 자유로운 행위이며 자유 그 자체이다. 놀이의 두 번째 특징은 '일상적인' 혹은 '실제' 생활에서 벗어난 행위라는 점이다. 놀이는 '실제' 생활에서 벗어나 그 나름의 성향을 가진 일시적 행위 영역으로 들어가는 것이다. 모든 아이는 놀이가 '~인 체하기(only pretending)'이며 '오로지 재미를 위한 것'임을 알고 있다. 이런 '~인 체하기'가 아이의 의식 속에 얼마나 뿌리 깊게 박혀 있는지는 다음의 이야기가 잘 보여 준다. 한 소년의 아버지가 내게 이런 이야기를 들려주었다. 그의 네 살 난 아들이 의자들을 일렬로 늘어놓고 '기차놀이'를 하고 있었다. 소년은 기관차의 역할을 맡았다. 아버지가 아들을 껴안고 키스하려 하자 아들이 말했다. "아빠, 기관차에게 키스하지 말아요. 그러면 객차들이 그게 진짜가 아니라고 생각할 거예요."

이 '~인 체하기'는 놀이가 진지함에 비하여 열등한 것이라는 느낌을 드러내는데, 이런 느낌은 놀이 그 자체만큼이나 오래된 듯하다. 그렇지만 우리가 이미 지적한 바와 같이, 이런 '~인 체하기' 느낌이 있다고 해서 놀이가 진지하게 운영되지 않는 것은 아니다. 놀이를 하다 보면 몰두하고 헌신하여 열광에 빠지게 되며 그 결과 '~인 체하기'의 느낌마저도 사라져 버린다. 그 어떤 게임이라도 일정한 순간에 도달하면 게임하는 사람을 완전 몰두시킨다. 놀이와 진지함의 대립관계는 언제나 유동적이다. 놀이의 열등감은 놀이를 진행하는 과정에 나오는 우월감에 의해 끊임없이 상쇄된다. 놀이가 진지함이 되고, 진지함이 놀이가 된다. 놀이는 아름다움과 숭고함의 높이를 획득하여 진지함 따위는 저 아래로 떨어뜨린다. 우리는 놀이와 의례의 관계를 논의하는 부분에서 이런 미묘한 사항을 논의하게 될 것이다.

놀이의 형태적 특징과 관련하여 모든 학자는 무사무욕(無私無慾, disinterestedness)을 들고 있다. '일상적' 생활의 일부가 아니기 때문에 놀이는 필요와 욕구의 충족이라는 명제 바깥에 있으며, 그래서 생활의 욕구 과정을 방해한다. 놀이는 그 자체로 만족감을 얻는 일시적 행위이며 그것으로 놀이의 소임은 끝난다. 놀이는 일차적으로 이런 식으로 우리 앞에 나타난다. 그것은 일상생활 중에 나타난 하나의 간주곡이다. 놀이가 정기적으로 발생하는 긴장 이완의 행위가 될 때, 생활 전반의 동반 요소, 보완 요소 나아가 필수 요소가 된다. 그것은 인생을 장식하고 풍요롭게 한다. 그런 의미에서 개인과 사회의 필수품이 된다. 개인에게는 생활의 기능으로서 중요하고, 사회에게는 그 의미, 그 표현적 가치, 그 정신적·사회적 결속, 요약하여 그 사회적 기능으로서 중요한 것이다. 놀이의 표현력은 모든 종류의 공동체적 이상을 충족시킨다. 그리하여 놀이는 양육, 번식, 종족 보존의 생물적 과

정보다 더 우위에 있게 된다. 이러한 주장은 동물의 놀이(특히 성적 과시)가 짝짓기 세절에 뚜렷하게 벌어진다는 사실에 의해서 반박될 수도 있다. 하지만 새들의 노래, 구애, 날갯짓이 우리 인간의 놀이와 마찬가지로 생리적 영역 바깥에 위치한다고 말한다면 너무 어리석은 주장일까? 아무튼 인간이 하는 놀이의 가장 높은 형태는 언제나 축제와 의례의 영역, 즉 신성의 영역에 위치해 왔던 것이다.

놀이가 필수품이고, 문화에 봉사하고, 궁극적으로 문화가 되어 버린다는 주장은 놀이의 무사무욕 특징으로부터 벗어나는 것일까? 나는 벗어나지 않는다고 본다. 왜냐하면 놀이가 봉사하는 목적들은 즉물적인 이해관계나 생물적 필요의 충족이 아니기 때문이다. 신성한 행위인 놀이는 자연스럽게 집단의 안녕과 복지에 봉사하지만, 생활 필수품의 획득과는 전혀 다른 방식과 수단으로 봉사한다.

놀이는 그 장소와 시간에 있어서 '일상' 생활과는 뚜렷하게 구분된다. 이처럼 따로 떨어져 있고 시간과 공간의 제약을 받는다는 것이 놀이의 세 번째 특징이다. 놀이는 시간과 공간의 특정한 한계 속에서 "놀아진다(played out)." 놀이는 그 나름의 방향과 의미를 갖고 있다.

놀이는 일단 시작되면 적절한 순간에 종료된다. 놀이는 어느 정도 벌어지다가 스스로 종료한다. 놀이가 진행되는 동안에는 모든 것이 운동, 변화, 교대, 연결, 결합, 분리의 형태를 취한다. 하지만 시간의 제약과 관련하여 놀이는 더욱 기이한 특징을 갖고 있다. 어느 정도 시간이 경과하면 놀이는 문화 현상이라는 고정된 형태를 취하는 것이다. 일단 놀아 버리면, 놀이는 정신이 새로 발견한 창조물, 기억에 의해 보유되는 보물로서 유지된다. 그것은 뒤로 물려져 전통이 된다. '어린 아이의 놀이'든 장기 게임이든 정기적으로 준수되는 신비 종교의 의례든, 놀이는 아무 때나 반복될 수 있다. 이런 반복의 기능은 놀이의 본질적 특징 중 하나이다. 그것은 놀이 전반에 적용될 뿐 아니라 놀이의 내부적 구조에도 그대로 적용된다. 고등 형태의 놀이에는 반복과 교대(노래의 '후렴구' 같은 것)의 요소가 씨줄과 날줄을 이룬다.

시간의 제약보다 더 놀라운 것은 공간의 제약이다. 모든 놀이는 운동성을 갖고 있고, 사전에 그 놀이가 벌어지는 공간(물질적이든 정신적이든, 의도적이든 자연 발생적이든)을 따로 마련한다. 놀이와 의례에 형태적인 차이가 없는 것처럼, '신성한 장소'와 놀이터를 형태적으로 구분하기 어렵다. 경기장, 카드 테이블, 마법의 동그라미(magic circle : 마법사가 땅 위에 그려놓은 동그라미로 그 안에서는 마술에 걸려 사람은 물론 악마도 힘을 못 쓴다고 함—옮긴이), 사원, 무대, 스크린, 테니스 코트, 법정 등은 그 형태와 기능에 있어서 모두 놀이터이다. 다시 말해 금지되어 격리된 장소, 특정한 규칙이 지배하는 울타리 쳐진 신성한 장소이다. 이런 놀이터는 일상생활의 세계 속에 자리 잡은 일시적 세계이고, 별도로 정해진 행위의 실천에 혼신의 힘을 기울이는 공간이다.

놀이터 내부에는 특정하면서도 절대적인 질서가 지배한다. 여기서 우리는 놀이의 또 다른 특징을 발견한다. 놀이는 먼저 질서를 창조하고 그 다음에는 스스로 하나의 질서가 된다. 그것은 불완전한 세계와 혼란스러운 일상생활에 잠정적이고 제한적인 완벽함을 가져다준다. 놀이는 자체적으로 지고하고 절대적인 질서를 요구한다. 이런 질서에서 조금이라도 일탈하면 그것은 "게임을 망쳐 버리고", 그 특징을 박탈해 버리고, 그리하여 무가치한 것이 되어 버린다. 놀이는 이처럼 질서와 깊은 연관성을 갖고 있기 때문에 미학의 한 부분이 된다. 놀이는 아름다워지려는 경향을 가지고 있다. 이런 미학적 요소는 질서정연한 형태를 창조하려는 충동과 동일한 것인데, 놀이의 모든 측면에 스며들어가 있다. 우리가 놀이의 요소들을 묘사하기 위해 사용하는 용어들은 아름다움의 요소들을 설명하려는 용어들과 상당 부분 중복된다. 가령 긴장, 안정된 자세, 균형, 대비, 변화, 해결, 해소 등이 그러하다. 놀이는 우리에게 매혹의 그물을 던진다. 그것은 사람을 황홀하게 하고 매혹시킨다. 놀이에는 사물을 지각하는 가장 고상한 특질인 리듬과 하모니가 부여되어 있다.

우리가 금방 언급한 긴장의 요소는 놀이에서 중요한 역할을 수행한다. 긴장은 불확실성과 우연성을 의미한다. 문제를 파악하여 그것을 해결하는 노력을 가져온다. 놀이하는 사람은 어떤 것이 진행되고 추진되기를 바란다. 그는 자신의 노력을 성공을 거두기를 바란다. 장난감에 손을 내미는 어린아이, 실패를 잡고 어르는 고양이, 작은 공을 가지고 노는 어린 소녀, 이러한 자들은 뭔가 어려운 일을 착수하고 성공하여 긴장을 끝내기를 바란다. 그래서 "놀이는 긴장이다." 이런 긴장과 해결의 요소가 솔리테르〔solitaire: 패 떼기, 혼자서 하는 카드놀이. 페이션스(patience)와 동의어)〕 같은 혼자 하는 게임뿐만 아니라 퍼즐(puzzle), 지그소(jig-saw: 조각그림 맞추기. 퍼즐의 일종), 모자이크 만들기(mosaic-making), 페이션스(patience: 혼자서 하는 카드놀이), 타깃 쏘아 맞추기(target-shooting:

표적 사격) 등의 응용 게임에 스며들어가 있다. 놀이가 경쟁의 특성을 띠게 되면 더욱 치열해진다. 그 치열함은 도박과 운동 경기에서 그 절정에 이른다. 놀이 그 자체는 선과 악을 초월하지만, 놀이에 내재된 긴장의 요소는 놀이하는 사람의 심성, 즉 용기, 지구력, 총명함, 정신력, 공정함 등을 시험하는 수단이 되므로 특정한 윤리적 가치를 부여한다. 그는 경쟁에서 이기고 싶은 강렬한 욕망에도 불구하고 게임의 규칙을 준수해야 한다.

모든 놀이에는 규칙이 있다

이러한 규칙들은 놀이 개념에서 아주 중요한 요소이다. 모든 놀이는 규칙을 갖고 있다. 그 규칙은 놀이가 벌어지는 장소와 시간에서 무엇이 '통용되는지' 결정한다. 게임의 규칙은 절대적인 구속력을 가지고 있고 의심을 허용하지 않는다. 폴 발레리는 다음과 같은 호소력 높은 의견을 개진했다. "게임의 규칙에 대해서는 일체의 의심을 허용하지 않는다. 그 규칙을 관통하는 원칙은 변동 불가능한 진리이기 때문에……." 실제로 그 규칙을 위반하면 놀이의 세계는 붕괴한다. 게임은 끝나 버린다. 심판의 휘슬이 울려 놀이의 마법을 깨뜨리고 '실제' 생활을 다시 작동시킨다.

규칙을 위반하거나 무시하는 자는 '놀이 파괴자'이다. 놀이 파괴자는 놀이를 잘못하거나 놀이를 속이는 자보다 죄질이 더 무겁다. 애냐하면 놀이를 속이는 자는 아직도 게임을 하고 있는 것처럼 시늉하면서 겉으로는 마법의 동그라미를 여전히 인정하고 있기 때문이다. 사회는 게임을 망치는 자보다는 게임을 속이는 자에게 훨씬 관대하다. 이것은 왜 그런가 하면 전자(게임을 망치는 자)가 놀이의 세계를 아예 파괴해 버리기 때문이다. 게임에서 벗어나 버림으로써 그는 자기와 다른 놀이꾼들이 일시적으로 만들어낸 놀이세계의 상대성과 취약성을 폭로한다. 그는 놀이로부터 그 illusion(환상)을 빼앗아 버린다. illusion은 문자 그대로 '놀이 중(in-play)'이라는 뜻으로 라틴어 inlusio, illudere, inludere 등은 모두 같은 뜻이다. 따라서 놀이 공동체의 존재를 위협하는 자는 추방되어야 마땅하다.

놀이 파괴자의 모습은 소년들의 게임에서 가장 잘 드러난다. 소년 공동체는 어떤 소년이 게임에 안 들어와서 망쳐 놓을 때 그 경위를 자세히 따지지 않는다. 그가 게임에 참여하려는 모험심이 없었는지, 아니면 게임에 들어갈 사정이 되지 못했는지 따위는 관심이 없다. 가령 몸이 아프거나 무슨 일이 있어서 게임에 들어가지 못한 경우라도 그것을 모험심의 부족으로 해석한다. 그래서 해당 소년에게 징벌의 공포를 알려 주어야 하며, 이 징벌로부터 복종심과 양심이라는 것도 생겨난다고 본다. 무슨 이유에서든 게임을 망치는 자는 마법의 세계를 망치는 자이고, 따라서 비겁한 자이며 축출되어야 마땅하다.

좀 더 수준 높은 진지함의 세계에서도 놀이 파괴자보다는 놀이를 잘못하거나 놀이를 속이는 자가 오히려 더 대접을 받는다. 이 세계에서 놀이 파괴자는 배교자, 이단자, 이노베이터, 예언자, 양심적 반대자 등의 딱지가 붙는다. 하지만 때때로 놀이 파괴자들도 그들 나름의 규칙 아래 새로운 공동체를 만든다. 범법자, 혁명가, 카발라주의자 (cabbalist: 유대교 신비주의자), 비밀 결사의 조직원, 기타 모든 종류의 이단자들은 사교적이라고 하기는 좀 그렇더라도 결속력이 아주 높다. 그들의 행위에는 특정한 놀이의 요소가 뚜렷하다.

놀이 공동체는 게임이 끝난 후에도 항구적인 조직이 되는 경향이 있다. 물론 모든 공깃돌 게임이나 브리지 게임이 클럽의 구성으로 이어지지는 않는다. 하지만 어떤 예외적인 상황 아래 "떨어져 있으면서 함께 있다"는 느낌, 중요한 어떤 것을 함께 나눈다는 느낌, 세상에서 벗어나 통상적인 규범을 일시적으로 거부한다는 느낌 등은 어느 한 게임이 끝난 뒤에도 지속되는 것이다. 놀이와 클럽의 관계는 모자와 머리의 관계와 비슷하다. 인류학자들이 "프라트리아(phratria: 씨족이나 형제단)"라고 부르는 모든 결사가 곧 놀이 공동체라고 말하는 것은 무모한 일이다. 하지만 항구적 사회 집단(특히 아주 중요하고 엄숙하면서 신성한 관습을 가진 원시 문화 속의 사회 집단)과, 놀이의 영역을 칼같이 구분하는 것은 정말로 어려운 일이다.

놀이의 예외적이고 특별한 지위

놀이의 예외적이고 특별한 지위는, 놀이가 비밀의 분위기를 갖고 있다는 사실로 가장 잘 예증된다. 아주 어린 시절에도 놀이를 '비밀'

로 만듦으로써 놀이의 매혹을 더욱 높인다. 이것은 '우리만'의 놀이이고 '남들'은 끼지 못한다, 이렇게 경계를 둘러치는 것이다. '남들'이 우리의 경계가 아닌 저기 '바깥'에서 무슨 일을 하든 그것은 현재로서 우리의 관심사가 되지 못한다. 게임의 서클(동아리) 내부에서, 일상생활의 법률과 관습은 더 이상 중요하지 않다. 우리는 색다른 존재이고 그래서 색다르게 행동한다. 이처럼 일상적 세상을 일시적으로 중지시키는 것은 어린아이의 생활에서 자주 발견된다. 그것(일시적 중지)은 원시 사회의 의례 게임에서도 뚜렷하게 드러난다. 어린 소년이 남성 공동체에 입회하는 성인식 대축제 동안에, 신입 회원만이 일상적 법률과 규정으로부터 면제되는 것은 아니다. 부족 내의 모든 불화가 일시적으로 중지된다. 모든 보복 행동과 복수극은 중단된다.

신성한 놀이-시즌(play-season)을 위하여 이처럼 정상적 사회생활을 일시적으로 중지하는 것은 발전된 문명사회에서도 그 흔적을 다수 발견할 수 있다. 고대 로마의 농신제(農神祭)나 중세의 카니발 관습 등은 모두 놀이-시즌에서 나온 것이다. 우리의 시대보다 개인의 관습과 계급의 특권을 더 중시했던 과거에는, 경찰이 귀족 자제의 '래그(rag)'라는 광란의 축제를 관대하게 대했다. 영국 대학의 래그 행사에서는 농신제의 광란적 행위를 저지르는 대학생들이 있었다. 『옥스퍼드 영어 사전』은 래그 행사를 이렇게 정의했다. "권위와 규율에 저항하여 저지르는 아주 소란스럽고 무질서한 행동."

놀이의 '남다름'과 비밀성은 '가장극'에서 가장 생생하게 표현되었다. 이 극에서 놀이의 '일상에서 벗어나는 특성(extra-ordinary)'이 완벽에 도달했다. 가장(假裝)을 하거나 가면(假面)을 쓴 개인은 또 다른 역할, 또 다른 존재를 "놀이했다." 그는 또 다른 존재가 "되어 버렸다." 어린 시절의 공포, 가슴을 탁 열어놓는 쾌활함, 신비한 환상, 성스러운 외경심 등이 가면과 위장의 기이한 놀이 속에 촘촘하게 스며들어가 있다.

놀이의 형태적 특성을 요약해 보자면 이러하다. '일상' 생활의 바깥에서 벌어지고, '진지하지 않은' 성격을 갖고 있으며, 독립되어 있는 자유로운 행위이나, 놀이하는 사람을 완벽하게 몰두하도록 만든다. 그것은 물질적 이해와는 상관없는 행위이고 아무런 이득도 제공하지 않는다. 그 나름의 시간과 공간의 한계를 가진 놀이터 내에서, 고정된 규칙에 따라 일정한 방식으로 수행된다. 사회적 집단의 형성을 촉진하고 그 집단은 은밀함 속에 자신들을 감추면서 위장과 기타 수단을 동원하여 평범한 세상으로부터 벗어나 있음을 강조한다.

놀이는 경쟁 혹은 재현이다

고등 형태의 놀이에는 다음 두 가지의 기본적 양상이 있다. 첫째, 어떤 것을 얻기 위한 경쟁이고, 둘째, 어떤 것의 재현이다. 이 두 기능은 서로 합쳐져서 게임은 (1) 경쟁의 '재현'이고, (2) 어떤 것을 잘 재현하기 위한 경쟁이다.

재현은 전시(展示)를 의미하는데, 이것은 자연적으로 주어진 어떤 것을 관중 앞에 드러내는 것이다. 공작과 칠면조는 그들의 화려한 깃털을 암컷에게 전시한다. 그 행위의 본질적 특징은 비일상적인 어떤 것을 전시함으로써 암컷의 존경심을 자아내자는 것이다. 만약 공작이나 칠면조가 가벼운 댄스 스텝(dance step)을 밟으면서 이런 연기를 해 보인다면 그건 평범한 현실에서 벗어나(stepping out) 더 높은 질서 속으로 들어가는 게 된다.

우리는 새들이 이런 연기를 펼쳐 보일 때 어떤 느낌인지 알지 못한다. 하지만 어린 시절 이런 종류의 연기를 펼칠 때 상상력(imagination)이 충만했다는 것은 알고 있다. 어린아이는 실제의 자신과는 다른 어떤 것, 더 아름다운 것, 더 고상한 것, 더 위험스러운 것의 이미지를 만들고 있는(making an image) 것이다. 그렇게 하여 아이는 왕자가 되고 아버지가 되고 사악한 마녀가 되고 혹은 호랑이가 된다. 어린아이는 문자 그대로 기쁨에 넘쳐 자기 자신의 밖으로 나가 버린다(beside himself). 너무 황홀하여 그 자신이 왕자, 마녀, 호랑이가 되었다고 생각하며 그러는 중에서도 '일상적 현실'에 대한 감각을 유지한다. 그의 재현(다른 어떤 것이 되기)은 가짜 현실이라기보다 외양의 실현이다. 바로 이것이 imagination의 원뜻이다.

어린아이의 놀이를 떠나 원시 사회의 신성한 의례로 넘어가 보면 우리는 거기에 더 많은 정신적 요소가 '놀이하고(at play: 작동하고)' 있음을 발견한다. 비록 그 요소를 정확하게 짚어내기가 대단히 어렵지만 말이다. 성스러운 의례는 가짜 현실 혹은 외양의 실현 혹은 상징적·신비적 실현을 넘어선다. 그 의례 안에서는, 보이지 않고 비현실적인 어떤 것이 아름답고 현실적이고 성스러운 형태를 취한다. 의례 참석자들은 그 행동이 실제로 벌어져서 결정적인 미화 작용을 하고, 그리하여 사물의 질서가 일상적 삶보다 한 단계 높아졌다고 확신한다. 이런 '재현에 의한 현실화'는 모든 면에서 놀이의 형태적 특징을 고스란히 간직한다.

의례는 문자 그대로 '구획이 정해진' 놀이터 내에서 놀이되고 수행된다. 게다가 축제의 분위기, 즉 환희와 자유의 분위기 속에서 놀이된다. 오로지 그 축제를 위하여 신성한 공간(그 나름의 질서를 가진 일시적인 현실 세계)이 울타리로 둘러쳐진다. 하지만 놀이가 끝나도 그 효과는 사라지지 않는다. 놀이 바깥에 있는 일상적 세상에 안정, 질서, 번영의 광휘를 뿌려서 공동체의 결속을 강화한다. 다음번의 신성한 놀이-시즌이 돌아올 때까지.

이러한 사례는 전 세계적으로 발견된다. 고대 중국의 민속에 의하면, 노래와 춤의 목적은 세상의 운행을 정상적으로 유지하여, 자연으로 하여금 인간들에게 축복을 베풀도록 하는 것이었다. 한 해의 번영은 축제 계절에 신성한 의례를 잘 수행했는지 여부에 달려 있었다. 만약 이런 축제를 개최하지 않는다면 곡식은 풍년이 들지 않는다고 생각했다.[3]

의례는 드로메논(dromenon)이라고 하는데 '행동된 어떤 것', 하나의

---

3 마르셀 그라네(Marcel Granet), 『고대 중국의 축제와 노래』; 『고대 중국의 춤과 전설』; 『중국의 문명』(Routledge)

행동, 혹은 행동을 의미한다. 그 행동을 실제로 재연한 것, 혹은 그 행동의 구체적 내용이 드라마(drama)인데 무대 위에서 재연된 행동을 의미한다. 이러한 행동은 공연이나 경기의 형태로 발생할 수 있다. 의례 혹은 '의례적 행동'은 자연 세계에서 벌어진 사건을 재현하는 것이다. 하지만 '재현'이라는 단어의 현대적 용례는 이 행위의 정확한 의미를 포착하지 못한다. 왜냐하면 이때의 '재현'은 곧 '동일화'를 뜻하는 것으로서, 자연 세계의 사건을 신비하게 반복하는 것 혹은 다시 표현하는(re-presentation) 것이기 때문이다. 따라서 의례가 가져오는 효과는 '비유적으로 뭔가 보여 주는 것'이 아니라 행동을 '실제로 재생산하는' 것이다. 이렇게 볼 때 의례의 기능은 결코 모방에 그치지 않는다. 그것은 참례자에게 신성한 행동 그 자체에 참가하도록 유도한다. 그래서 고대 그리스 인들은 "의례가 모방적인 것이 아니라 참여적인 것이다"라고 말했다.[4] 그것은 성스러운 행위에 참여하는 것이다.[5]

인류학은 이러한 현상에서 나타난 정신적 태도를 심리학이 어떻게 평가하는지에 대해서는 관심이 없다. 심리학자는 이러한 의례를 '보상적 동일시' 혹은 대체의 추구, "실제적인 목적적 행위를 수행하는 것이 불가능하기 때문에 그 대신 수행한 재현적 행위"[6] 등으로 설명하려 들 것이다. 의례를 수행하는 자는 모방하는 것인가, 아니면 모방

---

4 제인 해리슨, 『테미스: 그리스 종교의 사회적 기원에 관한 연구』(케임브리지, 1912), p.125.

5 R. R. 마레트, 『종교의 문턱』, 1912, p.48.

6 F. J. J. Buytendijk, *Het Spel van Mensch en Dier als Openbaring van levens-driften*(Amsterdam, 1932), pp.70~71.

당하는 것인가? 인류학자는 의례를 믿고 실천하는 자들의 마음속에 들어 있는 이런 'imagination(이미지 만들기: 의례)'의 의미를 알아내려고 한다.

우리는 여기서 비교종교학의 핵심을 건드리고 있다. 의례와 신비 의식의 본질과 핵심을 언급하고 있는 것이다. 고대 『베다(Veda)』의 희생제의(犧牲祭儀)는 다음과 같은 사상에 바탕을 두고 있었다. 희생, 경기, 공연 등의 의례는 소망스러운 우주적 사건을 재현함으로써 신들에게 압박을 가하여 그 사건이 현실 속에 나타나기를 바라는 것이었다. 다시 말해 그 사건을 놀이함으로써(재연함으로써) 그 사건의 발생을 기원하는 것이다. 여기서 우리는 종교적 문제를 잠시 제쳐 두고 원시적 의례의 놀이 요소에만 집중하기로 하자.

놀이와 의례의 관계

의례는 대체로 보아 전시, 재현, 드라마 공연, 어떤 소원(所願)을 상상을 통하여 대리적으로 실현하기 등이었다. 계절 대축제 때 공동체는 성스러운 공연을 수행함으로써 자연의 사이클에서 벌어지는 장대한 사건들을 축하했다. 자연의 사이클로는 계절의 변화, 별들의 나타남과 사라짐, 곡식의 성장과 수확, 인간과 동물의 탄생·삶·죽음 등이 있었다. 레오 프로베니우스가 말한 것처럼 원시인은 그의 정신 속에 새겨진 자연 질서를 '놀이'한다[7]

프로베니우스는 이렇게 생각한다. 아주 오래전의 과거에, 인간은 먼저 식물과 동물의 생장과 소멸이라는 현상을 동화했고, 이어 시간과 공간, 달과 계절, 태양과 달의 운행에 대하여 어떤 생각을 갖게 되었다. 그리고 인간은 이러한 우주의 이행(移行) 질서를 신성한 놀이 속에서 놀이하게 되었다. 그런 놀이를 통하여 원시 사회의 인간은 놀이 속에 재현된 그 사건들을 새롭게 현실화 혹은 '창조'하여 우주적 질서를 유지하는 데 도움을 얻는 것이다. 프로베니우스는 이러한 '자연을 놀이하는 행위'로부터 아주 광범위한 결론을 이끌어낸다. 그는 이러한 행위가 모든 사회적 질서와 제도의 출발점이라고 간주한다. 이런 의례 놀이를 통하여 원시 사회가 조잡한 형태의 정부를 획득했다. 왕은 태양이고, 왕권은 태양 운행의 이미지(재현물)였다. 평생 동안 왕은 '태양'을 놀이하다가 종국에 가서는 태양의 운명을 맞는다. 왕은 그의 사람들에 의하여 의례적 형태 속에서 살해되는 것이다.

이러한 의례적 살해와 그에 관련된 이론이 어느 정도 '입증'이 되었는가 하는 문제는 잊어버리자. 여기서 우리의 관심을 끄는 질문은 이런 것이다. 원시인의 자연관이 이처럼 구체적으로 투사된 현상을 어떻게 판단해야 할까? 표현하기 어려운 우주적 현상을 체험하고 그것을 놀이 속에서 상상력 풍부하게 재현하는 심리적 과정을 어떻게 보아야 할까?

---

7 레오 프로베니우스, 『아프리카의 문화사, 역사적 형태학에 대한 서론』; 『문화 인식에서 발견되는 운명론』(라이프치히, 1932).

프로베니우스는 의례를 타고난 '놀이 본능'으로 설명하려는 손쉬운 가설을 당연히 거부한다. 프로베니우스는 말한다. "본능이라는 말은 임시변통의 용어로서 현실의 문제 앞에 무능력을 시인하는 것이다."[8] 그는 또 문화의 발전을 '특별한 목적', '왜'와 '어떻게' 등의 관점에서 보면서 문화-창조 공동체에게 일방적으로 그런 관점을 적용하려는 태도에 대하여, 폐기된 사고방식의 잔재라고 비판했다. 그런 사고방식을 "인과관계만을 앞세우는 최악의 횡포", "낡아빠진 공리주의"라고 매도했다.[9]

프로베니우스는 원시인의 심리적 과정을 대략 이렇게 설명한다. 그들에게 있어서, 삶과 자연의 체험은 여전히 구체적으로 표현되지 않는 '붙들림'의 형태를 취한다. 그러니까 무엇엔가 붙들려서 전율을 느끼고 황홀해하는 것이다. "그 원시 부족의 창조적 능력은 어린아이와 예술가의 경우가 그러하듯이 붙들림의 상태로부터 흘러나온다." "인간은 운명의 계시에 의해 붙들림을 당한다." "창조와 소멸이라는 자연적 리듬의 현실은 그의 의식(意識)을 붙잡았고, 이것이 필연적으로 또 반사 행위에 의해 그로 하여금 그러한 정서를 어떤 행위 속에 재현하도록 이끄는 것이다." 따라서 프로베니우스에 의하면, 우리는 변화라는 필연적 심리 과정과 대면하게 된다. 생활과 자연의 현상에서 느끼는 전율, 혹은 '붙잡힘'은 반사 행동에 의하여 시적 표현과 예

---

8 『아프리카의 문화사』, pp.23, 122.
9 같은 책, p.21.

술로 압축된다. 이런 창조적 상상력의 과정은 합리적 언어로 표현하기가 힘들며 따라서 그것을 '설명'하기도 어렵다. 우주적 신비에 대한 미학적·신비적·초논리적 지각을 바탕으로 하여 의례적 놀이로 나아가는 정신적 과정은 예나 지금이나 유현(幽玄)한 과정이다.

이러한 공연들에 대하여 '놀이'라는 용어를 계속 사용하면서도 위대한 인류학자(프로베니우스)는 자신이 그 용어로 이해한 바를 서술하지 않는다. 그 결과 그가 그토록 경멸했고, 놀이의 본질적 특징과도 일치하지 않는 그것, 즉 목적의 개념을 다시 도입한다. 왜냐하면 프로베니우스의 놀이 묘사에 의하면, 놀이는 우주적 사건을 재현하면서 그 사건을 다시 발생시키려는 '목적'을 갖고 있기 때문이다. 이래서 불가피하게 합리적인 요소가 그의 설명 속에 끼어든다. 프로베니우스에 의하면, 놀이와 재현은 '어떤 것'을 표현하는 것인데, 그 어떤 것은 우주적 사건에 의하여 '붙들리는 것'을 말한다. 놀이의 극화(劇化)가 곧 의례라는 사실은 그에게 2차적인 의미를 가질 뿐이다. 그런 붙들림의 감정은 다른 방식으로 소통될 수 있다는 것이다.

하지만 우리는 이와는 다른 견해를 갖고 있으며 '놀이' 그 자체가 1차적 의미라고 본다. 의례적 놀이는 본질적으로 고등 형태의 어린아이 놀이 혹은 동물의 놀이와 별반 다르지 않다. 어린아이의 놀이나 동물의 놀이가 우주적 감정을 표현하기 위한 몸부림에서 나온 것이라고 말할 수는 없다. 어린아이의 놀이는 가장 순수하고 본질적인 형태의 놀이인 것이다.

우리는 위와 같이 우주적 사건의 재현이라는 관점을 취하지 않고서도, 자연 현상에 의한 '붙들림'에서 시작하여 의례적 공연에 이르는 과정을 충분히 설명할 수 있다. 원시 사회에서 행해지는 놀이는 어린 아이 혹은 동물의 놀이와 비슷했다. 이러한 놀이는 처음서부터, 질서, 긴장, 운동, 변화, 엄숙, 리듬, 환희 등 놀이의 여러 요소들을 갖추고 있었다. 사회 발전의 후기 단계에서 이르러서야 비로소 놀이는 '생활'이나 '자연' 속에 표현되는 어떤 아이디어들과 결합하게 되었다. 원시 사회의 놀이는 말[言]이 없는 놀이로서 시적인 형태를 취했다. 놀이의 형태와 기능은 그 자체로 독립된 실체였고 목적도 없고 합리성도 없었다. 자신(놀이하는 원시 사회의 사람)이 사물의 신성한 질서 속으로 들어간다는 느낌, 바로 그것이 놀이에서 최초의, 최고의, 지고한 표현을 얻은 것이다. 놀이가 신성한 행위라는 의미는 그 후에 서서히 놀이하기에 스며들었다. 그리하여 의례가 놀이와 결합했다. 그러니 무엇보다도 먼저 놀이가 있었고 의례는 그 다음에 왔다.

놀이의 진지한 측면

우리는 지금 심리학이나 철학에서 잘 다루지 않는 영역에 들어서고 있다. 이러한 질문들은 인간 정신의 까마득한 깊이를 측정하게 된다. 의례는 아주 고상하고 아주 성스러운 진지한 행위이다. 그런 의례를 놀이라고 할 수 있을까? 어른이든 아이든 모든 놀이는 아주 진지한 방식으로 수행될 수 있다고 앞에서 말했다. 이것은 놀이가 성사(聖事)

事)의 성스러운 감정과 어느 정도 결부되어 있다고 암시하는 것인가? 이 질문에 대한 답변은 고정 관념의 경직성 때문에 지장을 받는다. 일반적으로 말해서 사람들은 놀이와 진지함을 정반대의 것으로 생각하기 때문이다. 하지만 이렇게 생각해 버리면 결코 문제의 본질에 도달하지 못한다.

잠시 다음과 같은 주장을 한번 생각해 보자. 어린아이는 완벽할 정도로(거의 성스럽다고 할 정도로) 진지하게 놀이를 한다. 어린아이는 놀이를 하면서도 자신이 놀이 중이라는 것을 안다. 운동선수도 신들린 사람처럼 운동에 몰두하지만 자신이 놀이를 하고 있음을 자각한다. 무대 위의 배우는 자신의 연기에 몰두하지만 그것이 '연기(놀이)'라는 것을 안다. 이것은 열심히 바이올린을 연주하면서 무아의 세계로 들어가 있는 바이올리니스트도 마찬가지이다. 이처럼 놀이마다 그 놀이의 특성이 어떤 고상한 형태의 행위에 결부되어 있는 것이다.

그렇다면 이러한 논리를 의례에도 적용하여 희생제의를 수행하는 사제는 단지 놀이를 하고 있을 뿐이다, 라고 말할 수는 없을까?

이런 주장은 일견 황당해 보일 것이다. 그것을 어떤 한 종교에 적용한다는 것은 결국 모든 종교에 적용할 수 있다는 뜻이니까. 하지만 우리는 예식, 주술, 전례, 성사, 신비 예식 등이 모두 놀이 개념에 포함된다고 생각한다. 하지만 추상적인 개념을 다루는 데 있어서 그 개념의 의미 범위를 너무 넓게 잡는 것을 경계해야 한다. 가령 놀이 개념의 의미를 지나치게 넓게 잡으면 그것은 말장난이 되고 말리라. 하지만 모든 관련 사항들을 감안해 볼 때, 예식이 곧 놀이라는 주장은 말장난이 된다고 보지 않는다.

의례 행위는 위에서 열거한 놀이의 본질적 특징을 갖고 있다. 특히 의례 참가자를 황홀하게 만들어 다른 세계로 인도한다는 점에서 그러하다. 의례 곧 놀이라는 사상은 플라톤에 의해서 객관적 사실로 인정되었다. 그는 조금도 망설이지 않고 sacra(성사)를 놀이의 범주에 포함시켰다. 그는 『법률』(vii, 803)에서 이렇게 말했다. "나는 인간이 진지한 사항에 대해서는 진지하게 대해야 한다고 말한다." 플라톤은 같은 책에서 이런 말도 했다. "하느님만이 최고의 진지함을 행사할 수 있다. 인간은 하느님의 놀이를 놀아주는 자이고 그것이 그의 가장 좋은 역할이다. 따라서 모든 남녀는 이에 따라 생활하면서 가장 고상한 게임을 놀이해야 하고 지금과는 다른 마음을 가져야 한다……. 그러나 사람들은 전쟁을 진지한 것으로 생각한다. 하지만 전쟁에는 놀이도 문화도, 진지한 것이라고 이름붙일 만한 것도 없다. 따라서 모든 사람은 가능한 한 평화를 유지하면서 살아야 한다. 그렇다면 올바른 생활 방법은 무엇인가? 인생은 놀이처럼 영위되어야 한다. 일정한 게임들을 놀이하고, 희생을 바치고, 노래하고 춤춰야 한다. 이렇게 하면 인간은 신들을 기쁘게 할 것이고, 적들로부터 자신을 보호할 것이며, 경기에서 승리하게 될 것이다."10

신비 의례와 놀이의 밀접한 관계는 로마노 구아르디니의 저서 『전

---

10 플라톤의 『법률』, vii, 796. 여기서 플라톤은 크레타의 쿠레테스의 신성한 춤을 언급하면서 enoplia paignia라고 했다

례의 정신(*Ecclesia Orans I*)』(프라이부르크, 1922)에서 가장 설득력 있게 설명되어 있다. 특히 "놀이로서의 전례"라는 장을 참조하기 바란다. 구아르디니는 플라톤을 인용하지는 않았지만 위의 인용문과 아주 비슷한 발언을 했다. 그는 전례의 특징을 언급하면서 우리가 말한 놀이의 특징 여러 가지를 말했다. 특히 가장 고등한 형태의 전례는 "목적이 없으되 유의미하다"는 것이다.

플라톤이 놀이와 성사를 동일시한다고 해서 성사를 모독하는 것은 아니고, 오히려 놀이의 개념을 정신의 최고 영역으로 고양시킨 것이라 할 수 있다. 우리는『호모 루덴스』의 첫 시작에서 놀이는 문화보다 앞선다고 말했다. 어떤 의미에서 보면 놀이는 문화보다 우월하고, 또 그것으로부터 떨어져 있다. 우리는 놀이를 하면서, 어린아이처럼 진지함의 수준 아래에서 노닐 수 있다. 하지만 놀이를 통하여 아름다움과 신성함의 영역에 들어간다는 점에서 진지함의 수준을 훌쩍 뛰어넘기도 한다.

이런 관점에서 이제 의례와 놀이의 관계를 보다 정확하게 정의할 수 있다. 우리는 두 형태의 실질적 유사성에 대해서 더 이상 놀라지 않으며, 따라서 의례 행위가 어느 정도로까지 놀이의 범주로 포섭될 것인지가 우리의 관심사이다.

앞에서 놀이의 가장 중요한 특징 중 하나가 일상생활로부터 공간적으로 떨어져 있는 것이라고 말했다. 놀이를 위하여 물질적·정신적인 폐쇄 공간이 마련되어 일상생활의 환경으로부터 격리된다. 이 공간 안에서 놀이가 진행되고 그 안에서는 일정한 규칙이 지배한다. 그런

데 성스러운 공간을 구획하는 것도 모든 성사의 일차적 특징이다. 주술이든 법률이든 예식이든 이런 공간 확보는 공간적·시간적인 것 이상의 의미를 갖는다. 거의 모든 성스러운 예식과 입회식은 예식을 집행하는 자와 입회하는 자를 위하여 인위적인 폐쇄 공간을 마련한다. 신앙의 맹세를 하든, 종단이나 형제회에 입회하든, 비밀 결사에 들어가든, 거기에는 놀이 공간의 제한이 뒤따른다. 주술사, 점술사, 희생 봉헌자는 먼저 성스러운 공간을 설정하는 것으로써 일을 시작한다. 성사와 신비 의례는 성스러운 공간을 전제로 한다.

형태적으로 본다면, 성사를 위하여 일정 공간을 구획하는 것과, 순수한 놀이를 위하여 공간을 확보하는 것 사이에는 아무런 차이가 없다. 놀이터, 테니스 코트, 장기판, 돌차기 놀이터 등은 그 형태에 있어서 사원이나 마법의 동그라미와 구분이 되지 않는다. 전 세계에서 발견되는 희생 의례들의 놀라운 유사성은, 이런 관습이 인간 정신의 심오한 곳에 뿌리박고 있음을 보여 준다. 사람들은 이런 문화적 형태의 유사성을 '합리적이고' '논리적인' 원인을 가지고 설명하려 했다. 가령 격리와 단절의 필요에 대해서는, 성사를 받기로 되어 있는 개인을 유해한 환경으로부터 보호하려는 것이라고 해석했다. 성별(聖別)된 그 개인은 주변 환경에게도 위험스러운 인물일 뿐만 아니라, 그런 상태 때문에 사악한 악귀에게 노출되어 있다고 보아 격리시키려 했다는 설명이다.

이러한 설명은 합리적·공리적 목적을 가지고 문화 과정을 파악하려는 것인데 프로베니우스가 경멸하면서 경계했던 바로 그것이다.

여기서 사제단이 종교를 만들어냈다는 낡은 이론을 비판하려는 것은 아니지만, 예식의 기원을 말하는 데 있어서 합리성을 거론하는 것은 피하는 것이 좋다. 따라서 놀이와 의례가 본질적으로 같은 것이라는 전제를 받아들인다면, 우리는 성스러운 장소를 놀이터로 받아들이는 데 어려움이 없다. 그런 만큼 '왜'나 '어떻게' 등의 합리론은 더 이상 제기되지 않을 것이다.

의례와 놀이가 구분되지 않는다면 이러한 유사성이 형태적 유사성 너머까지 확대되는가 하는 질문이 나오게 된다. 놀이의 형태로 시작된 성사가 어느 정도까지 놀이의 자세와 분위기로 진행되는지에 대하여, 인류학과 비교종교학이 무심했다는 것은 놀라운 일이다. 내가 알기로, 프로베니우스조차도 이 질문을 제기하지 않았다.

말할 필요도 없이, 어떤 공동체가 성스러운 의례를 수행하고 체험하는 심리적 태도는 성스러울 뿐만 아니라 고도로 진지한 것이다. 하지만 자발적이며 진정한 놀이 또한 아주 진지한 것이 될 수 있다. 놀이하는 사람은 그 게임에 무아 상태로 몰두하고 그것이 '단지' 게임에 지나지 않는다는 생각은 잠시 사라진다. 게임에 결부되어 있는 즐거움은 긴장을 낳을 뿐 아니라 정신의 고양(高揚)을 가져온다. 놀이는 무의미함과 황홀감이라는 두 기둥 사이에서 움직인다.

놀이의 분위기는 그 특성상 변하기 쉽다. 언제라도 '일상생활'이 외부로부터 놀이 속으로 들어와 권리 주장을 하면서 게임을 파탄시킬 수 있고, 놀이 규칙의 위반, 놀이 정신의 붕괴, 각성, 환멸 등 내부적 요인에 의해 중단될 수도 있다.

놀이와 축제의 관계

그렇다면 성스러운 축제를 지배하는 태도와 분위기는 무엇인가? 성
스러운 행동은 '성스러운 날(휴일)'에 '거행된다.' 다시 말해 성스러운
날에 벌어지는 축제의 한 부분이 되는 것이다. 사람들이 성소에 모여
드는 것은 집단적인 즐거움을 얻기 위해서이다. 성사, 희생, 성스러운
춤, 경기, 공연, 신비 의례 등은 축제를 축하하는 행위이다. 의례는 피
를 흘릴 수도 있고, 성인식을 기다리는 젊은이의 시련은 가혹할 수도
있고, 가면들은 무시무시할 수도 있지만, 이 모든 것은 축제적 성격을
지닌다. 일상생활은 잠정적으로 중지된다. 향연, 잔치, 각종 연회 등이
축제가 지속되는 내내 벌어진다. 고대 그리스의 축제든 현대의 아프
리카 종교든, 일반적인 축제 분위기와 의례의 신비스러운 핵심 행사
를 둘러싼 성스러운 열광을 칼같이 구분하는 것은 불가능한 일이다.

『호모 루덴스』가 네덜란드 어로 출간되던 때와 거의 같은 시기에
헝가리 학자인 카를 케레니는 축제의 성격과 관련하여 우리의 주장
과 아주 유사한 내용의 논문을 발표했다.[11] 케레니에 의하면 축제는
놀이와 같은 특성과 독립성을 갖고 있다는 것이다. 케레니는 말한다.
"정신의 현실 속에서, 축제는 그 자체로 존재하는 것이며 이 세상에
있는 다른 어떤 것과 혼동되어서는 안 된다." 위에서 인류학자들이

---

11 『축제의 본질에 관하여』, Paideuma, Mitteilungen zurr Kulturkunde, 1, Heft 2(Dez.,
　 1938), pp.59~74

놀이 개념에 다소 무심했다고 말했는데, 케레니는 이 축제도 그런 홀대를 받았다고 주장한다. "축제의 현상은 민족지학자(民族誌學者)들에 의해 완벽하게 무시되었다." "모든 관련 학문은 그것(축제)이 존재하지 않은 것처럼 취급했다." 놀이 또한 존재하지 않는 것처럼 취급되었다고 말할 수 있으리라.

사실 축제와 놀이의 관계는 아주 밀접하다. 둘 다 일상생활의 정지를 요구한다. 둘 다 환희와 즐거움이 지배하지만, 축제 또한 진지한 것이 될 수 있다는 점에서 반드시 환희와 즐거움만을 추구하지는 않는다. 둘 다 시간과 공간의 제약을 받으며, 진정한 자유에다 엄격한 규칙을 가미한다. 간단히 말해서, 축제와 놀이는 주된 특징들을 공유한다. 특히 춤을 통하여 긴밀하게 연결된다. 케레니에 의하면, 멕시코의 태평양 해안에 거주하는 코라(Cora) 인디언들은 햇 옥수수 튀기기 축제를 그들이 섬기는 최고신의 '놀이'라고 불렀다.

축제를 자발적이고 자동적인 문화 개념으로 보는 케레니의 사상은 이 책의 주제를 확충하고 검증해 준다. 하지만 놀이와 의례의 관계를 확정했다고 해서 그것이 모든 것을 설명해 주지는 않는다. 진정한 놀이는 그 형태적 특징, 쾌활한 분위기 이외에 '~인 체하기'의 느낌을 갖고 있다. 문제는 이런 '~인 체하기'의 느낌이 의례 행위에 어느 정도까지 스며들어가 있느냐 하는 것이다.

우리가 원시 사회의 신성한 의례로만 범위를 국한시켜 본다면 의례가 집행되는 진지성의 정도를 파악하는 것이 그리 불가능한 일도 아니다. 내가 아는 한, 인류학자와 민족지학자는 다음과 같은 의견을 공통적으로 갖고 있다. 원시 부족민들 사회에서 종교 축제를 거행하고 참관하는 마음의 자세는 완벽한 환상의 자세는 아니다. 의례 중에 벌어지는 일에 대하여 "진짜가 아니다"라는 의식을 분명하게 가지고 있었다. 이러한 심리 상태는 원시 사회의 할례 의식과 성인식을 연구한 E. 옌젠의 연구서에서 생생하게 묘사되어 있다.[12]

원시 사회의 남자들은 축제 기간 동안 아무 데나 돌아다니고 축제의 피크 동안에 누구에게나 나타나는 유령들을 두려워하지 않는다. 이 남자들이 유령의 의례를 연출했다는 점을 감안할 때 이것은 놀라운 일도 아니다. 그들은 유령의 가면들을 조각·장식했고, 직접 사용했으며, 사용한 후에는 그 가면들을 여자들의 손이 닿지 않는 곳에 감추어 놓았다. 그들은 유령의 출현을 알리는 소리를 냈고, 모래사장의 발자국을 추적했으며, 조상들의 목소리를 나타내는 플루트를 불었고, 예식용 악기를 뒤흔들었다. 옌젠은 말한다. "간단히 말해서, 그들의 입장은 자녀들을 위하여 산타클로스 역할을 하는 현대의 부모와 비슷했다. 현대의 부모가 아이에게 산타클로스의 허구를 감추는 것처럼 그들이 사용하는 가면을 여자들에게는 보여주지 않는 것이었다."

남자들은 여자들에게 신성한 숲속에서 벌어진 일들에 대하여 무시무시한 얘기를 해주었다. 그 예식에 처음 참여하는 사람들은 황홀, 가짜 광기, 전율, 소년 특유의 허세 따위를 교대로 느꼈다. 또한 여자들도 완전히 속아 넘어간 것은 아니었다. 그들은 이런저런 가면 뒤에 누

---

12 『원시 사회의 할례 의식과 성인식』(슈투트가르트 1933).

가 숨어 있는지 잘 알았다. 그렇지만 가면이 위협적인 동작을 하면서 다가오면 무서워하면서 온 사방으로 달아났다. 옌젠은 이런 공포의 동작이 부분적으로는 진정하고 자발적인 것이지만, 또 부분적으로는 전통이 부과한 역할의 수행이라고 말했다. 그것은 '쭉 해오던 것'이 었다. 여자들은 말하자면 연극의 코러스였고 '놀이 파괴자'가 되어서 는 안 된다는 것을 알고 있었다.

이런 경우에 성스러움(진지함)이 어느 정도까지 '재미'의 수준으로 떨어질 수 있는지 정확히 짚어서 말하기가 어렵다. 어린아이 같은 기 질을 가진 아버지는 자녀들이 크리스마스 선물을 준비하는 산타클 로스의 정체를 폭로하면 화를 낼 것이다. 미국 북서부 해안의 콰키우 틀(Kwakiutl) 부족의 한 아버지는 부족 의례를 위해 나무 조각품을 만 들던 자신을 놀라게 한 딸을 살해했다.[13] 아프리카 로앙고(Loango) 흑 인들 사이의 불안정한 종교적 느낌에 대하여 페슈엘-로에셰(Eduard Pechuël-Loesche)는 옌젠과 비슷한 관점으로 설명했다. 성스러운 의례 에 대한 로앙고 흑인들의 태도는 반신반의였으며 조롱과 무관심이 뒤섞였다. 그는 정말로 중요한 것은 의례의 '분위기'라고 결론지었 다.[14] R. R. 마레트는 『종교의 문턱(The Threshold of Religion)』 중 "원시인 의 믿음"이라는 장에서, 모든 원시 종교에는 '~인 체하기'의 요소가 깃들어 있다고 말했다.

---

13 F. 보아스, 『콰키우틀 인디언 부족의 사회 조직과 비밀 결사』(워싱턴, 1897), p.435.
14 『로앙고 부족론』(슈투트가르트, 1907), p.345.

주술의 경우, 주술을 거는 사람이든 주술을 당하는 사람이든 그 주술이 '~인 체하기'라는 것을 알면서도 속아 넘어갔다. 자발적으로 속아 주는 것이다. "원시 부족의 사람들은 놀이 중의 어린아이처럼 자신의 역할에 몰두하는 훌륭한 배우이다. 또 어린이처럼 훌륭한 구경꾼이다. 진짜 사자가 아니라는 것을 잘 알면서도 사자로 분장한 인물이 포효하면 금방 죽을 것처럼 겁을 집어먹는다." 말리노프스키는 원시 부족의 주민들이 자신의 믿음을 이론으로 정식화하기보다는 그 믿음을 느끼고 실천하는 것을 더 좋아한다고 말했다.[15] 원시 부족의 사람이 사용하는 용어와 표현들을 우리는 있는 그대로 기록해야 한다. 그것들을 어떤 수미일관한 이론으로 엮어내려 해서는 안 된다. 원시 부족 사회가 '초자연적 능력'을 가졌다고 인정하는 사람의 행동은 '그 능력의 연기(演技)'로 보는 것이 가장 타당하다.[16]

이처럼 원시 부족의 사람들은 주술과 초자연적 현상이 '진짜가 아님'을 부분적으로 의식하고 있었지만, 위에서 인용한 권위 있는 학자들은 다음과 같은 결론을 경계해야 한다고 말한다. 즉 원시 종교의 믿음과 실천은 '믿지 않는 자들'의 소수 집단이 잘 속아 넘어가는 다수를 지배하려고 조직한 체계라는 결론 말이다. 이러한 해석을 많은 여행자들이 내놓았고 심지어 원주민들의 전승에 의해서도 제기되었다. 하지만 이것은 올바른 해석이 될 수 없다. "신성한 행위의 근원은 공

15 『서부 태평양 제도의 아르고호 선원들』(런던, 1922), p.339.
16 같은 책, p.240.

동체의 구성원 전원이 믿어주는 데 있었고, 특별한 집단의 이익을 위해 그런 믿음을 억지로 유지했다는 것은 오랜 세월에 걸친 종교적 발전의 마지막 단계에서나 찾아볼 수 있는 현상이다." 내가 보기에, 정신분석은 할례와 성인식과 관련하여 이런 잘못된 해석에 기대는 경향이 있는데, 옌젠이 그것을 거부한 것은 옳은 일이었다.[17]

위의 여러 가지 논증들을 살펴볼 때, 원시 부족의 의례가 단 한순간도 놀이 개념을 배제하지 않았다는 사실은 명백한 것처럼 보인다. 그 현상을 설명하기 위하여 우리는 앞으로 놀이라는 용어를 되풀이하여 사용하게 될 것이다. 믿음과 불신의 통일성과 상호 불가분성, 신성함(진지함)과 '~인 체하기'의 상호 연결 관계는 놀이 개념 그 자체 속에서 가장 잘 이해된다. 옌젠은 어린아이의 세계와 원시 부족의 세계가 유사하다는 점을 인정했지만 두 세계의 심성 차이를 원칙적으로 구분하려 든다. 산타클로스라는 인물과 대면했을 때 어린아이는 '기성품 개념'으로 대응을 하고 그 덕분에 명료하게 대응의 방법을 찾아나간다. 하지만 원시 사회의 주민이 의례와 관련하여 내보이는 창조적 태도는 전혀 다른 문제라고 옌젠은 말한다. 원시인은 기성품 개념을 상대하는 것이 아니라 자연 환경을 상대해야 하는데 그렇게 하자면 나름대로 해석을 가해야 한다. 자연 현상의 신비한 신성을 파악하여 그것에 재현적 형태를 부여해야 하는 것이다.[18]

17 옌젠, 앞에서 언급된 책, p.152.
18 앞에서 언급된 책, p.149f.

여기서 우리는 옌젠의 스승인 프로베니우스의 견해를 발견하게 된다. 그러나 여기에 대하여 두 가지 반론을 제기할 수 있다.

첫째, 원시 부족의 심리적 과정을 어린아이의 심리적 과정과 '전혀 다른 것'이라고 해석함으로써, 옌젠은 의례의 '창시자들'과 '오늘날'의 어린아이들을 동일 반열에서 언급하고 있다. 하지만 우리는 이런 창시자를 알지 못한다. 의례 공동체는 종교적 이미지를 전승으로 물려받는데 그것은 어린아이가 '기성품 개념'을 물려받아 행동하는 것과 비슷하다.

둘째, 우리가 이런 사실을 무시한다고 하더라도, 자연 현상의 '해석', '파악', '재현'(의례적 이미지로 재현) 과정은 직접 관찰의 대상이 아니다. 프로베니우스와 옌젠은 상상적인 은유에 의해서 그런 과정에 접근하고 있다. 의례적 이미지 만들기 혹은 이미지네이션(이미지화)의 기능에 대해서는 이렇게 말할 수 있을 뿐이다. 그것은 시적인 기능이고 보다 구체적으로 말해서 '놀이의(ludic)' 기능이다.

놀이와 종교의 관계

이렇게 하여 "놀이란 무엇인가"라는 간단한 질문이 우리를 종교적 개념의 본질과 근원이라는 문제로 인도했다. 우리가 잘 아는 바와 같이, 비교종교학의 연구자가 알고 있어야 할 정말 중요한 사항은 이러 것이다. 어떤 종교 형태가 다른 질서에 속하는 두 가지 것(가령 인간과 동물)을 신성한 동일체라고 받아들일 경우, 이 관계를 상징적 조응(symbolical correspondence)이라고 불러서는 제대로 본질을 파악하지 못한다. 그 동일성은 실제와 상징적 이미지 사이의 조응보다 더 큰 의미를 갖고 있다. 그것은 신비한 동일성이다. 쉽게 말해서 인간이 동물이 되거나 동물이 인간이 된다. 주술의 춤에서는 원시인이 캥거루가 된다. 우리는 우리의 표현 수단이 언제나 결핍되어 있고 부족한 것임을 깨달아야 한다. 원시 부족의 심리적 습관을 정확하게 이해하기 위해서, 우리는 불가피하게 그 습관을 우리의 용어로 표현하게 된다. 그것을 원하든 말든 우리는 원시 부족의 종교관을 우리의 논리적 사고 체계에 꿰맞추려 한다. 가령 원시인과 캥거루의 관계는 존재(being: "나는 캥거루이다")인 데 비해, 우리 현대인의 논리 체계에서는 연기(play: "나는 캥거루를 연기한다")가 된다. 원시인은 이 존재와 연기(놀이)를 개념적으로 구분하지 않았다. 그는 또 '동일성', '이미지', '상징' 등의 단어를 알지 못했다. 놀이라는 한 단어에 이 모든 것이 들어가 있었다.

따라서 의례적 행위를 수행하는 원시인의 심리 상태를 가장 가깝게 묘사한 것이 이 보편적으로 이해되는 '놀이'가 아닌가 한다. 이렇게 이해된 놀이의 개념 내에서, '믿음'과 '믿는 체하기'의 구분은 사라져 버린다. 놀이의 개념은 자연스럽게 성스러움의 개념과 융합한다. 바흐의 전주곡이나 그리스 비극의 대사는 이런 융합의 구체적 사례이다. 원시 문화의 전 영역을 놀이의 영역으로 파악함으로써, 우리는 원시 문화의 특성을 보다 직접적이고 전반적으로 이해할 수 있는 길을 열었다(지금까지 심리적·사회적 분석은 융합보다는 구분을 중시했다).

원시적 의례는 신성한 놀이였고, 공동체의 안녕, 우주적 통찰, 사회적 발전에 필수적인 것이었으나 플라톤이 말한 놀이의 의미로 놀이되었다. 즉, 놀이는 일상생활의 필요와 진지함에서 벗어나는 곳에서 그 자신을 드러내고 성취하는 행동이었다. 이런 신성한 놀이라는 관점에서 볼 때, 원시인은 어린아이와 시인에 가장 가까운 존재이다. 원시인의 미적 감수성은 현대인들로 하여금 놀이의 영역에 한 발 가깝게 다가서게 했다. 그 영향은 18세기의 '계몽' 사상가들보다 훨씬 크다. 가령 원시 문화의 '가면'들이 '예술품'으로서 현대인을 매혹시키는 경우를 생각해 보라. 오늘날 현대인들은 원시생활의 본질을 느껴보려고 애쓴다. 이러한 이국취미는 때때로 허세일 때도 있으나 18세기 사람들이 터키, 중국, 인도 풍물에 열광했던 것보다 훨씬 더 심오한 것이다.

　현대인들은 멀리 떨어진 것과 낯선 것에 아주 민감하게 반응한다. 가면과 위장에 대한 이해만큼 현대인으로 하여금 원시 문화를 이해하게 해주는 것도 없다. 민족지학은 가면과 위장의 사회적 중요성을 밝혀냈지만, 그것들은 현대의 교양인과 예술 애호가들에게 아름다움, 공포, 신비감 등이 복합된 미학적 정서를 불러일으킨다. 오늘날의 교양인들에게도 가면은 그 무서운 힘을 전달한다. 그 가면에 종교적 감정이 전혀 부여되어 있지 않은 데도 말이다. 가면 쓴 인물의 광경은 우리로 하여금 '일상생활'에서 벗어나 더 이상 햇빛이 지배하지 않는 달빛의 세계로 들어가게 한다. 그것은 우리를 원시인, 어린아이, 시인의 세계 즉 놀이의 세계로 안내한다.

원시 의례를 환원 불가한 놀이 개념으로 파악한 우리의 관점이 타당하다는 판결을 받았다 하더라도 아주 골치 아픈 문제가 한 가지 남아 있다. 가령 저급 종교에서 고급 종교로 시선을 돌려보아도 여전히 그런 관점을 유지할 수 있을까? 아프리카, 아메리카, 오스트레일리아 원주민들의 투박하고 이국적인 의례에서 문명국의 고급 종교로 시선을 돌려 본다면? 가령 『우파니샤드』의 지혜로 충만하고 『리그베다(Rigveda)』라는 찬가를 가지고 있는 고대 인도의 『베다』 희생 예식이나, 신, 인간, 동물을 동일시한 고대 이집트의 종교나, 고대 그리스의 오르페우스 신비 의례나 엘레우시스 신비 의례 등은 어떻게 보아야 할까?

형태와 실천이라는 측면에서 볼 때 이런 고등 종교도 기이하고 유혈적이라는 세부 사항에서는 원시 종교들과 밀접하게 관련되어 있다. 그러나 고등 종교들에서 발견되는 높은 지혜와 진리 때문에 사상적인 측면에서는 원시 종교에 접근하는 것과는 다른 방식을 취해야 한다. 이렇게 말한다고 해서 원시 종교의 사상적 측면을 소홀히 해도 무방하다는 건 아니다. 아무튼 고등 종교에서 발견된 형태적 유사성을 바탕으로 하여 이들 고등 종교의 신앙 의식에도 '놀이'라는 개념을 적용해 볼 수 있겠는가 하는 질문이 제기될 수 있다.

우리가 플라톤의 놀이 정의를 받아들인다면, 그렇게 한다고(고등 종교의 신앙 의식에 놀이 개념을 적용한다고) 해서 황당무계하다거나 불경하다고 말하기는 어렵다. 신성에게 바쳐진 성스러운 놀이는 인간 노력의 최고봉이다, 라고 플라톤은 종교의 정의를 내렸다. 그의 견해를 취한다고 해서 우리는 신성한 신비 의례를 포기하는 것도 아니고, 그 의례가 논리적 사고를 벗어난 최고 경지의 표현임을 부정하는 것도 아니다. 의례 행위 혹은 그 행위의 중요한 부분은 언제나 놀이 범주에 남아 있다. 그렇게 한다고(의례를 놀이의 범주에 넣는다고) 해서 의례의 신성함이라는 의미가 사라지는 것도 아니다.

HOMO
LUDENS

Johan Huizinga

2장

언어에서 발견되는
놀이 개념

　놀이는 어떤 단어를 통하여 우리에게 알려진다. 하지만 그 단어 속에 표현된 어떤 사상을 분석하거나 정의하려 할 때 다음 사실을 명심해야 한다. 어떤 단어 속에 들어 있는 사상은 그 단어에 의해서 제약을 받는다. 단어와 사상은 과학적·논리적 사고 방식에서 태어나는 것이 아니라 창조적 언어들, 즉 무수히 많은 언어들로부터 나온다. 그리하여 이런 '생각해 내기(conception)'의 행위는 그 언어들 속에서 거듭 되풀이된다. 각 언어가 놀이라는 개념을 생각해 내고 그것을 표현하는 과정에서, 단 하나의 포괄적 단어를 발견하리라고 기대해서는 안 된다. 가령 '손'이나 '발' 같은 결정적 단어와 비슷한 단어를 기대해서는 안 된다는 뜻이다. 이 때문에 놀이와 관련된 단어를 파악하는 문제는 그리 간단하지가 않다.

먼저 우리에게 널리 알려진 놀이 개념으로 시작해야 한다. 그러니까 영어 단어 play에 상응하는 현대 유럽 언어들의 단어를 살펴보면서 놀이의 일반적 정의를 찾아본다. 그 결과 놀이 개념은 이렇게 정의될 수 있을 듯하다.

　놀이는 특정 시간과 공간 내에서 벌어지는 자발적 행동 혹은 몰입 행위로서, 자유롭게 받아들여진 규칙을 따르되 그 규칙의 적용은 아주 엄격하며, 놀이 그 자체에 목적이 있고 '일상생활'과는 다른 긴장, 즐거움, 의식(意識)을 수반한다.

　이렇게 정의하면 동물, 어린아이, 어른에게서 발견되는 모든 놀이 개념을 포섭할 수 있다. 즉 힘과 기량을 겨루는 게임, 발명하는 게임, 추측하는 게임, 사행성 게임, 각종 전시와 공연 등을 모두 망라하는 것이다. 우리는 '놀이' 범주가 생활의 가장 중요한 범주 중 하나라고 말하고 싶다.

　하지만 이런 일반적인 놀이 범주가 각 나라 언어들에서는 명확하게 구분되지 않으며, 하나의 일반적 단어로 표현되는 경우는 더더욱 없다. 전 세계 모든 사람들이 놀이를 하며, 그 놀이 방식은 유사하다. 그러나 놀이 개념을 표현하는 어휘는 아주 다르다. 유럽 언어들처럼 뚜렷하고 폭넓게 놀이의 사상을 표현하지도 않는다. 경험론적 관점에서 보자면, 일반 개념의 타당성은 있을 수 없고, 각 인간 집단의 '놀이' 개념은 그 단어(혹은 단어들) 속에 표현된 그 사상만을 포함한다고 말해야 한다. 따라서 어떤 언어는 다른 언어에 비해 높은 포괄성을 발휘하여, 놀이의 여러 측면들을 단 하나의 단어에 포함시킬 수 있다는 주장이 가능하다.

실제 사정은 이런 주장을 뒷받침한다. 어떤 문화는 다른 문화에 비해 놀이의 일반적 개념을 아주 이른 시기에 아주 포괄적으로 추상하여 아주 우수한 놀이 관련 어휘를 갖추었다. 그리하여 그 문화는 다양한 놀이 형태에 대하여 서로 다른 단어들을 갖게 되었고, 이러한 용어의 다양성 때문에 놀이의 전반적 특성을 단 하나의 단어로 포섭하지 못하게 되었다. 여기서 이런 잘 알려진 사례가 생각난다. 어떤 원시 언어는 유(類)의 하부 단위인 종(種)을 가리키는 단어는 있으나 막상 그 유(類)에 해당하는 단어는 없다. 가령 뱀장어와 창꼬치라는 개별 단어는 있으나 물고기라는 단어는 있지 않다.

여러 가지 증거에 의해 우리는 다음과 같이 확신할 수 있다. 놀이-기능 그 자체가 더 근본적이고 일차적인 것이었기 때문에 여러 문화권에서 일반적인 놀이 개념의 추상화는 비교적 뒤늦게 발달한 부차적인 일이었다. 이와 관련하여 내가 알고 있는 여러 신화들에서는 놀이가 신성한 인물 혹은 반신반인(半神半人)의 존재로 구체화된 적이 없다는 것은 의미심장하다.[1] 반면에 신들은 종종 놀이하는 존재로 묘사된다. 인도-유럽 언어에 놀이를 지칭하는 공통적인 단어가 없다는 사실은 일반적·포괄적 놀이 개념이 후대에 생겨난 것임을 보여 준다. 심지어 게르만 그룹의 언어들도 놀이를 지칭하는 단어가 크게 다르

---

1 말할 필요도 없이, 바쿠스의 동반자 혹은 아들이며, 루시타니아 족의 조상인 라수스는 아주 후대에 신화 책을 편집하는 저자들이 만들어낸 인문이다.

며 그것이 3개 부문으로 나누어진다.

그리스 어 아곤(ἀγών)

겉으로 다양하게 놀이 본능을 표출한 민족이 놀이 행위에 대하여 다양하고 뚜렷한 표현을 갖고 있는 건 우연이 아니다. 나는 이런 현상이 그리스 어, 산스크리트 어, 중국어, 영어에서 발견된다고 본다. 그리스 인들은 어린아이의 게임에 대하여 어미에 -inda라는 접미사를 붙였다. 이 접미사는 그 자체로는 아무 의미가 없다. 어떤 단어의 어미에 부착되어 '어떤 것을 놀이하다'라는 뜻을 나타낸다. -inda는 어미변화를 하지 않으며, 언어적으로 말해서 불변 접미사이다.[2] 그리스 아이들은 스파이린다(sphairinda, 공놀이), 헬쿠스린다(helkuslinda, 줄다리기), 스트렙틴다(streptinda, 던지기 놀이), 바실린다(basilinda, 성채 놀이) 등을 했다. 접미사가 문법적으로 독립되어 있다는 사실은 놀이-개념의 불변적 성격을 보여 주는 하나의 상징이다. 어린아이의 놀이를 지칭하는 이런 독특한 단어 이외에도 그리스 어는 '놀이'를 가리키는 서로 다른 세 단어를 갖고 있다.

---

2 우리는 ἰυδos와의 어떤 유사성을 추측해 볼 수 있다. 그래서 나는 인도게르만 어 이전의에게 기원을 추측한다. 이것은 ἁλίυδω, κυλίυδω 등 동사의 접미사로 사용되는데 둘 다 '회전하다'의 뜻으로서, ἁλίω, κυλίω의 변형이다. '놀이'의 아이디어는 여기에서 희미한 메아리로만 남아 있다.

첫째가 파이디아(παιδιά)이다. 세 단어 중 가장 친숙한 것이다. 이 단어의 어원은 뚜렷한데 그 뜻은 '어린아이의 혹은 어린아이에 속하는'이다. 파이디아는 같은 단어라도 '아'를 세게 읽으면 '놀이'를 의미하지만 '디'를 세게 읽으면 '유치함'의 뜻이 된다. 파이디아는 어린아이의 게임에만 국한되어 사용되지는 않는다. 이 단어에서 파생되어 나온 동사 파이제인(παίζειν)은 '놀이하다'의 뜻이고, 명사 파이그마(παῖγμα)와 파이그니온(παίγνιον)은 '노리개'라는 뜻이다. 파이디아는 '온갖 종류의 놀이'를 가리키고, 심지어 플라톤이 『법률』에서 말했던 '가장 고상하고 신성한 놀이'도 가리킨다. 이 단어들에는 가벼움, 경쾌함, 즐거움의 함의가 깃들어 있다. 파이디아와 비교할 때, '놀이'를 가리키는 또 다른 단어 아두로(ἀδύρω), 아두르마(ἄδυρμα)는 별로 사용되지 않는다. 이 어휘에는 '사소하고, 무익한'의 뜻이 들어가 있다.

놀이하기의 영역에 들어 있지만 파이디아나 아두르마로는 커버되지 않는 영역이 있다. 경기 혹은 경연의 영역이다. 이것은 고대 그리스 생활에서 아주 중요한데 아곤(ἀγών)이라는 단어에 의해 표현된다. 우리는 놀이 개념의 본질적 부분이 아곤의 영역에 숨어 있다고 말할 수 있다. 동시에 우리는 그리스 인들이 경기와 놀이를 언어적으로 뚜렷이 구분한 것이 타당한지 물어야 한다. 아곤이라는 단어에는 놀이적 요소, 즉 '진지하지 않음'의 요소가 명시적으로 표현되지는 않는다. 그리스 문화와 그리스의 일상생활에서는 각종 경기(아곤)가 아주 중요한 역할을 하기 때문에, 이것을 '놀이'로 분류하는 것은 대담한 시도인 것처럼 보일지 모른다. 볼케슈타인 교수는 나의 이런 주장을

비판하면서 아곤을 놀이로 볼 수 없다고 역설했다.[3]

　그는 내가 "의례에 뿌리를 두고 있는 경기와 사소한 경기를 싸잡아서 놀이 카테고리에 포함시킨 것은 부당하다"고 말했다. 그는 계속하여 이런 말도 했다. "우리가 올림픽 경기(games)를 말할 때, 부주의하게도 라틴 어 용어를 사용하면서 경기에 대한 로마의 평가를 받아들였는데, 로마의 평가는 그리스 인들의 평가와는 사뭇 다른 것이었다." 볼케슈타인 교수는 경쟁의 충동이 강하게 드러나는 아곤적 행위들을 길게 열거한 다음 이런 결론을 내렸다. "이 모든 행위들은 '놀이'와는 상관이 없다. 그리스 인들의 생활 전체가 그들에게 하나의 놀이였다고 주장한다면 모르겠지만!"

　어떤 의미에서 보면 바로 그것이 이 책이 주장하는 바이다. 나는 볼케슈타인 교수의 심오한 그리스 문화 해석을 존중하지만 또 경기와 놀이를 구분한 것이 그리스 인들뿐만이 아니라는 것을 알고 있지만, 그 둘(경기와 놀이)이 실은 같은 것이라고 확신한다. 우리가 앞으로 이러한 개념적 구분을 되풀이하여 다룰 것이기 때문에, 여기서 한 가지 주장만 펴려 한다. 그리스 생활의 아곤 혹은 전 세계 다른 지역에서의 경

3　『네덜란드 문헌학자들의 17차 회의록』(레이던, 1937). 그는 여기서 나의 연설 "문화 속에서 발견되는 놀이와 진지함의 경계"에 대하여 반론을 폈다.
　'아곤'이라는 단어는 이 책을 통하여 아주 중요한 개념이므로 그리스 어 원어를 그대로 사용했다. 아곤은 옥스퍼드 판 그리스 어-영어 대사전에 의하면, (1) 올림픽 같은 전국적인 게임에 모인 사람들, (2) 그러한 게임에서 현상(懸賞)을 노리고 벌어지는 경기, 여기서 발전하여 (3) 투쟁, 심판, 위험의 뜻을 갖게 되었고, (4) 싸움과 법적 소송이라는 뜻으로 확대된다. 하위징아는 이 아곤을 바탕으로 하여 놀이와 전쟁의 관계, 놀이와 법률(소송)의 관계, 놀이와 철학, 현대 상거래, 정치, 중세 기사도, 궁정 연애 등에서 벌어지는 아곤적 요소를 폭넓게 서술하고 있다.─옮긴이

기는 놀이의 형태적 특성을 띠고 있고, 아곤의 기능은 거의 전적으로 축제의 영역에 속하는데 축제는 곧 놀이의 영역이다. 문화적 기능인 아곤을 '놀이-축제-의례'의 복합적 덩어리로 보지 않는 것은 불가능하다. 그렇다면 왜 그리스 어가 놀이와 경기라는 용어를 따로 두었냐는 질문에 대해서는 다음과 같이 설명해 볼 수 있다. 우리가 이미 앞에서 살펴본 바와 같이, 모든 것을 포괄하는 놀이 개념은 후대에 와서 만들어진 것이다. 아주 초창기부터 신성한 경기와 세속적 경기는 그리스 사회의 생활에서 중요한 위치를 차지하여 엄청난 가치를 갖고 있었기 때문에, 그리스 사람들은 그 놀이의 특성을 더 이상 의식하지 못하게 되었다. 언제 어디서나 경기는 중요한 문화적 기능이 되었기 때문에 그것을 '일상적인 것', 그 스스로의 자격으로 존재하는 것으로 느꼈다. 이 때문에 그리스 사람들은 놀이와 경기의 두 가지 뚜렷한 단어를 갖고 있게 되었고 경기의 본질적 놀이 요소를 자각하지 못했다. 그리하여 두 단어 사이의 개념적·언어적 통합이 발생하지 않았다.[4]

산스크리트 어, 중국어, 알곤킨 어

우리가 앞으로 살펴보겠지만, 놀이를 지칭하는 단어가 여럿인 것은

---

[4] 이러한 주장은 이 책의 독일어 번역본에는 들어 있지 않다. 하위징아 자신이 직접 영어로 번역한 이 책의 영역본에서도 이 부분의 설명은 다소 애매모호하다. 하위징아의 영역본은 최대한 준준처여 어기에 번역했다.

그리스 어의 경우만 그러한 것이 아니다. 산스크리트 어 또한 놀이 개념을 지칭하는 네 개의 동사 어근을 갖고 있다. 놀이를 지칭하는 가장 일반적인 단어는 크리다티(kridati)인데 동물, 어린아이, 어른의 놀이를 가리킨다. 게르만 언어들 속의 '놀이'가 그러하듯이 바람이나 파도의 움직임을 지칭하기도 한다. 또 깡충 뛰어오르기, 건너뛰기, 반드시 놀이와 결부되는 것은 아닌 일반적인 춤추기 등을 가리킨다. 이 맨 뒤의 뜻은 nrt-라는 어근과 관련이 되는데, 이 어근은 춤과 드라마 공연의 전 분야를 포괄한다. 그 다음에 디뱌티(divyati)라는 단어가 있는데 주로 도박과 주사위 던지기를 의미하며, 농담하기, 익살떨기, 장난하기, 흉내 내기 등의 놀이를 의미하기도 한다. 원뜻은 무엇인가를 던지는 것을 의미했다. 또 번쩍거리면서 빛난다는 함의도 있다.[5]

las(가령 vilasa)라는 어근은 빛나기, 갑자기 나타나기, 갑작스러운 소음, 번쩍거리기, 이리저리 움직이기, 놀이, 어떤 직분을 추구하기(가령 독일어의 etwas treiben) 등의 의미를 포괄한다. 마지막으로 명사 릴라(lila, 여기서 파생된 동사 lilayati는 '흔들다'의 뜻)는 놀이의 가벼운, 공기 같은, 경박한, 힘 안 들이는, 사소한 측면을 표현한다. 이것 이외에 lila는 '마치 ~인 양(as if)'의 뜻으로 사용되고 '~처럼', '~와 같은'의 뜻, 그러니까 영어의 like나 likeness 혹은 독일어의 gleich나 Gleichnis 등의 뜻으로 사용된다. 가령 gajalilaya(문자 그대로의 뜻은 '코끼리 놀이와 함께')는 '코끼리같이'라는 의미이고, gajendralila(문자 그대로의 뜻은 '코끼리 놀이하는

---

5 청명한 하늘을 의미하는 dyu와의 연관은 잠시 제쳐 두기로 하자.

사람')는 '코끼리 역을 맡은, 코끼리 역할을 하는 사람'이라는 뜻이다.

이 네 가지 용어에 의미적으로 공통되는 특징은 빠른 움직임인데, 이러한 특징은 다른 언어들에서도 발견된다. 그렇다고 해서 이 단어들이 당초 빠른 움직임만을 지칭하다가 후대에 들어와서 '놀이'의 의미가 추가되었다는 뜻은 아니다. 내가 알기로, 경기는 산스크리트 어의 '놀이' 관련 언어들로 표현되지 않았다. 고대 인도에는 다양한 경기들이 있었지만, 기이하게도 경기만을 가리키는 단어는 없다.

뒤벤다크 교수의 자상한 도움 덕분에 나는 '놀이' 기능을 나타내는 중국어 표현을 알게 되었다. 중국어에서도 우리가 알고 있는 포괄적 의미의 놀이를 단 하나의 일반적 단어로 지칭하지 않는다. 가장 중요한 단어는 '완(玩)'인데 주로 '어린아이들의 놀이'를 의미하나, 의미의 범위를 넓혀, '바쁘다, 무엇인가를 즐기다, 장난치다, 깡충거리다, 익살떨다, 농담하다, 흉내 내다'를 뜻하기도 한다. 또한 '손가락으로 만져보다, 느껴보다, 검사하다, 냄새 맡다, 작은 장식을 얹다, 달빛을 즐기다' 등의 뜻도 있다. 여기서 발견되는 공통적 의미는 '장난스러운 기분으로 무엇인가를 다루다', '가벼운 마음으로 즐기다' 등이다. 기량을 다투는 게임, 경기, 도박, 연극 공연 등에는 '완'이라는 단어가 사용되지 않는다. 특히 질서 정연한 연극적 놀이와 관련해서는, '위치', '상황', '배열' 등을 나타내는 부수(部首)에 소속된 단어를 사용한다. 경기와 관련해서는 '쟁(爭)'이라는 단어를 사용하는데 그리스 어의 아곤(ἀγών)과 완벽하게 동일한 개념이다. 이것 이외에 상금을 걸고 조직한 경기 대회는 '새(賽)'라고 한다.

전에 레이던 대학의 동료였던 울렌베크 교수는 원시 언어의 하나인 알곤킨 그룹의 블랙풋(Blackfoot) 부족 언어에서 놀이 개념이 어떻게 표현되는지 알려 주었다. 동사 어근 '코아니(koani)'는 모든 어린아이의 놀이를 가리킨다. 특정한 놀이에 연관되는 것이 아니라 어린아이들의 놀이를 전반적으로 가리킨다. 어른이나 어른이 다된 청소년의 놀이에 대해서는 koani라는 말을 사용하지 않는다. 설혹 그 놀이가 어린아이들의 놀이와 똑같더라도 이 단어를 피한다. 기이하게도 성적인 관계, 즉 불륜의 남녀 관계에 대해서는 koani를 사용한다. 영어의 dallying과 유사한 의미이다.

정해진 규칙을 따르는 조직된 놀이는 '칵치(kachtsi)'라고 한다. 이 단어는 기량과 힘을 다투는 게임이나 사행성 게임에도 사용된다. 여기서 공통적인 의미 요소는 '이기기', '경쟁하기' 등이다. 따라서 코아니와 칵치의 관계는 그리스 어의 파이디아(παιδιά)와 아곤(ἀγών)의 관계와 유사하다. 단 블랙풋 부족의 용어는 명사가 아니라 동사이고, 사행성 게임은 그리스 어에서는 파이조(παίζω)라는 단어를 쓰는 데 비해 블랙풋 부족 언어에서는 사행성 게임이 경기의 범주에 들어간다. 주술이나 종교의 영역에 속하는 것, 즉 춤과 의례는 코아니와 칵치에 의해 표현되지 않는다.

블랙풋 어는 '이기기'에 대해서는 두 개의 독립된 단어를 갖고 있다. 아모츠(amots)는 경기, 경주, 게임, 전투(이 경우는 '파괴하기', '난장판을 만들기'의 뜻)에서 이기기를 의미하고, 스케즈(skets) 혹은 스키츠(skits)는 오로지 게임과 스포츠에서 이기기를 의미한다. 후자의 단어에는 놀이 영역과 아곤 영역이 완벽하게 융합되어 있다. 또한 압스카(apska)라는 단어는 오로지 판돈 걸기만을 의미한다. 그리고 접두사 킵(kip)을 붙이면 '장난삼아', '진지하지 않게'의 뜻을 갖게 된다. 이 접두사의 문자적 의미는 '그저', '단지'의 뜻이다. 가령 아니우(aniu)는 "그는 말했다"이지만, 키파니우(kipaninu)는 "그는 장난삼아 말했다", "그저 해보는 말이다"의 뜻이다.

전반적으로 보아 블랙풋 어의 놀이 개념과 표현은 그리스 어와 똑같지는 않지만 상당히 유사하다.

일본어, 셈 어, 라틴 어

우리가 이미 살펴본 세 개 언어, 즉 그리스 어, 산스크리트 어, 중국어에서 경기를 의미하는 단어와 놀이를 의미하는 단어가 뚜렷하게 구분되어 있다. 반면에 블랙풋 어는 약간 다르게 그 둘을 구분한다. 이러한 언어적 특성은 놀이와 경기의 사회학적·심리적·생물적 차이에서 나온다는 볼케슈타인 교수의 견해를 뒷받침해 주는 것일까? 아니다. 왜냐하면 앞으로 다루게 될 인류학적 자료들은 그 견해를 부정하기 때문이다. 또한 방금 거론한 세 개 언어는 놀이와 경기를 구분하고 있지만, 그와는 다른 놀이 개념을 보여 주는 언어들을 얼마든지 제시할 수 있다. 대부분의 현대 언어들을 따지지 않는다 하더라도, 일본어, 셈 어, 라틴 어는 이런 주장을 뒷받침한다.

일본어에 대해서는 라더 교수가 여러 가지 사례를 나에게 알려 주었다. 일본어는 중국어와는 다르게(그리고 현대 서유럽 언어들과는 비슷하게), 놀이 기능을 포괄적으로 지칭하는 한 단어를 갖고 있고, 또 이와 관련하여 진지함을 표시하는 반대어도 갖고 있다. 명사 아소비(あそび)와 동사 아소부(あそぶ)는 놀이 전반, 오락, 휴식, 여흥, 즐거운 시간 보내기, 가벼운 여행, 기분 전환, 노름하기, 빈둥거리기, 할 일이 없는 상태 등을 의미한다. 어떤 연기를 하기(가령 바보 역할), 무언가를 표현하기, 흉내 등을 의미한다. 바퀴, 도구, 구조물 등이 제대로 작동한다는 의미로도 사용되는데, 네덜란드 어, 독일어, 영어에서도 이런 뜻이 있다.[6]

아소부는 '선생님 밑에서 공부하다', 혹은 '대학에서 공부하다'의 뜻도 있다. 이것은 '학교'라는 의미를 갖고 있는 라틴 어의 루두스(ludus)를 연상시킨다. 그것은 모의 경기를 의미하기도 하지만 본격적 의미의 경기를 지칭하지는 않는다. 여기에서도 경기와 놀이를 약간 다르게 구분하는 것을 볼 수 있다. 마지막으로 아소부는 찻잔을 손에서 손으로 돌리는 일본의 우아한 차회(茶會)에서도 사용한다. 경기 중의 빠른 동작, 과시하기, 농담하기의 함의는 여기에서 찾아보기 어렵다.

일본의 놀이 개념을 자세히 살펴보면 일본 문화를 더욱 깊숙이 연구할 수 있다. 다음은 좋은 사례가 될 것이다. 중세 기독교 시대의 '기

---

6 영어의 전문 용어가 일본어에 영향을 주어 이런 의미를 획득하게 되었는지 여부는 조사하지 못했다.

사도'처럼 일본에는 부시도[武土道, 무사도]가 거의 완벽하게 놀이 영역에 자리 잡고 있고 놀이 형태로 재연되었다. 일본어는 아소바세고토바(遊ばせ言葉, 직역하면 놀이-언어)나 존칭어법에서 이 개념을 그대로 유지하고 있다. 귀족 계급의 사람들은 무엇이든 놀이의 기분으로 행동한다는 의미가 함축되어 있다. "당신은 도쿄에 도착했다(あなたは東京につく)"라는 평어를 공손한 어조로 바꾸면 "당신은 도쿄에 도착함을 놀이했습니다(あなたは東京におつき遊ばします)"가 된다. 같은 사례로, "나는 당신의 아버지가 사망하셨다는 얘기를 들었습니다(私はあなたの父上が亡くなられたと聞きました)"는 "당신의 아버지가 사망 놀이하셨다는 얘기를 들었습니다(私はあなたの父上がお亡くなり遊ばしたとうかがいました)"가 된다. 달리 말해서, 공경 받는 귀족 계급은 즐거움과 겸양만이 행동화하는 고상한 영역에서 살고 있다고 보는 것이다.

귀족적 생활을 놀이의 가면 뒤에 감추는 것과 정반대되는, 진지함 혹은 놀이 아닌 것을 직접적으로 가리키는 일본어가 있다. 마지메(まじめ)라는 단어는 진지함, 엄숙함, 심각함, 정직함, 근엄함, 웅장함, 조용함, 예의바름, '좋은 모양새'를 의미한다. 이 단어는 '체면'과 관련이 되는데, 잘 알려진 중국어 표현으로는 "체면을 잃다"가 있다. 문제는 이런 진지함의 마음가짐이 예배 중에 수행되는 의례적 행위와 어느 정도까지 양립하는가 하는 것이다.

셈 어에 대해서는 작고한 나의 친구 벤싱크 교수가 알려 주었다. 셈어의 놀이 개념은 la'ab(라압)을 어근으로 하는데 la'at(라앗)과 같은 어원을 갖고 있다. 이 단어는 놀이의 의미 이외에도 웃음과 흉내라는 뜻을 갖고 있다. 아랍 어 la'iba(라이바)는 놀이의 전반적 의미 이외에 흉내 내다, 놀려대다 등의 뜻을 갖는다. 아람 어(Aramaic) 라압(la'ab)은 웃음과 흉내를 의미한다. 그 외에 아랍 어와 시리아 어에서 같은 어근은 어린아이의 침 흘리기를 의미한다. 아마도 어린아이가 침으로 물방울을 만드는 습관으로부터 나온 것인데, 이 습관 역시 놀이의 한 형태로 간주할 수 있다. 히브리 어 사하크(sahaq) 역시 웃음과 놀이하기를 의미한다. 마지막으로 아랍 어 라이바(la'iba)는, 일부 현대 유럽 언어에서처럼, 악기의 '놀이(연주)'에도 사용된다. 따라서 셈 언어들에 있어서는 놀이 개념이 지금껏 검토해 온 다른 언어들에 비해서 다소 막연하면서 엉성한 특징을 갖고 있는 듯하다. 우리가 앞으로 살펴보게 되겠지만 히브리 어는 아곤과 놀이를 동일시하는 뚜렷한 증거를 제시한다.

놀이 개념을 다루는 어휘를 많이 갖고 있는 그리스와는 아주 대조적으로, 라틴 어는 놀이의 전 영역을 커버하는 단 하나의 단어만 갖고 있다. ludere(루데레)에서 나온 ludus(루두스)가 그것인데 lusus(루수스)는 여기서 직접 파생되었다. 농담하기와 장난하기의 의미를 갖고 있는 jocus(요쿠스)와 jocari(요카리)는 고전 라틴 어에서 놀이 그 자체를 의미하는 단어가 아니었다. ludere가 물고기의 뛰어오름, 새들이 날개를 퍼덕거림, 물의 흐르는 소리 등을 가리키기는 하지만 그 어원은 빠른 움직임이나 번쩍거리기에 있는 것이 아니라 '비슷함' 혹은 '기만'의 뜻을 가진 '진지하지 않음'에서 나온 것이다. Ludus는 어린아이들의 게임, 오락, 경기, 전례와 연극적 재현, 사행성 게임을 모두 의

92

미한다. lares ludentes(놀이의 수호신)이라는 표현에서, ludus는 '춤'을 의미한다. '~인 체하기', '~의 외양을 갖추기'의 뜻이 가장 강하다. 여기에서 나온 단어들인 alludo(알루도), colludo(콜루도), illudo(일루도)는 모두 비현실적인 것, 환상적인 것을 가리킨다. 로마 생활에서 중요한 자리를 차지했던 거대한 공식 경기를 의미하는 ludi(루디)나, '학교'의 의미를 갖고 있는 ludi(루디)에서는 이런 비현실이나 환상의 의미가 전혀 발견되지 않는다. 의미의 출발점은 첫째가 경기이고 둘째가 놀이의 '실천'이다.

놀이를 전반적으로 포괄하는 개념인 ludus(루두스)가 로망스(Romance) 언어들에 유입되지 않았고, 또 이 언어들에 별 흔적을 남기지 않았다는 것은 놀라운 일이다. 로망스 언어들에 있어서 ludus는 파생어인 jocus(요쿠스)에 의해 대체되었다. jocus는 원래 농담하기와 조롱하기의 특정한 의미를 갖고 있었으나 '놀이' 전반으로 의미가 확대되었다. 가령 프랑스 어의 jeu, jouer, 이탈리아 어의 gioco, giocare, 스페인 어의 juego, jugar, 포르투갈 어의 jogo, jogar, 루마니아 어의 joc, juca 등이 그러하다. 이와 유사한 단어들이 카탈로니아 어, 프로방스 어, 레토로망스 어(Rhaeto-Romanic)에서도 발견된다. ludus와 ludere가 완전히 사라진 것은 음성적 이유나 의미적 이유 때문이 아닐까 하는 의문은 여기서 잠시 접어두기로 하자.

현대 유럽 언어들에서 '놀이(play)'라는 단어는 아주 넓은 의미의 분야를 커버한다. 우리가 위에서 살펴본 바와 같이, 로망스 어들과 게르만 어들에서 이 단어는 놀이 그 자체와는 무관한 움직임이나 동작 등을 의미하는 다양한 개념 그룹에 분포되어 있다. 가령 어떤 기계 부품의 부분적 움직임에 '놀이(작동)'를 적용하는 사례가 프랑스 어, 이탈리아 어, 영어, 스페인 어, 독일어, 네덜란드 어 등에서 흔하게 발견된다. 그 외에 위에서 살펴본 바와 같이 일본어에서도 발견된다. 이처럼 현대 언어들의 놀이 개념은 파이제인(παίζειν)이나 루데레(ludere)보다 더 넓은 의미 영역을 커버하는 듯하다. 심지어 놀이라는 구체적 아이디어가 가벼운 동작이나 운동만을 의미하는 경우도 있다. 이러한 현상은 게르만 언어들에서 특별히 관찰된다.

게르만 어와 영어

이 언어들은 놀이를 포괄하는 공통 단어를 갖고 있지 않다. 이렇게 된 것은 고대 게르만 시대에는 놀이가 아직 일반적 아이디어로 정립되지 않았기 때문이라고 가정해 볼 수 있다. 하지만 게르만 언어들이 개별적으로 분화하기 시작하면서 각 언어는 놀이에 대하여 다른 단어를 만들어냈고, 이렇게 만들어진 단어들은 여러 가지 의미를 생성했다. 그리하여 '놀이'라는 표제 아래 다양하면서도 상이한 아이디어의 그룹이 존재하게 되었다.

우리들에게 전해져 오는 고대 고트 어의 매우 단편적인 문헌들—『신약성서』의 일부분—속에는 놀이에 해당하는 단어가 없다. 「마가복음」10장 34절("그들은 그를 조롱할 것이다")의 번역을 살펴볼 때, 고대 고트 어가 놀이를 laikan(라이칸)으로 표현했음을 알 수 있다. 이 단어는 스칸디나비아 언어들에서 놀이를 의미하는 일상적 단어의 조상이 되는 말이다. 이것은 고대 영어와 고지(高地) 게르만 어와 저지(低地) 게르만 어에서도 발견된다.

고트 이의 문헌들에서 laikan은 '뛰어오르다'라는 의미로만 사용되었다. 우리가 앞에서 살펴본 것처럼, 재빠른 움직임은 많은 놀이-단어들의 구체적 출발점이었다. 여기서 놀이의 기원이 동물과 인간의 어린것들이 뛰어오르기 좋아한다는 사실에서 나왔으리라는 플라톤의 말(『법률』, ii, 653)을 상기해 볼 필요가 있다. 그리하여 그림 형제의 독일어 사전에는 고지 독일어 명사 leich의 뜻이 "생생하고 리드미컬한 움직임"으로 풀이되어 있는데, 이러한 의미는 전적으로 놀이 영역에 속하는 것이다. 앵글로-색슨 어 lacan도 파도 위의 배처럼 '동요하다', 새처럼 '퍼덕거리다', 불꽃처럼 '너울거리다'의 뜻을 갖고 있었다. 더욱이 lac와 lacan은 고대 스칸디나비아 어 leikr, leika처럼[7] 모든 종류의 놀이하기, 춤추기, 신체적 동작을 묘사했다. 후대의 스칸디나비아 언어들에서 lege, leka는 거의 전적으로 놀이하기의 뜻으로만 사용된다.

게르만 언어들의 경우, spil, spel의 어근에서 풍성한 단어들이 생겨났다는 사실은 M. 하이네(외)가 편집한 『독일어 사전(*Deutsches Worterbuch*)』(x, I, 1905)의 놀이와 놀이하기의 기사에서 상세하게 설명

---

7 아래를 볼 것

되어 있다. 여기서 중요한 사항들은 다음과 같다. 먼저, 동사와 술어의 관계가 있다. 독일어에서 ein Spiel treiben, 네덜란드 어에서 een Spiel doen, 영어에서 pursue a game이라고 쓸 수 있지만, 본래의 동사는 play이다. 다시 말해 속뜻은 play a game, spielen ein Spiel 인 것이다. 영어에서는 play와 game이라는 두 단어가 쌍둥이처럼 사용되고 있기 때문에 이 문제가 어느 정도 해결이 되었다. 그렇지만 행동의 본질을 표현하기 위하여 명사 속에 포함된 아이디어가 동사에서 되풀이되어야 하는 문제가 남아 있다. 이것은 놀이하기라는 행동이 너무나 특별하고 독립적인 본질을 갖고 있기 때문에 행동의 일상적 범주를 벗어난다는 뜻일까? 놀이하기는 일상적 의미의 '행동하기'가 아니다. 낚시, 사냥, 모리스 춤(모리스 댄싱(Morris-dancing) : 영국 전통 춤의 하나로 주로 메이데이(May Day)에 추는데, 전설상의 남자 주인공을 가장한 춤─옮긴이), 목공예를 할 때 do라는 동사를 쓰지만 do a game이라고 하지는 않고 'play' a game이라고 말하는 것이다.

또 다른 중요한 사항으로는 이런 것을 들 수 있다. 어떤 언어가 되었든 놀이의 일반적 특성을 이야기할 때 놀이의 많은 속성들 중 어느 하나, 가령 가벼움, 결과에 대한 긴장과 불확실성, 질서 정연한 교대, 자유로운 선택 등에서 골라 그것을 놀이의 일반적 특성인 양 저평가하는 경향이 있다는 것이다. 우리는 이러한 경향을 고대 스칸디나비아 어의 leika에서 살펴볼 수 있다. 이 단어는 '자유롭게 움직이다', '붙잡다', '원인 혹은 효과를 가져오다', '다루다', '어떤 일에 몰두하다', '시간을 보내다', '실천하다' 등 아주 광범위한 의미를 갖고 있다.

놀이가 제한된 기동성 혹은 움직임의 자유 등 제한적 의미로 사용되고 있다는 것은 이미 앞에서 살펴본 바와 같다. 이와 관련하여 네덜란드 국립은행의 은행장은 길더화의 평가절하와 관련하여 시적인 분위기가 재담을 의도하지 않은 상태에서 이런 말을 했다.

> In so restricted area as is now left for it, the Gold Standard cannot play.
> 현재처럼 아주 제한된 분야에서만 영향력을 발휘하는 금본위 제도는 통용될 수가 없다.

to have free play나 to be played out 같은 표현들은 놀이 개념이 희석되고 있음을 보여 준다. 이것은 놀이라는 아이디어가 놀이 개념 이외의 다른 개념으로 옮겨갔기 때문에 그런 것이 아니라, 그 아이디어가 부지불식간에 아이러니 속에 녹아 버렸기 때문에 그런 것이다. 중세 고지 독일어에서 spil(놀이)과 그 복합어들이 신비주의자의 언어 속에서 널리 선호된다는 것은 우연한 일이 아니다. 왜냐하면 어떤 사상 분야는 이런 애매모호한 놀이 용어들을 특별히 요구하기 때문이다. 가령 play of imagination(상상력의 놀이), the play of idea(아이디어의 놀이), the whole dialectical play of cosmological ideas(우주적 아이디어의 변증법적 놀이) 같은 표현을 좋아하는 칸트 철학을 한번 생각해 보라.

게르만 언어들의 놀이 개념에 속하는 세 번째 어근, 즉 놀이 그 자체를 다루기 전에 다음과 같이 사실을 지적해 두고 싶다. lac와 plega 이외에도 고대 영어 혹은 앵글로 색슨 어는 spelian이라는 단어를 사용했다. 이 단어는 '누군가를 대신하다', '누군가의 자리를 대신하다', 즉 vicem gerere(대리를 하다)의 뜻으로 사용되었다. 가령 아브라함이 아들 이삭 대신 하느님에게 바친 숫양을 가리키는 경우에 이 단어를 썼다. playing a part(어떤 역할을 하다)라는 뜻에서 이러한 함의는 놀이와 관련이 되지만 1차적인 의미는 아니다. spelian이 문법적으로 독일어 spielen과 어떻게 연결되는지는 잠시 제쳐 두고, 또 독일어 Spiel과 영어 spell과 gospel의 관계를 논의하는 것도 잊어버리자. 독일어의 Beispiel, Kirchspiel, 네덜란드 어의 kerspel, dingspel(예전의 사법지구) 등 -spiel로 끝나는 단어들은 위의 영어 단어들과 같은 어근에서 나온 것으로서, Spiel(spel)에서 나온 것은 아니다.

의미적 관점에서 보자면 영어 단어 play와 to play는 아주 특이하다. 어원적으로 보자면 이 두 단어는 앵글로-색슨 어 plega(놀이)와 plegan(놀이하다)에서 나왔으나, 그 뜻은 재빠른 움직임, 제스처, 양손을 잡기, 박수치기, 악기를 연주하기, 모든 종류의 신체적 행동을 의미했다. 후대의 영어는 이런 의미를 상당히 간직했고 그래서 셰익스피어의 『리처드 3세』 4막에는 이런 대사가 나온다.

Ah, Buckingham, now do I play touch,
To try if thou be current gold indeed.
버킹검 경, 그 손을 이리 주오. 내가 시금석의 일을 맡아

경이 순금인지 아닌지 좀 시험해 보아야겠구려.

    고대 영어의 plegan, 유럽 대륙의 고대 색슨 어 plegan, 고대 고
지 게르만 어 pflegan, 고대 프리지아(프리즐란드) 어 plega 등의 형태
적 조응은 완벽하여 의심의 여지가 없다. 현대 독일어 plegen, 현대
네덜란드 어 plegen을 파생시킨 이런 단어들은 놀이 그 자체의 의미
가 아닌 추상적 의미를 갖고 있었다. 가장 오래된 의미는 "어떤 사람
혹은 어떤 것을 위하여 보증을 서다, 모험을 걸다, 자기 자신을 위험
에 노출하다"였다.[8] 그 다음이 "약속하다, 자기 자신을 구속하다(sich
verpflichten) 혹은 관여하다, 보살피다(verpflegen)"였다. 독일어 pflegen
은 신성한 행위의 수행, 조언의 제공, 정의의 시행(Rechtspflege)을 의미
했다. 다른 게르만 언어들에서 pflegen은 경의, 감사, 맹세, 문상, 일,
사랑, 주술 그리고 아주 드물게 '놀이'를 의미했다.[9]
    따라서 이 단어는 주로 종교, 법률, 윤리의 영역에서 자주 쓰였다.

---

8 참조. J. Franck, *Etymologisch Woordenboek der Nederlandische taal*, edited by
   N.van Wijk(Haag, 1912); *Woordenboek der Nederlandische taal*, xii, I, edited by G.J.
   Boekenoogen and H.J. van Lessen(Haag-Leiden, 1931).

9 브라반트의 수녀인 Hadewych(13세기)의 노래 중에 다음과 같은 시가 있다.

    Der minnen ghebrucken, dat es een spel,
    Dat niemand wel ghetoenen en mach,
    Ende al mocht dies pleget iet toenen wel,
    Hine const verstaen, dies noijt en plach.
    Liedeven van Hadewych, ed. Johanna Snellen(Amsterdam, 1907).

   이 시에서 사용된 plegen(pleget)은 의심할 나위 없이 놀이로 이해되어야 한다.

이런 분명하게 다른 의미 때문에 to play와 pflegen(혹은 기타 게르만 언어들의 유사어)은 어원적으로 동음이의어(同音異義語)라고 생각되어 왔다. 하지만 위에서 살펴본 바에 의하면 우리는 정반대의 견해를 정립할 수 있다. to play는 구체적 행동을 묘사하는 데 사용된 반면, pflegen은 추상적인 것을 가리키는 데 사용돼 왔다. 하지만 이 두 단어는 의미적으로는 놀이 영역에 가깝게 있다. 우리는 그것을 의례의 영역이라고 부를 수 있을 것이다. pflegen의 아주 오래된 의미에는 '축제의 개최', '부의 과시'라는 뜻이 들어 있었다. 이 때문에 네덜란드 어 plechtig는 '의례적인', '엄숙한'의 뜻을 갖고 있다. 형태적으로 보아 독일어 Pflicht와 네덜란드 Plicht는 앵글로-색슨 어 pliht(영어의 plight가 여기서 나왔음)에 조응한다.**10** 네덜란드 어와 독일어 단어는 오로지 '의무'만을 뜻하는 데 반해, pliht는 일차적으로 '위험'을 의미하고, 이차적으로 '공격', '잘못', '비난'을 의미하며 마지막으로 '맹세', '약조'를 의미했다. plihtan이라는 동사는 '자기 자신을 위험에 노출시키다', '위태롭게 하다', '준수하다' 등의 뜻을 갖고 있었다. pledge에 대해서 살펴보면, 중세 라틴 어는 게르만 어 plegan에서 plegium이라는 단어를 만들어냈다. plegium은 고대 프랑스 어에서 pleige가 되었고 또 영어에서는 pledge가 되었다. 이 단어의 가장 오래된 의미는 '확실한 것', '보장', '인질' 등이었다. 여기서 도전의 의미로 gage

---

10 아마도 pledge의 의미를 가진 plight를 지칭하는 것이리라. 왜냐하면 predicament(곤경)을 의미하는 plight는 잘못된 철자법이라고 간주되기 때문이다. 이 부분에 대한 하위징아의 노트는 이렇게 되어 있다. 참조 pleoh, 고대 프리지아 어 ple=위험.—영역자 주

와 wage가 나왔는데 이 두 단어는 동의어이다. 마지막으로 pledge 에는 '약조'의 의미가 있었는데 그래서 약조, 누군가의 건강을 빌기, 약속, 맹세 등의 의미로 '술 마시기'가 생겨났다.[11]

이러한 개념들, 즉 도전, 위험, 경쟁 등이 놀이의 영역에 아주 가까이 있다는 것을 부정할 사람은 없으리라. 놀이와 위험, 모험, 기회, 재주 등은 무엇인가를 걸어 놓고 하는 행위의 단일 분야라 할 수 있다. 따라서 to play와 pflegen(그리고 여기서 파생한 단어들)은 형태적으로나 의미적으로나 같은 단어라고 감히 말하고 싶다.

놀이와 경기(아곤)의 관계

이렇게 하여 우리는 놀이와 경기, 경기와 투쟁의 관계를 좀 더 전반적으로 검토해 볼 필요가 있다. 모든 게르만 언어들에서 그리고 많은 다른 언어들에서 놀이-단어들은 규칙적으로 무장 투쟁에도 적용된다. 앵글로-색슨의 시(詩)에는―딱 한 가지 사례만 들어보아도―이러한 용어와 표현들이 흘러넘친다. 무장 투쟁 혹은 전투는 heado-lac 또는 beadu-lac라고 하는데 문자적 의미는 '전투-놀이'이다. 또 asc-plega는 '창-놀이'를 의미한다. 이러한 복합어들은 분명 시적

---

11 이런 의미를 가진 pledge에 대해서는 앵글로-색슨 어 beadoweg, baedeweg=poculum, certaminis, certamen과 비교해 볼 것

비유로서 놀이 개념을 의식적으로 전투 개념에 전이시킨 것이다. 서 프랑크의 왕 루트비히 3세가 881년에 소쿠르에서 노르 인(Norseman: 고대 스칸디나비아 인, 고대 노르웨이 인)을 처부수고 승리한 노래인 「루트비히의 노래」(고대 고지 게르만 어)에는 "거기서 프랑크 족들이 놀았다"라는 시행이 나온다. 그런데 놀이라는 단어를 전투와 관련시킨 것이 오로지 시적인 표현이라고 주장해서는 안 된다. 고대의 사상 영역을 잘 검토해 보면, 무기를 가지고 싸우는 전투와, 사소한 게임에서 시작하여 유혈 격투에 이르기까지 각종 경기에 놀이라는 개념이 들어가 있음은 물론이고 일정한 규칙에 의해 제약을 받는 운명과의 갈등이라는 공통된 기본 아이디어가 들어가 있다. 이렇게 볼 때 놀이를 전투에 적용하는 것은 시적인 비유가 아니라 하나의 직설법이다. 놀이가 전투이고 전투가 놀이인 것이다.

고대 문화에서 놀이와 전투가 본질적으로 같은 것이라는 뚜렷한 사례는 『구약성경』에서 찾아볼 수 있다. 「사무엘서」 하권(2장 14절)에서 아브넬이 요압에게 말한다. "부하들을 내세워 우리 앞에서 겨루게 하자." 이 부분의 라틴 어역 성경(불가타)은 이러하다. Surgant pueri et ludant coram nobis(아이들이 우리들 앞에서 일어나 놀았다). "그래서 각 측에서 열둘이 나왔다. 그들은 저마다 상대방의 머리를 붙잡고 칼로 옆구리를 찔러 함께 쓰러졌다. 그래서 그곳을 옆구리 벌판이라고 했다." 여기서 중요한 것은 이 이야기가 역사적 근거가 있는가 혹은 어떤 지명의 유래를 설명하기 위해 만들어낸 전설인가 하는 것이 아니다. 정말로 중요한 것은 그 행동을 놀이라고 했다는 것, 또 놀이 아닌 다른 어떤 것이라고 하지는 않았다는 것이다. 라틴 어역 성경에서 ludant 라고 한 것은 let them play(그들을 놀게 하라)의 뜻이다. 히브리 어는 이 부분에 sahaq라는 단어를 썼는데 일차적으로 '웃다'이고 이차적으로 '무엇을 농담 삼아 하다', '춤추다'의 뜻이다. 셉투아긴트(70인 역 그리스 어 성경)에는 이 부분이 이렇게 되어 있다. anastetosan de ta paidaia kai paizatosan enopion emon.

놀이가 시적 비유로 쓰였다는 것은 의심의 여지가 없다. 그러나 아무리 살육적 놀이라고 해도 그것이 여전히 놀이였다는 것은 분명하다. 바로 이 때문에 놀이와 경기를 서로 다른 개념으로 분리할 수가 없다.[12] 여기서 또 다른 결론이 도출된다. 고대 사회에서 놀이와 전투는 서로 떼어놓을 수 없는 것이기 때문에 사냥과 놀이의 결합이 자연스럽게 이루어진다. 각종 언어와 문학에서 이런 사례를 많이 발견할수 있으므로 여기서 그것을 자세히 다룰 필요는 없을 것이다.

play(pflegen)라는 단어의 어근을 다룰 때 우리는 놀이 용어가 의례의 영역에서 발생하는 것을 살펴보았다. 이것은 결혼을 가리키는 네덜란드 어 huwelijk의 경우인데 이 단어는 중세 저지 네덜란드 어인 huweleec 혹은 huweleic(문자적 의미는 '결혼-놀이')의 형태를 그대로 반영한다. feestelic(축제), vechtelic(전투: 고대 프리지아 어 fyuchtleek)와 비교해 보라. 이런 단어들은 위에서 언급한 leik 어근에서 나온 것들인데

---

12 우리는 Thor와 Loki 사이의 기이한 시합을 가리켜 『길피 왕의 환상(Gylfaginning)』에서 leika라고 불렀던 것을 상상해 볼 수 있다.

스칸디나비아 언어들에서 놀이에 해당하는 보통 단어들을 파생시켰다. leik의 앵글로-색슨 어 형태인 lac, lacan에서는 놀이, 뛰어오르기, 리드미컬한 운동 이외에 희생, 봉헌, 선물, 혜택, 심지어 자선, 자선금 등을 의미했다. 이런 다소 기이한 의미 발달의 출발점은 ecgalac, sveorda-lac(칼춤) 같은 단어들이었다고 믿어진다. 그래서 그림 형제에 의하면, 엄숙하고 희생적인 춤의 개념을 갖고 있었다.[13]

음악과 에로스

놀이 개념에 대한 검토를 끝내기 전에 놀이라는 단어를 악기의 취급에 적용하는 특별한 경우를 살펴보기로 하자. 우리는 앞에서 아랍어 la'iba가 다수의 유럽 언어들과 마찬가지로 이런 의미를 갖고 있다고 지적했다. 특히 게르만 언어들(과 일부 슬라브 언어들)이 그러한데 이들 언어는 중세 시절까지만 해도 악기를 다루는 기술을 '놀이'라는 단어로 표현했다.[14]

로망스 언어들 중에서는 프랑스 어 jeu와 jouer만이 이런 의미를 가지고 있는 듯한데 게르만 언어의 영향으로 볼 수 있다. 이런 뜻으로 이탈리아 어는 sonare를, 스페인 어는 tocar를 사용한다. 그러

---

13 그림, 『도이치 신화』, ed. E. H. Meyer, 1(괴팅겐, 1875).
14 현대 프리지아 어는 boartsje(어린아이들의 놀이)와 spylje(악기의 연주)를 구분하고 있다. 후자의 단어는 아마도 네덜란드 어에서 가져왔을 것이다.

나 그리스 어와 라틴 어는 이런 의미를 가진 단어가 전혀 없다. 독일어 Spielmann(네덜란드 어의 Speelman)은 '뮤지션(음악 하는 사람)'의 함의를 갖는다는 사실은 악기의 연주와 직접적으로 관련되지는 않는다. Spielman은 정확하게 joculator, jongleur 등과 호응하는데, 당초 모든 종류의 공연 아티스트의 의미를 가지고 있던 의미가 점차 좁혀져서 한편으로는 시인, 다른 한편으로는 뮤지션을 가리키다가, 종내에는 칼과 공으로 트릭을 부리는 모든 사람을 가리키게 되었다.

이런 특별한 언어적 경우를 따지지 않는다고 하더라도 우리가 음악을 놀이의 영역으로 인식하는 것은 아주 자연스러운 일이다. 음악 만들기는 처음서부터 놀이 그 자체의 형태적 특징을 다 갖추고 있었다. 그 행위는 시간과 공간의 엄격한 제한 아래 시작되고 끝나며, 반복 가능하며, 질서·리듬·교대로 이루어지며, 관중(과 뮤지션)을 황홀하게 만들어 '일상' 생활을 벗어나 기쁨과 평온함의 세계로 들어가게 한다. 이 때문에 슬픈 음악도 숭고한 기쁨을 자아낸다. 달리 말해서 음악은 사람을 '매혹'하고 '황홀'하게 한다. 따라서 모든 음악을 놀이의 표제 아래 포함시켜도 무방하다. 하지만 우리는 놀이가 음악과는 다른 어떤 것, 그 자체로 독립해 있는 것임을 알고 있다. 더욱이 '놀이하기'가 노래 부르기에는 적용되지 않고, 특정 언어들 속에서 음악 만들기에만 적용된다는 사실을 감안할 때, 놀이와 악기 연주 기술의 연결 고리는 손가락의 민첩하고 질서정연한 움직임에서 찾아보는 것이 타당하다.

'놀이'라는 단어는 에로스와 관련하여, 놀이 즉 전투라는 방정식 못지않게 널리 사용되고 또 기본적인 관계를 형성하고 있다. 게르만 언어들은 에로틱한 것과 관련하여 이 단어를 많이 사용하고 있으며, 그런 사례들은 무수히 많다. 가령 독일어 Spielkind(네덜란드 어 speelkind)는 혼외 관계에서 태어난 아이를 가리킨다. 또한 개들의 홀레를 가리키는 aanspelen과 성교 행위를 가리키는 minnespel을 서로 비교해 보라. 독일어 Laich와 laichen(어류의 '산란'), 스웨덴 어의 leka(새들의 짝짓기), 영어 lechery(호색) 등은 고대 게르만 어근인 leik, leikan에서 나온 것이다. 유사한 용례를 산스크리트 어에서도 찾아볼 수 있는데 kridati(놀이)가 빈번하게 에로틱한 의미로 사용된다. 가령 kridaratnam('게임들의 보석')은 성교 행위를 가리킨다. 보이텐디크(바이텐디크, F. J. J. Buytendijk) 교수는 사랑–놀이가 놀이의 본질적 형태를 아주 명석하게 보여 주는 가장 완벽한 사례라고 말했다.[15]

하지만 우리는 좀 더 구체적으로 나가야 할 필요가 있다. 앞에서 요약한 대로 놀이의 형태적·기능적 특징을 놓고 볼 때 성적 행위는 그런 특징에 포함되지 않는다. 언어의 정신상, 놀이라고 파악하는 것은 성적 행위 그 자체라기보다 거기에 이르는 과정, 사랑으로 가는 준비와 도입 등을 가리키는데 이것은 모든 종류의 놀이하기에 의해 더욱 매혹적인 것이 된다. 이것은 수컷이 암컷에게 구애하여 짝짓기를 하려고 할 때 더욱 뚜렷해진다. 보이텐디크(바이텐디크)가 언급한 놀이의 역동적 요소들, 가령 장애물의 창조, 장식, 놀라게 함, '~인 체하기',

---

15 앞에 나온 보이텐디크(바이텐디크, F. J. J. Buytendijk)의 책, p.95.

긴장 등은 모두 구애의 과정에 속하는 것이다. 하지만 이 모든 기능들은 엄격한 의미에서 놀이라고 할 수 없다. 수컷 새가 암컷 새 앞에서 춤추듯이 걷기, 깃털을 자랑하기, 자신의 모습을 과시하기 등이 진정한 의미의 놀이이다. 애무는 때때로 놀이의 특성을 갖기도 하지만 대체로 보아 놀이와는 상관이 없다. 성행위 자체를 사랑의 놀이로 보아 놀이 범주에 포괄시키는 것은 잘못된 일이다. 짝짓기라는 생물적 과정은 우리가 앞에서 언급한 놀이의 형태적 특성과 일치하지 않는다. 언어 또한 통상적으로 사랑-놀이와 성행위를 구분한다. '놀이'라는 용어는 사회적 규범 바깥에 있는 에로틱 관계에만 거의 전적으로 적용된다. 미국 인디언 블랙풋 족의 경우에서 보았듯이, koani라는 단어는 어린아이들의 일상적인 놀이하기와 불륜의 성관계에만 적용된다. 결론적으로 놀이와 전투는 뿌리 깊은 유사성이 있는 반면, 놀이 용어를 에로스에 적용하는 측면은 보편적으로 받아들여지기는 하지만 전형적인 비유로 보는 것이 타당하다.

놀이와 진지함의 상보적 관계

어떤 단어의 개념적 가치는 언제나 그 반의어(反意語)에 의하여 조건화 된다. 가령 놀이의 반의어는 진지함(earnest)인데 보통 일과 관련해서 사용된다. 그러나 진지함의 반의어는 놀이가 될 수도 있고, 혹은 장난하기 및 농담하기도 될 수 있다. 하지만 놀이-진지함이 상보적 관계가 더 중요하다. 모든 언어들이 게르만 언어 그룹처럼 이 둘의 대립 관계를 완벽하게 대립시키는 것은 아니다. 게르만 언어 그룹의 경우, '진지함'을 뜻하는 단어가 독일어와 네덜란드에서 발견되고, 또 스칸디나비아 어들도 정확하게 같은 의미(진지함)로 alvara를 사용한다. 그리스 어의 스푸데(σπουδή: 진지함)와 파이디아(παιδιά: 놀이)의 구분도 명확하다. 다른 언어들은 놀이의 반대말이 형용사로 존재하고 명사는 없다. 가령 라틴 어에서 serius는 형용사일 뿐 명사가 아니다. 이것은 놀이의 반의어를 추상화하는 과정이 불완전했음을 보여 준다. gravitas와 gravis는 때때로 진지함을 의미하기도 하지만 그것을 꼭 집어서 말하는 것은 아니다. 로망스 언어들도 형용사에서 나온 파생어로 만족해야 한다. 가령 이탈리아 어의 serieta, 스페인 어의 seriedad가 그것이다. 프랑스 어는 진지함을 의미하는 명사를 어렵사리 만들어냈다. 하지만 명사 seriosite는 영어의 seriousness 못지않게 허약하다.

그리스 어 σπουδή의 의미적 출발점은 '열광'과 '속도'를 의미하는 반면, 라틴 어 serius는 '무거움', '중량감'을 의미한다. 게르만 단어는 문제가 더 심각하다. ernest, ernust, eornost 등은 일반적으로 '투쟁', '갈등'을 의미했다. 실제로 그것은 여러 경우의 '갈등'을 의미한다. 영어의 earnest는 무엇이 문제인가 하면 두 개의 형태가 하나로 합쳐졌다는 것이다. 하나는 고대 영어의 (e)ornest이고 다른 하나는 고대 스칸디나비아 어 orrusta인데 '전투, 단 한 번의 싸움, 맹세 혹은 도전'을 의미했다. 이 두 단어들의 어원이 같다는 것은 좀 더 생각해 볼 문제이다. 그래서 우리는 이 문제를 미결로 남겨두고 일반적 결론으로 나아가려 한다.

언어에서 놀이 개념이 그 반의어(진지함)보다 훨씬 더 근본적인 것 같다. '놀이 아님'을 표현하는 단어에 대한 필요는 상대적으로 박약했고, '진지함'에 대한 다양한 표현은 '놀이'의 개념적 반의어를 만들어내기 위한 언어의 2차적 시도에 지나지 않는다. 진지함을 표현하는 단어들은 주로 '열성', '노력', '수고'에 집중되어 있다. 하지만 이런 특성들은 놀이와도 관련이 된다. '진지함'이라는 단어가 나타났다는 것은 사람들이 놀이 개념을 독립적인 실체로 의식했다는 뜻이다. 이 것은 앞에서도 말했듯이, 다소 후대에 이루어진 과정이다. 따라서 다양하고 포괄적인 놀이 개념을 갖고 있는 게르만 언어들이 그 반의어들도 강조한 사실은 그리 놀라운 일도 아니다.

우리가 놀이와 진지함의 대립적 관계를 면밀히 살펴볼 때, 이 둘의 가치는 동일하지 않다는 것을 발견한다. 놀이는 긍정적인 반면 진지함은 부정적이다. '진지함'의 의미는 '놀이'의 부정에 의해 정의되고 또 파악된다. 이렇게 볼 때 진지함은 '놀이하지 않음'일 뿐이고 그 이상의 의미는 없다. 반면에 '놀이'의 의미는 '진지하지 않음', '심각하지 않음'이라고 정의해서는 그 의미가 완전히 파악되지 않는다. 놀이는 그 자체로 독립되어 있는 것이다. 놀이 개념 그 자체는 진지함보다 더 높은 질서 속에 있다. 왜냐하면 진지함은 놀이를 배제하려고 하는 반면, 놀이는 진지함을 잘 포섭하기 때문이다.

Johan Huizinga

3장

놀이와 경기는
어떻게 문화의 기능을 발휘하나

　문화 속의 놀이 요소를 말할 때, 문명 생활의 다양한 활동들 중 놀이를 중요한 행위로 여긴다거나, 문명이 어떤 진화 과정(가령 원래 놀이였던 것이 더 이상 놀이가 아니라 문화가 되어 버렸다)을 거쳐 놀이로부터 생겨났다고 말하는 것은 아니다. 우리는 이 장에서 다음과 같은 입장을 취한다. 문화는 놀이의 형태로 발생했고, 문화는 아주 태초부터 놀이되었다. 생활의 필수적 요구를 충족시키기 위한 활동들, 가령 사냥도 원시 사회에서는 놀이 형태를 취했다. 사회생활에는 생물학적 형태를 벗어나는 놀이 형태가 스며들어가 있었고, 이것이 사회의 가치를 높였다. 사회는 놀이하기를 통하여 생활과 세상을 해석했다. 이렇게 말한다고 해서 놀이가 곧 문화라는 얘기는 아니다. 그보다는 이렇게 말하는 것이 더 타당하리라. 태초의 단계에 문화는 놀이의 특성을 갖고 있었고, 놀이의 형태와 분위기에 따라 발전했다. 놀이와 문화의 쌍둥이 조합에서 놀이가 먼저이다. 놀이는 객관적으로 알아볼 수 있는 확정적인 것인 반면, 문화는 후대의 역사적 판단이 특정 사건에 부여한 용어일 뿐이다.

이런 주장은 프로베니우스의 그것과 비슷한데, 그는 『아프리카의 문화사』라는 저서에서 문화를 "자연적 '존재'로부터 생겨나온 하나의 '놀이'이다"라고 정의했다. 내가 볼 때, 프로베니우스는 놀이와 문화의 관계를 너무 신비적으로 파악하여 아주 막연하게 묘사했다. 놀이로부터 문화가 발생하는 지점을 명확하게 짚어내지 못했다.

문화가 진보 혹은 퇴보의 길을 거쳐 발전하는 동안, 놀이와 놀이 아닌 것의 당초 관계는 그냥 그대로 머물러 있지 않았다. 대체로 보아 놀이 요소는 성스러운 영역에 포섭이 되면서 서서히 뒤로 밀려나게 되었다. 포섭되지 않은 나머지는 민담, 시가, 철학, 다양한 형태의 법률적·사회적 생활로 결정(結晶)되었다. 그리하여 당초의 놀이 요소는 문화 현상 뒤에 거의 완벽하게 감춰졌다. 하지만 그 어떤 순간에도, 심지어 고도로 발달한 문명사회에서도, 놀이 '본능'이 강력하게 터져 나와 개인과 집단을 거대한 게임(놀이)의 도취 속으로 밀어 넣는다.

문화와 놀이의 관계는 고등 형태의 사회적 놀이, 가령 한 집단 혹은 서로 대항하는 두 집단의 질서정연한 행위 속에서 잘 드러난다. 혼자서 하는 놀이는 문화적 생산에 크게 기여하지 못한다. 앞에서 지적한 것처럼, 개인이나 공동체에서 발견되는 놀이의 기본적 요소들, 가령 경쟁, 공연, 전시, 도전, 자랑하기, 뽐내기, 과시하기, 허세, 구속력

강한 규칙 등은 동물의 생활에서도 발견된다. 계통 발생적으로 보아 인간들로부터 아주 멀리 떨어져 있는 새들도 놀이의 기본적 요소들을 많이 가지고 있다는 사실은 놀랍기만 하다. 누른도요새는 춤을 추고, 까마귀는 날아가기 시합을 하고, 바우어새(bower-bird: 오스트레일리아와 뉴기니에 서식하는 새이며 바우어(Bower)를 지어놓고 암컷을 유인하는 습성으로 유명하다—옮긴이)와 기타 새들은 그들의 보금자리를 장식하고, 명금(鳴禽, song-bird: 고운 소리로 우는 새—옮긴이)들은 아름다운 노래를 부른다. 이렇게 보면 오락삼아 하는 경쟁과 과시는 문화에서 나온 것이라기보다 문화 이전에 존재하는 것이다.

놀이의 대립적 성격

'함께 놀이하기'는 본질적으로 대립적 특성을 갖고 있었다. 그런 놀이는 두 명의 상대자 혹은 팀들 사이에서 놀이된다. 그러나 춤, 행렬, 공연은 대립의 요소가 완벽하게 결핍되어 있다. 더욱이 '대립적'이라고 해서 반드시 '경쟁적' 혹은 '아곤적' 특징을 띠는 것은 아니다. 중창, 코러스, 미뉴에트 춤, 기악 합주의 각 부분, 고양이 요람이라는 게임 등은 인류학자들이 아주 흥미롭게 관찰하는 사항인데, 일부 원시 부족 사회에서는 이것들이 주술의 복잡한 시스템으로 발전했기 때문이다. 아무튼 이것들은 때때로 아곤의 요소가 들어 있기는 하지만 궁극적으로는 아곤적이라 할 수 없다. 자급자족적인 행위, 가령 연구사나 음악의 공연 등은 절차나 방식이 부상(副賞)을 놓고 벌이는 경쟁의 형태를 취함으로써 아곤의 카테고리에 들어가기도 한다. 가장 대표적인 사례가 그리스 드라마이다.

놀이의 일반적 특징으로는 긴장과 불확실성을 들 수 있다. "결과가 성공적일까?" 하는 의문이 늘 제기되는 것이다. 이러한 조건은 우리가 페이션스(patience: 혼자서 하는 카드놀이), 지그소 퍼즐(jig-saw puzzle : 조각그림 맞추기 퍼즐), 이합체식(각 행의 첫 글자와 끝 글자를 아래로 연결하여 맞추면 하나의 어구가 됨) 글자 퀴즈(아크로스틱(acrostic)), 가로세로 낱말 맞추기(크로스워드(crossword): 십자말풀이), 공중 팽이 놀이(디아볼로(diabolo): 손에 든 두 개의 막대 사이에 켕긴 실 위에서 팽이를 굴리기) 등을 할 때에도 생겨난다. 결과에 대한 긴장과 불확실성은 대립적 요소가 집단 간의 아곤적 요소가 될 때 더욱 커진다. 이기겠다는 열정 때문에 놀이 그 자체의 경박성은 사라져 버리기도 한다.

여기서 중요한 구분이 생겨난다. 사행성 게임에서 경기자가 느끼는 긴장은 관람자에게 희미하게 느껴질 뿐이다. 도박성 게임은 그 자체로 아주 흥미로워 문화적 탐구의 대상이지만 문화의 발전에는 별 기여를 하지 못한다. 도박 게임은 생활과 정신에 아무런 보탬도 주지 못하기 때문에 쓸모없는 것이다. 하지만 그 게임이 지식, 기량, 용기, 힘 등을 요구하는 게임이라면 사정은 달라진다. 게임이 '까다로울수록' 관람자의 긴장은 높아진다. 체스(장기) 게임은 문화에 기여하지 못하고 시각적인 매력도 없지만 구경꾼을 매혹시킨다.

어떤 게임이 보기에도 아름답다면 그 문화적 가치는 더욱 높아진다. 그렇지만 그 미학적 가치는 문화에 필수적인 것은 아니다. 신체적, 지적, 도덕적 혹은 정신적 가치 또한 놀이를 문화적 수준으로 들어올린다. 놀이가 개인이나 집단의 생활 강도(強度)와 분위기를 높여줄수록, 문명의 일부분으로 쉽게 편입된다. 문명이 놀이 속에서, 혹은 놀이로서 발전해 온 과정에는 두 개의 반복적인 형태가 존재하는데 하나는 신성한 공연이고 다른 하나는 축제의 경기이다.

경기를 놀이 개념에 포함시킬 수 있는가

여기서 우리는 1장에서 다루었던 문제와 다시 만나게 된다. 모든 경기를 아무런 조건 없이 놀이 개념에 포함시킬 수 있는가? 이미 앞에서 고대 그리스 인들이 아곤(ἀγών: 경기)과 파이디아(παιδιά: 놀이)를 구분했음을 살펴보았다. 우리는 이것을 어원적 바탕 위에서 설명해 볼 수 있다. 파이디아라는 단어에는 어린아이의 놀이라는 개념이 너무나 생생했기 때문에, 헬레니즘 사회생활의 핵심이 되는 진지한 경기에 그 단어를 사용할 수는 없었다. 반면에 ἀγών이라는 단어는 아주 다른 관점에서 경기를 정의했다. 이 단어의 원래 의미는 '모임'이었다. 시장을 의미하는 단어는 아고라(ἀγορα)인데 아곤은 이 단어와 관련이 있다. 따라서 단어 자체만 놓고 볼 때 아곤은 놀이 그 자체와 아무 상관이 없다.

하지만 놀이와 경기의 본질적 동일성이 드러나는 경우도 있었다

가령 플라톤이 쿠르테스의 무장 의례 춤을 가리켜 파이그니온(παίϒν ιον)이라고 한 것, 일반적인 성스러운 의례를 가리켜 παιδιά라고 한 것이 그런 경우이다. 대부분의 그리스 경기들이 아주 진지하게 수행 되었다고 해서 아곤을 놀이로부터 분리시키거나, 아곤의 놀이 특성 을 부정해서는 안 된다. 경기는 게임의 형태적·기능적 특징을 가지 고 있었다. 네덜란드 어와 독일어는 경기와 놀이의 일치성을 보여 주 는 단어를 갖고 있는데 각각 wedkamp와 Wettkampf이다. 이 단어 는 놀이터(라틴 어 campus)와 내기(Wette)의 뜻을 동시에 포함한다. 이것 은 이들 언어에서 '경기'를 가리키는 보통 용어이다. 우리는 『구약성 경』「사무엘 하」(2장 14절)에 나오는 두 그룹 사이의 치명적 싸움을 "놀 이하기"라고 한 것을 기억해야 한다. 이 단어는 웃음의 영역으로부터 취해 온 것이다. 수많은 그리스 꽃병에서 무장한 사람들 사이의 경기 를 아곤이라고 했으되 거기에 플루트 연주자가 함께 있는 것을 목격 할 수 있다. 올림픽 경기에서는 죽을 때까지 싸우는 결투가 있었다.[1]

토르 신과 그 일행이 우트가르다로키 사람과 벌인 경기에서 보여 준 기막힌 재주는 leika('놀이')라고 했다. 이런 여러 가지 사항들을 종 합해 볼 때, 그리스 인들이 아곤과 파이디아라는 용어를 별도로 둔 것 은 그 둘을 종합하는 일반 개념을 추상하지 못한 우연의 소치라고 할 수 있다.

---

[1] 플루타르코스는 이런 형태의 경기는 아곤의 사상에 맞지 않는다고 보았고, 제인 해리슨 도 『테미스』 pp.221, 323에서 플루타르코스의 의견에 동의하고 있으나, 내가 볼 때 해리 슨의 견해는 잘못된 것이다.

다른 형태의 놀이들과 마찬가지로 경기는 대체로 보아 목적이 결핍되어 있다. 놀이라는 행위는 그 자체로 시작하여 그 자체로 끝나며 놀이의 결과는 집단의 필수적 생활 과정에 기여하지 않는다. "중요한 건 승부가 아니라 게임이다"라는 네덜란드 속담은 놀이의 무(無)목적성을 잘 보여 준다. 객관적으로 말해서 놀이의 결과는 중요하지 않고 사소한 문제이다.

영국을 방문한 페르시아의 샤 황제가 경마장 참관을 거부하면서 이렇게 말했다고 한다. "경마란 결국 어떤 말이 다른 말들보다 더 빨리 뛰는 것이잖소." 그의 관점에서 보자면 그 말이 백 퍼센트 옳다. 그는 자신에게 낯선 놀이 영역에의 참가를 거부하면서 그 영역 밖에 있고자 했다.

게임이나 경기의 결과—돈을 벌기 위한 게임은 다르겠지만—는 그 경기에 참가하는 사람, 구경하는 사람, 라디오 청취자와 텔레비전 시청자, 그리고 게임의 규칙을 받아들이는 사람에게만 중요하다. 그들은 놀이-동무가 되었고 그렇게 되기를 선택했다. 그들이 볼 때 옥스퍼드가 이겼는지, 케임브리지가 이겼는지는 무관한 문제이다.

"뭔가 걸려 있다." 이 말에는 놀이의 본질이 들어 있다. 하지만 이 "뭔가"는 놀이의 구체적 결과가 아니고, 골프공이 필드의 홀 속으로 들어갔다는 사실도 아니다. 게임이 성공을 거두었다 혹은 성공리에 수행되었다는 이상적 조건을 가리키는 것이다. 성공은 놀이하는 사람에게 형편에 따라 짧은 혹은 긴 만족감을 안겨 준다. 구경꾼은 놀이의 본질적 조건은 아니지만 그들이 있음으로 해서 만족감은 더욱 기진다. 페이션스 게임을 '완료'한 사람은 구경꾼이 있을 때 기쁨이 두 배가 된다. 모든 게임에서 경기자가 남들에게 자신의 성공을 자랑할 수 있는 상황이 매우 중요하다. 낚시꾼은 이런 상황의 전형적 사례이다. 우리는 이 자기 승인의 문제를 나중에 더 다루게 될 것이다.

승리와 부상(副賞)

놀이와 밀접하게 관련된 개념으로는 승리가 있다. '승리하기'는 경쟁자 혹은 적수를 상정한다. 혼자서 하는 놀이에는 승리가 없으며 그 놀이에서 거둔 소기의 효과를 가리켜 승리라고 할 수도 없다.

'승리하기'는 무엇이고 '승리했다'는 무엇인가? '승리하기'는 경기 결과에서 남들보다 우수함을 과시하는 것이다. 이런 우수함의 증거는 승리자에게 전반적인 우수함의 외양을 안겨 준다. 이런 의미에서 그는 게임 하나를 이긴 것 이상의 결과를 거둔다. 다시 말해 존경과 명예를 얻는 것이다. 이 존경과 명예는 그가 소속된 그룹에 이득이 돌아가게 한다. 여기서 우리는 놀이의 또 다른 중요한 특징을 발견한다. 승리의 성공은 개인으로부터 집단으로 넘어가는 것이다. 하지만 다음과 같은 특징은 더 중요하다. 경쟁적 '본능'은 권력 욕망이나 지배 의지가 아니다. 일차적으로 중요한 것은 남들보다 뛰어나고 싶은 욕망, 일등이 되어서 그로부터 명예를 얻는 것이다. 그런 성공으로 인해 개인 혹은 집단의 권력이 높아지는 문제는 부차적인 것이다. 가장 중요한 것은 이겼다는 사실이다. 이겼다는 사실 이외에 아무런 가시적·물질적 소득이 없는 경우로는 체스 게임의 승리를 들 수 있다.

우리는 무엇인가를 '위하여' 놀이하고 경쟁한다. 놀이하고 경쟁하는 목표는 첫째도 둘째도 승리이다. 하지만 승리를 누리는 방식은 아주 다양하다. 가령 집단적으로 축하하는 승리는 장엄, 칭송, 기립박수가 뒤따른다. 승리의 열매는 명예, 존경, 위신 등이다. 그러나 승리에는 명예 이상의 것이 걸려 있다. 우리는 이것을 게임의 '경계 설정하기(staking out)'에서도 볼 수가 있다. 모든 게임에는 부상(stake)이 걸려 있다. 그것은 물질적·상징적 가치일 수도 있고 아니면 이상적 가치일 수도 있다. 그 부상은 황금 잔, 보석, 왕의 딸, 실링 화 한 잎, 나아가 놀이하는 사람의 목숨, 전 부족의 안녕일 수도 있다. 그것은 상품 혹은 '내기(gage: 내기나 도전, 혹은 내기나 도전에 건 저당물—옮긴이)'일 수도 있다. 이것이 가장 중요한 단어이다.

어원과 의미를 찬찬히 살펴볼 때 '내기'는 라틴 어 vadium(독일어 Wette)과 관련된 것으로, '서약'의 뜻이다. '경기장' 혹은 놀이터에 도전의 표시로 던져 넣은 상징적 물건을 가리키기도 한다. 이것은 '상품(prize)'과 동일한 것은 아니다. 상품이라고 하면 뭔가 가치 있는 것 (즉 다량의 돈)의 뉘앙스를 풍기는데 그런 건 아니고 간단히 월계관 같은 것이다. prize, price, praise는 라틴 어 pretium에서 나와서 다른 방향으로 발전한 단어들이다. pretium은 원래 교환과 가치의 영역에서 생겨난 것으로서 반대 가치를 전제한다. 중세의 pretium justum(just price: 합당한 가치)은 현대의 '시장 가치'라는 개념과 거의 유사하다.

price(가격)는 경제의 영역에서 주로 쓰이고, prize(상품)는 놀이와 경쟁의 분야로 흘러들어 갔고, praise는 전적으로 라틴 어 laus(칭송)의 의미를 획득했다.

하지만 의미적으로 볼 때 이 세 단어의 고유 영역을 분간하는 것은 불가능하다. 원래 gage와 동의어였던 wage가 도전이라는 상징적 의미를 띠면서 pretium과 정반대 방향으로 간 것도 기이하다. wage는 놀이 영역에서 경제 영역으로 옮겨가서 '봉급' 혹은 '소득'과 동의어가 되었다. 우리는 wage를 얻기 위해 놀이하는 것이 아니라 일을 한다. 마지막으로 'gains(소득)' 혹은 'winnings(이익)'는 위의 단어들과 어원적으로 아무런 관련이 없다. 하지만 의미적으로는 놀이와 경제 두 영역에 속한다. 놀이하는 사람은 그 소득을 얻고, 상인은 이익을 얻는다.

라틴 어 어근 vad에서 나온 모든 파생어들에는 경제 활동이든 놀이 활동이든 열정, 찬스, 모험의 뜻이 들어 있다. 순수한 탐욕은 거래도 하지 않고 놀이도 하지 않으며 노름도 하지 않는다. 과감하게 나서고, 모험을 걸고, 불확실성을 견디고, 긴장을 참는 것, 이런 것들이 놀이 정신의 본질이다. 긴장은 게임의 중요성을 배가(倍加)하고, 긴장이 커질수록 놀이하는 사람은 자신이 놀이하고 있다는 사실을 잊어버리게 된다.

'상품'을 의미하는 그리스 어는 ἄθλον(아슬론)인데 위에서 방금 논의한 vad와 동일한 어근에서 나왔다. 아슬론에서 ἀθλητής(아슬레테스)가 나왔고, 여기서 다시 영어 단어 athlete(운동선수)가 나왔다. 여기에 경기, 갈등, 훈련, 노력, 인내, 고통의 뜻이 모두 종합되어 있다. 원시 사회에서 아곤(agon) 활동의 대부분은 '고통스러운(agonizing)' 것으로서 신체적·정신적 어려움을 수반했다. 아곤과 아고니아(agonia)의 친밀한 관계를 상기한다면, 우리는 athletics(운동)가 진지한 경쟁의 영역을 가리킨다는 것을 짐작할 수 있다. 아고니아는 원래 경기를 의미했으나 나중에 '죽음의 갈등' 혹은 '공포'를 뜻했고 영어의 agony(고뇌)는 여기서 나왔다.

경쟁은 무언가를 '위한(for)' 것일 뿐만 아니라 무엇인가와 함께(with) 혹은 무엇인가의 속(in)에서 수행된다. 사람들은 먼저 힘과 기술, 지식과 부, 영광, 자유, 고귀한 후예, 자식들의 숫자 속에서 경쟁한다. 또 신체의 힘, 무기의 위력, 합리적 정신, 주먹 등과 함께 경쟁하며, 놀라운 과시, 허장성세, 자랑하기, 욕설, 교묘한 꾀와 기만술과 함께 경쟁한다. 그러나 우리가 보기에, 게임에서 이길 목적으로 부정행위를 하는 것은 게임의 놀이 특성을 빼앗을 뿐만 아니라 망쳐 버린다. 왜냐하면 놀이의 본질은 규칙을 지키는 것, 즉 페어플레이기 때문이다. 그러나 원시 문화는 현대인의 도덕적 판단을 무시하며 민담의 정신 또한 그러하다.

산토끼와 고슴도치의 우화에서 부정행위를 하는 경기자가 좋은 역할을 하는 자이며 그는 기만술을 사용하여 경기에서 승리한다. 신화 속의 많은 영웅들도 기만술이나 외부의 도움으로 승리를 거둔다. 펠로프스는 오에노마우스의 수레꾼에게 뇌물을 먹여 바퀴 축에다 왁스를 바르도록 한다. 이아손과 테세우스는 메데아와 아드리아네의 도움으로 그들에게 부과된 테스트를 성공적으로 통과하다 군터는 지

그프리트 덕에 승리를 거둔다. 『마하바라타(*Mahābhārata*)』의 카우라바스는 주사위 놀이에서 속임수를 써서 승리한다. 프레야는 보탄을 속여서 랑고바르드 족에게 승리를 안겨 준다. 에다 신화의 아제 신족은 거인들에게 한 맹세를 깨뜨린다. 이런 모든 경우에서, 상대방을 속여 이기는 사기 행위는 그 자체로 경쟁의 주제 혹은 새로운 놀이 주제가 되었다.[2]

놀이와 진지함의 경계가 애매하다는 사실은 증권 거래소에서 암약하는 작전 세력을 가리켜 '놀이하기' 혹은 '도박하기'라는 단어를 사용하는 것에 의해서 잘 드러난다. 룰렛 테이블의 도박사는 자신이 놀이를 하고 있다는 사실을 선선히 시인한다. 하지만 증권 거래인은 그것을 시인하지 않는다. 주가의 등락을 미리 예상하고서 주식을 사고 파는 것은 진지한 생활, 혹은 비즈니스 생활, 나아가 사회 내의 경제적 기능이라고 주장할 것이다. 룰렛 테이블과 증권 거래를 작동시키는 힘은 소득을 올리겠다는 희망에서 나온다. 룰렛 테이블에서는 순전한 사행성이 인정되지만(카지노의 각종 '승리 확률'에도 불구하고), 증권 거래인은 주식 시장의 미래 동향을 미리 계산할 수 있다고 망상한다. 아무튼 이 둘의 심리적 차이는 별로 크지 않다.

이와 관련하여, 장래에 사업이 완수된다는 희망 아래 내기를 거는

---

2 목적을 달성하기 위해 사기와 술수를 사용하는 전설 속의 영웅과, 인간을 구원하면서 동시에 기만하는 신적 인물 사이에는 별 관계가 없는 듯하다. 참조. W. H. Kristensen, *De goddelijke bedrieger*, Mededeelingen der K. Akad. van WetenSchappen, afd. Lett. No. 3; and J. P. B. Joselin de Jong, *De oorsprong van den goddelijken bedrieger*, ibid, Lett. No. 1.

두 가지 형태의 사업은 주목해 볼 만하다. 이 경우 놀이와 진지한 사업적 이해 중 어떤 것이 선행하는지 깊이 생각해 볼 문제이다. 중세가 끝나갈 무렵 제노바와 앤트워프에 비(非) 경제적 성격의 사건들이 미래에 성취되는 것을 전제로 하는 생명 보험이 생겨났다. 가령 "사람들의 생사, 소년 혹은 소녀의 탄생, 여행과 순례의 결과, 잡다한 토지·장소·도시의 탈취" 등을 두고서 내기를 걸었다.[3] 이러한 계약들은 순수한 상업적 특성을 지니고 있음에도 불구하고 찰스 5세는 사행성 게임이라고 하여 금지시켰다.[4] 새로운 교황을 선출할 때에도 오늘날 경마장에서 내기를 걸듯 내기를 했다.[5] 심지어 17세기에 들어와서도 생명 보험 거래는 '내기'라고 불렸다.

놀이와 원시 사회

인류학의 연구 결과에 의하면, 원시부족의 사회생활이 아곤적·대립적 공동체 구조에 바탕을 두고 있고 또 원시부족의 정신세계가 이런 심오한 2원론과 일치한다. 우리는 그것의 흔적을 어디에서나 발견

---

3 Anthonio van Neulighem, *Openbaringe van 't Italiens boeckbouden*, 1631, pp.25, 26, 77, 86f., 91f.
4 Verachter, 『앙베르스의 물품목록 문서』, No. 742, p.215; 『앙베르스 마을의 습속』 ii, p.400, iv, p.8; cf. E. Bensa, 『중세 보험 계약의 역사』, 1897, p.84f: 바르셀로나 1435, 제노바 1467: 교황의 생명과 선출 장소에 대하여 내기를 거는 것을 금지시킨 교회의 칙령.
5 R. Ehrenberg, 『무역의 시대』(Jena, 1896), II, p.19.

할 수 있다. 원시부족은 프라트리아이(phratriai)라고 하는 두 개의 적대적 그룹으로 나누어졌다. 이 두 그룹은 엄격한 족외혼에 의해 구분되었다. 두 그룹은 토템(이 용어는 인류학 이외의 분야에서도 무모하게 사용되는 전문용어가 되었지만 학문적 용도에는 아주 편리하다)에 의해서도 구분된다. 토템은 주로 동물의 이름을 취한다. 그래서 한 그룹의 남자들은 갈가마귀 남자가 되고 다른 그룹의 남자들은 거북이 남자가 된다. 이런 토템 이름을 사용함으로써 의무, 터부, 관습, 갈가마귀와 거북이에 관련된 예배 등을 갖게 된다.

두 프라트리아이의 관계는 경쟁과 라이벌의 관계이지만 동시에 서로 돕고 우호적인 서비스를 해주기도 한다. 두 부족은 상호 교류하고, 공공 생활에서 엄밀하고 꼼꼼하게 규정된 무한정의 의례들을 수행한다. 두 부족을 갈라놓는 2원론은 그들의 개념적·상상적 세계로 확대된다. 모든 피조물과 모든 사물은 이 부족, 혹은 저 부족 내에 그 정위치를 갖고 있고, 그래서 온 우주가 이 분류 속에서 틀을 잡게 된다.

부족의 구분과 함께 성(性)의 구분도 이루어지는데, 이것은 중국의 '음양(陰陽)'과 마찬가지로 우주적 2원론의 표현이다. 이 둘 사이의 협력과 교대가 생활의 리듬을 유지한다. 일부 학자들에 의하면 이러한 성적 2원론의 기원은 부족을 총각의 그룹과 처녀의 그룹으로 나눈 데서 유래한다고 한다. 이 두 그룹은 계절의 대(大) 축제 때 만나서 노래와 춤을 교대로 수행하는 의례적 형태로 구애를 한다.

이런 축제에서 서로 절반씩 나누어진 두 부족이나 남성과 여성의 그룹은 경쟁의 정신을 발휘하며 놀이를 하게 된다. 고대 중국에는 이런 다양한 축제의 경쟁들이 문화를 촉진했는데 마르셀 그라네는 이 과정을 잘 밝혀냈다. 그라네는 고대 중국의 의례 노래들을 인류학적으로 해석하여 재구성함으로써, 중국 문화의 초창기 단계에 대하여 단순명료하면서도 과학적으로 타당한 이론을 제시했다.

그라네는 문명의 초창기 단계에서 모든 부족 집단이 다산과 풍삭을 기원하는 계절 축제를 개최했다고 말한다. 이러한 사상은 대부분의 원시 의례에 스며들어 가 있다. 의례를 잘 수행하고, 게임이나 경기를 잘 치르고, 희생 행위를 엄숙하게 거행하면, 공동체 전체에 은사와 축복이 내려진다고 원시 부족의 사람들을 확신했다. 희생제의와 성스러운 춤을 성공적으로 집행하면 모든 것이 잘 되리라 믿었다. 천상의 힘은 우리의 편이고, 우주적 질서는 안전하게 지켜지고, 사회적 안녕은 확보되는 것이다. 물론 이러한 느낌이 일련의 합리적인 연역에 의해서 최종 결과로 나오게 된 것은 아니다. 그것은 생활 속의 느낌, 만족의 느낌으로서, 마음속에 하나의 신앙으로 결정(結晶)된 것이다.

그라네에 의하면 남자들에 의해서 남자들의 집에서 거행되는 겨울 축제는 아주 드라마틱한 특성을 갖고 있다. 황홀한 흥분과 도취의 상태에서 가면을 쓰고 동물의 춤을 추고, 이어 주연, 잔치, 내기, 재주, 묘기 등이 벌어진다. 여자들은 제외되지만 축제의 대립적 성격은 그대로 유지된다. 의례의 효율성은 경쟁과 정기적인 교대 작용에 달려 있다. 축제에는 주인 그룹과 손님 그룹이 있다. 이 중 한 그룹이 태양, 따뜻함, 여름을 상징하는 양(陽)을 맡고, 다른 한 그룹이 달, 차가움, 겨울을 의미하는 음(陰)을 맡는다.

그라네는 원시적 자연에 흩어져 살던 소규모 부족들의 전원적 존재를 묘사하는 데 그치지 않는다. 중국의 광대한 대륙 내에서 족장과 지역 임금들이 생겨나면서, 단일 부족으로 구성된 간단한 2원론을 넘어서서 많은 부족들이 참여하는 경쟁의 시스템이 발달했다. 이런 부족들 중 일부 사이에서 벌어지는 혹은 전체 부족과 부족 사이에서 벌어지는 계절적 경쟁으로부터 사회적 위계질서가 생겨났다. 이런 성스러운 경기에서 전사(戰士)들이 획득한 지위는 중국을 오래 지탱해 온 봉건 과정의 시작이었다. 그라네는 말한다. "겨울 축제 동안에 춤과 노래의 토너먼트에서 남자들의 모임 혹은 형제회(兄弟會)에 스며든 경쟁의 정신이 국가와 제도의 형성으로 나아가는 첫 걸음이었다."[6]

이런 원시적 관습으로부터 후대의 중국 국가 제도가 나왔다는 그라네의 주장을 백 퍼센트 받아들이기는 어렵지만, 중국 문명의 발전에서 아곤적 원칙이 헬레니즘 세계의 아곤 원칙보다 더 중요한 역할을 했음을 알 수 있다. 중국의 문명에서는 ludic(놀이의) 원칙이 그리스보다 훨씬 분명하게 드러난다. 왜냐하면 고대 중국에서는 강을 건너기, 산을 오르기, 나무를 베기, 꽃을 꺾기 등 거의 모든 행위가 의례적 경기의 형태를 취했기 때문이다. 왕국의 건설을 말해 주는 중국의 전형적 전설은 영웅-왕자가 놀라운 힘과 업적으로 적수들을 정복한 사실을 노래함으로써 그의 우월성을 과시한다. 대체로 보아 토너먼트는

---

6 『중국의 문명』, p.204. 호세 오르테가 이 가세트 또한 그의 다음 논문에서 동일한 주장을 폈다. *El origen deportivo del estado, El Espicator*, vii(마드리드, 1930), pp.103~143.

정복당한 적수의 죽음으로 끝난다.

여기서 중요한 사항은 이런 것이다. 치명적인 거대한 전투로 묘사되어 있고 아주 독특한 특징을 갖고 있는 이런 경기들이 결국은 놀이의 영역에 속한다는 것이다. 전통적으로 신화적·영웅적 형태를 갖고 있는 중국의 경기들을, 오늘날 전 세계 여러 지역에서 시행되는 계절적 경기와 비교해 보면 이러한 사실(경기=놀이)은 더욱 자명해진다. 가령 봄이나 가을에 젊은 남자와 여자들 그룹 사이에서 벌어지는 노래와 게임의 토너먼트는 좋은 사례이다. 그라네는 『시경(詩經)』에 들어 있는 고대 중국의 연애시들을 가지고 이런 주제를 분석하면서 통킹, 티베트, 일본에도 유사한 축제가 있다고 언급했다. 베트남 학자인 응웬 반 후옌(Nguyen van Huyen)은 베트남의 유사 사례를 수집했다. 이곳에서는 비교적 최근까지 이런 관습이 활짝 개화되어 있었다. 후옌은 이런 관습을 훌륭한 프랑스 어로 잘 기술해 놓았다.[7]

이 책에서 우리는 놀이 영역에 속하는 것들 가령 교창(交唱: 두 명 이상의 독창자나 각각 다른 그룹이 서로 번갈아가며 노래하기), 공놀이, 구애, 질문 게임, 수수께끼 풀기, 재치 있는 말하기 등 남녀 그룹 간의 생생한 경기 형태를 볼 수 있다. 노래는 전형적인 놀이의 산물로서 고정된 규칙, 단어와 어구의 반복, 질문과 답변의 형태를 갖고 있었다. 놀이와 문화의 연결 관계를 잘 보여 주는 책자를 찾는 사람이라면 풍부한 사례가 들어 있는 뉘엔의 책을 권한다.

---

7 『베트남의 남녀간 교창(Les chants alternés des garçons et des filles en Annam)』(Paris, 1933).

이러한 형태의 경기는 의례와 직접적인 관계가 있었으며, 그것(경기)이 계절의 순항, 곡식의 성숙, 한 해의 번영 등에 필수불가결하다는 믿음에 의해 뒷받침되었다.

공연으로 수행된 이러한 경기의 결과가 자연의 운행에 영향을 미치는 것이라고 한다면, 이러한 결과를 가져오는 특정 종류의 경기는 그 자체로는 사소한 것이었다. 정말로 중요한 것은 경기에서 이기는 것이다. 승리는 승리자에게 다음과 같은 사실을 '상징'하고 또 실현한다. 즉 선량한 힘이 나쁜 힘을 누르고 이긴 것이며 동시에 그런 승리를 거둔 그룹의 구원을 의미한다. 승리는 구원을 표상(상징)할 뿐만 아니라, 그렇게 함으로써 구원을 현실적인 것으로 만든다. 따라서 힘, 기량, 재치로 다투는 경기뿐만 아니라 사행성의 경기에서도 이로운 결과가 생겨날 수 있다. 행운이라는 것은 그 안에 신성한 의미를 갖추고 있다고 보았다. 주사위를 던진 결과는 신의 뜻을 의미하고 결정하는 것이기도 했다. 주사위 던지기는 다른 형태의 경기 못지않게 신들을 움직일 수 있었다. 인간의 눈으로 볼 때 행복, 행운, 운명은 신성의 영역 가까이 있는 것들이었다.

이러한 심리 상태를 이해하기 위해 현대인들은 어린 시절 그들이 별로 믿지도 않으면서 실천했던 행운의 행동을 상기해 보면 될 것이다. 평소에는 미신을 전혀 믿지 않는 균형 잡힌 어른들조차도 때때로 자기도 모르게 그런 행동을 한다. 우리는 그런 행동에 큰 의미를 부여하지는 않는다. 이런 쓸데없는 행동이 문학 속에는 잘 기록되지 않는다. 하지만 하나의 사례로서 독자들에게 톨스토이의 장편소설 『부활』

의 한 문장을 참조하라고 권하고 싶다. 한 판사가 법정에 들어서면서 자신에게 이렇게 중얼거린다. "재판석까지 걸어가는데 걸음의 숫자가 짝수로 끝난다면 나는 오늘 복통이 생기지 않을 거야."

많은 사람들에게 있어서 주사위 놀이는 종교적 실천의 한 부분을 형성했다.[8] 프라트리아로 조직된 사회의 2원적 구조는 그들의 놀이판, 주사위 등에서 두 가지 색깔로 표시되었다. 산스크리트 어 dyūtam(듀탐)에서 싸움하기와 주사위 던지기의 의미가 융합되어 있다. 주사위와 화살 사이에 상당한 유사성이 존재한다.[9] 『마하바라타(Mahābhārata)』에서 세상은 시바 신이 왕비와 함께 노는 주사위 게임으로 상징되어 있다.[10] 리투(rtu)라고 하는 계절은 여섯 명의 남자가 금 주사위와 은 주사위를 가지고 노는 놀이로 상징되어 있다. 게르만 신화도 신들이 놀이판 위에서 노는 게임에 대해서 말한다. 신들이 주사위를 가지고 놀이를 하고 그 결과에 따라 세계의 질서가 고정된다. 그 세상을 파괴하고 다른 세상이 창조되려고 할 때에는 다시 젊어진 아제 신족들이 그들이 원래 갖고 있었던 황금 놀이판을 발견하게 된다.[11]

『마하바라타』의 주요 행동은 유디슈티라 왕이 카우라바스와 노는 주사위 게임의 결과에 달려 있다. G. J. 헬트는 그의 논문에서 이런 사

---

8 Steward Culin, 『체스와 카드 놀이』, 스미소니언 연구소의 연례 보고, 1896; G. J. Held, 『마하바라타: 민족지학적 연구』(레이던 논문, 1935). 문화와 놀이의 연결 관계를 이해하는 데 아주 흥미로운 저서.

9 Held, 앞에 나온 논문, p.273.

10 13권, 2368, 2381.

11 J. de Vries, 『고대 게르만의 종교사』 ii(베를린 1937), p.154.

실로부터 민족지학적 추론을 이끌어냈다. 우리의 주된 관심사는 그런 놀이가 어디서 벌어졌느냐 하는 것이다. 일반적으로 말해서 그것은 땅 위에 그려놓은 간단한 동그라미(듀타만달람, dyūtamandalam)였다. 하지만 이 동그라미는 주술적 의미를 갖고 있었다. 아주 조심해 가며 정확하게 동그라미를 그리려고 아주 신경을 썼다. 놀이하는 사람들은 그들의 의무를 완수할 때까지 그 동그라미를 떠나지 못했다.[12] 때때로 게임을 위해 특별한 홀을 임시로 건설하기도 했는데 그러면 이홀은 신성한 터전이 되었다. 『마하바라타』는 한 장 전체를 바쳐서 주사위 홀의 건립에 대해서 설명했다. 그 홀은 사브하(sabhā)라고 했는데 판다바 족들이 그들의 적수를 만나는 곳이었다.

따라서 사행성 게임이라도 진지한 측면을 갖고 있었다. 그 게임은 의례의 일부분으로 포함되었다. 고대 로마의 역사가 타키투스는 게르만 인들이 아주 진지한 일로 생각하면서 진지하게 주사위를 던지는 광경을 보고서 놀라움을 금치 못했는데 이것은 그가 놀이의 배경을 잘 이해하지 못했기 때문이었다. 독일 학자 헬트는 주사위 놀이의 신성한 의미를 강조하여 고대 문화의 게임은 '놀이'라고 할 수 없다는 결론을 내렸다.[13] 나는 그의 주장을 강하게 반박하고 싶다. 헬트의 주장과는 정반대로, 주사위 던지기의 놀이적 특징 때문에 그것이 의례에서 그토록 중요한 위치를 차지하게 된 것이다.

---

[12] H. Lüders, 『고대 인디언의 주사위 놀이』, Abh. K. Gesellsch. d. Wissensch(괴팅겐, 1907). Ph. H. Kl. ix, 2, p.9.
[13] Held의 논문, p.255.

아메리카 북서해안의 콰키우틀 관습

원시 사회의 문화생활이 갖고 있는 아곤적 기반은 민족지학이 발전하면서 더욱 자세히 밝혀지게 되었다. 민족지학은 아메리카 북서해안인 브리티시컬럼비아에 거주하는 인디언 부족의 기이한 관습을 정확하게 묘사함으로써 더욱 내용이 풍부해졌다. 그 관습은 통칭하여 포틀래치(potlatch)라고 한다.[14]

콰키우틀 부족에서 발견되는 전형적 형태의 포틀래치는 엄숙한 대(大) 축제였다. 여기에는 두 그룹이 참가하는데 먼저 한 그룹이 상대 그룹에게 위엄과 의례를 갖추어서 엄청난 규모의 선물을 한다. 선물의 목적은 자기 그룹의 우월성을 과시하기 위한 것이다. 선물을 받은 상대방 그룹은 일정한 기간 내에 그 선물에 상응하는 답례 선물을 해야 하고 가능하다면 그보다 더 많은 답례를 해야 한다. 이런 기이한 증여의 축제가 그 부족의 모든 공동체 생활, 가령 의례, 법률, 예술 등을 지배한다. 탄생, 죽음, 결혼, 성인식, 문신 새기기, 묘혈의 건립 등 중요한 사건들은 포틀래치를 시행하는 계기가 된다. 추장은 집을 지을 때나 토템 기둥을 세울 때 포틀래치를 보낸다. 포틀래치 행사 때 가족이나 씨족은 가장 좋은 옷을 차려입고 신성한 노래를 부르면서 가면들을 내보이고, 의무(醫巫: medicine men)들은 그들이 씨족의 혼

---

14 이 용어는 서로 다른 인디언 방언들 중에서 임의적으로 선택된 것이다. 참조. G. Davy, 『맹세한 믿음』, 논문, 파리, 1923; 『제국 내의 부족에 대하여』(인류의 진화 no. 6), 1923; M. 모스 『증여론』, 『고대의 교환 형태』(사회학 연보, N. S, i), 1923·1924.

령에 의해 사로잡혀 있는 광경을 보여 준다. 하지만 가장 중요한 것은 물건의 분배이다. 축제를 여는 자는 씨족의 재산을 탕진한다. 그리고 그 축제에 참가한 다른 씨족은 그보다 더 많은 재산을 탕진해야 하는 의무를 떠안게 된다. 만약 상대방 씨족이 그 의무를 이행하지 않으면 그들은 이름, 명예, 씨족 표시와 토템, 심지어 민간적·종교적 권리마저 빼앗기게 된다. 그리하여 부족의 재산은 아주 모험적인 방식으로 '지체 있는' 집안들 사이에 유통된다. 당초 포틀래치는 두 프라트리아이(씨족) 사이에서 거행된 것으로 추정된다.

포틀래치에서 한 그룹은 엄청난 선물로 그들의 우월성을 과시하는 데 그치지 않고, 그들이 그런 재산 없어도 충분히 살아갈 수 있다는 것을 보여 주기 위해, 놀랍게도, 그들의 재산을 파괴해 버린다. 이러한 파괴 행위에는 연극적인 의례와 오만한 도전이 수반된다. 이 행위는 언제나 경기의 형태를 취한다. 한 추장이 구리판을 깨트리거나 담요 더미를 불태워 버리거나 카누를 파괴하면, 상대방 추장은 그와 동일한 숫자 혹은 그보다 더 많은 숫자의 구리판, 담요, 카누를 파괴해야 한다. 추장은 깨트린 구리판 조각을 상대 추장에게 보내면서 그것을 명예의 표시로 과시한다. 콰키우틀과 유사한 부족인 틀린키트 족의 경우, 추장이 상대 추장을 제압하기 위해 다수의 노예들을 살해하면, 상대 추장은 위신을 지키기 위해서는 그보다 더 많은 숫자의 자기 노예들을 살해해야 되었다.[15]

자신의 관대함을 자랑하고 나아가 재물을 파괴하는 경쟁은 전 세계 여러 지역에서 그 흔적이 발견된다. 마르셀 모스는 멜라네시아에서 포틀래치와 똑같은 관습을 발견했다. 모스는 저서 『증여론』에서 그리스, 로마, 고대 게르만 문화에서도 유사한 관습의 흔적이 있었음을 보여 주었다. 그라네는 고대 중국의 전통에서도 물건을 주고 파괴하는 시합이 있었다는 증거를 제시했다.[16] 아직 이슬람 종교가 도입되기 전의 아라비아에서 이름은 다르지만 유사한 제도가 있었다. 그것을 무아카라(mu'āqara)라고 했는데 아카라(aqara) 동사의 명사형 세 번째 형태로서, 비록 민족지학적 배경은 알려져 있지 않지만, "낙타의 발을 베어냄으로써 영광의 라이벌 전을 벌이다"[17]라는 뜻이다. 모스는 이렇게 말함으로써 헬트의 주제를 간결하게 요약했다. "『마하바라타』는 거대한 포틀래치의 이야기이다."

포틀래치와 그와 유사한 관습은 승리하기, 우월해지기, 영광, 위신, 마지막으로 복수하기 등을 강조하는 것이다. 설혹 그 축제에 가담하는 사람이 단 한 명이라고 할지라도 그 뒤에는 서로 대립적이면서 애증을 동시에 느끼는 두 그룹이 있었다. 이 양가적인 태도를 이해하기 위해서 우리는 포틀래치의 본질적 특징이 승리하기임을 알아야 한다. 대립하는 두 그룹은 재산이나 권력을 놓고 다투는 것이 아니라, 그들의 우월성, 즉 영광을 과시하는 것이다. 미국의 인류학자 프란츠

---

15 G. Davy, 『맹세한 믿음』, p.177.
　　포틀래치의 관습에 대해서는 루스 베네딕트, 『문화의 패턴』(이종인 옮김, 연암서가, 2008), 제6장 "아메리카의 북서해안", p.290을 참조할 것.—옮긴이

16 마르셀 그라네, 『중국의 문명』, p.156.

17 G. W. Freytag, 『아랍-라틴 어 사전』(Halle, 1830). aqara : de gloria certavit in inciendis camelorum pedibus(낙타의 발을 절단함으로써 영광을 다투다).

보아스[18]가 묘사한 마말레칼라 추장의 결혼식에서, 손님 그룹은 "싸움을 시작할 준비가 되어 있다"고 선언한다. 그 싸움이란 장인이 신부를 내어주는 의례를 가리키는 것이다. 포틀래치의 진행 절차는 시련과 희생의 일환으로 '싸움'의 요소를 갖고 있다. 그 엄숙한 행위는 교창과 가면춤이 수반되는 의례적 행위의 형태로 진행된다. 의례 절차는 아주 엄격하다. 조금이라도 실수를 하면 그 의례를 망치는 것이 된다. 기침을 하거나 웃음을 터트린 사람은 중벌을 당한다.

포틀래치는 사회적 현상이다

그 의례가 벌어지는 정신적 세계는 영예, 위엄, 허장성세, 도전의 세계이다. 의례 행위자는 기사도와 영웅주의의 세계에서 살며 그곳에서는 저명한 이름, 문장(紋章), 빛나는 가계가 더욱 돋보인다. 이곳은 노고와 근심, 이해타산, 실용적 재화의 획득이 지배하는 일상적 세계가 아니다. 그룹의 명예, 더 높은 지위, 우월성의 표시를 열망하는 세계이다. 틀린키트 족의 두 프라트리아를 구속하는 관계와 의무는 '존경을 보이다'라는 뜻을 가진 단어에 의해 표현된다. 이러한 관계는 서비스와 재화를 통하여 구체적 행동으로 나아간다.

내가 아는 한 인류학은 포틀래치를 주술과 신화의 관점에서 주로

---

18 Davy의 책 p.119f에서 인용된 것.

설명하려 했다. G. W. 로커는 그의 저서 『콰키우틀 종교 속의 뱀』(레이던, 1932)에서 그런 관점을 탁월하게 제시했다.

포틀래치와 그 관습을 실천하는 부족의 종교 사이에 밀접한 관계가 있다는 건 의심의 여지가 없다. 유령과의 교제, 입회식, 인간과 동물의 동일시 등 종교적 특징의 개념들이 포틀래치에서 자주 발견된다. 그렇다고 해서 포틀래치를 종교 제도와 무관한 사회적 현상으로 보지 말라는 법도 없다. 가령 원시적 충동과 동기(문명사회에서는 청소년들에게서 많이 발견되는 동기)만이 지배하는 사회 속으로 들어갔다고 가정해 보는 것이다. 그 원시 사회는 그룹의 명예, 부와 관대함에 대한 존경심, 신의와 우정 등을 아주 중시한다. 또 도전, 내기, 각종 '무모한 행동', 경쟁, 모험, 물질적 가치에 대하여 무관심함으로써 자신을 명예롭게 하기 따위를 강조한다. 간단히 말해서 포틀래치 정신은 청소년의 생각 혹은 느낌과 유사하다.

의례적 행위로서 전문적으로 조직된 포틀래치와는 별도로, 자신의 재산을 선뜻 내어주고 파괴하는 경기를 이런 청소년의 심리로 파악해 볼 수 있다. 바로 이 때문에 종교 제도에 바탕을 두지 않은 포틀래치가 중요한 의미를 띠게 된다. 가령 R. 모니어가 보고한 것으로서, 몇 년 전 이집트 신문에 났다고 하는 기사가 그런 경우이다. 두 집시 사이에 싸움이 벌어졌다. 그것을 해결하기 위해 그들은 엄숙하게 전 부족을 소집했고, 이어 두 집시는 자기 소유의 양을 죽였고 그 다음에는 갖고 있던 지폐를 모두 불태웠다. 그러자 자신이 패배할 것을 예견한 남자가 여섯 마리의 당나귀를 팔아서 그 돈으로 승자가 되고자 했다.

그가 집에 와서 당나귀를 가져가려 하자 그 아내가 말렸고 그러자 아내를 칼로 찔러 죽였다.[19]

이 슬픈 사건에서 우리는 갑작스러운 열정의 폭발과는 다른 어떤 것을 발견한다. 이것은 그 나름의 특별한 명칭을 갖고 있는 형태화된 관습인데 모니어는 방타르디즈(vantardise: 자만, 허풍, 호언장담의 뜻)라고 명명했다. 나는 이것이 앞에서 말한 무아카라와 유사하다고 생각한다. 이런 관습에서는 특별히 종교적 배경을 발견하기 어렵다.

포틀래치 관습과 관련된 이런 기이한 행동들을 관통하는 원칙은 순수한 아곤의 '본능'이다. 그 행동들은 싸우려 하는 인간의 욕구가 난폭하게 표현된 것이다. 일단 이러한 점을 인정하고 들어간다면 우리는 그것을 '놀이'라고 부를 수 있다. 진지한 놀이, 운명적이고 치명적인 놀이, 유혈적 놀이, 신성한 놀이 등. 하지만 이런 놀이하기는 원시 사회에서 개인 혹은 집단을 더 높은 힘의 지위로 들어올렸다. 프랑스의 사회학자 모스와 다비는 오래 전에 포틀래치의 놀이 특성을 지적했지만 다른 각도에서 보았다. 모스는 말했다. "포틀래치는 하나의 놀이이면서 동시에 하나의 증명이다." 다비는 포틀래치를 법률적 관점에서 접근했고, 그래서 그것을 법률을 만들어내는 관습으로 보았다. 다비는 포틀래치를 시행하는 공동체를 거대한 도박장에 비유하면서, 내기와 도전에 의하여 명성이 확립되고 공동체의 재산이 손을 바꾸게 된다고 말했다.

---

19 R. Maunier, 『북 아프리카의 의례적 싸움』(사회학 연보, N. S. ii), 1924~1925, p.81, n. i.

그런데 헬트는 주사위 던지기와 원시적 장기 게임이 신성함의 영역에 속해 있고, 또 포틀래치 원칙의 표현이기 때문에, 진정한 사행성 게임이 아니라는 결론을 내렸다. 나는 헬트의 주장을 거꾸로 뒤집어 이렇게 말하고 싶다. 주사위 던지기와 원시적 장기 게임은 진정한 게임(놀이)이라는 바로 그 이유 때문에 신성함의 영역에 속한다.

고대 로마의 저술가 리비우스는 공공 놀이의 엄청난 사치가 광적인 경쟁심으로 전락했다고 개탄했다.[20] 클레오파트라는 진주를 식초에다 녹여 버림으로써 마르쿠스 안토니우스보다 더욱 심한 사치 행각을 벌였다. 브루고뉴의 필립 공은 부하 귀족들이 일련의 잔치를 개최한 후 릴르에서 "수꿩의 맹세"라는 거대한 연회를 베풀었다. 래그 (Rag) 놀이에서 영국 대학생들은 유리그릇을 깨트리는 의식을 거행했다. 이러한 사례들은 그 시대와 문화에 맞게 포틀래치 정신을 발휘하고 있는 것이다. 포틀래치라는 전문 용어를 만들어 복잡하게 현상을 설명할 것 없이 그것을 인간의 기본적 욕구('명예와 영광을 얻기 위한 놀이하기')가 고도로 발전된 형태라고 하는 게 더 진실에 가깝지 않을까? 포틀래치라는 전문용어는 일단 학술 용어로 받아들여지고 나면 어떤 현상을 설명한 후 그것을 선반에 모셔두기 위한 딱지가 되어 버릴 가능성이 높다.

---

20 리비우스의 책, vii, 2, 13.

멜라네시아의 쿨라 제도

말리노프스키가 명저 『서부 태평양 제도의 아르고호 선원들』에서 그 지역의 쿨라 제도(kula system)를 생생하게 설명한 이래, '선물 의례'의 놀이적 특성이 전 세계적으로 발견된다는 것이 더욱 분명해졌다. 그는 트로브리안드 제도(諸島)의 주민들과 그 이웃 섬들의 무역 행태를 관찰하고 기록했다. 쿨라는 일정한 시기에 뉴기니 동부에 있는 섬들 중 어느 한 섬에서 정반대의 두 방향(남쪽과 북쪽)으로 떠나는 여행을 말한다. 그 목적은 관련된 섬 주민들 사이의 상호 교역이다. 거래되는 상품은 경제적 가치가 있다거나 생활필수품은 아니고 소중한 장식품 등 사치스러운 물건들이다. 가령 붉은 조개껍질로 만든 목걸이와 하얀 조개껍질로 만든 팔찌 등이다. 이런 물건들은 서양의 보석처럼 이름을 갖고 있다. 쿨라 제도에서 그 물품의 소유권은 한 그룹에서 다른 그룹으로 잠시 넘어간다. 그리고 현재 소유권을 갖고 있는 그룹은 일정한 시간 내에 쿨라[21] 체인(kula chain: 쿨라 체인은 쿨라 제도가 적용되는 여러 섬들을 통틀어서 가리키는 말─옮긴이) 안에 들어 있는 다른 섬의 그룹에게 그 물품들을 넘겨야 할 의무가 있다.

그 물품들은 신성한 가치를 갖고 있고, 주술의 힘을 보유하고 있으며, 언제 처음 획득되었는지 따위의 족보를 갖고 있다. 어떤 물품은 너무나 귀중해서 그것이 선물의 대상이 된다는 사실만으로도 화제를 불

---

[21] 쿨라 제도에 대해서는 루스 베네딕트, 『문화의 패턴』(연암서가), p.235 참조.─옮긴이

러 일으킨다.[22] 이 제도는 축제와 주술이 곁들여진 각종 요식 행위를 상호 의무와 신뢰의 분위기 속에서 수행한다. 풍성한 환대를 베풀며 의례가 끝난 후에는 모든 사람이 충분한 몫의 명예와 영광을 얻었다고 느낀다. 항해 그 자체는 종종 위험이 가득한 모험이다. 쿨라 제도에 참가하는 섬들의 문화적 보물들이 쿨라와 밀접한 관련이 있는데 그런 보물들로는 카누의 장식 조각품, 관련 섬들의 시가(詩歌), 명예와 풍속의 법규 등이 있다. 쿨라 여행에서 실용적 물품들도 교역하기는 하지만 부차적인 것에 지나지 않는다. 멜라네시아의 파푸아 부족처럼 이 고상한 게임을 귀중하게 여기는 원시 사회도 없으리라. 이들의 경쟁은 아주 순수한 형태로 진행되기 때문에 다른 문명권 사람들이 준수하는 유사한 관습보다 훨씬 더 순수하다. 이런 성스러운 의례의 뿌리에는 아름다움 속에서 살고자 하는 인간의 뿌리 깊은 욕구가 깃들여 있다. 이러한 욕구는 놀이 이외의 것으로는 충족시키지 못한다.

칭찬과 명예

청소년기의 생활에서 최고 단계의 문명에 이르기까지, 개인이나 사회가 완성을 지향하게 되는 가장 큰 동기는 자신의 탁월함에 대하여

---

22 쿨라 제도에서 거래되는 물품들은 민족학자들이 말하는 Renommiergeld(자랑하는 돈)에 비교될 수 있으리라.

칭찬받고 인정받으려는 욕망이다. 남을 칭찬하는 것은 실은 자기 자신을 칭찬하려는 것이다. 누구나 자신의 미덕에 대하여 칭찬을 받고 싶어 한다. 우리는 무슨 일을 잘 해냈다는 만족감을 느끼고 싶어 한다. 어떤 일을 잘했다는 것은 남보다 잘했다는 뜻이다. 남보다 뛰어나기 위해서는 그 뛰어남을 입증해야 한다. 인정을 받으려면 인정받을 만한 사항이 겉으로 드러나야 한다. 경쟁은 뛰어남(우월함)의 증거를 제시한다. 이것은 원시 사회에 더욱 잘 적용되는 사항이다.

원시 시대와 고대에, 남의 인정을 받을 만한 미덕은 지고한 하느님의 명령에 따르는 도덕적 완성의 추상적 개념이 아니었다. 현대의 게르만 언어들이 아직도 그 뜻을 보여 주고 있듯이, 미덕이라는 아이디어는 사물의 '특이성'과 관련이 있었다. 독일어의 투겐트(Tugend: 네덜란드 어의 deugd)는 동사 taugen(deugen)과 직접 호응하는데 어떤 것을 하기에 적합한, 어떤 종류의 물건 중 진짜인 것 등을 의미했다. 그리스 어 ἀρετή(아레테)와 중세 고지 독일어 투겐데(tugende)도 이런 뜻이었다.[23] 모든 사물은 그것 혹은 그 종류에 고유한 아레테를 갖고 있다. 말, 개, 눈[目], 도끼, 활 등은 각각 그 고유의 미덕을 가지고 있다. 힘과 건강은 신체의 미덕이다. 재치와 현명함은 마음의 미덕이다. 어원적으로 아레테는 ἄριστος(아리스토스: 최선, 가장 뛰어난 것)와 관련이 있다.[24]

뛰어난 사람의 미덕은 전투하고 명령 내리는 데 적합한 일련의 특

---

23 독일어 Tugend에 가장 가까운 영어 단어는 virtue 이외에 property이다.—영역자 주
24 참조. Werner Jaeger, 『파이데이아』, 1권(옥스퍼드, 1939), p.3ff.; R. W. Livingstone, 『그리스의 이상과 현대 생활』(옥스퍼드, 1935), p.102f.

성을 의미했다. 이런 특성 중에는 관대함, 지혜로움, 정의로움이 높은 위치를 차지했다. 그래서 미덕을 가리키는 단어가 '남자다움'에서 파생한 것은 자연스러운 일이었다. 가령 라틴 어 비르투스(virtus)는 오랫동안 '용기'라는 의미를 갖고 있었으나 기독교 사상이 지배하게 되면서 미덕으로 바뀌었다. 아랍 어 무루아(muru'a)도 마찬가지이다. 이 단어도 그리스 어 아레테와 마찬가지로 힘, 용기, 부, 올바름, 좋은 관리, 도덕, 세련, 좋은 매너, 인자함, 관대함, 도덕적 완성 등의 폭넓은 의미를 가지고 있었다. 그리스든 아라비아든 일본이든 중세 기독교권이든 전사와 귀족을 근간으로 하는 건강한 고대 사회에서는 기사도와 기사도적 행동이 꽃피어 났다. 이런 남성적 미덕의 이상에는 다음과 같은 확신이 수반되어 있었다. 명예는 정당한 것이 되기 위해서는 공개적으로 남의 인정을 받아야 하고 필요할 경우에는 강제로 유지되어야 한다. 심지어 아리스토텔레스도 명예를 가리켜 "미덕의 부상(副賞)"[25]이라고 했다. 그의 사상은 물론 고대 문화의 수준을 월등 뛰어넘는 것이었다. 그는 명예를 미덕의 목적이나 기반이라고 하지 않고, 미덕의 자연스러운 척도라고 불렀다. 그는 말했다. "인간은 자신의 가치와 미덕을 확신하기 위하여 명예를 갈망한다. 인간은 자신의 진정한 가치로 인하여 판단력 있는 사람들로부터 인정받기를 원한다."[26]

따라서 미덕, 영예, 고상함, 영광 등은 처음부터 경쟁의 영역에 들어

---

25 Eth, Nic. iv, 1123 D 35.
26 같은 책, I, 1095, D 26.

있었고, 그 영역은 곧 놀이의 영역이다. 귀족 가문에서 태어난 젊은 전사의 일생은 미덕의 끊임없는 연마이고 지위의 명예를 지키기 위한 끊임없는 투쟁이다. 호메로스의 다음과 같은 유명한 시구는 그러한 이상을 잘 표현한다. "늘 최고가 되고 남들보다 앞서 나가자!" 따라서 호메로스 서사시의 주된 관심사는 전쟁의 공로가 아니라 각 영웅들의 아리스테이아(aristeia : 뛰어남, 가장 용감한 자의 표시)이다.

귀족적 생활을 위한 훈련이란 곧 국가에 봉사하는 삶을 위한 훈련이었다. 여기에서도 아레테는 아직 완전히 윤리적인 개념은 아니었다. 그것은 도시국가 내에서 시민에게 주어진 임무를 잘 수행하는 '적합성'을 의미했다. 이 단어는 경기를 통하여 훈련한다는 의미를 아직도 상당히 간직했다.

고상함이 미덕(용기)에 바탕을 두고 있다는 사실은 이 두 개념이 생겨나와 진화하는 동안에도 계속 내재되어 있었고, 문명이 더욱 발전하면서 미덕의 의미만이 바뀌었다. 그 후 미덕은 서서히 또 다른 의미를 회득하여 윤리적·종교적 차원을 강조하게 되었다. 과거에 용감하게 행동하고 명예를 지키기만 하면 미덕의 이상을 실천할 수 있었던 귀족들은, 이제 자신의 본분과 개성을 유지하려면, 윤리와 종교의 더 높은 기준을 수용하여 기사도의 이상을 더욱 풍부하게 하거나(하지만 이렇게 하는 것은 실제에 있어서 너무나 어려웠다!), 아니면 위엄, 과시, 궁중 매너 등으로 고상한 삶의 외양을 유지하는 외형적 삶을 살아가야 했다. 귀족들의 문화를 형성하는 데 있어서 상존하는 요인이었던 놀이 요소가 이제 단순한 과시와 행렬로 전락한 것이다.

문화 속의 과시적 요소

귀족은 힘, 기량, 용기, 재치, 지혜, 부, 관대함 등의 업적으로 자신의 '미덕'을 증명한다. 이런 것들이 없을 경우 그는 하다못해 말[言語]의 시합에서 뛰어날 수 있다. 그가 직접 라이벌보다 뛰어나고 싶은 미덕을 말로 칭송할 수 있고, 아니면 시인이나 전령을 통하여 그런 미덕을 칭송하게 할 수 있다. 이처럼 말로써 자신이 상대방보다 뛰어나다고 주장할 경우 그것은 상대방을 깔보는 오만무례함으로 변질될 수있고, 이것이 그 나름대로 하나의 경기가 될 수 있다. 허세부리기와 조롱하기 시합이 다양한 문화권에서 상당한 위치를 차지한다는 것은 특기할 만하다. 이런 시합의 놀이적 특성은 의문의 여지가 없다. 이런 허세와 조롱의 시합이 놀이의 한 형태임을 알아보기 위해서는 어린 소년들의 행동을 생각해 보면 된다.

그렇지만 우리는 일반적인 '허세 시합'과, 무기를 들고 싸우기 전에 벌어지는 '허풍 시합'을 잘 구분해야 한다. 비록 그 둘의 경계를 명확하게 긋기가 쉬운 일은 아니지만 말이다. 고대 중국의 텍스트들에 의하면 대치전은 과장, 모욕, 이타심, 칭찬이 뒤범벅된 혼란스러운 말잔치였다. 그것은 무기를 들고 싸우는 싸움이라기보다, 도덕적 무기를 가지고 싸우는 싸움 혹은 손상당한 명예들끼리의 충돌이었다.[27] 모든 종류의 행동들(그중 일부는 아주 독특한 성격을 갖고 있는데)은 그런 행동들을 저

---

27 그라네, 『중국의 문명』, p.270.

지르는 사람, 혹은 당하는 사람에게 수치와 명예의 표시가 되고, 그리하여 특별한 의미를 갖는다. 로마 역사의 초창기에 레무스가 로물루스의 벽을 뛰어넘는 경멸의 제스처를 취한 것은, 중국의 군사적 전통에 비추어 보면, 필요한 도전 행위가 된다. 이와 유사한 것으로는 중국의 전사가 적의 성문 앞까지 말을 타고 가서 채찍으로 성문의 널판을 헤아리는 행위를 들 수 있다.[28] 공격자들이 모(Meaux: 프랑스 파리 북동부의 도시) 성안으로 대포를 쏘아댄 후에, 모(Meaux)의 시민들이 성벽에 서서 모자의 먼지를 털어 보이는 행위도 이와 유사하다. 우리는 전쟁의 아곤적 요소와 놀이 요소를 다룰 때 이 문제를 다시 거론하게 될 것이다. 지금 이 순간 우리의 관심을 끄는 것은 정규적인 '허풍 시합'이다.

이런 관습들은 포틀래치와 밀접한 관계가 있다. 허풍 시합과 부의 과시(우리는 이것을 '낭비 시합'이라고 부를 수 있으리라)의 중간쯤에 해당하는 형태는 말리노프스키가 보고한 다음 사례들에서 찾아볼 수 있다. 말리노프스키에 의하면, 트로브리안드 제도의 주민들 사이에서 식량은 그 유용성만으로 평가되는 것이 아니라, 부의 과시 수단으로 활용된다. 얌(yam: 참마. 감자 비슷한 열대 식물)을 저장하는 창고를 건설할 때 바깥에서 그 안에 얼마까지 얌을 저장할 수 있는지 계산할 수 있도록 짓는다. 또한 기둥 사이의 넓게 벌어진 틈 사이로 들여다보면 얌의 품질을 품평할 수가 있다. 가장 튼실한 얌을 가장 잘 보이는 곳에 배치하고 특히 훌륭한 품종은 액자에 넣어 페인트로 장식한 다음 얌 창고 바깥

---

28 같은 책, p.267.

에다 걸어놓는다. 추장이 살고 있는 마을들에서, 평민들은 코코넛 잎 사귀로 얌 창고를 가려서 추장과 경쟁하지 않도록 해야 한다.[29] 중국의 민담에서는 폭군 주왕(紂王) 이야기에서 이런 관습을 발견할 수 있다. 왕은 산더미같이 음식을 쌓아올린 뒤 전차가 그 위로 지나가게 했고 연못을 파서 술을 가득 채운 뒤 그 위에 배를 띄웠다.[30]

명예를 얻기 위한 경쟁은 중국의 사례에서 보듯이 겸양 시합이라는 도치된 형태로 나타나기도 한다. 겸양 시합을 가리키는 특별한 용어는 양(讓)이라고 하는데 문자 그대로 '상대방에게 양보하다'라는 뜻이다. 상대방에게 먼저 가라고 하거나, 아니면 상대방에서 우선순위를 주는 우월한 매너를 취함으로써 적수를 파괴하는 것이다. 겸양 시합은 중국에서 아주 세련되게 형태화 되었으나 전 세계 여러 곳에서 그런 사례를 볼 수가 있다.[31] 우리는 이것을 도치된 형태의 자랑하기 게임이라고 부를 수 있으리라. 왜냐하면 이처럼 상대방에게 공손한 태도를 보이는 이유는 자신의 명예를 드높이기 위한 것이기 때문이다.

무파카라와 무나파라

험담과 욕설 시합은 이슬람 도래 이전의 아라비아에 널리 퍼져 있

---

29 말리노프스키, 『서부 태평양 제도의 아르고호 선원들』, p.168.
30 그라네, 『중국의 문명』, p.202.
31 요한 하위징아, 『중세의 가을』, 2장

었다. 이 시합은 포틀래치(재물의 파괴 시합)의 특징과 밀접한 관계가 있다는 사실은 특기할 만하다. 우리는 앞에서 낙타의 발목을 베어 버리는 무아카라를 언급한 바 있다. 무아카라가 세 번째 뜻으로 소속된 동사 원형은 '상처를 주다', '훼손하다'의 뜻을 갖고 있었다. 그런데 무아카라의 의미 중에는 이런 것도 들어 있다. conviciis et dictiss satyricis certavit cum aliquo(험담과 조롱의 말로써 상대방과 싸우다). 이것은 이집트 집시들끼리의 파괴 시합인 방타르디즈를 연상시킨다.

무아카라 이외에 이슬람 도래 이전의 아라비아에는 험담 시합과 그 유사한 형태를 가리키는 두 개의 전문 용어가 있었는데, 즉 무나파라(munāfara)와 무파카라(mufākhara)이다. 이 세 단어는 동일한 방식으로 형성되었다는 것은 주목할 만하다. 그 단어들은 모두 같은 동사의 세 번째 형태에 소속된 명사들인데, 비방 시합의 가장 흥미로운 특징을 보여 준다. 아랍 어는 '무엇인가를 두고서 경쟁하다' 혹은 '어떤 것에서 어떤 사람보다 우월하다'는 의미를 가진 특별한 동사 형태가 있는데 이것을 어근에 붙이면 그 동사는 자연 이런 의미를 갖게 된다. 나는 그것을 어근의 '언어적 최상급'이라고 명명하고 싶다. 또한 제3형태에서 파생한 '제6형태'는 호혜적 행동을 의미한다. 가령 열거하다, 세다 등의 뜻을 갖고 있는 어근 하사바(hasaba) 앞에 무(mu)를 붙여 무하사바(muhāsaba)가 되면 좋은 명성을 두고 경쟁하기가 된다. '숫자가 더 많다'라는 뜻을 가진 카타라(kathara) 앞에 무를 붙이면 '숫자 경쟁하기'가 된다. 이제 다시 본론으로 돌아가자. 무파카라는 '자랑하다'라는 뜻을 가진 어근에다 무를 붙인 것이고, 무나파라는 '패배' 혹은

'패주'를 의미하는 어근에다 무(mu)를 붙인 것이다.

　아랍 어에서 명예, 미덕, 칭찬, 영광 등은 의미적으로 유사어인데, 이는 상응하는 그리스 어 단어들이 아레테를 중심으로 만들어진 것과 비슷하다.[32] 아랍어에서 아레테에 상응하는 핵심 단어는 이르드 ('ird)인데, 그 구체적 의미만을 취해 본다면 '명예'라는 말로 가장 잘 번역된다. 고상한 인생의 가장 큰 요구 사항은 자신의 명예를 안전하고 흠결 없이 보존하는 것이다. 반면에 당신의 적은 모욕으로써 당신의 '이르드'를 훼손하고 파괴하려는 욕망으로 가득 차 있다고 간주된다. 여기에서도 그리스에서와 마찬가지로 신체적, 사회적, 도덕적 탁월함이 명예와 영광의 기반이 되고 또 미덕의 요소가 된다. 아랍인은 자신의 승리와 용기를 자랑스럽게 생각하고, 씨족과 자녀의 많음, 자신의 관대함, 권위, 힘, 좋은 시력, 풍부한 머리카락 등에 자부심을 느낀다. 이 모든 것이 그의 이즈('izz) 혹은 이자('izza), 즉 탁월함(혹은 우월함)을 구성하고, 그리하여 그의 권위와 위신의 원천이 된다.

　자기 자신의 이즈를 높이기 위해서는 당연히 적수에 대한 욕설과 조롱이 뒤따르게 된다. 이렇게 상대방을 조롱하는 것은 히드자(hidja)라고 한다. 명예를 위한 경쟁인 무파카라는 정해진 시기에 개최되는데 성지 순례 이후에 해마다 시장(市場)을 여는 행사와 동시적으로 벌어지는 행사이다. 전 부족과 씨족들 사이에 벌어지기도 하고 개인들

---

32 참조. Bichr Fares, 『이슬람 도래 이전에 아라비아에 있어서의 명예』(사회학 연구, 파리, 1933); 『이슬람 백과사전』, s. v. mufakhara.

사이에 벌어지기도 한다. 두 그룹이 시합을 벌일 때에는 먼저 명예의 시합으로 절차를 시작한다. 각 그룹에는 샤이르(sha'ir: 시인 혹은 연사)라고 하는 공식 대변인이 있는데 이 사람이 중요한 역할을 한다. 이 관습은 분명 의례적 특성을 가지고 있다. 이것은 이슬람 이전의 아라비아 문화를 결속시켰던 강력한 사회적 긴장감을 가져다주었다. 하지만 이슬람이 도래하여 이 고대의 관습에 제동을 걸면서 종교적 특징을 부과했고 그리하여 정중한 게임으로 순화시켰다. 이슬람 도래 이전에 무파카라는 종종 살인이나 부족 전쟁으로 끝이 났다.

무나파라는 원래 경기의 형태를 취했는데, 두 갈등하는 당사자들이 재판관 혹은 중재자 앞에서 자신의 명예를 주장하는 것이었다. 이 단어의 어근인 '나파라'라는 동사는 결정 혹은 판단의 뜻을 가지고 있었다. 토론의 주제와 부상은 사전 결정되어 있었다. 가령 "누가 가장 고상한 가문의 후예인가"라는 질문이 토론 주제가 될 수 있었고 부상은 낙타 100두로 정했다.[33] 법정 소송과 마찬가지로, 두 당사자는 차례로 일어나서 말하고 다시 앉았다. 이 절차를 더욱 흥미롭게 만드는 것은 양측이 맹세를 하고 증언에 나선 증인의 도움을 받는다는 것이다. 이슬람 도래 이후에 재판관들은 무나파라에서 재판하는 것을 거부했다. 두 소송 당사자는 "악(惡)을 원하는 두 바보"라고 조롱되었다. 때때로 무나파라는 각운을 맞춘 시문으로 진행되었다. 먼저 무파카라(명예의 시합)를 실시하고 이어 무나파라(험담 시합)를 실시할 목적으로

---

33 G. W. Freytag, 『이슬람 도래 이전의 아랍 어 연구 서론』(본, 1861), p.184.

클럽이 설립되기도 했는데 시합은 종종 칼싸움으로 끝났다.[34]

그리스, 게르만, 프랑스의 전통

그리스 전통은 의례적이고 축제적인 험담 시합을 다양하게 개최했다. 이암보스(iambos)라는 단어는 원래 '조롱'을 의미했다고 일부 학자들은 주장한다. 이암보스는 데메테르 축제와 디오니소스 축제에서 음송되었던 풍자시와 비방시를 가리키는 말이다. 그리스 풍자시인 아르킬로쿠스의 날카로운 풍자도 축제의 이암보스로부터 발전했던 것으로 여겨진다. 이처럼 의례라는 오래된 관습으로부터 나온 이암보스 시가(詩歌)는 공식적 비판의 도구가 되었다. 더욱이 데메테르 축제와 아폴로 축제에서 남자와 여자들은 상호 조롱의 노래를 불렀는데, 이런 관습으로부터 여성들을 비난하는 문학적 주제가 생겨났을 것이다.

고대 게르만 전통도 아주 오래된 비방 시합의 흔적을 가지고 있다. 게피다에의 궁정을 찾아간 알보인의 이야기가 대표적 사례이다. 이 스토리는 파울루스 디아코누스가 고대 서사시들의 파편으로부터 살려낸 것인데 그 내용은 이러하다.[35] 랑고바르드의 우두머리들이 게피

---

34 *Kitāb al Aghāni*(카이로, 1905~1906), iv. 8; viii, 109 sq.; kv, 52, 57.
35 『랑고바르드의 역사』(Mon Germ Hist SS Langobard.), i, 24.

다에의 왕 투리진트가 베푸는 연회에 초대를 받아갔다. 투리진트 왕
이 랑고바르드 족과의 싸움에서 전사한 아들 투리스몬트의 죽음을
슬퍼하자, 왕의 또 다른 아들이 자리에서 벌떡 일어나 조롱의 말로 랑
고바르드 우두머리들을 공격한다. 그 아들은 그들을 하얀 발을 가진
암말이라고 놀리고 또 몸에서 심하게 냄새가 난다고 조롱한다. 그러
자 랑고바르드 우두머리들 중 한 사람이 말한다. "아스펠트의 들판으
로 가보라. 그러면 자네가 말한 '암말들'이 얼마나 용감하게 행동했
는지 볼 수 있으리라. 그 들판에는 자네 형의 뼈도 늙은 말의 뼈처럼
뿌려져 있다네." 왕은 두 사람을 자제시켜 싸우지 못하게 했고 "이어
연회는 즐겁게 끝났다." 이 마지막 문장은 말싸움의 놀이적 성격을
잘 보여 준다. 이것은 의심할 나위 없이 비방 시합의 한 사례이다.

고대 스칸디나비아 어 문학은 마니프나드르(mannjafnaðr : 남자들의 겨
루기)라는 특별한 형태를 갖고 있었다. 이것은 욕설 시합이었는가 하
면 율(Jul) 축제의 한 부분이었다. "오르바르 오드의 이야기"는 구체적
사례를 제시한다. 오르바르 오드는 어떤 외국 왕의 궁정에 익명으로
머물던 중, 자신의 머리를 걸고 내기를 한다. 왕의 부하 두 명과 술 마
시기 시합을 해서 그들을 이길 수 있다는 것이었다. 술 시합이 벌어져
서 상대방에게 뿔 모양의 술잔을 건네기 전, 오드는 자신의 혁혁한 전
공을 자랑한다. 자신이 전쟁에 참가하여 치열하게 싸울 때, 상대방은
후방에 남아 여자들 치마폭에 싸여서 따뜻한 난롯불이나 쬐는 수치
스러운 평화를 즐겼다고 비방한다.[36] 때때로 왕들이 직접 비방 시합
에 참가하는 경우도 있었다. 에다 서사시의 하나인 「하르바르드슬로

요드」는 토르와 오딘 사이에 벌어진 비방 시합을 노래했다.[37] 로키가 아제 신족(神族)과 술을 마시다가 논쟁이 붙은 것도 이와 유사한 장르에 속한다.[38]

이런 경기들의 의례적 성격은 다음과 같은 사실을 언급함으로써 분명하게 드러난다. 말싸움이나 논쟁이 벌어진 홀은 "위대한 평화의 장소"라고 불렸고, 그 홀 안에서는 상대방이 무슨 말을 해도 폭력을 사용해서는 안 되었다. 설혹 이런 사례들이 먼 과거로 소급하는 주제를 문학적으로 다시 편집한 것이라고 해도, 그 의례적 배경은 너무나 명백해서 후대의 시인들이 허구로 지어낸 것이라고 무시해 버릴 수가 없다. 고대 켈트 족의 전설인 "맥다토의 돼지"나 "브리크류의 축제" 또한 이런 '남자들의 겨루기'와 유사한 '바가 있다. 독일 학자 데 브리스(De Vries)는 '마니프나드르(남자들의 겨루기)'의 종교적 기원에 대하여 의심하지 않았다.[39] 이런 종류의 험담을 당시 사람들이 얼마나 중시했는지는 10세기 덴마크 왕 하랄 고름손(Harald Gormsson)의 경우에서 분명하게 드러난다. 하랄 왕은 자신을 조롱한 단 한 편의 풍자시 때문에 아이슬란드 정벌을 생각할 정도였다.

『베오울프』라는 장편 서사시에서 주인공 베오울프는 덴마크 왕의 궁중에 머무는 동안 운페르트라는 자로부터 당신의 무공을 열거해

---

36 에다 I, 툴레 I, 1928, No. 29, cf. x. pp.298, 313.

37 에다 I, 툴레 II, No. 9.

38 No. 8.

39 『고대 게르만이 종교사』, ii, p.153.

보라는 조롱을 받는다. 고대 게르만 언어들은 이런 상호 비방과 자랑의 의례(무장(武裝) 싸움인 토너먼트 직전의 서곡이든 연회에서의 어흥이든)에 대하여 특별한 단어를 갖고 있었다. gelp 혹은 gelpan이었다. 고대 영어에서 이 명사는 영광, 위엄, 오만 등을 의미했고, 중세 고지 게르만 어에서는 외침, 조롱, 경멸을 의미했다. 영어 사전은 현재 개의 외침으로 뜻이 축소된 yelp에 대해 폐어(廢語)라고 하면서 '칭송하다, 칭찬하다'의 뜻을 함께 제시하고 있다. 또 yelp가 과거에 명사로 사용되면 vainglory(허세)의 뜻을 갖는다고 풀이한다.**40**

고대 프랑스 어에는 gelp, gelpan에 대응하는 단어로 gab, gaber가 있었는데 그 어원은 분명치 않다. gab는 특히 전투의 서곡으로, 혹은 연회의 한 부분으로 이루어지는 조롱과 야유를 의미했다. gaber는 조롱의 기술을 의미했다. 콘스탄티노플의 황제를 방문했을 때, 샤를마뉴 왕과 열두 명의 용사들은 식사 후에 열두 개의 침상이 준비되어 있는 것을 보고서 취침하기 전에 gaber 게임을 열었다. 왕 자신이 먼저 허풍의 말을 했다. 이어 롤랑이 기꺼이 그 차례를 이어받아 이렇게 말했다. "위고(Hugo) 왕이 나에게 뿔피리를 빌려 준다면 나는 도시 밖으로 나가 그 뿔피리를 크게 불겠습니다. 내가 너무 크게 분 나머지 문들의 경첩이 저절로 풀려 버렸습니다. 그리고 왕이 나를 공격한다면 나는 그를 아주 재빨리 돌려서 왕의 담비 털외투가 사라지게 하고

---

40 11세기의 gilp-cwida 사례는 Gesta Herwadi에 제시되어 있다. edited Duffus Hardy and C.T.Martin(in an appendix to Geffrei Geimar, 『앵글의 역사』), Rolls Series, I, 1888, p.345.

그의 수염이 불붙게 하겠습니다."[41]

영국 왕 윌리엄 루푸스를 노래한 조프루아 게마르(Geoffroi Gaimar)의 운문 연대기는 월터 티렐과 허풍 시합을 벌이는 왕을 묘사하고 있다. 왕은 그 직후 뉴 포레스트에서 티렐의 화살을 맞아 사망했다.[42] 나중에 중세에 들어와 이 허풍과 조롱 시합은 토너먼트의 전령들 사이의 말싸움으로 격하되었다. 전령들은 주인의 무공을 노래하고, 주인의 조상을 칭송한 다음, 때때로 숙녀들을 조롱했다. 대체로 보아 전령들은 멸시받는 계급이었고 허풍 떠는 자와 유랑자들로 구성된 무리들이었다.[43] 16세기에 들어와서도 gaber는 그 의례적 기원에도 불구하고 사회적 여흥으로 존재했다. 앙주(Anjou) 공작은 이 시합이 『아마디스의 이야기』에 언급되어 있는 것을 보고서 그의 신하들과 함께 놀아 보기로 결정했다. 하지만 뷔시 당부아즈는 공작의 조롱에 답변하지 않으려 했다. 하지만 게임에 참석한 자는 전원 조롱의 말을 해야 하고, 누구나 동일한 자격이며 아무도 상대방의 말을 불쾌하게 여기지 않는다는 규칙이 만들어졌다(이러한 규칙은 로키가 비방 시합을 했던 아에기르(Aegir)의 홀에서도 수립되었다). 하지만 앙주 공작의 gab 시합은 나중에 음모를 꾸미는 빌미가 되었고, 배신을 잘 하는 앙주는 뷔시를 몰락시켰다.[44]

---

41 『샤를마뉴의 순례』(11세기), ed. E. Koschwitz(Paris, 1925), pp.471~481.

42 F. Michel, 『앙글로 노르망디의 연대기』, I(루앙, 1836), p.52; cf. Wace, 『루의 로망』, ed. H. Andersen(Heilbronn, 1877), vv. 15038 sq and William of Malmesbury, 『앙글로 왕의 치적』(ed. Stubbs, 런던, 1888), iv, p.320.

43 Jacques Bretel, 『쇼방시의 토너먼트』(ed. M. Delbouille), vv. 540, 1093~1158, etc, 리에주, 1932; 『레랑의 말쑴』 루마니아 xliii, 1914, p.218 sq.

경기(아곤)는 문화의 보편적 요소

경기가 사회생활의 주된 요소라는 생각은 우리들 마음속에서 그리스 문명과 자연스럽게 결부되어 있다. 사회학과 인류학이 아곤적 요소의 심대한 중요성에 주목하기 훨씬 이전에도, 스위스의 역사가 야콥 부르크하르트(Jacob Burckhardt)는 '아고날(agonal: 아곤적)'이라는 신조어를 만들어내어 그것이 헬레니즘 문화의 주된 특징들 중 하나라고 주장했다. 하지만 부르크하르트는 '아곤'이라는 현상의 광범위한 사회적 배경을 제대로 알아보지 못했다. 그는 아곤적 습관이 그리스에만 국한되고, 그것도 그리스 역사의 특정 시기에 존재했다고 보았다. 부르크하르트에 의하면, 그리스 역사에서 가장 이른 유형의 인간은 '영웅적' 인간이고, 그 다음이 '식민지적' 혹은 '아곤적(agonal)' 인간이고, 기원전 5세기의 인간과 기원전 4세기의 인간이 그 다음이며 (이 시대의 인간에는 별명이 없다), 마지막으로 알렉산더 대왕으로 상징되는 '헬레니즘의 인간'이 있었다.[45] 따라서 '식민지적' 혹은 '아곤적' 시대는 기원전 6세기인데 이 시대에는 헬레니즘이 팽창하고 국가적 게임들이 많이 개최되었다. 부르크하르트가 말하는 '아곤적(agonal)'은 "다른 민족들은 일찍이 가져본 적이 없는 충동"을 가리킨다.[46]

당연한 일이지만 부르크하르트의 견해는 고전 문헌학에 주로 의존

---

44 A. de Varillas, 『헨리 3세의 역사』(파리, 1694), I, p.574. gaber 참조(p.197).
45 부르크하르트, 『그리스 문화의 역사』, p.111.
46 같은 책, iii, p.68.

한 것이었다. 그의 사후에 발간된 대저『그리스 문화의 역사』는 1880년 대에 바젤 대학에서 행했던 일련의 강연들을 바탕으로 한 것이었다. 그 당시에는 민족지학적·인류학적 자료를 포용하는 일반 사회학이 아 직 존재하지 않았고, 그런 자료들은 그 당시 막 주목을 받기 시작했다. 하지만 부르크하르트의 견해가 심지어 오늘날까지도 여러 명의 학자 들로부터 지지를 받고 있다는 사실은 난처한 일이 아닐 수 없다.[47] 빅 터 에렌베르크는 아직도 아곤의 원칙이 오로지 그리스에만 있었다는 견해를 고수한다. 그는 말했다. "동양에서는 그 원칙이 낯설면서도 혐 오스러운 것이었다. 우리는 성경에서 아곤적 경기의 증거를 찾아보았 으나 실패했다."[48] 이것은 사실과 다르다. 우리는 앞에서 극동의 경우, 인도의『마하바라타』, 원시 사회의 세계 등에서 에렌베르크의 주장과 정반대되는 사례를 살펴보았으므로, 여기서 길게 반박할 필요는 없을 것이다. 또한『구약성경』에서도 아곤적 요소와 놀이의 관계를 보여 주 는 설득력 있는 사례를 발견했다(「사무엘 하」 2장 14절).

부르크하르트는 원시 사회와 야만 사회가 경기를 벌였다는 사실을 인정했으나 그것에 별 의미를 부여하지 않았다.[49] 에렌베르크는 나중 에 아곤의 원칙이 전 세계 어디서나 발견되는 보편적 인간 특성이라 고 한발 물러서기는 했으나, "역사적으로 흥미 없고 의미 없는 원칙"

---

47 H. Schafer, 『국가 형태와 정치』(라이프치히, 1932); V. Ehrenberg, 『동양과 서양: 고대의 역사적 문제의 연구』, Schriften der Philos. Fak. der deutschen Univ. Prag, xv, 1935.
48 『동양과 서양』, pp.93, 94, 90.
49 『그리스 문화의 역사』, iii p.68

이라고 했다. 그는 신성함과 주술의 목적을 가진 경기를 완전 무시했고 "그리스 자료에 대한 민속적 접근"(에렌베르크의 말)을 공격했다.[50] 그에 의하면 경쟁적 충동은 "그리스 이외의 지역에서 사회적·초개인적 세력이 되지 못했다"는 것이다.[51] 하지만 그는 나중에 아이슬란드의 전통이 그리스의 전통과 유사하다는 것을 발견하고서 그 전통에 일정한 의미를 부여한다고 말했다.[52]

에렌베르크는 부르크하르트의 견해를 좇아서 '아곤적' 시대가 '영웅적' 시대 뒤에 나온다고 하면서도 영웅적 시대에 이미 아곤의 요소가 깃들어 있었다고 말했다. 그는 트로이 전쟁이 대체로 보아 아곤적 특징을 결여하고 있다고 주장했다. "전사 계급의 탈 영웅화가 이루어지고 난 뒤에" 비로소 영웅을 '아곤'으로 대체해야 할 필요가 생겨났고, 따라서 아곤은 후대 문화의 '산물'이라는 것이다.[53] 이런 주장은 부르크하르트의 다음과 같은 경구(警句)에 바탕을 두고 있는 것이다. "전쟁을 아는 사람들은 토너먼트 경기를 필요로 하지 않는다."[54] 이러한 가정은 우리 현대인들에게 적용한다면 맞을지 모르나, 고대의 문화적 시대에는 맞지 않는 말이다. 이것은 사회학과 민족지학에 의하여 입증되었다. 그리스 역사의 몇 세기 동안 경기가 사회생활의 주된 원칙으로 군림했다. 그리하여 이 기간에 올림피아, 코린토스 지협,

---

50 『동양과 서양』, pp.65, 219.
51 같은 책, p.217.
52 같은 책, pp.69, 218.
53 『동양과 서양』, 71, 67, 70, 66, 72; cf. 부르크하르트, 앞에 나온 책, pp.26, 43.
54 『그리스 문화의 역사』, iii, p.69; 참조. 에렌베르크, 앞에 나온 책, p.88.

델피, 네메아 등에서 거행되는 경기 등 전 헬라 인들을 하나로 묶는 대규모 신성한 게임들이 생겨났다. 하지만 경기의 정신이 이 몇 세기 전에도 그리고 후에도 헬레니즘 문화를 지배했다.

헬레니즘 경기들은 존속한 기간 내내 종교와 밀접한 관계를 맺고 있었다. 그 경기가 겉보기에 국가적 스포츠의 외양을 띠게 된 후대에 이르러서도 그런 종교적 성격은 여전히 남아 있었다. 위대한 경기들을 칭송하는 핀다로스의 승리 찬가들은 그가 써낸 풍성한 종교시에 소속된 것들이었고, 오늘날 그 승리 찬가들만 전해지고 있다.[55] 아곤의 신성한 특징은 세계 전역에서 드러난다. 제단 앞에서 고통을 참아내는 스파르타 소년들의 경쟁적 열광은 성인식과 관련된 잔인한 시련의 한 가지 사례일 뿐이다. 이러한 경쟁적 특징은 전 세계 원시 부족들 사이에서 발견된다. 핀다로스의 송가는 올림픽 게임에서 승리한 청년이 그의 할아버지 콧구멍에 새로운 생기를 불어넣는 장면을 묘사하고 있다.[56]

그리스 전통은 경기를 공식적인 것과 전국적인 것, 군사적인 것과 사법적인 것, 힘·지혜·부와 관련된 것으로 나눈다. 이러한 분류는 문화의 초창기에 존재했던 아곤적 단계를 반영하는 것이다. 판사 앞에서 벌어지는 소송을 '아곤'이라고 했다는 사실은 후대의 은유적 표현(부르크하르트의 입장)으로 해석되어서는 안 된다.[57] 오히려 아주 오래전

55 예거, 『파이데이아』, I, p.208.
56 『올림피카』, viii, 92(70).
57 『그리스 문화의 역사』, iii, p.85.

부터 법률과 놀이가 서로 결부되어 있었다는 것을 보여 주는 구체적 증거이다(우리는 이것을 4장에서 자세히 다루게 될 것이다). 과거에 소송은 엄격한 의미의 아곤이었다.

그리스 사람들은 싸움의 가능성이 조금이라도 있는 것에는 경기의 성격을 부여했다. 남자들의 아름다움을 겨루는 경기는 판(Pan) 아테네 축제와 테세우스 축제의 한 부분이었다. 심포지엄에서는 노래 부르기, 수수께끼 풀기, 잠 깨어 있기, 술 마시기 경기가 벌어졌다. 심지어 술(와인) 마시기 경기에서도 신성함의 요소가 깃들어 있었다. 폴루포시아(πολυποδία: 많이 마시기)와 아크라토포시아(ἀχρατοποδία: 물 타지 않은 독한 와인 마시기)는 코엔(술 주전자) 축제의 한 부분이었다. 알렉산더 대왕은 부장(副將) 칼라노스가 죽자 체육과 음악의 아곤을 개최했고 가장 술을 많이 마시는 자에게 부상을 약속했다. 그리하여 아곤 참가자 35명이 현장에서 죽고, 나중에 6명이 더 죽었는데 그중에는 챔피언도 들어 있었다.[58] 이와 관련하여 포틀래치 제도에서도 음식이나 술을 다량으로 먹는 경기가 있었다는 점을 지적해 두고 싶다.

문화를 추진하는 아곤의 요소

에렌베르크는 아곤의 원칙을 너무 협의적으로 해석한 나머지 로마

---

58 Chares의 의견을 따름. Cf. Pauly Wissowa, s. v. Kalanos, c 1545.

문명에는 그 원칙이 없다고 했고, 이어 반(反) 아곤적 특성을 보인다고 주장했다.[59] 로마 문명에서 자유인들 사이의 경기가 많지 않았던 것은 사실이다. 그렇다고 해서 로마 문명에 아곤적 요소가 완전 결여되어 있다고 보기는 어렵다. 우리는 로마 문명 초창기부터 경쟁적 충동이 경기하는 자로부터 경기를 구경하는 자에게로 옮겨갔음을 본다. 의심할 나위 없이 이러한 옮겨감은 로마 경기들의 뚜렷한 의례적 성격과 밀접한 관련이 있다. 왜냐하면 의례에서는 이런 대리적인 태도가 확고히 자리 잡고 있기 때문이다. 그러니까 경기를 하는 자들은 구경꾼들을 대신하여 싸우고 있는 것이다. 검투사 게임, 야생 동물들 사이의 경기, 전차 경기 등은 설혹 노예가 수행한다 하더라도 아곤적 특성을 상실하는 게 아니다. 놀이(ludi: 경기)라고 하면 정기적인 연례 축제나 맹세의 놀이(ludi votivi)와 관련이 있었다. 맹세의 놀이는 주로 죽은 사람에 대하여 경의를 표시하거나 보다 구체적으로 신들의 분노를 피하기 위한 것이었다. 의례의 절차를 조금이라도 틀리게 하거나 우연한 소동이 벌어지면 그 의례 전체가 무효가 되었다. 이것은 그 행위의 신성한 특징을 가리키는 것이다.

로마의 검투사 경기는 유혈적이고, 미신적이고, 관대하지 못한 것이었다. 하지만 그 경기는 자유와 즐거움을 연상시키는 루두스(ludus: 놀이, 경기)라는 단어의 정신을 끝까지 지켰다. 우리는 이러한 현상을 어떻게 이해해야 할 것인가?

---

59 에렌베르크, 『동양기 서양』, p.91.

우리는 다시 한 번 그리스 문명에서 아곤이 차지하는 위치를 검토해 보아야 한다. 부르크하르트가 일차 제기하고 그 후 에렌베르크가 채택한 견해에 의하면, 다음과 같은 시대의 발전 단계가 있었다. 첫째가 고대의 시대로 혹은 '영웅' 시대로서 헬라 인들이 전투와 전쟁에 전념한 시대이지만 사회적 요소로서의 아곤적 원칙은 결여되어 있었다. 그러나 국가가 이런 영웅적 투쟁에 전력을 쏟은 나머지 영웅적 기질을 서서히 잃게 되었고 그리하여 그리스 사회는 '아곤'의 시대로 옮겨갔고, 이 시대가 그 후 수세기 동안 사회생활을 지배했다. 에렌베르크는 이러한 시대 이행을 "전투에서 놀이로"라고 표현하면서 쇠락의 징조라고 말했다. 장기적으로 볼 때 아곤 원칙의 성행이 쇠락을 가져온 것은 분명하다고 그는 진단했다. 그러면서 에렌베르크는 아곤의 목적 없음과 의미 없음이 "생활, 사상, 행동의 진지한 특성을 잃어버리는 결과를 가져왔고, 외부로부터의 충동에 대한 무관심을 야기했으며, 경기에 이기기 위해 국력을 낭비하는 결과를 낳았다"고 주장했다.[60]

마지막 주장(경기가 국력 낭비 가져옴)에는 일리가 있다. 그러나 그리스 사회생활이 때때로 단순한 경쟁의 열정에 빠져들어 타락한 것은 사실이지만, 그리스 역사 전체는 에렌베르크가 가정한 것과는 전혀 다른 과정을 걸어갔다. 여기서 우리는 아곤 원칙이 문화에 기여하는 중요성을 전혀 다른 방식으로 제시하고자 한다. 먼저 그리스 역사에서

---

60 같은 책, p.96.

'전투에서 놀이로' 혹은 놀이에서 전투로의 이행은 없었다. 단지 그리스 문화가 놀이 같은 경기 속에서(in) 발전했을 뿐이다. 세계의 다른 지역도 그렇지만 그리스에서도 놀이 요소가 역사의 시작부터 있었고 또 중요했다.

우리의 생각이 시작되는 출발점은 이러하다. 먼저 어린아이 같은 놀이-의식(意識)이 다양한 놀이 형태 속에서 때로는 진지하게 때로는 장난스럽게 표출되었을 것이다. 그 놀이는 의례에 뿌리를 박고 있었고, 리듬, 조화, 변화, 교대, 대조, 클라이맥스 등을 바라는 인간의 생래적 요구가 충분히 개화(開花)하도록 허용함으로써 문화를 생산했다. 이런 놀이-의식에 명예, 위엄, 우월함, 아름다움을 추구하는 정신이 결부되었다. 주술과 신비 의례, 영웅적 동경, 음악·조각·논리의 예시(豫示)는 고상한 놀이 속에서 형태와 표현을 얻으려 했다. 이러한 열망을 갖고 있던 시대를 후대는 '영웅적' 시대라고 부를 것이다.

따라서 놀이는 처음부터 문명의 대립적·아곤적 기반을 그 안에 가지고 있었다. 왜냐하면 놀이는 문명보다 더 오래되었고 더 독창적이기 때문이다. 따라서 위에서 언급한 로마의 루디(ludi: 놀이들)라는 본론으로 다시 돌아가, 라틴 어가 그 신성한 경기들을 간단하게 '놀이(ludus)'라는 단어로 불렀던 것은 아주 타당한 일이었다. 왜냐하면 그 단어는 이 문명화를 가져오는 힘의 독특한 본질을 아주 잘 표현하고 있기 때문이다.

문명이 발전하는 과정에서 아곤의 기능은 고대 시대에 이르러 가장 아름다운 형태, 가장 뚜렷한 형태의 아곤적 기능을 획득했다. 문명이 더 복잡해지고, 더 다양해지고, 더 과부하가 걸리면서, 또 생산 기술과 사회생활 그 자체가 더욱 정교하게 조직되면서, 오래된 문화적 토양은 서서히 아이디어들, 사상과 지식의 체계, 교리, 규칙과 규정, 도덕과 관습 등의 무게에 눌려 질식하게 되었다. 사실 이런 체계들은 놀이와의 연계를 잃어버린 것들이었다. 뭐라고 할까, 문명은 좀 더 진지해진 것이다. 그리하여 놀이하기에는 부차적 지위밖에는 부여하지 않았다. 영웅의 시대는 끝났고 아곤의 단계 또한 과거의 것이 되어 버린 듯하다.

4장

놀이와 법률

얼핏 보면 법률, 정의, 사법의 영역은 놀이와는 전혀 관계없어 보인다. 법률이라고 하면 심각할 정도의 진지함, 엄숙함, 개인과 사회의 핵심 사안을 다루는 영역이라고 생각된다. 법률과 정의라는 아이디어를 표현하는 단어들의 어원적 기반은 주로 설정하기, 고정하기, 확립하기, 선언하기, 임명하기, 유지하기, 질서잡기, 선택하기, 구분하기, 강제하기 등의 영역에 속해 있다. 이러한 아이디어들은 놀이와 관련된 단어들을 파생시킨 의미 영역과는 무관하거나 아니면 대립적인 관계에 있는 것처럼 보인다. 하지만 우리가 앞에서 살펴본 것처럼, 어떤 행위가 진지하고 신성한 것이라고 해서 반드시 놀이의 특성을 배제하는 것은 아니다.

우리가 법률이 실제 집행되는 현장, 즉 소송 사건을 살펴보면 법률과 놀이 사이에 일정한 상관성이 있다. 법률의 이상적 기반이 어디서 연원(淵源)하든 간에 소송은 경기와 상당히 유사하다. 우리는 앞에서 포틀래치 제도를 언급하면서 경기와 법률 제도의 상관관계를 언급한 바 있다. 가령 프랑스 사회학자 다비는 법률적 관점에서 포틀래치에 접근하여 계약과 의무를 규정한 원시 사회의 제도라고 정의한 바 있다.[1]

그리스에서 소송은 아곤으로 인식되었다. 일정한 규칙과 신성한 형태를 가진 경기로서, 거기에 참여한 두 당사자는 재판관의 결정을 바라보며 놀이를 한다. 이러한 소송 개념은 후대에 발달한 것, 혹은 아이디어가 전이된 것으로 간주되어서는 안 되고 에렌베르크처럼 사회가 퇴보한 증상으로 보아서는 더더욱 안 된다.[2] 오히려 그 개념은 정반대 방향으로 발전해 왔다. 왜냐하면 소송은 경기의 형태로 시작되었고, 소송 속의 아곤적 요소는 오늘날까지도 생생하게 남아 있기 때문이다.

소송은 놀이의 특성을 가지고 있다

경기는 곧 놀이를 의미한다. 이미 앞에서 살펴본 것처럼, 어떤 경기가 되었든 거기에 놀이의 요소가 깃들어 있다는 것을 부정할 수 없다.

---

1 다비, 『맹세한 믿음』.
2 『동양과 서양』, p.76; cf. p.71.

놀이적이고 아곤적인 것이, 사회의 요구 사항에 맞추어 법률 분야에서는 신성한 진지함의 영역을 확보하게 된 것이다. 이러한 놀이와 아곤의 측면은 오늘날의 모든 법률생활 형태에서도 발견된다. 가령 정의의 선언은 '법정'에서 벌어진다. 이 법정은 그 어의(語義)를 따진다면 여전히 이에로스 쿠크로스(ἱερὸς κύκλος: 신성한 동그라미)이며 재판관은 그 동그라미 안에 앉아 있는 사람이다(아킬레스의 방패에는 이 동그라미가 그려져 있었다고 한다).[3]

정의가 선언되는 모든 장소는 일종의 테메노스(temenos)로서 '일상적' 세계와는 격리되어 있는 신성한 장소이다. 테메노스를 가리키는 고대 플랑드르 어와 네덜란드 어는 vierschaar인데 네 개의 밧줄, 혹은 네 개의 벤치에 의해 별도로 구획된 공간을 뜻했다. 그 공간이 네 모든 동그라미든 그것은 여전히 하나의 마법적 동그라미 혹은 놀이터로서 이곳에서는 신분과 지위의 높고 낮음이 일시적으로 정지된다. 그 공간 안으로 들어서는 사람은 누구나 잠정적으로 신성한 존재가 된다. 로키가 험담 시합을 시작하기 전에 그는 자신이 서 있는 장소가 '위대한 평화의 장소'인지 확인한다.[4] 영국의 상원은 아직도 사실상 정의의 법정이다. 그래서 상원과 무관한 재무장관의 자리는 "상원의 영역 바깥에 있다"고 간주된다.

판결을 내리는 판사는 가발과 법복을 입는 그 순간 '일상적' 생활로

---

3 『일리아드』, xviii, 504.
4 참조, 예거, 『파이데이아』, I, p.104. "…… 디케(diké)의 사상은 공공 생활에서 하나의 기준으로 활용되었는데, 이 기준에 의하면 신분이 높은 자나 낮은 자나 '동등한 자'로 여겨진다."

부터 벗어난다. 영국 판사와 법률가의 복장을 민족지학적 연구 대상으로 삼은 논문은 아직까지 보질 못했다. 그 복장은 17세기와 18세기에 유행했던 가발 패션과는 아무런 관련이 없다. 가발은 중세 영국의 법률가들이 썼던 머리 장식의 잔재물이다. 그 장식은 코이프(coif)라고 했는데 원래는 머리에 딱 맞는 하얀 모자였다. 이 모자의 흔적이 가발 가장자리의 하얀 테두리에 여전히 남아 있다. 그러나 판사의 가발은 이제는 낡아빠진 전문 복장의 유물, 그 이상의 의미를 갖고 있다. 기능적으로 볼 때 이 가발은 원시 부족 사람들의 춤추는 가면과 밀접한 관계가 있다. 가면은 그것을 쓰는 사람을 다른 '존재'로 변모시켰다.

영국의 법률적 전통은 원시 문화 중 이런 가면의 전통만 보존한 것이 아니다. 영국의 소송 건수에서 발견되는 놀이적 요소와 유머는 원시 사회에서 발견되는 기본적인 법률의 특징이기도 하다. 물론 이 요소는 다른 나라들의 민중 전통에서도 찾아볼 수 있다. 유럽 대륙의 소송은 영국보다는 훨씬 진지하지만 그래도 놀이의 요소를 포함하고 있다. 현대의 소송 사건에서 원고와 피고가 갑론을박하면서 동원하는 스타일과 언어는, 논증과 반대논증에 몰두하는 스포츠맨 같은 열정을 보여 준다. 그것들 중 일부는 너무 세련되어서 나의 법관 친구는 자바의 아다트(adat) 놀이가 생각난다고 말했다. 이 게임에서 변사는 멋진 논증을 할 때마다 땅바닥에 자그마한 막대기를 꽂는데, 막대기를 가장 많이 꽂는 자가 그 게임의 승리자가 된다. 소송의 놀이적 특성은 괴테에 의해 아주 자세히 묘사된 바 있다. 그는 베네치아 총독의 궁정에

서 열린 소송에 참석하고서 그 광경을 인상 깊게 서술했다.[5]

이런 산발적인 논평만으로도 법률과 놀이의 관계에 대하여 어느 정도 예비지식을 얻었으리라 본다. 그러면 소송의 원시적 형태를 한번 살펴보기로 하자. 재판관을 앞에 두고 벌이는 소송은 언제나 어디서나 자신의 주장을 관철시켜야겠다는 각 당사자의 강력한 욕망에 의해 지배되었다. 이기고자 하는 욕망이 너무나 강하여 단 한순간도 아곤적 요소를 배제하지 않았다. 이것은 법적 정의와 놀이 사이의 관계를 잘 드러낸다고 생각된다. 만약 이것만으로도 충분하지 못하다면 실제 집행되는 법률의 형태적 특성을 살펴보면 우리의 주장이 더욱 분명하게 이해될 것이다. 법률적 경기는 시간과 장소의 제약이라는 특성 이외에 제한적인 규칙 체계의 지배를 받았는데, 이것은 소송이 질서정연한 대립적 놀이의 영역임을 잘 보여 준다.

사행성 게임, 경기, 말싸움

원시와 고대 문화에서 놀이와 법률의 밀접한 관계는 세 가지 관점에서 살펴볼 수가 있는데 곧 사행성 게임, 경기, 말싸움이다.

우리 현대인은 아무리 법률에 대한 관념이 희박하다고 해도 정의를 추상적인 옳음과 따로 떼어놓고서는 생각하지 못한다. 현대인이 볼

---

5 『이탈디아 기행』, 10월 3일.

때 소송은 일차적으로 옮음(정의)과 그름(불의)에 대한 논쟁이다. 승리와 패배는 2차적인 의미를 지닐 뿐이다. 하지만 원시(고대) 사회의 징의를 이해하고자 한다면 이런 윤리적 가치의 강조를 잠시 잊어버려야 한다. 고도로 발전한 문명으로부터 덜 발달된 문화의 단계로 눈을 돌려보면, 윤리적·사법적 개념인 정의와 불의는 승리와 패배, 즉 아곤적 개념으로 대체되어 버리는 것을 발견하게 된다. 원시 사회 사람들의 마음을 사로잡은 것은 정의와 불의라는 추상적 개념이 아니라 승리와 패배라는 구체적 문제였다.

이처럼 원시 사회에서는 윤리적 기준이 다소 희박했다는 점을 이해하면, 역사의 앞부분으로 갈수록 법률 영역에서 아곤적 요소가 득세했다는 것을 알 수 있다. 아곤의 요소가 강해질수록 찬스(사행성)의 요소도 높아졌고, 그런 만큼 놀이의 영역이 넓어졌다. 이러한 심리적 세계에서는 신탁, 신의 판정, 시련, 추첨(즉 놀이) 등에 의한 결정과, 법률적 판단에 의한 결정이 하나로 합쳐졌다. 이렇게 하여 정의는 상당 부분 게임의 규칙에 복종하게 되었다. 현대인들도 여전히 이런 결정의 불가피성을 인정하는데, 가령 어떤 사안에 대하여 마음의 결정을 보지 못하면 제비를 뽑거나 '동전 던지기'를 하는 것이다.

우리 현대인은 신의 뜻, 운명, 찬스(행운)가 서로 다르다고 생각하며 그것을 개념적으로 구분하려 든다. 그러나 원시 부족의 사람들(혹은 고대인들)에게 이 셋은 하나였고 서로 비슷한 것이었다. '운명'은 그것에 대한 어떤 언명이 있을 때에만 알아볼 수 있었다. 이런 종류의 신탁은 성공의 불확실한 전망을 시도하려 할 때 얻어지는 것이었다. 가령 작은 막대기를 뽑아들거나, 돌을 던지거나, 성경의 페이지를 아무렇게나 넘기다가 멈추면, 그 행위가 신탁을 이끌어내는 것이다. 『구약성경』 「출애굽기」 28장 30절에는 이런 말이 나온다. "판결 가슴받이 앞에는 우림(Urim)과 툼밈(Thummim)을 넣어 아론이 주님 앞으로 들어갈 때, 그것을 가슴에 달게 하여라. 이렇게 아론은 늘 주님 앞에서 이스라엘 자손들을 위한 판결 도구를 가슴에 지녀야 한다." 가슴받이는 대제사장이 입는 것인데 사제 엘아자르는 바로 이것을 입고서 여호수아를 위해 우림의 판결을 요청한다(「민수기」 27장 21절). 마찬가지로 「사무엘 상」 14장 42절에서 사울은 "나와 내 아들 요나단을 두고서 제비를 뽑아라"고 말한다. 이러한 문장들에서는 신탁, 행운, 판단의 상호 밀접한 관계가 분명하게 드러난다. 이슬람 도래 이전의 아라비아에서도 이런 종류의 제비뽑기를 알고 있었다.[6]

마지막으로 호메로스의 『일리아드』를 보면 제우스가 전투가 시작되기 전 사람들의 죽음의 가능성을 저울에 달아 보는 장면이 나오는데, 이 신성한 저울 역시 행운, 신탁, 판단의 관련성을 보여 주는 것이다. "해가 중천에 이르자 제우스께서 황금 저울을 펼쳐 들고 접시에다 사람을 뻗게 하는 죽음의 운명을 두 개 올려놓으니 하나는 말을 길들이는 트로이 사람들의 것이고, 다른 하나는 청동 갑옷을 입은 아카이아 인들의 것이었다."[7]

---

6 J. Wellhausen, 『아라비아의 이교도적 특성』(베를린, 1927), p.132.
7 『일리아드』, viii, 69; cf. xm, 209; xvi, 650; xix, 223.

제우스가 이처럼 저울에 다는 것은 곧 그의 판결을 의미했다. 여기서 신의 뜻, 운명, 행운이 완벽히게 융합된다. 정의의 저울(balance)은 호메로스의 서사시에서 나온 비유가 틀림없으리라 보는데, 불확실한 행운의 상징이고 그래서 그 불확실성은 "저울 속에서(in the balance: 아직 결정되지 않아)"라는 어구로 표현되는 것이다. 문화의 이 단계에서는 도덕적 진리에 대한 확신은 없었으며 정의가 불의보다 저울 위에서 더 무게가 나간다는 생각도 없었다. 이런 도덕적 개념은 후대에 생겨난 것이다.

『일리아드』 18권에 묘사되어 있는 바, 아킬레스 방패에 새겨진 무늬들 중 하나는 동그라미이다. 이것은 재판관이 앉아 있는 신성한 동그라미, 즉 소송을 상징하는 것으로서 그 동그라미의 중앙에는 '황금 두 달란트(duo krusoio talanta)'가 그려져 있다. 이 황금은 가장 정의로운 판결을 선언한 사람에게 줄 것이었다.[8] 이 황금은 원고와 피고 두 사람이 다투는 금액이라고 일반적으로 해석되어 왔다. 하지만 이 황금은 소송의 목적이라기보다 부상(副賞)의 성격이 더 강하다. 따라서 이 황금은 소송보다는 제비뽑기 게임에 더 적합하다. 또한 달란트(talanta: 탤런트)가 당초 '저울'을 의미했다는 것도 주목할 만하다. 따라서 호메로스는 이 시행(詩行)을 쓸 때 두 명의 소송 당사자가 실제 저울 양쪽에 앉아 있는 그림이 새겨진 화병을 염두에 두었을지 모른다. 이 '정의의 저울'에서는 원시적 관습에 따라 무게 달기(다시 말해 제비뽑

---

8 『일리아드』, xviii, 497~509.

기의 신탁)에 의해 판결을 내렸던 것이다. 호메로스가 이 시행을 적을 때에는 이러한 관습이 이미 이해되지 않았고 그리하여 달란트는 의미가 전이되어 황금으로만 표현되었다.

그리스 어 δίκη(diké, 디케: 법, 정의)는 아주 추상적인 것에서 아주 구체적인 것에 이르기까지 많은 의미를 갖고 있다. 그래서 추상적 개념인 정의를 의미하는가 하면 공정한 몫이나 보상금을 가리키기도 한다. 심지어 소송 당사자들이 디케를 주고받았다, 판사가 디케를 배정했다, 라고 쓰기도 한다. 소송 절차, 판결, 징벌 등을 의미하기도 한다. 우리는 어떤 단어의 의미가 구체적일수록 그 단어가 오래되었다고 생각한다. 하지만 디케의 경우 베르너 예거는 정반대의 견해를 취한다. 예거에 의하면 추상적 의미가 먼저 생겼고, 그 다음에 구체적인 의미가 수반되었다는 것이다.[9]

하지만 이런 주장은 디케로부터 디카이오스(δίκαιος, dikaios: 정의로운), 디카이오스네(δίκαιοσύνη, dikaiosne: 정의로움) 같은 추상어가 생겨났다는 사실과 일치하지 않는다. 우리가 위에서 살펴본 정의의 판결과 주사위 던지기의 관계를 감안하면, 예거가 주장한 것과는 반대 방향에서(구상에서 추상으로) 관련 어휘들이 생겨났다. 가령 디케인(δικεῖν, dikein: 던지다)에서 디케(δίκη, diké)가 생겨났다. 물론 우리는 δίκη(diké)와 δείκνυμι(deiknumi, 데이크누미: 밝히다, 드러내다)의 관련성을 부정하지 않는다. 히브리 어에서도 '옳음'과 '던지기'는 밀접한 관계를 갖고 있

---

9 예거, 『파이데이아』, I, p.103.

다. 가령 토라(thorah : 옳음, 정의, 법률)는 주사위를 던지다, 발사하다, 신탁의 인명 등을 의미하는 어근과 관련이 있다.[10]

또 동전에서 디케의 모습이 때때로 불확실한 운명의 여신인 티케(Tyche)로 그려져 있다는 것도 의미심장하다. 그녀 또한 저울을 들고 있다. 제인 해리슨은 그녀의 저서 『테미스』에서 이렇게 말했다. "이 두 신이 후대에 들어와 종합된 것은 아니다. 두 신은 하나의 개념에서 나왔으나 나중에 서로 갈라졌다."

정의, 운명, 찬스의 원시적 결합은 독일 민담에서도 발견된다. 네덜란드 어 lot는 오늘날까지도 인간의 운명을 의미한다. 즉 그에게 '배정된 것', 혹은 '보내진 것'(독일어의 Schicksal)을 뜻했고, 동시에 제비뽑기에서 맞이할 수 있는 행운의 가시적(可視的) 표시, 가령 길거나 짧은 막대기, 혹은 티켓을 의미한다. 이 두 가지 의미(운명과 찬스) 중 어떤 것이 더 먼저인지를 결정하기 어렵다. 왜냐하면 고대 사상에서 이 두 가지는 하나로 융합되어 있었기 때문이다. 제우스는 하나의 저울에다 운명과 정의의 신성한 포고를 올려놓았다. 에다 신화의 아제 신족(神族)들은 주사위를 던져서 세상의 운명을 결정했다. 신의 의지가 힘겨루기의 결과, 무장 투쟁의 결판, 막대기와 돌이 떨어진 위치 등 그 어느 것에도 나타날 수 있었는데, 고대인들이 보기에는 그 셋이 모두 한 가지였다. 카드를 가지고 사람의 운수를 알아보는 놀이 전통이 서양의 문명에는 뿌리 깊게 박혀 있는데 어쩌면 카드보다 더 오래되었을 것이다.

---

[10] urim이라는 단어는 아마도 이 어근에서 나왔을 것이다.

때때로 무장 투쟁에는 주사위 게임이 수반되었다. 헤룰리 족이 랑고바르드 족과 싸울 때 그 부족의 왕은 놀이판에 앉아 있었고, 퀴에르지에 있는 테오더리히 왕의 천막에서는 주사위 놀이가 벌어졌다.[11]

심판(독일어 Urteil)의 개념은 자연스럽게 우리를 시련(영어 ordeal, 독일어 Gottesurteil. 신의 심판)의 개념으로 인도한다. 우리가 두 언어의 단어들을 비교해 보면 한눈에 어원적 관계를 살펴볼 수 있다. ordeal은 곧 신의 심판을 의미했다. 하지만 고대인의 정신 속에서 그 심판이 구체적으로 무엇을 의미했는지 밝혀내는 것은 쉽지 않다. 고대인들은 신들이 시련이나 주사위 던지기의 결과로, 분쟁 당사자들 중 어느 쪽이 옳은지 보여 준다고 생각했다. 결국 같은 말이 되는데 신들은 그런 식으로 운명의 방향을 처리했다. 물론 어느 쪽이 옳은지 보여 주는 기적(miracle)이라는 아이디어는 부차적인 기독교적 해석일 뿐이다. 따라서 ordeal이 신들의 심판이라는 아이디어가 기독교보다 더 오래된 문화의 소산이다.

그런데 시련(ordeal)의 원래 출발점은 경기, 즉 누가 이길 것인가 하는 테스트였다. 고대인의 정신 속에서 경기에서의 승리는 곧 진리와 정의의 증거였다. 힘겨루기든 사행성 게임이든 모든 경기의 결과는 신들이 보증하는 신성한 결과였다. 우리는 만장일치 의결이나 다수결 투표를 받아들일 때 지금도 이런 심리적 습관에 빠져든다. 좀 더

---

11 Paulus Diaconis, 『랑고바르드의 역사』, I, 20; Fredegarius, 『연대기의 책』(Mon. Germ. Hist. SS. rer. Merov. ii, p.131); cf. iv, 27. Cf. H. Brunner, 『도이치 법률의 역사』(라이프치히, 1912), p.75.

발전된 종교적 체험의 단계에서는 이런 공식이 성립한다. 경기(혹은 시련)는 진리와 정의의 게시이다. 왜냐하면 주사위가 떨어지는 방향이나 전투의 결과를 결정하는 것은 신들이기 때문이다.

따라서 "세속적 정의는 시련에서 나온다"[12]라는 에렌베르크의 주장은 아이디어가 발달해 온 역사적 순서를 전도시키거나 왜곡하는 것이다. 차라리 다음과 같이 말하는 게 더 진실에 가깝지 않을까? 판결의 선언(즉 법적 정의 그 자체)과 시련에 의한 심판은 둘 다 아곤적 결정에 뿌리를 두고 있다. 이 경우 경기의 결과—제비뽑기든 사행성 게임이든 힘겨루기든—가 최종 발언권을 가진다. 승리하기 위한 갈등은 그 자체로 성스럽다. 그런 갈등이 정의와 불의의 개념으로 활성화 되면 법률의 영역으로 들어가게 되고, 신성한 힘이라는 긍정적 개념의 관점에서 살펴보면 신앙의 영역으로 승화된다. 하지만 이 모든 것의 주된 동인은 놀이이고, 그로부터 후대의 이상(理想)이 생겨나온 것이다.

신부를 얻기 위한 경기

때때로 고대 사회의 법적 다툼은 내기 혹은 경주의 형태를 취했다. 우리가 포틀래치 제도를 검토할 때 이미 살펴본 것이지만, 내기의 개념은 경기에 반드시 등장했다. 포틀래치의 경우, 상호간의 도전이 계

---

12 『초기 그리스의 법 이상』(라이프치히, 1912), p.75.

약과 부채의 원시적 제도를 정착시켰다. 하지만 포틀래치와 시련 이외에도, 우리는 원시 사회의 법적 관습에서 정의를 얻기 위한 경기를 발견하게 된다. 어떤 특정한 상황에서 안정적인 관계를 결정하고 또 승인하기 위하여 경기를 개최하는 것이다. 독일 학자 오토 기에르케는 "법률 속의 유머"라는 제목 아래 놀이와 정의가 혼합되어 있는 기묘한 사례들을 많이 수집했다. 기에르케는 그런 사례들이 '일반 대중'의 놀이 정신을 보여 주는 것이라 해석했으나, 실제로는 법적 기능의 아곤적 기원(起源)을 보여 주는 것이라고 해석해야 마땅하다. 대중의 정신은 놀이성이 강하기는 하지만 기에르케가 생각한 것보다 훨씬 심오한 놀이 정신을 갖고 있다. 가령 고대 게르만의 법적 관습에 의하면 달리기 경주를 하거나 도끼 던지기를 함으로써 마을의 경계나 토지의 크기를 결정했다. 어떤 사람의 주장이 정당한지를 알아보기 위해서는 그에게 눈가리개를 씌우고 사람이나 사물을 만져보게 하거나 아니면 달걀을 굴리게 했다. 이런 모든 사례에서 우리는 힘겨루기나 행운의 놀이에 의해 판결을 내렸다는 것을 알 수 있다.

신랑이나 신부를 고르는 데 있어서 경기가 특히 중요한 역할을 했다는 것은 우연의 소치가 아니다. 영어 단어 wedding과 네덜란드어 단어 bruiloft는 법률적·사회적 역사의 초창기까지 거슬러 올라간다. 앵글로-색슨 어 wed와 라틴 어 vadium에서 나온 wedding은 '맹세', 혹은 '내기'를 의미하는 것이었고, 이런 맹세나 내기는 반드시 그 약속을 지켜야 했다. 결혼식을 의미하는 bruiloft는 고대 영어 brydhleap, 고대 스칸디나비아 어 brudhlaup, 고대 고지 독일어

brutlouft와 같은 단어로서 신부를 얻기 위해 달리는 경주를 의미했다. 이런 시련을 이겨내야 결혼의 계약이 성립하는 것이었다. 아르고스 왕 다나이데스(Danaides, Danaids)의 딸 50명은 달리기 경주에 의해서 시집을 갔고, 전승에 의하면 오디세우스는 달리기 경주에 의하여 아내 페넬로페를 얻었다고 한다.[13]

이런 달리기 경기가 신화나 전설에서만 나오는 것이 아닌가, 혹은 실제로 시행된 관습인지 증명할 수 있는가 따위는 중요한 사안이 아니다. 여기서 요점은 신부를 얻기 위해 달리기 경주를 한다는 생각이 존재했다는 사실이다. 민족지학자들은 "고대인들에게 있어서 결혼은 시험하기에 의한 계약, 일종의 포틀래치 관습이었다"고 말한다. 『마하바라타』는 드라우파디(Draupadi: 인도의 대서사시 『마하바라타』의 여주인공으로, 판찰라 왕국의 왕 두루파다의 왕녀—옮긴이) 구혼자들이 견뎌야 하는 힘겨루기(힘의 시련)를 묘사하고 있고, 『라마야나』 또한 고귀한 여자 시타를 얻기 위한 경기를 서술했으며, 『니벨룽겐의 노래』에서도 브룬힐트를 얻기 위한 경기가 언급되어 있다.

구혼자가 신부를 얻기 위해 테스트 당하는 것은 단순히 힘과 용기만은 아니다. 때때로 지식과 재치를 갖추고 있어서 아주 까다로운 질문에도 척척 대답할 수 있어야 했다. 베트남 학자 응웬 반 후옌에 의하면, 이러한 경기가 베트남의 젊은 남녀 축제에서 중요한 역할을 했

---

13 J. E. Harrison, 『테미스』, p.232. Cf. 프로베니우스, 『아프리카 문화사』, p.429. 누비아의 이야기에도 이런 내용이 나온다.

다. 여자는 종종 남자를 본격적으로 시험했다. 에다 전설에서도(비록 베트남의 시험과는 형태가 다르지만), 신부를 얻기 위해 유사한 지식의 시험을 당하는 경우가 언급되어 있다. 아주 현명한 난쟁이 알비스는 토르가 내놓는 질문을 모두 대답을 하면 토르의 딸을 아내로 삼을 수 있다는 약속을 받는다. 그 질문은 주로 사물들의 신비한 이름을 묻는 것이었다. 이런 주제가 『피욜스빈의 노래』에서도 등장한다. 위험스러운 구애의 길에 오른 용감한 젊은이가 처녀를 지키고 있는 거인에게 질문을 던지는 것이다.

법적 절차에서 발견되는 내기의 두 가지 요소

이제 경기로부터 내기로 시선을 돌려보자. 내기는 맹세와 아주 밀접한 관계가 있다. 법적 절차에서 발견되는 내기 요소는 다음 두 가지이다.

첫째, 소송의 주역은 "자신의 권리를 두고 내기를 건다." 즉 상대방에게 vadium(내기)을 걸면서 자신의 주장을 반박해 보라고 도전하는 것이다. 19세기까지 영국 법은 민사 소송의 두 가지 형태를 유지했다. 한 형태는 "싸움의 내기(wager, 혹은 wager of battle)"라는 이름을 갖고 있었는데 소송을 시작한 자가 법률적 싸움을 제안하는 것이다. 다른 하나는 법률의 내기(wager of law)인데 소송 당사자가 어떤 특정한 날짜에 '정화의 맹세'를 수행함으로써 자신의 결백을 주장하는 것이다.

이 두 가지 형태는 오래전부터 사용되지 않았으나, 그래도 공식적으로 철폐된 것은 1819년과 1833년에 이르러서였다.[14]

둘째, 소송 그 자체에 대한 내기와는 별도로, 영국에서는 일반 대중이 법정에서, 혹은 법정 바깥에서 소송의 결과를 두고서 내기를 하는 경우가 많았다. 헨리 8세의 왕비 앤 불린과 간통남으로 추정되는 자가 재판에 회부되었을 때, 타워 홀에서 내기가 벌어졌는데 앤 불린의 오빠 로치포드가 적극적인 변호로 인해 석방될 가능성에 대하여 10 대 1의 판돈이 붙었다.

아비시니아(에티오피아)에서는 소송이 진행되는 동안 판결에 대하여 내기를 거는 것은 일상적인 일이었고, 주로 변호사의 변론과 증인들의 증언 사이의 어느 시점에 내기를 걸었다. 아비시니아가 이탈리아에 점령을 당했을 때에도 그 나라에서는 소송이 원주민들을 즐겁게 하는 스포츠, 혹은 관심사였다. 한 영국 신문에는 이런 보도가 났다. 어떤 판사가 전날 재판에서 패소한 사람의 방문을 받았다. 하지만 그 사람은 만족하는 듯한 어조로 이렇게 말했다. "변호사를 영 신통치 않은 사람을 썼어요. 그래도 상관없습니다. 내기에서 큰돈을 벌었으니까!"

우리는 지금까지 소송의 세 가지 놀이 요소 중 사행성 게임과 경기를 언급해 왔다. 그러면 나머지 하나인 말싸움을 살펴보기로 하자. 소송은 놀이의 특징을 전부 혹은 부분적으로 잃어버렸을 때에도 여전

---

14 W. Blackstone, 『영국 법률에 대한 논평』(ed. Kerr, iii, 런던, 1857), p.337, sq.

히 말싸움의 특징은 유지했다. 아무리 문명이 진화하더라도 외양으로는 여전히 말싸움인 것이다.

우리의 주제를 보다 선명하게 부각시키기 위하여 여기서는 말싸움의 고대적 단계만 주로 살펴보기로 하겠다. 왜냐하면 이 단계에서는 아곤의 요소가 아주 강하고 정의의 이상적 기반은 아주 허약하기 때문이다. 고대의 말싸움에서 결정적 승기(勝機)를 안겨주는 것은 잘 고안된 법적 논증이 아니라, 가장 악랄하고 무자비한 욕설이다. 이 경우 아곤은 어떻게 하면 상대방보다 세련된 욕설을 개발하여 우위를 유지하느냐, 이것이 주안점이다. 우리는 앞에서 이암보스, 무파카라, 마니프나드르 등을 검토하였거니와, 비방 시합은 명예와 체신을 위한 사회적 현상이다. 하지만 법률적 절차라는 관점에서 볼 때, 허풍 시합에서 비방 시합으로 옮겨간 이행 과정은 불분명하다.

문화와 놀이의 친밀한 관계를 잘 보여 주는 그린란드 에스키모의 드럼 시합이나 노래 시합으로 시선을 돌려보면 그 이행 과정이 아주 분명하게 드러난다. 우리는 이 시합을 좀 더 자세히 다루어 볼 필요가 있다. 왜냐하면 이 시합은 아주 최근까지 실제로 살아 있는 관습이었기 때문이다. 이 관습을 자세히 들여다보면 우리가 법률로 인식하고 있는 문화적 기능이 아직 놀이의 영역으로부터 분리되지 않았음을 알 수 있다.[15]

그린란드 에스키모의 분쟁 해결 방식

어떤 에스키모가 누군가에게 불평할 것이 있으면 그는 그 상대방에게 드럼 시합을 하자고 도전한다(덴마크 어 Trommesang). 그러면 씨족이나 부족은 화려한 옷을 떨쳐입고 즐거운 기분으로 축제의 대회에 모여든다. 두 명의 소송 당사자는 번갈아 가며 드럼(북)을 치면서 상대방을 향해 야비하고 상스러운 노래를 불러댄다. 그 내용은 주로 상대방의 비행을 지적하는 것이다. 그것이 근거 있는 비난인지, 풍자적인 말인지, 관중을 웃기기 위한 말인지, 순전한 중상비방인지는 따지지 않는다. 가령 상대방의 아내와 장모가 기근 때 이런저런 사람들의 살을 뜯어먹었다고 비방한다. 그러면 청중들은 갑자기 눈물바다를 이룬다. 이런 비난의 노래에는 상대방을 향한 모욕적인 동작이 수반된다. 가령 상대방의 얼굴을 향해 숨을 내뿜거나 콧방귀를 뀌고, 이마로 상대방의 이마와 충돌하고, 상대방의 입을 쫙 열어보기도 하고, 그를 텐트 기둥에 묶기도 한다. 이런 행위를 당한 피고는 평온하면서도 냉소적인 태도로 견뎌내야 한다. 관중들은 노래의 후렴구에 가담하면서 피고와 원고에게 더욱 대담한 노래와 행동을 재촉한다. 어떤 관중들은 거기 앉아서 졸아 버리기도 한다. 휴식 시간에 원고와 피고는 다정한

---

15 Thalbitzer, 『아마살릭 에스키모(*The Ammassalik Eskimo*)』, Meddeleiser om Gronland xxxix, 1914; Birket Smith, 『카리부 에스키모(*The Caribou Esquimaux*)』, Copenhagen, 1929; Knud Rasmussen, *Fra Gronland till Stille Havet*, I~II, 1925~1926; 『네트실릭 에스키모』, 5차 툴레 탐험대 보고서, 1921~1924, viii, I, 2; Herbert Konig, 『에스키모의 위법과 그 보상』, Anthropos, xix~xx, 1924~1925.

어조로 대화를 나눈다.

이러한 경기 형식의 '법정'은 수년간의 기간에 걸쳐 계속되기도 하는데 이 기간 중 양측은 새로운 노래와 새로운 비위 사실을 생각해낸다. 마침내 구경꾼들은 누가 승자인지 결정한다. 대부분의 경우 판결 즉시 우정이 회복된다. 하지만 때때로 가족 전체가 시합의 패배에 수치심을 느끼고 이사를 가기도 한다. 한 사람이 동시에 여러 건의 드럼 시합을 벌이기도 한다. 이 시합에는 여자들도 참가할 수 있다.

여기서 가장 중요한 사실은 이 시합에 참가하는 부족들에게 있어서 이 경기가 법적 판결이 된다는 것이다. 드럼 시합 말고는 그 어떤 형태의 사법적 판결도 없다. 분쟁을 해결하는 유일한 방식이고 그 외에 여론을 형성하는 방법은 없다.[16] 심지어 살인범도 이런 기이한 방식으로 고소된다. 드럼 시합에서 승리했다고 해서 그 어떤 종류의 판결이 내려지지도 않는다. 대부분의 경우 이 경기는 여자들의 수다에 의해 촉발된다. 이 관습을 정의(사법)의 수단으로 여기는 부족과, 그것을 축제의 여흥으로 인식하는 부족은 서로 구분할 필요가 있다. 또 다른 차이는 폭력을 어느 정도까지 합법으로 인정하는가 하는 문제이다. 어떤 부족의 경우 원고가 피고를 구타하는 것이 가능하지만 다른 부족의 경우 피고를 묶어놓는 것 정도만 허용된다. 마지막으로 드럼 시합 이외에, 복싱과 레슬링이 종종 분쟁 해결의 수단으로 동원된다.

---

16 Birket Smith, 앞에 나온 책, p.264. 이 책은 카리부 에스키모의 경우 드럼 시합은 '보복 행위' 혹은 '질서 회복'의 목적만 갖고 있다고 주장하여, 이런 목적(여론 형성의 목적)은 없었다고 암시하는데 이것은 '법률적 소송'을 너무 비좁게 보는 관점이다.

여기서 우리는 아곤적 형태로 사법적 기능을 충실하게 수행하는 문화적 관습을 발견한다. 하지만 이 관습은 어느 모로 보니 놀이의 형태를 띠고 있다. 모든 것이 웃음과 즐거움 속에서 지나가고 중요한 포인트는 관중을 즐겁게 하자는 것이다. 탈비처의 책에서 이그시아비크는 말한다. "다음번에 나는 새로운 노래를 만들 것이다. 아주 우스운 노래가 될 것이고 나는 상대방을 텐트 기둥에다 묶을 것이다." 실제로 드럼 시합은 전 공동체의 주된 오락이었다. 분쟁이 없을 경우에는 순전히 재미를 위해서 시합을 벌였다. 때때로 교묘함을 보여 주는 특별 쇼로 진행되어 수수께끼 같은 노래를 부르기도 했다.

에스키모의 드럼 시합과 유사한 것으로는 게르만 국가들의 농민 법정에서 벌어지는 풍자적이고 희극적인 세션(법정의 개회)을 들 수 있다. 이 법정에서는 온갖 사소한 비행들이 재판되고 처벌되는데 주로 성적인 비행들이 많다. 이러한 법정 중 가장 잘 알려진 것이 하버펠트트라이벤(Haberfeldtreiben: 바이에른 농민들이 개최한 사적 법정)이다. 이 법정이 놀이와 진지함 사이의 중간쯤에 해당한다는 사실은 라퍼스빌 젊은이들이 조직한 사우거리히트(Saugerricht: 암퇘지 재판)에 의해서도 증명된다. 이 재판에 불복하는 자는 읍내의 즉결 재판에 호소할 수도 있었다.[17]

에스키모의 드럼 시합이 포틀래치, 이슬람 도래 이전의 아라비아 허풍 시합, 고대 스칸디나비아 어 mannjafnaðr(마니프나드르: 남자들의

---

17 Stumpff, 앞에 나온 책, p.16.

거루기), 아이슬란드의 니드상(nidsang: 증오의 노래), 고대 중국의 경기 등과 같이 놀이 영역에 속한다는 것은 분명해 보인다. 이러한 관습은 원래 기적에 의하여 신의 판결을 가져온다는 시련과는 아무런 공통점이 없었다. 정의와 불의를 판정하는 신의 판단이라는 사상이 이런 관습에 결부되어 있기는 했지만, 어디까지나 부차적인 것이었다. 일차적인 의미는 경기, 즉 놀이를 통하여 혹은 놀이에 의하여 판결을 본다는 것이었다. 에스키모 관습에 가장 가까운 것이 아랍 어의 무나파라(munāfara) 혹은 니파르(nifar)인데, 이것은 심판관 앞에서 명성과 명예를 다투는 것이다. 라틴 어 이우르굼(iurgum: 입씨름, 소송) 또한 소송과 욕설의 관계를 보여 준다. 이 단어는 이우스(ius)와 아게레(agere)가 합성되어 생겨난 말인데, 문자 그대로의 의미는 "법을 이행하다"이다. 영어 단어 objurgation에는 이 라틴 어의 영향이 느껴진다. 영어의 litigation(소송)과 라틴 어의 litigium의 관계도 유사하다.

에스키모의 드럼 시합을 염두에 두고 살펴보면, 그리스 시인 아르킬로쿠스가 리캄베스를 상대로 퍼부은 야비한 노래들도 이해가 되고, 자신의 상속을 횡령한 동생 페르세스를 꾸짖는 헤시오도스의 경고도 이런 관점에서 이해해 볼 수 있다. 베르너 예거에 의하면, 그리스 인들의 정치적 풍자는 도덕을 강조하거나 개인의 불만을 토로하는 것이라기보다 사회적 목적에 봉사하는 것이었다.[18] 그런 목적은 에스키모의 드럼 시합과 별반 다르지 않은 것이다.

---

18 예거, 『파이데이아』, I, p.119.

그리스와 로마 문명은 법적 변론과 비방 시합이 뒤섞인 단계를 완벽하게 벗어난 것은 아니었다. 페리클레스와 피디아스의 아테네에서 사법적 웅변은, 수사적 교묘함을 뽐내는 경기였고, 그러다 보니 온갖 인위적 설득의 방법을 허용했다. 법정과 대중 상대의 연단은 웅변술을 배울 수 있는 두 군데 장소로 인식되었다. 플라톤의 『소피스트』는 웅변술, 군사적 폭력, 강도짓, 포악한 정치 등이 '사람 사냥'의 구체적 면면이라고 적시했다.[19] 소피스트가 가르쳐준 웅변술을 이용하면 나쁜 재판도 좋은 재판으로 둔갑시킬 수 있고, 심지어 그 재판을 승리로 이끌 수도 있다. 정치에 입문하려는 젊은이는 누군가에게 스캔들 소송을 거는 것이 경력을 시작하는 일반적 방식이었다.

로마에서도 상대방에게 소송을 걸어 파괴하는 방식이 오랫동안 합법적인 것으로 허용되었다. 소송에서 좀 더 유리한 입장을 차지하려고 소송 당사자들은 상복을 입었고, 한숨을 내쉬었고, 흐느껴 울었으며, 공공의 복지를 위해 소송을 한다고 소리쳤다. 또 자기들에게 유리한 증인과 손님들로 법정을 가득 메웠다.[20] 간단히 말해서 그들은 오늘날 법정에서 법률가들이 하는 행동을 모두 했다. 미국 비행사 린드버그의 두 살 난 아들을 납치하여 살해한 하우트만 재판에서 성경을 어루만지면서 미국 국기를 흔들어댄 미국 법률가, 유명한 형사재판에서 피고의 정신과 보고서를 짝짝 찢어버리며 화를 벌컥 내는 네덜

---

19 『소피스트』, 222 D.
20 키케로, 『웅변술』, I, 229, sq.

란드 법률가 등이 생각난다. 리트만은 아비시니아 법정 참관기에서 이렇게 썼다. "잘 준비된 아주 능숙한 수사법을 발휘하며 검사는 자신의 공소장을 읽어내려 갔다. 유머러스한 공격, 풍자, 교묘한 비유, 속담, 날카로운 조롱과 차가운 경멸 등을 동원했고 필요한 곳에서는 활기찬 제스처를 해 보이고 강한 고함소리를 지르면서 자신의 기소 내용을 강조했고 피고를 제압하려 했다."

스토이시즘(견인주의)이 유행하면서 법정의 변론에서 놀이의 특성을 제거하기 시작했고, 견인주의자들이 좋아하는 진리와 위엄의 엄격한 기준에 맞추어 변론을 하게 되었다. 이런 엄격한 변론을 최초로 시도한 사람은 고대 로마의 집정관이었던 루틸리우스 루푸스였다. 그는 재판에서 패배하여 강제 유배를 당했다.

HOMO
LUDENS

Johan Huizinga ———

5장

놀이와 전쟁

싸움하기와 놀이하기를 가리키는 단어들이 존재하면서부터 인간은 전쟁을 게임이라고 불러 왔다. 우리는 앞에서 이것이 하나의 비유인가 하는 질문을 던졌고, 그 대답은 "아니다"라는 것이었다. 전 세계의 언어들은 그것을 가리키는 단어들이 존재하는 그 순간부터 전쟁을 그런 식으로 표현했다.

고대인의 생각 속에서는 전쟁과 놀이의 두 아이디어가 절대적으로 혼용되어 있다. 일정한 규칙을 따르는 싸움은 바로 그 제약 때문에 놀이의 형태적 특징을 띠게 된다. 우리는 전투를 가장 열정적이면서도 정력적인 놀이 형태라고 할 수 있고 동시에 가장 구체적이면서도 원시적인 놀이라고 말해 볼 수 있다. 강아지들과 어린 소년들은 "재미삼아" 싸움을 하고 일정한 규칙이 폭력의 정도를 제한한다. 그렇지만 합법적 폭력의 범위가 반드시 유혈극이나 살인극으로 그치는 것은 아니다.

문화적 기능을 담당하는 싸움

중세의 토너먼트는 언제나 가짜 전투, 즉 놀이로 간주되었으나 그 초창기 형태인 주스팅(jousting)은 아주 진지하게 수행되었으며 상대 방이 죽을 때까지 계속되었다. 그러한 형식은 아브넬(Abner)과 요압 (Joab) 앞에서 젊은이들이 벌인 '놀이하기'(『구약성경』, 「사무엘 하」 2장 16절) 와 유사했다. 싸움의 놀이 요소와 관련하여 그리 멀지 않은 과거의 뚜 렷한 사례라면 1351년 브리타니에서 치러진 저 유명한 "트랑트의 전 투"를 들 수 있다. 역사적 사료에서는 이 전투를 가리켜 '놀이'라고 하지는 않았으나 그 전투는 게임의 특징을 갖고 있었다. 13명의 이탈 리아 기사가 13명의 프랑스 기사를 만나서 싸운 저 유명한 "발레타 싸움"도 놀이의 성격이 강했다.[1]

문화적 기능을 담당하는 싸움은 언제나 일정한 규칙을 필요로 했 고 어느 정도까지는 그 싸움의 놀이 특성을 인정했다. 쌍방이 서로 동 등한 자, 혹은 동등한 권리를 가지고 있는 적대자라고 생각하는 영역 에서 벌어질 때, 비로소 전투가 문화적 기능을 담당한다. 달리 말해서

---

1   요한 하위징아, 『중세의 가을』(독일어 번역판, 4판, 슈투트가르트, 1938), p.141.

전쟁의 문화적 기능은 그 놀이 특성에 달려 있다. 전쟁이 동등한 사람들의 영역 바깥에서 벌어질 때 이런 조건은 바뀌게 된다. 가령 전쟁의 상대방을 인간이 아니라 야만인, 악마, 이교도, 이단자, '법률도 모르는 하등 종족' 등 인간적 권리가 박탈된 자로 여길 때, 그러한 전쟁은 놀이가 아니고 또 놀이의 특성을 잃어버리게 된다. 전쟁의 양 당사자가 상대방의 명예를 존중하며 일정한 제약사항들을 받아들일 때, 전쟁은 문명의 영역 안에 머물게 된다.

최근까지 '국가 간의 법률(국제법)'이 이런 제약 사항을 부과하는 제도로 인식되어 왔다. 모든 인간에게 권리와 주장을 허용하는 인류 공동체의 이상을 인정하고, 또 전쟁을 사전 선포함으로써, 전쟁의 상태를 한편으로는 평화의 상태와 구분하고 다른 한편으로는 범죄적 폭력과 구분하는 것이다. 하지만 '총력전' 이론은 전쟁의 문화적 기능을 추방할 뿐만 아니라 놀이 요소의 흔적마저도 말소시킨다.

아곤을 놀이의 기능으로 보는 우리의 견해가 타당한 것이라면 이런 질문이 자연스럽게 떠오르게 된다. 어느 정도까지 전쟁(우리가 볼 때 아곤의 발전된 형태)은 사회의 아곤적 기능을 담당한다고 볼 수 있는가? 이와 관련하여 몇몇 비(非) 아곤적 전투 형태가 생각난다. 가령 기습전, 매복전, 침략전, 징벌적 원정과 한 민족의 말살전 등은 전쟁의 목적에 봉사하기는 하지만 아곤적 형태의 싸움이라고 볼 수 없다. 더욱이 전쟁의 정치적 목적은 정복, 다른 민족의 복속, 지배 등이기 때문에 경기의 영역 바깥에 있다. 전쟁 당사자들이 스스로 권리를 갖고 있다고 느끼는 어떤 것을 위해 서로 경쟁하면서 상대방을 안타고니스트(antagonist: 적

수)라고 생각할 때 비로소 아곤적(agonistic) 요소가 성립된다.

이러한 느낌은 거의 언제나 존재하지만 종종 겉에 내세우는 구실로 악용된다. 순전히 배가 고파서 전쟁을 일으키는 때에도(비교적 드문 일이기는 하지만), 공격자는 그 전쟁을 성전, 명예의 전쟁, 신성한 보복 등으로 해석하고, 또 그렇게 느낀다. 역사학이나 사회학은 고대와 현대의 전쟁 목적을 실용적 이해관계나 권력욕으로 파악하여 이런 사유들을 과장하는 경향이 있다. 전쟁을 계획하는 정치가들은 그것을 권력-정치의 문제로 생각할지 모르나, 전쟁의 실제적 사유는 경제적 팽창정책의 '필연성' 때문이라기보다 자만과 허영, 위신에 대한 욕망, 우월성의 과시 등일 경우가 더 많다. 고대에서부터 현대에 이르기까지 대규모 침략전은 누구나 잘 이해하듯이 영광의 추구로 촉발되는 경우가 많았고, 경제적 원인들과 정치적 동역학이라는 합리적·지적 사유는 종종 뒤로 밀려났다. 우리가 잘 알고 있는 것처럼, 명예를 중시하는 현대전은 바빌로니아와 아시리아 인들의 전쟁관을 연상시킨다. 이 고대 사람들은 외국인들을 멸종시키라는 신의 지시를 떠받들기 위해 전쟁을 수행했고 그것이 신의 영광을 더욱 높이 드러내준다고 생각했다.

고대의 전쟁 형태에서는 놀이 요소가 보다 직접적으로, 또 다른 문화권과 비교해 볼 때, 보다 즐거운 형태로 표현되었다. 우리는 여기서 행운, 운명, 판단, 경기, 놀이가 혼연일체를 이룬 고대 사상의 영역을 발견하게 된다. 전쟁이 이러한 영역 속에 들어간다는 것은 자연스러운 일이다. 고대 사람들은 신성한 타당성의 결정을 얻기 위해 전쟁을 했다. 승리와 패배를 신들의 의지를 테스트하는 수단으로 여겼다. 그래서 힘겨루기, 주사위 던지기, 신탁 알아보기, 모욕적인 험담으로 상대 제압하기—물론 이런 것들도 신들의 결정을 알아내는 데 도움이 되었다—대신에 전쟁에 호소하는 것이다. 우리가 앞에서 살펴본 바와 같이, 시련(ordeal)을 가리키는 독일어 Gottesurteil에서는 심판과 신성의 관계가 명백하게 드러난다. 시련의 근본적인 뜻은 그 어떤 종류의 것이든 심판을 가리키는 것이었다.

의례적으로 정확한 형태를 갖추어 얻게 된 모든 결정은 '신의 심판'이었다. 시련의 기술적(technical) 측면이 기적의 결정적 증거와 결합된다는 사실은 부차적인 것이었다. 이러한 결합을 이해하기 위해서는 법률, 종교, 정치를 통상적으로 구분하는 경계선을 뛰어넘어야 한다. 우리가 '법'이라고 하는 개념은 고대인의 사상 속에서는 '힘'을 의미할 수도 있었다. 그 힘은 '신들의 의지'일 수도 있고 '당사자의 분명한 우월성'일 수도 있었다. 따라서 무장 투쟁은 신의 계시나 법적 소송 못지않게 정의의 수단이 되었다. 마지막으로 모든 결정에는 신성함의 아우라가 따라붙기 때문에 전쟁은 계시의 한 형태로 볼 수 있었다.[2]

---

2 전쟁을 가리키는 네덜란드 어 oorlog의 기원은 명확하지 않으나, 이 단어는 신성한 혹은 의례적인 영역에 속한다. 이 단어에 해당하는 고대 게르만 어 단어들은 '갈등'과 '운명', 더 이상 맹세에 구속되지 않는 조건 등 세 가지 뜻을 갖고 있었다. 하지만 이 세 가지 경우에서 반드시 동일한 단어를 사용했는지는 명확하지 않다. 하위징아는 그 자신이 사망 전에 작성한 영역 원고에서 제3의 뜻(더 이상 맹세에 구속되지 않는 조건)을 '정상적인 사회적 조건의 중지'로 대체해 놓았다.—영역자 주

단 한판의 싸움

　사행성 게임에서 소송에 이르기까지 서로 복잡하게 얽혀 있는 놀이 사상을 아주 극명하게 보여 주는 것이 고대 문화의 '단 한판 싸움(single combat)'이다. 단 한판 싸움은 여러 가지 목적에 봉사했다. 그것은 개인적 아리스테이아(aristeia: 뛰어남)의 과시일 수도 있고, 전면전의 서곡일 수도 있었으며, 전쟁이 벌어지는 동안 간주곡 노릇을 하기도 했다. 모든 시대의 시인들과 연대기 작가들은 그 싸움을 칭송했으며 그것은 전 세계 모든 지역에서 알려져 있다. 그 좋은 사례가 『아라비아 연대기』 작가인 와키디(Wakidi)가 묘사한 바드르(Badr) 전투인데, 모하메드는 코라이시트 족을 이 전투에서 패배시켰다. 모하메드의 전사 3인이 상대방의 전사 3인과 싸웠고, 그들은 싸움에 앞서 정중하게 자기소개를 하면서 상대방을 훌륭한 적수라고 치켜세웠다.[3] 제1차 세계 대전에서는 비행사들이 적지에 도전장을 투하한 일이 있는데, 이것은 아리스테이아의 부활이었다. 전면전의 징조일 수도 있는 단 한판 싸움은 중국 문학과 고대 게르만 문학에서 발견된다.

　싸움이 시작되기 전에 용사들은 상대방 용사에게 도전을 걸었다. "싸움은 운명의 테스트였다. 첫 번째 싸움은 의미심장한 전조였다."[4] 단 한 번의 싸움이 전투 전체를 대신하기도 했다. 반달 족이 스페인에

3　Wakidi, ed. Wellhausen, p.53.
4　그라네, 『중국의 문명』, p.266 ; J.de Vries, 『고대 게르만의 종교사』, I(베를린, 1934), p.258.

서 알레만 족과 싸움을 할 때, 양측은 단 한판의 싸움으로 전쟁을 결판내기로 합의했다.[5] 이것을 신성한 전조로 본다거나 불필요한 유혈극을 피하기 위한 인도주의적 조치로 보아서는 안 된다. 그것은 단지 전쟁의 간편한 대용품이었고, 아곤의 형태를 갖춘 간단한 증거였으며, 어느 일방의 상대방에 대한 우월성을 보여 주는 것이었다. 승리는 승자의 대의명분을 신들이 선호한다는 표시였고, 따라서 그 대의명분은 '정당한' 것이었다.

그러나 고대인의 이러한 전쟁관은 단 한판의 싸움을 불필요한 유혈극의 회피 수단으로 여기는 기독교적 논증에 의해서 잠식을 당했다. 그리하여 메로빙거 왕조의 테오더리히 왕은 우아즈(Oise) 강의 키에르지(Quierzy)에서 이렇게 말했다. "전군이 쓰러지는 것보다 단 한 사람이 쓰러지는 것이 더 낫다."[6] 중세 후기에 들어와, 전쟁에 나선 왕이나 왕자들이 그들 사이에 단 한판의 싸움을 벌여 '싸움'을 종식시키려 했던 것이 아주 관례적이었다. 그 싸움의 준비는 아주 엄숙하고 세밀하게 진행되었고 그 표면적 동기는 늘 "기독교도의 유혈과 사람들의 학살을 피하려는 것"이었다.[7]

그러나 비록 거창하게 선포되기는 했지만 왕들끼리의 싸움은 결코 성사되지 않았다. 그것은 국제적인 코미디, 혹은 왕실들 사이의 공허한 의례적 행동에 불과했다. 그럼에도 불구하고 제왕들이 이 오래된

---

5 Gregory de Tours, ii, 2.

6 Fredegar, 앞에 나온 책, iv, 27.

7 요한 하위징아, 『중세의 가을』, p.134, sq,

관습에 집착하고 그것을 과시하는 현상은, 단 한판 싸움의 기원이 의례의 영역에 속해 있음을 보여 준다. 이런 식으로 합법적이고 신성한 결판을 내려주는 고대의 소송관(訴訟觀)은 아직도 작동이 되고 있다. 독일 황제 카를 5세는 프랑스의 프랑수아 1세에게 정중한 예의를 갖추어 단 한판 싸움을 제안했고, 이런 사례는 결코 카를 5세가 마지막이 아니었다.[8]

사법적 결투

전투의 대용품으로 제시된 단 한판 싸움은, 분쟁 해결의 법적 수단인 '싸움에 의한 재판(사법적 결투)'과는 사뭇 다른 개념이다. 중세의 법률에서 '법률적 결투'가 아주 중요한 위치를 차지했다는 사실은 잘 알려져 있다. 이것을 ordeal(오딜: 신들의 심판)로 볼 것인가 하는 문제는 좀 더 생각해 볼 사항이다. H. 브루너와 다른 학자들[9] 그것을 오딜로 보는 반면, R. 슈뢰더는 여느 재판과 마찬가지로 재판의 한 형태라고 생각한다.[10] 그런데 싸움에 의한 재판이 앵글로-색슨 법률에서는 발견되지 않고 노르만 족에 의해서 도입되었다. 이러한 사실은 그 재판이 영국에서 널리 발견되는 오딜과는 동급이 아니라는 결론을 내리

---

8   에라스뮈스, 『편지 모음집』, vii, No. 2024, 38 sq., 2059, 9.
9   앞에 나온 책, p.555.
10 『독일 종교 교과서』(라이프치히, 1907), p.89.

게 한다.[11]

우리가 사법적 결투를 신성한 아곤으로 간주한다면, 이 결투가 오딜과 동급(同級)이냐 아니냐 하는 문제는 무의미해진다. 신성한 아곤은 그 자체로 누가 옳은지 가려 주고, 또 신들의 뜻이 어디에 있는지 보여 주기 때문이다. 따라서 오딜의 후기 형태에서 보이는 신들에 대한 의식적인 호소는 일차적 의미를 갖지 못하게 된다.

때때로 싸움의 결말이 아주 처참하지만 사법적 결투는 놀이의 특성을 취하는 경향이 있다. 일정한 요식 행위가 필수적이다. 고용된 전사에 의해 그 결투를 수행할 수 있었다는 사실은 그 의례적 특징을 보여 준다. 의례적 행위에서는 대타에 의해 수행이 얼마든지 허용되는 까닭이다. 가령 고대 프리지아 소송에서 전문적인 전사들은 켐파(kempa)라고 했다. 또 무기의 선택이나 승부의 가능성을 공정하게 위해 핸디캡을 부여하는 절차—가령 남자가 여자를 상대로 싸울 때에는 허리 높이의 구덩이에 서 있도록 하는 것—는 무장 놀이에도 해당되는 규정과 핸디캡이다. 중세 후반에 들어와 사법적 결투는 일반적으로 큰 피해를 입히는 법 없이 끝났다. 이런 놀이 특징을 쇠락의 징조로 보아야 할지, 아니면 그 관습의 속성(그렇다고 해서 이 관습에 진지함이 없다는 얘기는 아니다)으로 돌려야 할지는 좀 더 생각해 볼 문제이다.

---

11 영국의 오딜(ordeal)에는 물에 의한 시련과 불에 의한 시련, 이렇게 두 가지가 있었다. 전자는 용의자의 손을 펄펄 끓는 물에 일정 시간 담가 놓게 한 후, 규정된 휴식 기간이 지나서 그 손이 깨끗하게 아물면 무죄로 추정했다. 후자는 펄펄 타오르는 목탄 불 위로 용의자를 걸어가게 하여 역시 규정된 휴식 기간이 지나서 그 발바닥이 깨끗이 나으면 무죄로 추정했다. 옮긴이

영국 민사 재판 법원이 민사 소송과 관련하여 '싸움에 의한 재판(사법적 결투)'을 마지막으로 판결한 것은 1571년이었다. 장소는 웨스트민스터의 토트힐 들판이었고 60평방 스퀘어의 땅을 결투의 목적으로 배정했다. 결투의 시간은 해가 떠서 '별들이 보일 때까지' 혹은 소송 당사자 중 한 사람이 저 '무서운 말'인 크레이븐(craven: 항복)을 발설할 때까지였다. 당사자들은 카롤링거 수도회의 규정에 따라 원형 방패와 몽둥이를 들고 싸웠다. 영국 법학자 블랙스톤이 말한 것처럼[12], 그 '의례'는 마을 스포츠 행사의 운동 게임을 연상시켰다.

일반적 결투

사법적 결투와 왕실 간 결투에 강력한 놀이의 요소가 발견되는 것처럼, 오늘날까지도 많은 유럽 인들 사이에서 발견되는 일반적 결투에도 그런 요소가 발견된다. 개인 간의 결투는 훼손된 명예를 회복하려는 것이다. 훼손된 명예와 그 명예의 회복이라는 두 아이디어는, 현대 사회에 상당한 심리적·사회적 영향을 미쳤으나 실은 고대의 영역에 속하는 것이다. 어떤 개인의 명예가 위태롭게 되었다면 공개적인 아곤적 행동에 의하여 그것을 주장하고 회복해야 한다. 이렇게 해야 그의 명예가 모든 사람에게 드러나게 된다. 개인의 명예 존중과 관

---

12 블랙스톤, 앞에 나온 책, p.337, sq.

련하여, 그 명예가 정의, 진리, 기타 윤리적 원칙에 바탕을 둔 것이냐는 그리 중요하지 않다. 중요한 것은 사람들이 그의 명예를 어떻게 보느냐 하는 것이다. 개인 간 결투가 사법적 결투에서 유래했음을 증명하는 것도 그리 중요한 문제가 아니다. 본질적으로 그 둘은 같은 것이다. 그것을 위신을 지키기 위한 갈등이며 위신은 곧 정의와 힘을 모두 포함하는 근본적 가치이다. 복수는 자신의 훼손된 명예 의식을 만족시키는 것이며, 변태적이든 범죄적이든 병적이든 수단을 가리지 말고 그 명예를 만족시켜야 한다.

그리스의 도상학(圖像學)에서 디케(정의)는 종종 네메시스(복수)의 모습과 혼용되며 디케는 또한 티케(행운)와도 동일시된다.[13] 개인적 결투는 정당한 절차를 밟아 이행되었을 경우, 사법적 결투와 마찬가지로 희생자의 가족에게 아무런 유혈적 복수심을 안겨주지 않는다는 점에서 서로 같은 것임을 보여 준다.

강력한 군사적 고상함을 강조하던 시기에 개인 간 결투는 아주 유혈적인 형태를 띠었다. 결투 당사자들과 후원자들은 말에 올라타 권총을 들고서 집단 싸움을 벌였다. 그것은 정규 기병 전투나 다름없었다. 16세기 프랑스에서는 개인 간 결투가 이런 규모로 발전했다. 두 귀족 사이에 사소한 말다툼이 벌어져도 6~8명이 치명적인 결투에 휩쓸려 들어갔다. 귀족들의 명예상, 후원자 지정을 거부하는 것은 비겁한 태도로 여겨졌다. 몽테뉴는 앙리의 부하 세 명과 귀즈 공작의 궁정

---

13 제인 해리슨, 『테미스』, p.258

에서 온 세 명의 결투를 언급하고 있다. 리슐리외는 이런 치명적 관습을 폐지하려고 애썼으나, 루이 14세 시대까지 이 관습의 희생자들이 계속 나왔다.

개인 간 결투의 의례적 특성에 따라 싸움을 살해의 목적으로 하는 것이 아니라 명예 회복의 표시로 보는 만큼 유혈 사태가 발생하면 곧 정지된다. 따라서 프랑스 방식의 결투는 상대방에게 어느 정도 부상을 입히는 것에서 끝난다. 이러한 결투를 준엄한 관습의 우스꽝스러운 여성화로 해석해서는 안 된다. 본질적으로 놀이 형태이기 때문에 결투는 상징적인 것이다. 정말로 중요한 것은 살해가 아니라 피 흘림(부상을 입히는 것)이다. 고대에 분노에 사로잡혀 자기도 모르게 상대방을 쳐 죽인 의례적 유혈 놀이가 있었는데, 현대적 결투는 그 놀이의 후기 형태라고 할 수 있다. 결투가 벌어진 장소는 놀이터의 특징을 갖고 있다. 결투의 무기는 특정 게임에서와 같이 양측이 똑같은 것을 사용해야 한다. 시작과 종료를 알리는 신호가 있고 총을 쏠 수 있는 횟수가 제한되어 있다. 어느 일방의 피가 흐르면 명예는 입증되어 회복된다.

전쟁의 아곤적 요소

전쟁 그 자체의 아곤적 요소를 평가하는 것은 어려운 일이다. 문화의 초창기 단계에서 싸움은 우리가 말하는 페어플레이 정신이 결여되어 있었다. 다시 말해 그 싸움은 비(非) 아곤적이었다. 원시 부족의 폭력성은 약탈적 원정, 암살, 인간 사냥, 머리가죽 벗기기 등에서 잘 드러난다. 그 이유가 배고픔, 공포, 종교, 혹은 단순한 잔인성 중 무엇이었든 간에 말이다. 이러한 살해 행위는 전쟁이라는 존엄한 이름으로 불릴 만한 것이 되지 못했다. 일반적 적대 상태의 특별한 조건이 엄숙하게 선언하고 그 상태가 개인 간 다툼이나 집안 간 싸움과 뚜렷하게 구분될 때 비로소 전쟁이라는 용어를 사용할 수 있다. 이러한 구분은 전쟁을 의례적 영역뿐만 아니라 아곤적 영역에 위치시킨다. 전쟁은 신성한 대의(大義)의 수준으로 격상되고 전반적인 힘겨루기를 거쳐 운명의 계시가 된다. 달리 말해서 전쟁은 정의, 운명, 명예를 하나로 묶는 사상 체계의 일부가 된다. 그것은 이제 신성한 제도로 자리 잡았으므로 원시 부족에게 공통으로 적용되는 물질적·이상적 이미지를 부여받는다.

이렇게 말한다고 해서 전쟁이 이제부터 명예의 규정과 의례적 형태에 따라 엄격하게 수행될 것이라는 뜻은 아니다. 왜냐하면 잔인한 야만성이 여전히 기승을 부릴 것이기 때문이다. 단지 전쟁이 하나의 신성한 의무, 명예로운 행위로 인식되면서 그런 이상에 맞추어 전개될 수도 있다는 뜻이다. 전쟁이 이런 이상으로부터 어느 정도 영향을 받았는지 결정하는 것은 언제나 어려운 문제이다. 우리가 알고 있는 고상하고 아름다운 전투에 대한 얘기들은 대부분 역사가나 연대기 작가의 실록에 들어 있지 않고, 당대와 후대의 서사시와 노래 등 문학 작품 속에 들어 있다 그리하여 전쟁을 칭송하는 많은 영웅적·낭만적 허구의 작품들이 제작되었다. 이처럼 윤리와 미학을 강조하면서 전쟁을 고상하게 만드는 것이 '좋게 꾸미기' 혹은 잔인함의 위장이라고 결론지어서는 안 된다. 설혹 그것이 허구적 작품에 지나지 않는다고 하더라도, 전쟁을 명예와 미덕의 고상한 게임으로 보는 이런 관점은 문명을 발전시키는 데 중요한 역할을 했다. 이런 전쟁관(戰爭觀)으로부터 기사도 정신이 나왔고 나아가 국제법의 아이디어가 생겨났다. 이 두 가지 중 기사도는 중세 문명을 크게 촉진했다. 그 이상이 현실에서 아무리 무시된다고 하더라도 국제법의 기반이 되었고, 국제법은 세계 공동체를 지키는 필수적인 안전 대책의 하나이다.

전쟁의 아곤적, 혹은 놀이적 요소는 다양한 문명권과 시대로부터 무작위로 뽑은 사례들에 의해 예증된다. 먼저 그리스 역사에서 두 가지 사례를 살펴보기로 하자. 전승에 의하면 기원전 7세기 에우보에아의 두 도시국가인 칼키스(Chalcis)와 에레트리아(Eretria) 사이의 싸움은 완전히 경기의 형태로 진행되었다. 싸움의 룰을 규정한 엄숙한 합의문이 사전에 아르테미스의 신전에 바쳐졌다. 싸움의 시간과 장소는 그 합의문 안에 명시되었다. 창, 화살, 투석기 같은 미사일 무기는 금지되고 짧은 칼과 긴 칼만이 허용되었다.

다른 사례는 이보다는 덜 순진하지만 그래도 잘 알려져 있다. 살라미스 전투가 끝난 후 승리를 거둔 그리스 사람들은 부상(副賞)을 분배할 목적으로 이스무스로 항해했다. 여기서 그 부상은 아리스테이아(aristeia)라고 했는데 전투 중에 가장 용감하게 행동한 사람을 뽑아 시상하는 것이었다. 해군 사령관들은 바다의 신 포세이돈의 제단에 두

표를 올려놓게 되었다. 한 표는 최고의 승자, 다른 한 표는 그 다음 승자의 이름을 적는 것이었다. 각 사령관들은 자기 이름을 제일 먼저 적었고, 두 번째로 테미스토클레스를 적어 넣었다. 그 결과 2위 표를 가장 많이 얻은 테미스토클레스가 1위가 되었다. 하지만 그들 사이에 불화가 터져 나와 그 판결을 비준하지는 못했다.

미칼레 전투에 대하여 언급하면서, 헤로도투스는 여러 섬들과 헬레스폰트를 가리켜 그리스 인과 페르시아 인들 사이 벌어진 경기의 "부상(副賞 : ἄεθλα, aethla)"이라고 했다. 하지만 그것은 일반적 비유에 지나지 않는다. 헤로도투스 자신도 전쟁을 '놀이'로 보는 가치관에 대하여 의심을 품었다. 크세르크세스 궁정의 가상적 작전회의에 참가한 마르도니우스의 입을 통하여, 헤로도투스는 그리스 인들의 전쟁 수행 방식을 비판한다. 그리스 인들은 먼저 사전에 전쟁을 엄숙하게 선포하고, 공평한 전투 장소를 선정한 다음, 그곳으로 나아가 승자나 패자 모두 해롭게 상호 살육을 벌인다는 것이다. 마르도니우스는 이렇게 말한다. 사절이나 전령을 통하여 싸움을 종식시키는 것이 훨씬 더 좋으며, 이것이 어려워서 전쟁이 불가피하다면, 적이 공격해 오기 가장 어려운 지형을 전투 장소로 삼아야 한다.[14]

문학이 고상하고 기사도적인 전쟁을 칭송하면, 거기에 반응하여 비판의 목소리가 나오게 되어 있는데 명예의 문제를 넘어서는 전략적이고 전술적인 고려사항이 우선시되어야 한다는 비판이다. 그러나

---

14 헤로도투스, 8권, 123~125.

명예의 문제와 관련하여 중국의 군사적 전통은 중세 서유럽의 그것과 아주 닮은 점이 많다. 그라네가 묘사한 중국 봉건시대의 전쟁 양상을 살펴보면, 전투 장소에서 왕의 명예가 찬란하게 높여지지 않는 한, 승리에 대한 얘기는 나오지 않는다. 군주의 명예는 유리한 입장을 획득하거나 그 입장을 최대한 활용함으로써 확립되는 것이 아니다. 오히려 절제하는 마음을 보여 줄 때 그의 명예가 더 높아진다. 절제하는 마음만이 승자의 영웅적 미덕을 입증한다. 진(晉)나라와 진(秦)나라의 두 고상한 군주가 전진(戰陣)을 설치하고 대적했다. 두 나라의 군대는 서로 마주 보기만 할 뿐 교전하지 않았다. 밤이 되자 진(秦)나라의 전령이 와서 진(晉)나라에게 전투 준비를 완료하라고 경고했다. "두 군대에는 전사들이 부족하지 않다! 내일 우리는 당신들을 맞아 교전할 것이다!" 하지만 진(晉)나라 사람들은 전령의 눈빛이 불안정했고 목소리에 확신이 들어가 있지 않음을 주목했다. 진(秦)은 싸움을 하기도 전에 진 것이었다. "진(秦) 군대는 우리를 두려워하고 있다! 그들은 달아날 것이다! 그들을 강 쪽으로 밀어붙이자! 그러면 우리는 확실히 그들을 패배시킬 수 있을 것이다." 하지만 진(晉) 군대는 움직이지 않았고 적은 진영을 해체하여 평화롭게 철수했다. 진(晉)의 사람들은 이렇게 말했다. "죽은 자와 부상당한 자를 거두지 않는 것은 비인간적이다. 좋은 시간이 다가오기를 기다리지 않거나 위험에 빠진 적을 압박하는 것은 비겁한 일이다." 그래서 진(晉)의 군대는 움직이지 않았고 적의 군대가 평화리에 철수하도록 허용했다.[15]

승리를 거둔 어떤 장수는 절제하는 마음을 발휘하면서 승전의 전장에 자신의 기념비를 세우는 것을 거부했다. 그 장수는 말했다. "고대에는 그런 비를 세우는 것이 적절했다. 온갖 미덕을 갖춘 유명한 왕들이 하늘의 적과 싸웠고 사악한 자들에게 일벌백계를 내렸다. 하지만 우리의 시대에 그런 극악무도한 자는 없고, 죽을 때까지 자신의 충성심을 증명해야 하는 봉신(封臣)이 있을 뿐이다. 이런 사람에게 기념비가 가당한 얘기인가?"

전투의 진영을 설치할 때에는 황도의 4방위에 따라 세심하게 위치를 잡았다. 고대 중국에서 전진을 설치하는 것은 그 규정이 사전에 면밀하게 마련되어 있었으며 신성한 의미로 충만했다. 진영은 황제의 도시를 모델로 했으며 황제의 도시는 다시 하늘을 모델로 삼았다. 로마의 진영 설치도 의례적 기원의 흔적을 간직했다. F. 뮐러와 기타 학자들은 그렇게 생각했다. 이러한 흔적은 중세의 기독교 시대에 들어와 완전히 사라졌으나, 부르고뉴의 대담왕 샤를(Charles the Bold)이 1475년 노이스를 공성할 때 화려하게 축조하고 장식한 진영은, 전쟁과 토너먼트(즉, 놀이)의 관계를 잘 보여 주었다.

적에 대한 예의

전쟁을 고상한 게임으로 생각하는 사상에서 흘러나온 관습은, 오늘

---

15 마르셀 그라네, 『중국의 문명』, pp.272 273.

날의 비인간적인 전쟁에서도 그 형태가 여전히 남아 있다. 그것은 적과 수인사를 나누는 관습이다. 이러한 수인사에는 풍자의 요소가 빠지는 법이 없고 그것이 놀이적 특성을 더욱 분명하게 해준다. 고대 중국의 군벌들은 평화로운 과거를 회상하고 상호 존경심을 표시하기 위하여 교전 직전에 술잔을 교환하고 엄숙한 분위기 속에서 건배했다.**16** 그들은 서로 칭찬하고 존경하는 말로 인사를 했으며, 트로이 전쟁 중 트로이 편에 서서 싸운 글라우코스와 그리스 편에 서서 싸운 데오메데스처럼 서로 무기를 교환했다.

1637년의 브레다 공성 때에도 스페인 사령관은 포위당한 주민들이 빼앗아간 4두 마차를 나소 백작에게 돌려주게 했다. 뿐만 아니라 백작의 부하에게 나누어 주라며 현금 900길더도 함께 건넸다. 브레다 공성은 벨라스케스가 「창기병들」이라는 그림으로 불멸의 사건으로 만든 1625년의 전투가 유명하지만 스페인 사령관이 적에게 예의를 보여 준 공성은 그보다 12년 뒤에 벌어진 전투였다. 브레다 성은 이때 오렌지의 프레데릭 헨리의 지휘 아래 네덜란드 사람들에 의해 수복되었다.

때때로 적수들이 서로에게 조롱조의 조언을 건네는 적도 있었다. 고대 중국의 사례를 하나 들어 보면 이러하다. 진(晉)나라가 초(楚)나라를 상대로 여러 번 싸움을 하던 도중, 진의 장수가 상대방 장수에게 진흙에 빠진 전차를 꺼내는 방법에 대하여 찬찬히 설명을 해주었다.

---

16 같은 책, p.268.

그러자 적장은 고맙다고 하는 것이 아니라 조롱이 가득한 어조로 이렇게 대꾸했다. "우린 진나라 사람들처럼 달아나는 기술이 별로 없다 보니 이처럼 전차를 진흙에 빠트리기도 하는구려!"[17]

서기 1400년에 비르넨부르크의 백작이 아헨 성을 상대로 아무 날 아무 장소에서 전투를 벌이자고 도전하면서 아헨 성 사람들에게 불화의 원인인 행정관 율리히를 반드시 데려오라고 요구했다.[18] 전투의 시간과 장소를 이처럼 사전 약속하는 것은, 전쟁을 명예로운 경기 혹은 사법적 판결로 보는 사람들에게는 아주 중요한 일이었다.

중세의 군사적 관습

전투의 장소를 '경계 짓는 것'은 법정의 테두리를 설정하는 것(독일어 hegen)과 동일한 것이었다. 고대 스칸디나비아 어 소스[역사적 사료]는 전투의 장소가 나무 막대기, 혹은 개암나무 가지로 표시되었다고 기록하고 있다. 영어 표현 pitched battle(대치전)에서도 이런 아이디어가 그대로 드러난다. 대치전은 군사적 규칙에 따라 수행되는 전쟁을 말한다. 진지한 전투에서 전장의 경계 설정하기가 어느 정도까지 감안되었는지 딱 잘라 말하기는 어렵다. 경계 표시는 의례적인 것이

---

17 같은 책, p.269.
18 W, Erben, 『중세의 전쟁사』(뮌헨 1929), p.95.

었으므로 진짜 울타리나 경계를 상징하는 표시물로 대신할 수도 있었다.[19]

하지만 전투의 장소와 시간에 대해서, 중세의 역사는 많은 사례를 가지고 있다. 군사적 규칙은 시간과 장소의 요청을 거부하거나 무시하는 것이었으므로 그것은 순전히 형식적인 관습이었다. 앙주의 샤를 공은 홀란드의 윌리엄 백작에게 이런 메시지를 보냈다. "당신과 당신의 군대는 앞으로 사흘 안에 아슈의 황야에서 나를 기다려 주시오."[20] 또한 브라반트의 존 공작은 1332년 전령을 통해 보헤미아의 존 왕에게 칼집 없는 칼을 보내면서 수요일에 벌어질 전투의 장소와 무기를 제안했다. 그러면서 대답을 요청했고 필요하다면 수정 제안을 하라고 요구했다. 존 왕은 기사도의 모범이었지만 공작을 빗속에서 사흘 동안 기다리게 했다. 크레시 전투는 상호 서신 교환이 먼저 이루어졌다. 프랑스 왕은 영국 왕 에드워드에게 전투 장소 두 군데와 날짜 네 개를 제시하면서 도전을 걸어 왔고 필요하다면 다른 장소와 날짜를 제시해도 좋다고 했다.[21] 에드워드 왕은 센 강을 건널 수가 없기 때문에 강 앞에서 적을 기다린 지가 이미 사흘이나 되었다는 회신을 보냈다. 1367년 스페인의 나헤라에서 트라스타마라의 헨리는 무슨 수를 써서라도 적을 야외에서 만나기 위해 자신의 유리한 고지를 버리고 출발했다가 패배당했다. 일본 도메이 통신의 보도에 의하면,

---

19 영어 표현 beyond the pale(경계를 넘어서)와 비교해 볼 것.—영역자 주
20 참조 Erben, 앞에 나온 책; 참조, 요한 하위징아, 『중세의 가을』, p.142.
21 Melis Stoke, *Rjimkroniek*, ed. W. V. Brill, iii, 1387.

1938년 12월 광동을 함락시킨 일본군 사령관은 장제스(蔣介石)에게 전투에 나서라고 제안했다. 장제스가 중국 남부의 들판에서 승부를 결정짓는 싸움에 나서야 그의 군사적 명예를 지킬 수 있을 뿐만 아니라, 이 '사건'을 종결짓는 결론을 내릴 수 있다는 것이었다.

전투의 장소와 시간을 제안하는 절차 못지않게 중시되었던 중세의 군사적 습관이 있었다. 전투에서 '명예의 장소'를 고집하거나 승리한 장군이 전장에서 사흘을 머무는 절차가 그것이다. 명예의 장소 권리는 적극적으로 주장되었다. 상호 규정에 의하여 선봉대 출발의 권리가 인정되었고 때때로 특정 가문이나 카운티의 세습 특혜로 공인되었다. 이 문제에 대한 분쟁은 유혈적인 결과를 가져오기도 했다. 1396년 최근의 프랑스 전투에서 파괴적인 공격력을 선보인 기사 선봉대가 투르크 족을 정벌하기 위한 십자군 운동에 가담했다. 하지만 이 선봉대는 니코폴리스에 먼저 들어가야 한다는 허세를 부리다가 승리의 가능성을 날려 버렸고 적들에 의해 섬멸되었다.

전장에 사흘간 머무는 관습은 사법적인 session triduana(사흘 회기)를 사람들이 꾸준히 요구한다는 사실에서 그 흔적을 찾아볼 수 있다. 아무튼 전 세계 여러 지역에서 기록되어 있는 이런 의식적이고 의례적인 관습에서 볼 수 있듯이, 전쟁은 전투, 정의, 운명, 행운 등이 긴밀하게 뒤섞여 있는 지속적이고 열광적인 경기(아곤)의 영역에서 유래하는 것이다.[22]

---

22 같은 책, p.100; 같은 책, p.140.

국제법은 아곤에서 유래

명예와 고상함(큰 죄인 자만심에 뿌리 내리고 있는 것들)은 원시적 이상이었으나 문명의 발전된 단계에 들어와서는 정의의 이상에 의해 대체되었다. 또는 정의의 이상이 명예와 고상함의 이상에 결부되게 되었는데 이러한 양자 결합이 현실에서 얼마나 잘 실현되었는지는 다소 의심스럽다. 아무튼 원시 사회의 씨족이나 부족 단위에서 국가 형태로 발전해 나온 인간 사회는 정의의 이상을 바람직한 규범으로 공인했다. 국제법은 아곤의 영역에서 유래했는데 "이것은 명예에 어긋나, 규칙에 어긋나"라고 말하는 양심의 목소리가 늘 흘러나온 덕분이었다. 윤리에 바탕을 둔 완벽한 국제관계의 시스템이 정립되면 국제관계에서는 아곤의 요소가 들어설 자리가 없게 된다. 왜냐하면 국제 시스템은 정치적 갈등의 본능을 정의와 평등이라는 개념으로 승화시키려 들 것이기 때문이다. 보편적으로 인정되는 국제법의 규제를 받는 국제 사회는 이론적으로는 아곤적인 전투를 벌일 이유가 없다. 하지만 이런 공동체는 놀이 공동체의 모든 특징을 잃어버리지 않을 것이다. 상호 권리, 외교적 형태, 조약 준수의 호혜적 의무, 전쟁 선포 등의 절차는 모든 국가들을 구속한다는 점에서, 게임이 진행되는 동안에 적용되는 놀이 규칙의 형태를 닮았다. 순전히 형태적인 점만 감안한다면 사회를 하나의 게임이라고 보아도 무방할 것이다. 특히 게임이 모든 문명의 살아 있는 원칙 노릇을 해왔다는 사실을 염두에 두면 더욱 그러하다.

하지만 현실은 이런 이상으로부터 멀리 떨어져 있다. 국제법 체계는 더 이상 문화와 문명 생활의 기반으로 인정되지도 준수되지도 않는다. 국제 사회의 어떤 회원국이 국제법의 구속력을 부정하고 그들—국가든 정당이든 계급이든 교회든 뭐든—의 이익과 권력을 주장하면서 그것을 정치 행동의 유일한 규범으로 삼는 순간, 저 태곳적부터 전해 내려오던 놀이의 정신은 사라지고 그와 함께 문명의 흔적도 사라져 버린다. 이렇게 되면 사회는 야만의 수준으로 전락하고 원시 사회의 폭력이 그 자리에 대신 들어서게 된다.

이러한 여러 가지 정황을 종합해 볼 때 놀이 정신이 결여되어 있으면 문명은 성립하지 않게 된다는 결론이 나온다. 하지만 법적 결속력의 붕괴로 완전히 해체된 사회에서조차도, 아곤적 충동은 완전히 사라지지는 않는다. 그것은 선천적인 것이기 때문이다. 일등이 되겠다는 선천적 본능은 권력 집단들을 서로 충돌하게 만들 것이고 엄청난 미혹과 광적인 과대망상 쪽으로 유도할 것이다. 역사 해석과 관련하여, 그것을 '불가피하고 불변적인' 경제적 힘의 산물로 보는 어제의 해석이든 혹은 남들보다 뛰어나게 성공하고 싶다는 욕망에 새로운 과학적 레이블을 붙여 주는 오늘의 '세계관'적 해석이든, 그 바탕에는 언제나 승리하고 싶다는 욕망이 꿈틀거린다. 그러나 이러한 형태의 '승리'는 아무런 소득도 가져다주지 않는다.

중세의 기사도 정신

문명의 초창기에, 일등을 차지하려는 경쟁은 문명을 촉진하고 또 고상하게 만드는 요인이었다. 순수한 마음에 결부된 생생한 명예 의식은 유치 단계의 문화에 필수적인 힘이었던 개인의 용기를 유발했다. 더욱이 문화적 형태는 반복되는 신성한 경기들 속에서 발전해 나왔고, 그 과정에서 사회의 구조가 형성되었다. 고상한 생활은 용기와 명예를 보여 주는 게임으로 인식되었다. 하지만 불운하게도, 고대의 상황에서도 비참하고 잔인한 전쟁은 이런 고상한 게임을 현실화 시키는 데 큰 힘을 보태지 못했다. 유혈적 폭력을 고상한 형태 속에다 가두는 일은 크게 진전을 보지 못했다. 따라서 게임은 사회적·미학적 허구의 형태로 온전히 체험되고 향유되었다. 이러한 연유로 사회의 정신은 거듭하여 영웅적 생활을 상상하면서 도피의 길에 올랐다. 영웅적 생활은 명예, 머덕, 아름다움이 지배하는 이상적 영역에서 놀이 되었다[재연(再演)되었다].

신화와 전설 속에서 완수된 고상한 투쟁의 이상은 문명을 전진시키는 가장 강력한 유인책의 하나였다. 그것은 상무적(尙武的) 운동 체계와 의례적인 사회적 놀이를 만들어냈는데, 이 둘이 합쳐져서 실제 생활에 시정(詩情)을 부여했다. 우리는 그 구체적 사례를 유럽의 중세 기사도와 일본의 부시도[武士道]에서 찾아볼 수 있다. 여기서 상상력의 힘은 고상한 계급의 개인적 행동에 영향을 미쳤고, 그들의 용기와 의무감을 더욱 고양시켰다. 고상한 경기의 이상은, 군사적 고상함을 숭상하는 지주 계급이 군주를 신성한 존재로 받드는 사회, 인생의 중심적 의무를 군주에 대한 충성심으로 여기는 사회에서 특히 잘 발달했다. 자유민은 노동을 할 필요가 없었던 봉건 사회 덕분에 기사도 정신이 피어났고 그와 함께 토너먼트 경기가 성행했다. 봉건적 귀족 사회에서만 전대미문의 업적을 완수하겠다는 맹세를 할 수가 있었다. 이런 사회에서만 깃발, 문장, 표찰이 존경의 대상이 되고, 기사단이 꽃피어 나며, 지위와 고하 관계가 인생의 가장 중요한 문제가 되는 것이다. 중세 귀족 사회만 이런 것들을 할 시간 여유가 있었다.

이러한 이상, 매너, 제도를 아우르는 사회의 근본적 특징은 중세 기독교권이나 이슬람 사회보다는 일본의 봉건 사회에서 더욱 분명하게 드러난다. 일본의 사무라이들은 평민들의 진지한 관심사는 용기 있는 자의 게임이 될 수 없다고 보았다. 위험과 죽음 앞에서 고상한 자제심을 보이는 것이 사무라이의 할 일이었다. 이와 관련하여 앞에서 거론된 비방 시합이 참을성 테스트였다는 점을 기억하면 좋을 것이다. 이 시합에서는 참을 줄 아는 용감한 태도가 영웅적 생활 방식의 증거였다. 이런 영웅주의의 구체적 표시는 모든 물질적인 것들에 대하여 완전한 경멸을 내보이는 것이다. 일본의 귀족은 돈의 가치를 모르는 척함으로써 자신의 교양과 우월한 문화를 과시했다. 이런 기록도 전해져 온다. 겐신(謙信)이라는 일본의 다이묘[大名]가 산간 지방에 사는 신겐(信玄)이라는 다이묘와 전쟁을 하게 되었다. 이때 제3자인 자가 신겐과 노골적으로 불화하는 사이도 아니면서 신겐의 영지로 들어가는 소금의 보급로를 끊어 버렸다고 겐신에게 알려 왔다. 그러자 겐신은 신하들에게 신젠에게 소금을 보내 주라고 명령했고, 경제 전쟁에 대한 경멸감을 드러냈다. "나는 소금을 가지고 싸우는 것이 아니라 칼을 가지고 싸운다."[23]

기사도, 충성심, 용기, 자기 절제 등이 그런 가치들을 숭상하는 문명에 크게 기여했다. 그런 얘기의 상당 부분이 허구요 환상이라고 해도, 공공 생활이나 교육에 있어서 삶의 수준을 높여 준다. 상무적인 서사시와 낭만적 환상의 영향을 통하여, 이런 용감한 사람들의 역사적 이미지가 후대 사람들에게 감동을 주고 또 그들을 변모시킨다. 이런 감화 때문에 위대한 사람들이 기사도적 전통의 신기루를 통해 본 전쟁을 찬양했고, 때로는 실제의 전쟁보다 서사시 속의 전쟁이 더 아름답게 부각되었다.

러스킨의 전쟁 예찬

전쟁은 때때로 인간적 가치와 업적의 원천이 된다. 러스킨은 울위스 사관후보생들에게 연설하면서 그것이 평화라는 순수하고 고상한 기술의 절대적 조건이 된다고 치켜세웠다. 그는 말했다. "군인들 사이에서 생겨난 이 기술만큼 위대한 기술은 없습니다…… 전투에 바탕을 두지 않은 기술은 한 국가의 위대한 기술이 될 수가 없습니다." 그

---

23 이나조 니토베, 『일본의 영혼』(도쿄, 1905), pp.35, 98.

는 역사적 증거들을 다소 순진하고 피상적으로 재배열하면서 이렇게 이어갔다. "모든 위대한 국가들은 언어의 진실과 사상의 힘을 전쟁에서 배웠습니다. 그 나라들은 전쟁에서 자양을 얻고 평화에 의해 황폐하게 되었습니다. 전쟁에서 가르침을 얻었고 평화에서 기만을 당했습니다. 전쟁에 의해 훈련되었고 평화에 의해 배신을 당했습니다. 한마디로 말해서 위대한 나라들은 전쟁에서 태어났고 평화 속에서 소멸했습니다."

러스킨의 말에는 상당한 일리가 있고 그 진실은 아주 강력하게 전달된다. 하지만 러스킨은 이것이 '모든' 전쟁에 통용되는 진실은 아니라고 말함으로써 논리의 날카로운 칼을 일부 무디게 만들어 버린다. 그는 말한다. "내가 염두에 두고 있는 것은 창조적이고 기반 형성적인 전쟁입니다. 인간의 타고난 충동과 경기에 대한 사랑이 잘 단련되어 아주 아름다운—때로는 치명적인—놀이로 승화되는 그런 전쟁을 말하는 것입니다." 러스킨은 인류를 노동자의 종족과 놀이하는 자의 종족으로 대별할 수 있다고 말했다. 전자는 땅을 갈고 물건을 만들고 집을 짓는 등 생활필수품을 제공하는 자들이다. 반면에 후자는 일을 하지 않아 시간적 여유가 많으므로 레크리에이션을 필요로 하는데 노동자의 종족을 자신들의 가축으로, 혹은 인형으로 혹은 죽음의 게임에 투입하는 졸(卒)로 여긴다는 것이다.

이러한 러스킨의 말에는 초인의 흔적과 값싼 환상의 기미가 희미하게 느껴진다. 하지만 우리의 논의를 위해서 이 문장은 나름대로 가치가 있다. 러스킨이 고대 전쟁에서의 놀이 요소를 정확하게 파악하고 있기 때문이다. 러스킨은 창조적이고 기반 형성적인 전쟁의 이상이 고대 그리스의 스파르타와 중세의 기사도에서 실현되었다고 말했다. 하지만 그 이후 러스킨은 곧 정직함, 진지함, 온유함을 다시 회복하면서 자신의 활발한 상상력을 정지시키고 '현대'의 전쟁—1865년의 미국 남북 전쟁!—이 너무 잔인하다고 비난했다. 그는 대서양 건너편 미국에서 벌어지고 있는 살벌한 전쟁을 생각한 듯하다.[24]

인간의 미덕—혹은 '특성'이라고 해야 할까?—중에는 고대 사회의 귀족적이고 아곤적인 전사 생활에서 직접 유래한 것이 있는데 바로 충성심이다. 충성심은 아무것도 따지지 않고 그 가치를 조금도 의심하지 않고 어떤 사람, 대의, 사상에 자기 자신을 헌신하는 것이다. 그런데 이런 태도는 놀이와 유사한 점이 아주 많다. 충성심, 순수한 형태에서는 그처럼 축복일 수가 없고 왜곡된 형태에서는 아주 악마적인 이 미덕은 놀이 영역에서 직접적으로 유래했다. 이러한 주장은 결코 황당무계한 것이라 할 수 없다. 충성심의 정화(精華)라 할 수 있는 기사도 정신은 풍성한 수확을 가져왔는데, 진실로 문명의 최초 열매라 할 것이다. 아주 고상한 정신을 표현한 서사시와 서정시, 아름다운 장식 예술, 위엄에 넘치는 의례. 이런 것들은 모두 전쟁을 고상한 게임으로 여기는 저 오래된 사상으로부터 유래했다. 이 사상은 중세의 기사를 거쳐 17세기의 '정직한 사람'을 경유하여 현대의 젠틀맨으로 연면하게 이어져 왔다. 서유럽의 라틴 국가들은 이 컬트에 연애하는

---

24 존 러스킨, 『야생 올리브 왕관』; 『산업과 전쟁에 관한 네 번의 강연』, iii: 전쟁편.

자의 이상을 덧붙였다. 그리하여 기사도 정신과 궁정 연애가 서로 뒤섞여서 어느 것이 먼저인지 알 수 없는 난형난제의 관계가 되었다.

이제 한 가지 더 언급해야 할 것이 있다. 이런 것들을 "문명의 최초 열매"라고 말하면서 우리는 까닥하면 그 열매가 신성한 기원에서 흘러나왔다는 것을 잊어버리기가 쉽다. 역사, 예술, 문학에서 우리가 아름답고 고상한 놀이라고 인식하는 것들은 과거 한때 성스러운 놀이였다. 토너먼트와 주스팅(마상 창 시합), 기사단, 맹세, 기사 작위 수여식 등은 모두 원시 문화의 성년식의 흔적을 간직하고 있다. 중세 기독교권의 기사도는 오래된 과거로부터 전해져 오는 일정한 문화적 요소들을 인위적으로 유지하고 또 의식적으로 준수하려고 애썼다. 명예 규칙, 궁중 내의 행동, 문장(紋章), 기사단, 토너먼트 등의 사치스러운 외양은 중세 말엽에 이르기까지 그 의미를 상실하지 않았다. 나는 여러 해 전에 출간한 나의 책 『중세의 가을』에서 이러한 외양의 의미를 자세히 파악하려고 시도하면서, 문화와 놀이는 친밀한 관계라는 사상의 씨앗을 처음으로 마음에 뿌리게 되었다.[25]

---

25 요한 하위징아, 『중세의 가을』, 2~10장.

HOMO
LUDENS

Johan Huizinga ———

6장

인식 (지식) 의 수단이 되는
놀이

일등이 되려는 욕구는 사회가 어떻게 기회를 제공하느냐에 따라 다양한 표현 형태를 취한다. 인간이 우월성을 놓고 경쟁하는 양태는 상품으로 내걸린 부상만큼이나 다양하다. 경쟁의 결과는 행운, 신체적 힘, 재주, 유혈적 전투 등에 의해 결판난다. 또는 용기와 지구력, 기량, 지식, 자랑하기, 머리 굴리기 등의 경쟁도 있을 수 있다. 힘에 의한 재판이나 특정한 기술, 가령 칼을 만든다거나 교묘한 각운을 사용하는 기술 등이 요구될 수도 있다. 까다로운 질문을 던지고 대답을 요구하는 경우도 있다. 신탁, 내기, 소송, 맹세, 수수께끼 등의 형태를 취하는 경쟁도 있다. 어떤 형태로 진행되든 그것이 놀이임에는 틀림없으며 우리는 이런 관점에서 그 문화적 기능을 해석해야 한다.

모든 문화권의 아곤적 관습들은 상당한 유사성을 공유하는데, 이것이 가장 두드러지는 부분은 인간 정신의 영역, 즉 지식과 지혜의 영역이다. 고대인에게 있어서 행위와 모험은 그냥 힘이었지만 지식은 주술적(呪術的) 힘이었다. 고대인들은 모든 특별한 지식을 신성한 지식으로 여겼다. 다시 말해 신비하면서도 경이를 일으키는 지식으로 보았는데, 무엇을 안다는 것은 곧 우주 질서 그 자체와 관련이 되기 때문이었다. 사물의 질서정연한 운행은 신들에 의해 선포되고 의례에 의해 유지가 되었는데, 이렇게 하는 것은 인간의 목숨을 보존하고 또 구원하기 위해서였다. 이런 우주적 질서(산스크리트 어로는 르탐(rtam))는 신성한 것들, 그것들의 이름, 세상의 기원 등을 인식함으로써 보다 강력하게 유지될 수 있었다.

『베다』의 수수께끼 게임

그런 이유로 신성한 축제에서는 그런 지식에 대한 경쟁이 필수적이었다. 왜냐하면 발화된 말은 세상의 질서에 직접적인 영향을 미치기 때문이다. 비교적(秘敎的) 지식에 대한 경쟁은 의례에 깊이 뿌리를 내리고 있었고 의례의 필수적인 부분이었다. 신비 의례의 사제들이 서로에게 도전의 형식으로 내놓는 질문들은, 그 신성한 의미만을 제외한다면 거실에서의 수수께끼 놀음과 별반 다를 바가 없다. 의례의 일환으로 수행되는 수수께끼 경쟁이 어떤 기능을 발휘하는지, 그것은 『베다』 설화가 아주 분명하게 보여 준다. 희생의 대축제 때 수수께끼

문답 경쟁은 희생 그 자체만큼이나 의례의 필수적인 부분이었다. 브라민들은 근원에 대한 지식을 겨루는 자타비디아(jātavidyā)나 "신성한 사물들의 이름을 말하는" 게임인 브라모디아(brahmodya)에 참가했다. 이런 명칭만 보아도 질문이 주로 우주론적 성격을 띠고 있음을 알 수 있다. 『리그베다』의 다양한 찬가들은 이런 경쟁을 시적으로 기록하고 있다. 예를 들어 제1찬가에서 질문은 부분적으로 우주적 현상에 대한 것과 또 다른 면으로는 희생제의의 세부 사항에 관한 것이다.

"나는 너에게 지구의 가장 끝은 어디냐고 묻는다. 지구의 배꼽은 어디냐고 묻는다. 나는 너에게 종마의 씨앗에 대해서 묻는다. 말씀의 가장 높은 곳은 어디냐고 묻는다."[1]

제8찬가는 열 가지 전형적인 수수께끼로 주신(主神)들의 속성을 묘사하고 각 신의 이름이 대답으로 따라 나온다.

"한 신(神)은 갈색이고, 여러 형체를 가졌고, 관대하고, 젊다. 그는 황금으로 그의 몸을 장식한다(소마). 다른 신은 번쩍거리며 자궁으로 내려가는데 신들 중에서 현명한 자이다(아그니) 등."

이러한 찬가에서 주된 특징은 수수께끼의 형태를 취한다는 것이고 그 수수께끼는 의례에 대한 지식과 의례의 상징을 소상히 아는 것으로 해결한다. 이 수수께끼 형태에는 존재의 기원에 관한 아주 심오한 지혜가 숨겨져 있다. 파울 도이센은 이 열 가지 찬가를 "고대에서 우리에게 전해져 내려온 가장 위대한 철학 작품"이라고 했다.[2]

---

1 참조, 『리그베다의 찬가들』, 동안이 신성한 경건.

"당시에 존재는 없었고 비존재 또한 없었다. 공기도 없었고 그 위의 하늘도 없었다. 무엇이 조여져 들어오는가? 어디에서? 그것은 누구의 공간인가? 깊이 모를 심연은 모두 물로 되어 있는가?"

"당시에는 죽음도 없었고 비(非) 죽음 또한 없었다. 낮과 밤의 구분도 없었다. 그 자체 숨을 쉬지 않는 그것을 제외하고는 아무것도 숨을 쉬지 않았다. 그 어디에서도 그것을 제외하고는 아무것도 없었다."[3]

여기에서는 수수께끼의 질문 형태가 일부 긍정적 형태로 대체되어 있지만 찬가의 시적 형태는 당초의 수수께끼적 특성을 여전히 반영한다. 제5행 이후에 다시 질문의 형태가 나타난다.

"이 세상이 어디에서 태어나 어떻게 왔는지를 누가 알며 누가 감히 그것을 선언할 수 있겠는가?"

이 찬가가 의례의 수수께끼 노래에서 왔으며 실제로 벌어진 수수께끼 경쟁을 문자로 정착시킨 것임을 인정한다면, 수수께끼 게임과 비교(秘敎) 철학의 유전적 관계는 아주 자명해진다.

『아타르바베다(Atharvaveda)』의 일부 찬가들―가령 10-7과 10-8―은 일련의 수수께끼 질문들을 공동 표제 아래에 한데 묶은 것인데, 수수께끼는 해결된 것도 있고 미해결인 것도 있다.

"보름달과 반달은 어디에서 오고 그것들이 속한 해는 서로 연결이 되는가? 계절의 기둥(skambha)[4]은 어디에서 오는지 말해 달라! 낮과

---

2 『철학의 일반적 역사』, I(라이프치히, 1894), p.120.
3 앞에 나온 책, x, 129.

밤이라는 두 처녀는 다양한 형태의 욕망을 보이며 어디로 달려가는 가? 낮과 밤의 기둥을 내게 말해 달라!

"어떻게 바람은 멈추지 않을 수 있으며 정신은 휴식을 취하지 않는 가? 진실을 원하는 물은 왜 한시라도 쉬지 않는가?"

철학의 탄생

존재의 신비에 대하여 깊이 명상하며 환희를 느끼던 고대인들의 사상은 신성한 시가(詩歌), 심오한 지혜, 신비주의, 순전한 말장난의 경계 선상을 왕복했다. 따라서 이런 찬가에서 발견되는 각각의 요소를 따로 떼어내어 설명한다는 것은 우리의 일이 아니다. 이 신성한 텍스트에 대해서 우리가 말할 수 있는 것은 그 안에서 철학이 탄생한다는 것이다. 헛된 놀이가 아니라 신성한 놀이의 형태로 말이다. 최고의 지혜는 비교적(秘教的)인 재주넘기에 의해 실천된다. 그런데 여기서 우주의 생성에 대한 질문은 인간의 원초적 질문 중 하나임을 지적하고 싶다. 실험적 아동 심리학의 조사 결과에 의하면 여섯 살짜리 아이들이 던지는 질문들 중 상당수가 우주론적 성격을 띤 것이라 한다. 무엇이 물을 흐르게 하는가? 바람은 어디에서 오나? 죽음이란 무엇인가? 등[5]

---

4 문자의 뜻은 '기둥'이나 여기서는 '존재의 터전'이라는 신비적 의미로 사용되었다.[이런 우주론적 신비를 흥미롭게 해석한 자료로는 다음 책을 보라. H. S. Bellamy, 『달, 신화, 인간, 대홍수 이전 (*Moons Myths and Man, Built Before the Flood*)』(Faber and Faber). 영역자 주]

『베다』 찬가의 수수께끼 질문은 『우파니샤드』라는 심오한 철학을 유도했다. 그리나 우리는 신성한 수수께끼의 철학적 깊이보다는 그 놀이적 특성과 문명에의 기여도에 관심이 더 많다.

수수께끼 경기는 결코 레크리에이션이 아니었다. 그것은 희생제의의 필수적 부분이었다. 수수께끼의 해결은 희생 그 자체만큼이나 필수불가결한 것이었다.[6] 그것은 신들의 손을 비틀어 답을 알아내려는 행위였다. 고대 『베다』의 관습과 유사한 사례가 인도네시아 중부 셀레베스의 토라자 부족에게서도 발견된다.[7] 이 부족의 축제에서 수수께끼를 내는 시간은 일정하게 정해져 있다. 쌀이 '임신하는' 순간에서 시작하여 수확할 때까지이다. 수수께끼의 '제기'는 당연히 벼이삭의 '나옴'을 촉진시킨다. "쌀아, 나와라! 어서 나와라! 너의 살찐 이삭으로 산꼭대기까지, 그리고 계곡의 바닥까지 덮어라!" 수수께끼를 내는 시기 직전의 계절 동안에는 모든 문학적 활동이 금지된다. 그런 활동이 벼의 성장을 위태롭게 할지도 모르기 때문이다. 와일로(wailo)라는 단어는 수수께끼와 수수(즉 들판의 모든 과실)를 동시에 의미했다. 수수는 원래 토라자 족의 주식이었으나 나중에 쌀에 의해 대체되었다.[8] 이와 똑같은 사례가 스위스의 그라우뷘덴에서도 발견된다. 이 지역

---

5 피아제, 『어린아이의 언어와 생각』, 5장, Routledge.

6 M. Winternitz, 『인도 문학의 역사』(라이프치히, 1908), p.160.

7 N. Adriani en A.C.Kruyt, *De baree-sprekende Toradja's van Midden-Celebres*, iii(Batavia, 1914), p.371.

8 N. Adriani, *De naam der gierst in Midden Celebres*, Tijdschrift van het Bataviaasch Genootschap xli, 1909, p.371.

에 대해서는 이런 말이 있다.[9] "이 지역의 주민들은 옥수수가 더 잘 되라고 어리석은 놀이 행사를 벌인다."

『베다』 문헌, 특히 『브라마나(브라흐마나, *Brāhmaṇas*, 梵書)』를 연구하는 사람들은 다음과 같은 사실을 잘 알고 있다. 그 경전에서 제시된 사물의 근원에 대한 설명은 다양한 만큼 서로 일치가 되지 않으며, 어떤 때는 심오한가 하면 어떤 때는 아주 황당무계하다. 일반적인 체계 따위는 없으며 구분해 낼 수 있는 시의 각운이나 각운이 그렇게 되는 이유 따위도 없다. 하지만 이런 우주론적 명상의 놀이적 성격을 파악하고 또 그 명상이 모두 의례적 수수께끼에서 나온다는 사실을 감안하면 나름대로 설명의 실마리가 얻어진다. 그런 혼란은 자신의 희생제의 방식을 강조하면서 변덕을 부리는 사제들의 옹졸한 습관에서 생겨난 것이라기보다[10], 의례적 수수께끼들을 다양한 방식으로 해결하려다 보니 서로 일치되지 않는 해석들이 나온 것이다.

수수께끼의 본질

수수께끼는 신비한 힘을 가진 신성한 것이었기 때문에 자연 위험한 것이었다. 신화나 의례의 맥락에서 수수께끼라 함은 곧 "머리를 건

---

9 Stumpfl, 『게르만의 제식 행위』, p.31.
10 H. Oldenburg는 이런 생각을 갖고 있다. H. Oldenburg, 『브라만 텍스트의 세계관』(괴팅겐, 1919), pp.166, 182.

수수께끼(독일의 문헌학자들이 Halsrätsel이라고 한 것)"였다. 다시 말해 수수께끼를 풀기나 아니면 자신의 머리를 내놓아야 하는 치명적 게임이었다. 여기에서 자연스럽게 이런 결론이 유도되었다. 아무도 풀 수 없는 수수께끼를 내놓는 자는 가장 높은 지혜를 획득한 자이다. 이 두 모티프가 야나카 왕에 대한 고대 힌두 이야기에 잘 융합되어 있다. 왕은 그의 희생 축제에 참가한 브라민들에게 신학적 수수께끼 풀기 경기를 개최했다. 부상은 1,000마리의 암소였다.[11]

승리를 확신하는 현자 야즈나발키아는 암소들을 미리 자신의 집에 가져다 놓았고 예상대로 모든 적수를 물리쳤다. 적수들 중에 비다그다 사칼리아라는 자가 있었는데 그는 수수께끼를 풀지 못하자 문자 그대로 자신의 머리를 잃었다. 머리가 그의 몸에서 떨어져 그의 무릎으로 굴러 떨어진 것이었다. 이 고사는 질문에 대하여 답변을 하지 못하면 머리를 잃게 된다는 주제의 교육적 버전이었다. 마침내 아무도 더 어려운 질문을 내놓지 못하자 야즈나발키아는 의기양양하게 소리친다. "존경하는 브라민들이여, 당신들 중에 누가 질문을 하고 싶으면 그렇게 하십시오. 아니, 당신들 모두가 질문을 해도 좋습니다. 혹은 내가 당신들 중 어느 한 사람, 혹은 당신들 모두를 향하여 질문을 하게 해주십시오!"

이 절차의 놀이적 특성은 너무나 분명하다. 신성한 설화는 그 자신을 상대로 게임을 펼친다. 이 스토리가 신성한 경전에서 어느 정도 심

---

11 『사타파타-브라마나』, xi, 6, 3, 3; 『브라다라냐카-우파니샤드』, iii, 1~9.

각하게 받아들여졌는가 하는 질문은, 대답을 못해서 정말 머리를 잃어버렸을까 하는 질문처럼 막연하고 또 본질과 무관한 문제이다. 그럼 어떤 것이 본질적인 문제일까. 그것은 이 고사 속에서 살펴볼 수 있는 놀이 모티프이다.

그리스 전승에서도 수수께끼 풀기와 죽음의 징벌이라는 모티프가 있었는데 예언자 칼카스(Chalcas)와 모프소스(Mopsos)의 스토리가 대표적이다. 칼카스에게 하나의 신탁이 내려지는데 만약 그 자신보다 더 현명한 예언자를 만나면 죽게 되리라는 것이었다. 그는 모프소스를 만나서 수수께끼 시합을 벌이게 되는데 패배한다. 칼카스는 슬픔과 분노로 자살을 해버리고 그의 추종자들은 모프소스를 따라간다.[12] 이 이야기 속에서는 목을 내놓는 수수께끼 시합이 약간 변형된 형태로 등장하고 있다.

목숨을 건 수수께끼 시합은 에다 신화에서도 주된 주제 중 하나이다. 『바프트루드니르의 노래』에서 오딘 신은 모든 것을 아는 거인 바프트루드니르를 상대로 지혜의 시합을 벌여서 번갈아 질문을 한다. 그 질문은 신화적·우주론적인 것으로 『베다』 텍스트의 질문들과 유사하다. 낮과 밤은 어디서 오는가? 겨울과 여름과 바람은? 『알비스의 노래』에서 토르 신은 난쟁이 알비스에게 아제 신족, 바네 신족(에다 신화에 나오는 하위 신들), 인간들, 거인들, 난쟁이들, 그리고 마지막으로 저승에서 사물들의 이름이 어떻게 불리는지를 묻는다. 하지만 경기가

---

12 Strabo, xiv, 642; Hesiod, 『파편들』, 160.

끝나기 전에 날이 밝았고 난쟁이는 족쇄가 채워진다. 『퍄욜스빈의 노래』에서도 유사한 수수께끼 형태가 등장하고 『하이드렉 왕의 수수께끼』에서 왕은 자신이 풀지 못하는 수수께끼를 내는 자에게는 사형도 면제해 주겠노라고 맹세한다. 이런 노래들은 대부분 후대의 에다 신화에 속한다. 그래서 전문가들은 그것들을 교묘한 시적 장치로 간주하는데, 타당한 해석이다. 하지만 이런 노래들이 고대의 수수께끼 시합과 연결된 사실은 너무나 명백하여 부정할 수가 없다.

수수께끼에 대한 해답은 명상이나 논리적 사고에 의해서는 발견하지 못한다. 그 해답은 문자 그대로 갑작스러운 '해결'이 되어야 한다. 질문을 던진 자가 상대방을 꼭 옥죄던 매듭을 갑자기 풀어헤치는 것이다. 그리하여 정확한 대답은 질문을 던진 자를 무력하게 만드는 계기가 된다. 원칙적으로 모든 질문에는 단 하나의 해답만이 있다. 게임의 규칙을 잘 알아야만 그 해답을 발견할 수가 있다. 경우에 따라서 그 규칙은 문법적인 것, 시적인 것, 의례적인 것이다. 전문가의 비밀 언어들을 알고 있어야 하고 바퀴, 암소, 새 등 각 현상의 카테고리를 분류하는 상징을 잘 알아야 한다. 게임의 규칙에 의하여 두 번째 대답이 가능한데 그것을 수수께끼를 낸 자가 모른다면 입장이 아주 난처해지게 된다. 말하자면 스스로의 함정에 갇히게 되는 것이다. 반면에 어떤 사물은 비유적으로 제시되어 다수의 정답이 다양한 수수께끼 속에 은폐될 수도 있다. 종종 수수께끼의 해결은 사물의 비밀스럽거나 신성한 이름을 알고 있느냐 여부에 달려 있는데, 위에 인용한 『알비스의 노래』가 좋은 사례이다.

여기서 수수께끼의 문학적 형태를 논하자는 것은 아니고 그 놀이 특성과 문화적 기능을 알아보자는 것이다. 따라서 우리는 수수께끼(독일어 Rätsel)와 조언(Rat)과 짐작(erraten)의 어원적·의미적 연결 관계를 깊이 파고들 필요는 없다. 네덜란드 어 동사 raden은 '조언하다'와 '(수수께끼를) 풀다'의 뜻을 지금도 간직하고 있다. 마찬가지로 고대 그리스 어 아이노스(αἶνος, ainos: 문장 혹은 속담)는 아이니그마(αἴνιϒμα, ainigma: 수수께끼)와 연관성이 있다. 문화적 관점에서 보자면 조언, 수수께끼, 신화, 전설, 속담 등은 서로 밀접하게 관련되어 있다. 이 점을 잘 명심하면서 수수께끼가 발전해 나간 방향을 살펴보자.

수수께끼는 원래 신성한 게임이었고 그런 본질적 특징으로 인해 놀이와 진지함의 구분을 허물어 버린다. 수수께끼는 놀이인가 하면 진지함이다. 최고로 중요한 의례의 한 요소이면서 동시에 본질적으로는 게임인 것이다. 문명이 발달하면서 수수께끼는 두 가지 방향으로 뻗어나갔는데 하나는 신비 철학이고 다른 하나는 레크리에이션이다. 이러한 발전 양태를 두고서 진지함이 놀이로 추락했다거나 놀이가 진지함의 수준으로 상승했다고 생각해서는 안 된다. 문명이 서서히 정신적 생활의 두 가지 양태를 구분해 놓았고 그것을 하나는 놀이, 다른 하나는 진지함으로 명명하게 되었다. 하지만 이 둘은 서로 연속적인 정신의 스펙트럼이었고 문명은 그 속에서 생겨난 것이다.

수수께끼의 사교적 역할

수수께끼 혹은 제기된 문제는 그 주술적 효과 이외에도 사교적 역할이라는 중요한 요소를 가지고 있다. 사교적 레크리에이션의 한 형태로서 수수께끼는 모든 종류의 문학적·운율적 패턴에도 잘 응용된다. 가령 열두 고개 문답이나 잘 알려진 비교급 수수께끼("꿀보다 더 단 것은?") 등이 그런 경우이다. 그리스 인들은 실내 게임으로 아포리아(aporia)를 아주 좋아했다. 아포리아는 결론적으로 꼭 집어서 대답을 말하기가 어려운 질문을 가리킨다. 아포리아는 치명적 수수께끼의 약화된 형태로 간주할 수 있을 것이다. '스핑크스의 수수께끼'도 수수께끼 게임의 후기 형태임을 알 수 있는데 그 배경에 죽음의 형벌이 어른거리기 때문이다.[13]

전통이 수정되는 전형적 방식은 알렉산더 대왕이 인도인 '알몸 고행자들'을 만난 이야기에서 잘 살펴볼 수 있다. 정복왕은 감히 저항을 할 생각을 한 도시를 함락시키고 나서 그 저항을 부추긴 열 명의 현자를 소환했다. 그들은 대왕 자신이 내놓게 될 까다로운 질문을 답변해야 되었다. 잘못 대답한 형벌은 죽음이고, 가장 저급한 대답을 한 자가 제일 먼저 죽어야 했다. 열 명의 현자 중 한 명은 답변의 심판자 노

---

13 아포리아의 대표적인 사례는 이러하다. "한 크레타 인이 모든 크레타 인은 거짓말쟁이라고 말했다." 그러나 모든 크레타 인이 거짓말쟁이라는 명제가 진실이라면 이 크레타 인은 진실을 말했으므로 그는 거짓말쟁이가 아닌 게 된다. 따라서 이 문장은 아포리아가 성립된다.─옮긴이

룻을 하도록 시켰다. 만약 그가 심판을 제대로 하면 그의 목숨은 살려 준다는 것이었다. 대부분의 질문은 우주론적 성격을 가진 딜레마 문제였고, 신성한 『베다』 수수께끼의 변형이었다. 가령 "어떤 것이 숫자가 더 많은가? 죽은 자인가, 산 자인가? 어떤 것이 더 큰가? 땅인가 바다인가? 어떤 것이 먼저인가? 낮인가 밤인가?" 그 대답은 신비한 지혜에서 나오는 것이라기보다 논리적 교묘함을 발휘해야 하는 것이었다. 마침내 이런 질문이 제기되었다. "누가 가장 엉터리로 대답했는가?" 영리한 심판자는 대답했다. "각자 다른 사람보다 더 엉터리로 대답했습니다." 이렇게 하여 대왕의 계획을 교묘하게 피해 갔고 그리하여 아무도 죽지 않았다.[14]

상대방을 '난관'에 빠트리기 위한 질문은 '딜레마'라고 하는데, 이 질문에 대답하면 상대방은 그 질문이 의도하지 않은 어떤 사실을 인정하게 되어 난관에 빠지는 것이다.[15] 두 가지 해답을 허용하는 수수께끼도 마찬가지인데 그 두 가지 중 더 명백한 해답은 종종 음란한 어떤 것이다. 이런 수수께끼는 『아타르바베다(Atharvaveda)』에서 발견된다.[16]

---

14 U. Wilcken, 『알렉산더 대왕과 인도의 알몸 고행자들』, Sitzungsberichen der preuss. Akad. d. Wissensch, xxxiii, 1923, p.164. 원고의 결락이 있어서 때때로 이해하기가 어려운데, 내가 볼 때 후대의 편집자들이 그 결락 부분을 설득력 있게 보충한 것 같지 않다.

15 가령 Aulus Gellius에게서 나온 다음 사례. 모든 여성은 예쁘거나 밉다. 예쁜 여자와 결혼하는 것은 좋지 않다. 왜냐하면 그녀가 바람을 피울 것이기 때문이다. 미운 여자와 결혼하는 것도 좋지 않다. 왜냐하면 그녀가 매력적이지 못하기 때문이다. 그러므로 아예 결혼하지 않는 것이 좋다.—영역자 주

16 xx, Nos. 133, 234,

철학적 질문과 답변

수수께끼에서 생겨난 문학적 결과물 하나는 특히 주목할 만한데 신성함과 놀이의 관계를 아주 뚜렷하게 보여 주기 때문이다. 그것은 신학과 철학에 관계되는 문답(問答) 담론이다. 주제는 언제나 동일하다. 어떤 현자에게 또 다른 현자 혹은 여러 명의 현자들이 질문을 하는 것이다. 가령 차라투스트라는 비스타스파 왕의 60 현자를 상대로 답변을 해야 되었고, 솔로몬은 시바의 여왕의 질문에 대답해야 되었다. 『브라마나』 문헌에서 즐겨 다루어지는 주제는 젊은 제자인 브라마차린의 주제이다. 그는 왕의 궁정에 와서 상급자들로부터 질문을 당한다. 그러다가 그의 현명한 대답으로 인해 역할이 변경되어 이제 그가 질문하고 그리하여 자신이 제자가 아니라 스승임을 입증한다. 이 주제는 고대의 의례적인 수수께끼 경기와 밀접한 관계가 있다.

이와 관련하여 『마하바라타』의 한 이야기는 아주 대표적이다. 판다바 족은 황야를 방황하다가 숲속의 아름다운 연못에 도착한다. 연못속의 정령은 질문에 다 대답하기 전에는 물을 마시지 못한다고 경고한다. 이 경고를 무시한 사람들은 목숨을 잃고 땅에 쓰러진다. 마침내 유디슈티라가 정령의 질문에 대답하겠다고 나선다. 이렇게 하여 질문과 답변의 게임이 시작되고 그 과정에서 힌두 윤리학의 모든 체계가 다루어진다. 신성한 우주적 수수께끼가 재치 있는 말놀이로 옮겨가는 진귀한 사례이다.

서유럽의 종교개혁 시대에 벌어진 신학적 논쟁들, 가령 루터와 츠

빙글리(마르부르크, 1529년), 테오도레 베자 및 칼뱅주의 동료와 가톨릭 고위 사제들(푸아시, 1561년) 등의 논쟁은 저 오래된 의례적 관습의 계속이라고 볼 수 있는 것이다.

질문의 담론 형식을 취하는 문헌 중 『밀린다팡하(*Milindapañha*, 밀린다왕문경)』라는 팔리(Pali) 어 경전은 특히 흥미롭다. 이 책은 기원전 2세기에 박트리아 지방을 통치했던 그리스-인도계 왕, 메난드로스(Menander, Menandros, Milinda, 彌蘭陀)의 질문을 묶은 것이다(국내에서는 『미란타왕문경(彌蘭陀王問經)』, 『밀린다왕문경』, 『나선비구경(那先比丘經)』 등으로 번역되어 있음―옮긴이). 이 텍스트는 남방 불교의 경전집인 『트리피타카』에 수록된 경전은 아니지만 남방 불교와 북방 불교 모두 중시하는 것으로서 기원 1세기경에 편집된 것으로 추정된다. 책 속에서 메난드로스 왕은 위대한 아르하트(Arhat, 아라한(阿羅漢))인 나가세나(Nāgasena, 那先)와 문답한다. 내용은 철학적이고 신학적이지만 그 형태와 어조는 수수께끼 시합에 가깝다. 특히 서언 부분이 그러하다.

메난드로스 왕: "존경하는 나가세나, 당신은 나와 대담을 할 생각입니까?"

나가세나: "폐하께서 현명한 사람의 자격으로 나와 대화할 생각이라면 응하겠습니다. 하지만 왕의 자격으로 대화하려 한다면 응하지 않겠습니다."

"현명한 사람의 자격으로 대화하려면 어떻게 해야 합니까?"

"현명한 사람은 궁지에 내몰려도 화를 내지 않는 반면, 왕들은 화를 냅니다."

그래서 왕은 동급의 지위에서 대화하는 것에 동의한다. 가버(gaber: 허풍 시합) 게임에서 앙주 공작이 그렇게 했던 것처럼, 왕의 궁정에서 온 현자들도 참석했다. 뿐만 아니라 500명의 요나카(즉 이오니아 인과 그리스 인)와 8만 명의 불교 승려가 청중으로 참여했다. 나가세나는 도전적으로 "두 개의 요점이 그 안에 들어 있는, 아주 심오하고, 단단한 매듭처럼 풀기가 어려운" 문제를 내놓는다. 왕의 현자들은 나가세나가 이단적 경향이 있는 난처한 질문을 던진다고 불평한다. 많은 질문들이 어디 풀 테면 풀어 보라는 식으로 제시되는 딜레마이다. "폐하, 이 난관에서 한번 빠져나가 보소서!" 이런 간단한 소크라테스식 문답법을 통하여 불교의 근본 교리가 제시된다.

『스노라 에다(*Snorra Edda*)』의 맨 처음 이야기인『길피 왕의 환상(*Gylfaginning*)』또한 신학적 문답 담론에 속한다. 강글레리는 일곱 개의 칼을 잘 다루는 능력으로 길피 왕의 주목을 받은 다음, 하(Har)를 상대로 내기의 형식으로 논쟁에 돌입한다. 사물의 근원을 다루는 신성한 수수께끼 경기는 딜레마 질문을 다루는 경기로 넘어가고, 그 내기에는 두 사람의 명예, 재산, 목숨이 내걸린다. 마침내 대화는 철학적·신학적 문답 담론으로 확대된다.

문답 담론과 긴밀하게 관련되어 있는 것으로서, 종교적 연도(連禱: 계속되는 기도)와 교리문답 형태를 취하는 다른 형태의 대화도 있다. 이런 형태가 아주 절묘하게 혼합되어 있는 텍스트로는『젠드-아베스타(*Zend-avesta*)』경전이 있다. 이 경전에서 교리는 주로 차라투스트라와 아후라 마즈다 사이의 질문과 답변으로 제시된다.[17] 특히 희생제의를 자세히 적은 전례 텍스트인 『야스나(Yasnas)』는 원시적 놀이 형태의 흔적을 많이 간직하고 있다. 교리, 윤리, 의례에 관한 신학적 문제들이, 먼 고대 가령 인도-이란 시대의 우주론적 수수께끼와 나란히 배치되어 있다. 특히 「야스나(Yasna) 44」가 그러하다. 모든 시행은 차라투스트라가 이렇게 말하는 것으로 시작된다. "이것을 내가 그대에게 묻노니 올바른 대답을 알려다오, 오 아후라여!" 그 질문은 "~한 자는 누구인가?"로 유도된다. 가령 이러하다. "아래와 위에서 땅을 받쳐서 떨어지지 않게 하는 자는 누구인가?", "바람과 구름에 속도를 보탠 자는 누구인가?", "환한 빛과 음울한 어둠, 잠과 깨어남을 창조한 자는 누구인가?" 끝부분에 가면 고대의 수수께끼 풀기 시합의 흔적을 분명하게 보여 주는 문장이 있다. "이것을 내가 그대에게 묻노니 올바른 대답을 알려다오, 오 아후라여! 나에게 약속된 것처럼 열 마리의 암말, 한 마리의 종마, 한 마리의 낙타를 내가 얻게 될까?" 우주론적 질문 이외에도 경건함의 근원과 정의(定義), 선과 악의 구분, 정결함과 부정함, 사악한 자와 싸우는 수단 등을 묻는 교리적 질문들도 있다.

페스탈로치의 시대에 스위스에 살았던 한 목사는 어린이용 교리문답을 집필하고서 "수수께끼의 작은 책"이라는 제목을 붙였다. 그는 이 제목이 교리문답과 교리의 원천에 아주 가까이 다가간 것임을 잘 몰랐겠으나, 문제의 핵심을 정확하게 짚었다.

철학적·신학적 문제를 토론한 메난드로스 왕의 문답 담론 형식은,

---

17 C. Bartholomae, *Die Gotha's des Awesta*(Halle 1879), iv, pp.58~59.

후대의 왕들이 신하나 해외의 현자들과 가진 과학적·학문적 대화에서 그대로 살아났다. 시칠리아를 다스린 호헨슈타우펜 왕가의 프레데릭 2세 황제는 두 가지 질문서를 작성했다. 하나는 궁중 천문학자인 미카엘 스코투스[18]에게 보낸 것이고, 다른 하나는 모하메드의 학자인 이븐 사빈(모로코 거주)에게 보낸 것이다. 특히 첫 번째 질문서가 우리의 관심을 끈다. 오래된 우주론적 수수께끼에다 신학과 새로운 과학정신(프레데릭이 열렬히 옹호한 것)이 가미된 것이기 때문이다. 지구는 어떤 물체 위에 머무는가? 얼마나 많은 하늘이 있는가? 하느님은 어떻게 그분의 옥좌에 앉아 계시는가? 저주받은 자의 영혼과 타락한 천사의 영혼은 어떻게 다른가? 지구는 모든 부분이 단단한가, 아니면 일부 비어 있는가? 무엇이 바닷물을 짜게 만드는가? 바람은 왜 다른 방향에서 불어오는가? 용암의 유출과 분출은 무엇이 원인인가? 왜 죽은 자의 영혼은 지상으로 되돌아오려 하지 않는가? 등, 오래된 목소리에 새로운 목소리가 뒤섞여 있다.

이븐 사빈에게 보낸 두 번째 질문서는 훨씬 더 철학적이고 회의적이며, 또 아리스토텔레스적이다. 하지만 오래된 정신의 흔적을 보여주기도 한다. 젊은 모하메드 철학자는 황제에게 솔직히 말한다. "폐하의 질문은 어리석고 황당하고 모순되는 것입니다!" 황제는 이런 버릇없는 답변을 좋게 받아들였고, 이 때문에 그의 전기를 집필한 독일

---

18 참조 Isis, iv, 2, 1921, No. 11; 『하버드 역사 연구』, xxvii, 1924 and K. Hampe, 『질문자로서의 카이저 프리드리히 2세』, Kultur-v. Universelfes, pp.53~67, 1927.

인 저술가 헴페[19]는 황제의 '훌륭한 인품'을 칭송했다. 프레데릭은 메난드로스 왕과 마찬가지로 문답 게임은 동등한 지위에서 이루어져야 한다는 것을 알았으리라. 그래서 나가세나가 말한 것처럼 "왕이 아니라 현자의 자격으로 대화"했던 것이다.

수수께끼와 철학의 관계

후기 시대의 그리스 인들은 수수께끼 풀기와 철학의 근원이 서로 상관있다는 것을 잘 알았다. 아리스토텔레스의 제자인 클레아르쿠스는 속담을 다룬 논문에서 수수께끼가 과거 한때 철학의 주제였다는 이론을 펼쳤다. 그는 말했다. "고대인들은 수수께끼를 파이데이아(παιδεία, paideia: 교양)의 증거로 활용했다."[20] 이러한 발언은 우리가 위에서 살펴본 철학적 수수께끼 풀기를 분명하게 언급하는 것이다. 이런 오래된 수수께끼 질문들로부터 그리스 철학의 초창기 작품들을 이끌어내는 것을 억지춘향이라거나 황당무계하다고 할 수 없다.

프로블레마(πρόβλημα, problema: 당신 앞에 던져진 것)라는 단어는 철학적 판단의 기원이 '도전'임을 분명히 보여 준다. 이 때문에 초창기 그리스 철학자에서 후대의 소피스트와 수사학자에 이르기까지 철학자는

19 앞의 주석을 참조할 것.
20 C. Prantl, 『서양 논리사』 I(라이프치히 1855), p 399

곧 문답 담론의 승자를 의미했다. 그는 라이벌들에게 도전을 걸었고, 예리한 비판으로 그들을 공격했으며, 자신의 견해가 유일한 진리라고 주장했다. 고대인들이 자주 그렇게 했던 것처럼 확신에 가득 찬 소년 같은 자만심을 내보이며 그런 말을 했다. 스타일과 형태에 있어서 초창기 그리스 철학은 논쟁적이고 아곤적이었다. 초창기 철학자들은 반드시 1인칭 단수('나')로 말했다. 엘레아의 제논(Zeno of Elea)은 아포리아를 가지고 적들을 공격했다. 그는 적들의 전제조건으로 시작하여 두 개의 모순되고 서로 배척하는 결론에 도달했다. 이러한 담론 형태는 바로 수수께끼에서 연원하는 것이다. 제논은 묻는다. "만약 공간이 어떤 사물이라면 그 안에는 무엇이 들어갈 수 있는가?"[21] 심오한 철학자 헤라클리투스에게 있어서 자연과 삶은 그리포스(griphos: 수수께끼)였고, 그는 자신을 수수께끼를 풀이하는 사람이라고 생각했다.[22] 엠페도클레스의 발언은 진지한 철학이라기보다 수수께끼를 신비한 방식으로 풀이한 것처럼 들리는데, 그나마 시적인 형태 속에 포장되어 있다. 동물들의 생명의 기원을 논설하는 엠페도클레스의 기괴한 환상은 고대 힌두 인들의 경전인 『브라마나』에 들어가 있어도 그리 황당하게 여겨지지 않을 것이다. "자연으로부터 목 없는 머리, 어깨 없는 팔, 얼굴 없는 눈이 흘러나와 이리저리 돌아다닌다."[23]

초창기의 철학자들은 예언자나 황홀경에 빠진 사람의 어조로 말했

21 Aristotle, *Physics*, iv, 3, 210b, 22 sq; also Capelle, *Die Vorsokratiker: Die Fragmente und Quellenberichte*(Stuttgart, 1935), p.172.
22 예거, 『파이데이아』, I, pp.180~181.

다. 그들의 숭고한 자기 확신은 희생제의의 사제나 신비주의자의 그것에 못지않았다. 그들은 사물의 fons et origo(샘물과 원천), 아르케(ἀρχή, arke: 태초), 프시스(φύσις, physis: 자연)를 다루었다. 그들의 해결안은 명상이나 논증에 의해 얻어지는 것이 아니라 통찰의 섬광에 의해 얻어졌다. 그것은 태곳적부터 수수께끼 형태로 제기되고 신화 속에서 해결된 우주론적 문제였다. 철학과 과학이라는 독자적 학문으로 정립되기 위하여 우주론은 신화적인 우주론으로부터 독립해야 되었다. 가령 183개의 세계가 이등변 삼각형을 이루며 나란히 존재하고 있다는[24] 피타고라스식의 우주관으로부터 벗어나야 했다.

이러한 초창기 철학에는 우주의 아곤적 구조를 깊이 명상하는 특징이 있었다. 인생과 세상의 진행 과정은 정반대 것들의 영원한 투쟁으

---

23 Capelle의 앞에 나온 책, p.216. Christian Morgenstern이 「무릎 하나로 이 세계를 관통하여 홀로 가다」라는 환상적 시를 썼을 때 이 책을 생각했을까? [이 시를 잘 모르는 독자를 위하여 여기 영어로 번역해 보았다.

외로운 무릎 하나가 이 세상을 방황하네
오로지 무릎뿐 그 이상은 없다네.
그건 텐트도 나무도 아니라네.
오로지 무릎뿐 그 이상은 없다네.

옛날에 전장터에 한 남자가 있었다네.
그는 온 몸에 총을 맞았지.
그래서 부상을 당하지 않은 곳은 무릎뿐,
성인들이 과거에 그랬던 것처럼.

그때 이래 무릎은 이 세상을 관통하여 홀로 가네.
오로지 무릎뿐 그 이상은 없다네.
그건 텐트도 나무도 아니라네.
오로지 무릎뿐 그 이상은 없다네.—영역자 주]

24 Capelle, 앞에 나온 책, p.102.

로 인식되었고, 그것은 중국의 음양 원칙처럼 존재의 근본 원칙이었다. 헤라클리두스는 투쟁이 '모든 사물의 아버지'라 했고 엠페도클레스는 필리아(φιλία, philia: 매혹)와 네이코스(νεῖχος, neikos: 불화)가 우주의 과정을 영원히 지배하는 두 가지 원칙이라고 설파했다. 고대 철학의 대립적 경향이 구대 사회의 아곤적 구조에 그대로 반영되는 것은 당연하다. 인간은 오래전부터 모든 것이 두 개의 정반대로 갈라져서 갈등하고 있다는 사상에 익숙해져 있다. 헤시오도스는 좋은 에리스(eris: 투쟁)가 있는가 하면 나쁜 에리스가 있다고 말했다.

따라서 모든 사물들의 투쟁, 즉 피시스의 투쟁을 합법적 투쟁으로 간주하는 것은 이러한 우주관과 일치하는 사상이다. 이런 사상은 고대 문화의 놀이 특징을 아주 분명하게 보여 준다. 베르너 예거에 의하면 코스모스(Kosmos: 질서), 디케(Diké: 정의), 티시스(Tisis: 징벌)의 아이디어는 법률의 영역에서 나온 것인데 보편적 과정에 적용되기에 이르렀고, 그래서 이것을 소송의 관점에서 이해할 수 있다는 것이다.[25] 또 예거에 의하면, 원래 법 앞에서의 죄의식을 의미했던 아이티아(αἰτία, aitia)는 후대에 들어와서 자연의 인과관계를 나타내는 단어로 채택되었다. 아쉽게도 아낙시만드로스가 우주의 과정을 소송의 과정으로 표현한 문장들은 아주 파편적인 형태로만 남아 있다.[26]

"사물들은 그것들을 생성시킨 동일한 원칙(즉 무한)으로 말미암아 반

---

25 예거, 『파이데이아』, I, p.161.
26 Capelle, 앞에 나온 책, p.82.

드시 소멸하게 되어 있다. 왜냐하면 사물들은 서로 속죄를 해야 하고, 시간의 정해진 순서에 따라 그것들이 저지르는 잘못을 보상해야 하기 때문이다." 이 문장의 뜻은 그리 명백하지는 않다. 하지만 우주(질서)가 태초에 저지른 잘못을 보상하기 위해 노력한다는 아이디어를 담고 있다. 어떤 의도로 이런 발언을 했는지 모르지만, 이 문장은 기독교 교리의 심오한 측면을 연상시킨다. 하지만 이 말이 기원전 5세기경에 이미 확립되어 있던 국가 통치술과 법률에 관한 그리스의 원숙한 사상을 반영하는 것인지, 그보다 더 오래된 법률 사상을 반영하는 것인지 자문해 보아야 한다. 이미 앞에서 논의된 바와 같이, 태고적의 법률은 정의와 징벌의 사상에다 제비뽑기와 신체적 힘의 겨루기 등이 가미되어 있었다. 다시 말해 소송 과정은 여전히 신성한 게임이었다.

엠페도클레스의 파편들 중 하나는 자연 원소들의 강력한 아곤(경기)을 언급하면서, 그 원소들의 갈등 결과에 따라 시간이 채워진다고 말한다.[27] 이런 신화적-신비적 명제의 의미를 완벽하게 이해한다는 것은 불가능하다. 한 가지 확실한 사실은 철학자·예언자의 사상이 여전히 의례적 싸움의 영역에서 생겨난다는 것이다. 의례적 싸움(아곤)은 신들의 결정을 확실하게 알려주고, 또 우리가 앞에서 살펴본 바와 같이 고대의 법과 정의의 바탕이 되었다.

---

27 *Fragments* No 30; cf Capelle, 앞에 나온 책, p.200.

HOMO
LUDENS

Johan Huizinga——

7장

놀이와 시

    그리스 철학의 기원을 살펴보면 그 철학이 지식과 지혜의 성스러운 아곤과 관련되어 있음을 알 수 있다. 여기서 우리는 종교적·철학적 표현 방식과 시적 표현 방식은 그 경계선이 불분명하다는 사실을 발견한다. 따라서 시적 창조의 본질이 무엇인지 알아보아야 할 필요가 있다. 이것은 놀이와 문화의 관계를 논할 때 중심을 차지하는 문제이다. 고도로 발전된 사회에서는 종교, 과학, 법, 전쟁, 그리고 정치가 점차 놀이와의 관계를 잃어버리는 반면에, 시의 기능은 여전히 그 원천인 놀이 영역을 확보하고 있기 때문이다. 시를 창조하는 것(poiesis)은 실상 놀이의 기능이다. 시는 정신의 놀이터에서 벌어지며, 그 놀이터는 정신이 그 자신을 위해 스스로 만들어낸 세계이다. 시 속에서, 사물들은 '일상생활'과는 굉장히 다른 외관을 지니게 되고, 논리와 인과 관계를 훌쩍 벗어나 다른 유대 관계로 매이게 된다.

어떤 진지한 진술이 오로지 각성(覺醒) 중의 생활 속에서 만들어지는 것이라면, 시는 결코 진지한 진술이 되지 못할 것이다. 시는 진지함을 넘어서는 더 원시적이고 근원적인 단계에 속해 있다. 그것은 어린아이, 동물, 원시인, 예언자 등이 마음대로 넘나드는 꿈, 매혹, 황홀, 웃음의 영역이다. 시를 이해하기 위해 우리는 마법 망토처럼 아이들의 영혼을 입어야 하며, 어른의 지혜를 내던지고 아이들의 지혜를 얻어야 한다. 이러한 시의 원초적인 본성과 순수한 놀이와의 상호적 관계에 대하여, 그 누구도 200년 전의 이탈리아 사상가 비코처럼 명확하게 이해·표현하지 못했다.[1]

"Poesis doctrinae tamquam somnium(시의 작법은 꿈과 유사하다)"[2] 라고 심오한 정신의 소유자 프랜시스 베이컨이 말했다. 자연의 아이들인 원시인은 존재의 기원에 대하여 신화적인 상상을 했고, 그 상상 속에는 종종 후기의 논리적인 형태로 표현된 지혜의 씨앗이 들어 있었다.

문헌학(언어학)과 비교종교학은 신앙의 신화적인 기원을 더 깊이 파악하기 위해 연구를 거듭하면서[3] 시, 신비한 교리, 지혜, 의례 등을 근본적으로 통합하는 관점에서 고대 문명을 새롭게 이해하고 있다.

---

1 Erich Auerbach, 『잠바티스타 비코와 언어학의 사상』, Homenatge a Antoni Rubiò i Lluch(Barcelona, 1936), I, p.297 sq.
2 하위징아의 번역.—영역자 주
3 구체적 사례로는 W. B. Kristensen 혹은 K. Kerènyi의 저서가 있다.

신들린 시인 바테스

그러한 이해를 얻기 위해 우리가 가장 먼저 해야 할 일은 무엇일까. 먼저 시는 미학적인 기능만을 가지고 있다거나 미학의 관점에서만 설명될 수 있다는 생각을 버리는 것이다. 모든 번성하는 문명에서는, 시가 사회적이면서 의례적인 중요한 기능을 가지고 있었고 이는 특히 고대문화에서 그러했다. 모든 고대의 시는 의례, 오락, 예술, 수수께끼 생성, 교리, 신념, 마법, 점, 예언, 그리고 경쟁 등을 한데 뭉뚱그린 것이었다. 실제적으로 고대의 의례와 시가 서로 결합된 주제들은 핀란드 서사시 『칼레발라(Kalevala)』의 세 번째 편에서 잘 나타난다. 노현자(老賢者) 바이나모이넨은 자신에게 감히 주술 경쟁을 도전해 온 젊은 허풍선이에게 마법을 건다. 처음에 그들은 자연 현상에 대한 지식으로 경쟁하고 그 뒤 사물의 기원에 관한 비교적(秘敎的) 지식으로 경쟁한다. 그때 젊은 요우카하이넨이 천지창조의 일부분은 자신에 의해 이루어졌다고 허풍을 치자, 늙은 주술사는 노래를 불러 그를 땅속으로, 습지 속으로, 물속으로 들어가게 한다. 물이 요우카하이넨의 허리, 겨드랑이, 그리고 입까지 차오르자 위기를 느낀 그는 누이 아이노를 바이나모이넨에게 주기로 약속한다. 그러자 늙은 주술사는 '노래의 바위'에 앉아 세 시간 동안 노래를 불러 무모한 도전자에게 걸린 강력한 마법을 풀어 준다. 우리가 앞서 언급했던 모든 형태의 경쟁들, 즉 허풍 시합, 자랑 시합, '남자들의 겨루기', 우주론적 지식에 대한 경쟁, 신부를 얻기 위한 경쟁, 인내력 시험, 시련 등이 이런 시적 상상력 속에서 하나로 통합이 된다.

고대 시인의 진정한 명칭은 바테스(vates)인데, 홀린 자, 신에게 매혹된 자, 헛소리를 지껄이는 자라는 뜻이다. 이런 자질은 그가 비범한 지식의 소유자임을 암시했다. 그는 지식인, 즉 아랍 사람들이 말한 샤이르(sha'ir)였다. 에다의 신화에서는 시인이 되기 위해 꿀술을 마셔야만 했다. 꿀술은 현자 크바시르의 피로 준비되었는데 이 현자는 그 어떤 질문을 받아도 대답하지 못하는 법이 없는, 모든 인간 중 가장 현명한 사람이었다. 점차적으로 시인-예언자는 예언자, 성직자, 점쟁이, 비법 전수자, 그리고 우리가 알고 있는 시인의 형태로 분화되었으며 심지어 철학자, 입법자, 연설가, 선동자, 소피스트, 수사학자도 원시적 복합체인 바테스로부터 나왔다. 초기 그리스 시인들은 그들이 공통의 조상을 두고 있다는 흔적을 여실히 보여 준다. 그들의 기능은 대단히 사회적이었으며 국민의 교육자이자 권고자로서 발언했다. 그들은 후에 소피스트들에게 그 자리를 빼앗기기 전까지 국가 지도자로 활약했다.[4]

고대의 바테스는 고대 스칸디나비아 어 문학의 툴르(thulr), 앵글로-색슨의 틸레(thyle) 등 다양한 모습으로 나타난다. 근대 독일 문헌학은 쿨트레드너(Kultredner: '컬트 웅변가')라는 단어를 제공한다.[5] 가장 전형적인 툴르의 예는 스타카드르(Starkadr)인데, 삭소 그라마티쿠스는 이

---

4 예거, 『파이데이아』, i, pp.34~37, 72, 288~291.

5 W. H. Vogt, 『에다 신화의 스타일의 역사』, I: Der Kultredner(Schriften der Baltischen Kommission zu Kiel, iv, I, 1927).

를 바테스라고 올바르게 번역했다. 툴르는 때로 전례의 낭송자로, 성스러운 극의 연기자로, 헌신적인 성직자로, 심지어 주술사로 나타난다. 다른 때는 궁정 시인과 웅변가의 역할을 하는데 이때에는 스쿠라, 즉 어릿광대나 익살꾼의 역할을 맡는다. 툴르에 대응하는 동사인 틸라(thylja)는 종교적인 문헌을 암송한다거나 주술을 행하다, 혹은 단순히 웅얼거리다 등의 뜻을 갖고 있었다.

툴르는 모든 신화적 지식과 시적 전승의 보관자이다. 그는 사람들의 역사와 전통을 잘 아는 현명한 노인으로서 축제에서 연사를 담당하고, 영웅과 다른 존경받을 만한 사람들의 가계(家系)를 암송한다. 그의 특별한 역할은 경쟁적으로 긴 연설을 하는 것과 지혜 시합에 나서는 것이다. 이런 측면에서 그는 『베오울프』의 운페르트 같은 사람이다. 앞에서 언급했던 남자들의 겨루기와, 오딘과 거인 혹은 난쟁이 사이의 지혜 시합에서도 툴르가 나섰다. 잘 알려진 앵글로-색슨 시들인 『위드시드(Widsid)』와 『방랑자(The Wanderer)』는 다재다능한 궁정 시인의 전형적인 작품이다. 이러한 특성들은 성스러움과 문학성을 동시에 수행했던 고대 시인들의 기능을 잘 말해 준다. 성스러운 것이든 세속적인 것이든 시인의 기능은 항상 놀이 형태에 근거를 두고 있다.

고대 게르만의 툴르 이후에도 원시 바테스의 모습을 어렵지 않게 발견할 수 있는데 하나는 봉건 시대의 '음유 시인'이고, 다른 하나는 그보다 낮은 단계의 부류인 전령이다. 전령에 대해서는 비방 시합[6]에

---

6 이 책, 연안서가 판 『호모 루덴스』, 앞부분 p.153을 참고할 것.

서 이미 언급했는데, 이들은 고대의 '컬트 웅변가'와 공통점이 많다. 그들 역시 역사, 전통, 기계의 기록자이며 공적인 축제 행사에서 대변인이자 포고자였고, 무엇보다 공식적인 허풍꾼, 혹은 과장해서 말하는 자였다.

시는 놀이에서 생겨났다

자체적으로 문화 생성 능력을 가진 시는 놀이로 태어나고 놀이 속에서 태어난다. 시는 의심할 바 없이 신성한 놀이지만 그런 거룩함 속에서도 특유의 즐거움, 분방함, 환희, 쾌활함이 있다. 원시적 형태의 시는 미적 충동의 만족이라는 문제가 없었다. 시는 여전히 의례적 행위의 체험 속에 잠재해 있으며 그 행위의 열광 속에서 찬가나 송시의 형태로 창조되어 나타났다. 하지만 이런 방법으로만 시가 창조된 것은 아니다. 시적인 기능은 사회적인 놀이 그리고 씨족, 일족, 부족의 격렬한 경쟁에서도 꽃 피기 시작한다. 새로운 계절을 축하하는 것보다 시를 풍부하게 하는 계기는 없는데 특히 봄철은 시의 창작을 부추기는 계절이었다. 이때 젊은 남녀가 환희와 자유 속에서 만났다.

이러한 형태의 시—희롱하는 기분에서 젊은 남녀가 유혹과 거절의 오래된 놀이를 즐기면서 창작한 것—는 의례에서 태어난 시 못지않게 중요하다. 레이던 대학의 교수 드 요셀린 드 용은 동인도제도의 부루 섬과 바바르 제도에서 현지 조사를 수행하여 다양한 유형의 시들을 많이 채집했다. 그 시들은 대체로 보아 문화적 놀이의 기능을 만족시키고 극도로 세련된 특성을 지닌 사회적·아곤적 시들이었다. 나는 아직 발간되지 않은 용의 저서에서 많은 사례들을 빌려 왔는데 이를 허락한 저자의 친절에 감사한다.[7]

부루 섬 중앙 지역(라나라고도 함) 주민은 「잉가 푸카(Inga Fuka)」로 알려진 의례적인 교창 형태의 노래를 즐겨 부른다. 남녀는 마주 앉아 짧은 노래를 드럼 반주에 맞춰 부르는데 일부는 즉흥곡이다. 이 노래는 흉내 내거나 조롱하는 특성을 가지고 있고 다섯 종류가 있다. 노래들은 항상 가장(歌章: strophe)과 응답 가장, 공격과 역공, 질문과 대답, 도전과 응답의 형태를 취한다. 때로 그 노래들은 수수께끼와 유사하다. 가장 전형적인 「잉가 푸카」는 "앞서면 뒤따르는 「잉가 푸카」"라고 한다. 각 절은 어린이들의 '대장 따르기(follow my leader)' 놀이에서 사용되는 것 같은 단어로 시작한다. 정형시를 구성하는 것은 같은 단어, 혹은 그의 변형을 반복함으로써 어떤 주장과 반대 주장을 서로 대비시키는 유사음의 요소이다. 순수한 시적 요소는 암시, 갑작스런 훌륭한 생각, 말장난, 혹은 별 의미 없는 단어들의 소리 등으로 구성된다.

이러한 시의 형태는 오로지 놀이의 관점에서 묘사되고 이해될 수 있다. 비록 그것이 운율 규칙의 훌륭한 체계에 따른다고 해도 여전히 놀이인 것이다. 그 시들의 내용은, 주로 연애의 암시, 검약과 미덕에

---

7 예비판은 1935년 Mededeelingen der K. Nederl. Akad. van Wetenschappen에서 출판되었다.

대한 훈계, 악의에 찬 빈정거림 등이다. 비록 전통적인 「잉가 푸카」의 레퍼토리가 있기는 하지만 가장 중요한 것은 즉흥곡의 정신을 살려 분위기를 띄우는 것이다. 기존의 노래 대구들도 교묘한 추가와 수정으로 윤색하는 것이 보통이다. 노련한 교창 기교는 굉장히 존중받으며 예술적인 기교도 마음껏 부린다. 감정과 분위기의 빠른 전환은 말레이 시가인 판툰을 연상시키는데 이것이 부루 섬의 문학에 강한 영향을 주었을 것으로 추측된다. 나아가 훨씬 먼 나라인 일본의 하이쿠도 연상시킨다.

「잉가 푸카」외에, 라나에서 흔한 다른 시의 형태들은 모두 같은 형태적 원칙을 따른다. 가령 결혼식에서 예물 교환을 할 동안 신부와 신랑의 가족들 사이에 장황한 격론이 벌어지는 것 등이 그런 형태의 구체적 사례이다.

드 요셀린 드 용은 남동쪽 섬들인 바바르 제도에 속한 웨탄 섬에서 전혀 다른 형태의 시를 발견했다. 웨탄 섬에서는 오직 즉흥곡만이 가치가 있다. 바바르 제도의 주민들은 부루 섬 주민들보다 노래를 더 많이 부르며, 일을 하는 도중 혼자서 혹은 공동으로 부른다. 야자수 꼭대기에 앉아 수액을 채집하면서 남자들은 슬픈 노래나 혹은 조롱하는 노래를 이웃 나무에 올라가 있는 동료를 대상으로 부른다. 때때로 후자(조롱)의 노래 형태는 옛날 같았더라면 유혈 폭력과 살인으로 끝났을지도 모르는 살벌한 노래 대결로 발전하기도 한다. 모든 노래는 '줄기'와 '꼭대기'(혹은 '정수리')로 알려진 두 행으로 구성되어 있다. 하지만 어떤 것이 질문이고 어떤 것이 답변인지는 잘 구분되지 않는다.

바바르 제도와 부루 섬의 시들에 있어서 특징적인 차이점은 이렇다. 바바르 제도는 멜로디의 장난스러운 변형으로 효과를 얻는 반면 부루 섬은 말장난과 소리로 놀이를 한다.

위에서 언급한 말레이 판툰은 교차하는 운을 지닌 4행시이며, 앞의 두 행은 이미지를 불러내거나 사실을 말하며, 나머지 두 행은 미묘하고 때로는 황당한 암시로 이미지와 사실들을 고정시킨다. 그 전체적인 효과는 기막힌 말 재주를 연상시킨다. 16세기까지 판툰이라는 단어는 우화나 속담을 의미했고 4행시라는 형태는 2차적인 의미였다. 끝맺는 행은 자바 어로 쟈와브(djawab)라 했는데 이는 아랍 어로 대답 혹은 해결의 뜻이다. 판툰은 고정된 시의 형태로 정착되기 전에 질문 놀이였던 게 분명하다. 현재는 운을 맞춘 유사음에 의한 암시(즉 시적 놀이)가 당초의 '해결'이라는 역할을 대신한다.[8]

의심할 여지 없이 판툰과 유사한 시 형태는 일본의 단시 하이쿠이다. 하이쿠는 5, 7, 7음절로 구성된 3행시이다. 식물이나 동물의 세계, 자연 혹은 인간에 대한 세심한 인상을 불러내며 때로는 서정적인 침울함, 혹은 향수의 징조, 또는 한순간의 유머에 대한 암시 등을 다룬다. 두 가지 사례를 들어 본다.

오 내 가슴속에 있는

---

8 참조. Hosein Djajadinigrat, *De magische achtergrond van den Maleischen pantoen*(Batavia, 1933); J. Przyluski, *Le prologue-cadre des Mille et une nuits et le thème du Svayamvara*(Journal Asatique, ccv, 1924), p.126,

많은 것들! 놓아 버리자, 놓아 버리자,
버드나무와 함께 한숨을 쉬네!

태양 아래 마르는
기모노를 보라, 오, 죽은 어린아이의
작은 옷소매!

원래 하이쿠는 한 사람에 의해 시작되면 다른 사람에 의해 계속 이어지는 연쇄운의 놀이였을 것이다.[9]

놀이와 시의 융합은 핀란드의 『칼레발라』를 암송하는 전통적인 방식에서도 잘 보존되어 있다. 노래들을 수집했던 뢴로트는 현재까지도 남아 있는 기이한 관습을 발견했다. 노래를 부르는 두 사람이 의자에서 얼굴을 마주보고 서로 상대방의 손을 잡고 흔들어대면서 시행에 대한 지식을 경쟁하는 관습이었다. 아이슬란드의 사가(saga : 설화)도 유사한 암송 형태를 보인다.[10]

미학적 의도가 별로 없거나 아예 없는 사회적 놀이, 이러한 형태의 시는 세계 전역에서 굉장히 다양한 형태로 발견되었다. 그 어떤 형태든 아곤적 요소가 나타나지 않는 경우는 거의 없다. 이 요소는 교창, 경쟁적인 시, 노래 시합에서 직접적으로 들어 있으며, 어떤 목적을 위

9 『바쇼와 그 제자들의 하이쿠(*Haikai de Bashô et de ses disciples*)』, traduction de K. Matsus et Steinilber-Oberlin(Paris, 1936).
10 참조. W. H. Vogt, 『컬트 웅변가(*Der Kultredner*)』, p.166.

해 짓는 즉흥시, 예를 들면 마법의 주술을 깨트리기 위한 시 등에서 암시적으로 나타나 있다. 이 모티프(아곤적 요소)는 길 가는 행인을 불러 수수께끼를 내고 대답을 못하면 죽였다는 스핑크스의 '치명적인' 수수께끼에도 잘 드러난다.

이 모든 형태는 극동 지역에서 고도로 발달되었다. 마르셀 그라네는 고대 중국 문헌들을 예리하게 해석하고 재구성하면서 목가 시대에 번성했던 젊은 남녀 사이의 교창 시합을 전반적으로 체계화했다. 이런 유사한 교창이 아직도 베트남에서 행해지고 있으며, 그 실제 상황은 베트남 학자 응웬 반 후옌이 잘 묘사해 놓았다.[11] 이러한 시적 '논의'는 남녀 간의 노골적인 사랑놀이를 살짝 위장한 것이지만 그래도 아주 세련된 분위기를 갖고 있다. 일련의 격언을 바탕으로 만들어지는데 이런 격언은 각 시구의 끝 부분에서 반복되고 이는 사랑의 기쁨에 대한 결정적인 증언이 된다. 똑같은 형태가 15세기 프랑스 시 형태인 데바(débats)에서 발견된다.

사랑의 법정

사회적 놀이 역할을 하는 시와 노래 시합은 다양한 분포 상황을 보인다. 고대 중국과 베트남의 호의적인 사랑의 불평에서 시작하여 이

---

11 이 책, 연안서가 판 『호모 루덴스』, p.127 참조.

슬람 도래 이전 아라비아의 거칠고 악의에 찬 허풍, 혹은 비방 시합을 경由하여 에스키모들 사이에서 소송을 대신했던 중상적인 드럼 시합에 이르기까지 다양하다. 우리는 여기에 12세기 랑그도크 지방의 사랑의 법정(Cours d'amour)을 포함시켜야 할 것이다. 폐기된 지 오래된 어떤 가설에 따르면 트루바두르(Troubadours: 음유시인)의 시는 프로방스 지방에 사는 귀족들의 사랑의 법정에서 유래되었다고 한다. 이 의견이 폐기된 후에도 그런 사랑의 법정이 실제로 존재했는지 아니면 단순한 문학적 허구인지는 문헌학의 논쟁점으로 남았다. 많은 학자들이 후자의 견해(문학적 허구)를 너무 과도하게 지지하는 경향이 있다. 실제로 사랑의 법정은 특정한 실용적 타당성을 가진 재판에서 벌어진 시적 놀이였으며 12세기 랑그도크 관습과도 충분히 일치를 이룬다.

여기서 놀이 형태와 사랑에 대한 논쟁적이고 궤변적인 접근을 살펴보자. 우리가 앞에서 언급했듯이 에스키모의 드럼 시합은 일반적으로 여성들의 수다와 나쁜 행실에 의해서 벌어졌다. 두 사례 모두 주제는 사랑의 딜레마이며 '법정(혹은 시합)'의 목적은 당시의 사교적 명예를 유지하고 나아가 원고 혹은 피고의 명성을 지키는 것이었다. 사랑의 법정이 진행되는 절차는 유추에 의한 논증, 판례의 활용 등으로 정규 소송을 가능한 한 모방하려고 했다. 트루바두르의 시에서 발견되는 몇 가지 장르들은 연애를 호소하는 형식과 밀접한 관계가 있는데 가령 비난(castiamen), 논쟁(tenzone), 교창(partimen), 문답놀이(joc partit, 여기서 영어 단어 'jeopardy'가 나왔음) 등이 그런 형식이다. 이 모든 것의 기저에 있는 것은 소송도 아니고, 자유로운 시적 충동도 아니며, 심지어

252

순수한 사회적 놀이도 아니다. 그보다는 사랑의 문제에서 명예를 지키기 위한 오래된 투쟁인 것이다.

하지만 다른 형태의 시들은 (특히 극동 지방의 시들은) 아곤적 기반에서 놀이되는 문화 행동으로 간주되었다. 예를 들면, 어떤 사람은 '주문'을 풀거나 어려운 상황에서 빠져나가기 위해 시를 즉흥으로 짓는 임무를 맡았다. 여기서 요점은 일상생활에서 그러한 관습이 실용적 중요성을 발휘했느냐 여부가 아니다. 그보다는 인간의 정신이 이러한 시가에서 거듭하여 놀이 모티프를 발견했다는 점이 중요하다. 이 놀이 모티프는 '치명적인' 수수께끼 및 벌금 놀이와 유사한데, 삶의 교묘한 문제들을 표현하고 해결하는 수단으로서 기능을 발휘한다. 또한 시는 일차적으로 미학적 효과를 노린 것은 아니며 오히려 이 놀이 속에서 시적(詩的) 발전의 가장 비옥한 토양을 발견했다. 다음은 베트남 학자 응웬 반 후옌의 저서에서 사례들을 가져온 것이다.

탄 박사(Dr. Tan)의 제자들은 등굣길에 학교 바로 옆에 있는 한 소녀의 집을 지나야만 했다. 제자들은 그 집을 지나칠 때마다 "당신은 사랑스럽소, 당신은 정말로 귀엽소!"라고 말했다. 그런 태도는 소녀를 굉장히 화나게 했고, 하루는 소녀가 그들을 기다리고 있다가 이렇게 대꾸했다. "좋아요. 정말로 날 사랑한다면, 문장을 하나 주겠어요. 당신들 중 아무나 그에 대응하는 문장을 짓는다면 난 그 사람을 사랑하겠어요. 하지만 그렇지 못할 경우 당신들 모두 내 집을 지나칠 때마다 부끄러워하며 바삐 도망쳐야 할 거예요!" 그녀는 문장을 제시했고, 제자들 중 아무도 올바른 대답을 내놓지 못했다. 그 뒤 제자들은 학교로 갈 때 소녀의 집을 비켜 가야만 했다.[12] 우리는 베트남의 한 마을 학교 목가에서 『스바얌바라』 서사시의 남녀 문답 담론, 혹은 북유럽 신화에서 나오는 브룬힐트를 얻기 위한 구애와 똑 같은 형태를 발견한다.

트란 가문의 칸두는 중대한 과오를 저질러 현직에서 쫓겨나 치린에서 석탄을 파는 신세로 전락했다. 황제가 원정 도중 치린에 오게 되었을 때 칸두를 만났고 석탄 판매에 대한 시를 짓도록 하명했다. 칸두는 즉석에서 시를 지어냈고, 황제는 깊이 감동하여 칸두의 모든 지위를 복원해 주었다.[13]

즉흥적으로 시를 만들어내는 것은 극동 지역에서는 거의 누구나 갖춰야 하는 자질이었다. 베이징으로 가는 베트남 사절단의 성공은 때로는 사절단의 즉흥시 제작 능력에 달려 있었다. 사절들은 모든 종류의 질문에 지속적으로 대꾸할 준비가 되어 있어야 했고, 황제나 중국 고위 관리들이 적합한 대답을 아는지 시험하기 위해 내놓는 무수한 난제와 수수께끼의 해답을 알고 있어야 했다.[14] 그것은 가히 놀이를 통한 외교였다.

시 형태의 문답 게임은 또한 다수의 유용한 지식을 축적시켰다. 한 여자가 막 남편을 맞이했고 둘은 가게를 차리려고 했다. 남편이 그녀에게 약들의 명칭을 말해 달라고 하자 아내는 모든 약품의 이름을 줄

---

12 앞에 나온 책, p.131.
13 같은 책, p.132.
14 같은 책. p.134.

줄이 말했다. 수를 헤아리는 기술, 사업에서의 다양한 상품에 대한 지식, 그리고 농업에서의 달력 사용은 이런 시의 형태로 가장 간결하게 전해졌다. 때때로 연인들은 문장을 가지고 서로를 시험했다. 우리는 앞에서 모든 형태의 교리 문답이 수수께끼 게임과 직접적으로 관계되어있다는 것을 살펴보았다. 이처럼 시적 형태를 강조하는 것은 과거 시험의 경우에도 마찬가지였는데, 이 시험은 극동 지역의 사회적 삶에서 아주 중요한 역할을 해왔다.

교훈시

문명은 공동체의 중요한 삶을 표현하는 주요 수단으로 시를 선호해왔고, 그 시적 형태를 아주 후대에 가서야 포기했다. 전 세계 모든 곳에서 시는 산문에 선행했다. 장엄하거나 신성한 것을 표현하는 데에는 오로지 시만이 적절한 수단이었다. 찬가와 주문들뿐 아니라 고대 힌두의 『수트라』나 『사스트라』, 초기 그리스 철학의 작품들 같은 장문의 논문들도 모두 시로 되어 있다. 엠페도클레스는 자신의 지식을 시로 표현했고, 루크레티우스도 엠페도클레스를 따라 그런 방식을 취했다. 시 형태에 대한 선호는 실용적 고려도 일부 작용했다. 책이 없는 사회는 이런 방식으로 문구를 암기하는 것이 더 쉬웠던 것이다.

하지만 그보다 더 깊은 이유가 있는데, 고대 사회의 생활은 그 구조상 유율적이고 시적인 측면이 있었다는 것이다. 과거에 실제로 그랬던 것처럼. 시는 여전히 좀 더 '높은' 것을 표현하는 자연스러운 형태이다. 1868년까지 일본은 국가 문서의 중요한 부분은 시 형태로 작성했다. 법률 역사가들은 법에서 시의 흔적을 찾는 데 특별한 관심을 보여 왔으며, 이런 시의 흔적은 게르만 전통에서는 분명히 드러난다. 게르만 법을 연구하는 모든 학자들은 고대 프리지아 법에서 고아(孤兒)의 유산을 팔아야만 하는 다양한 '필요성', 혹은 불가결한 경우에 관하여 갑자기 두운(頭韻)의 서정시 형식으로 문장이 바뀐다는 것을 알고 있다. 가령 다음과 같은 문장이 그러하다.

"두 번째 필요는 시운이 힘들어져 격심한 굶주림이 땅 위를 지나칠 때 아이가 굶주림으로 죽을 것 같은 때이니라. 이에 어머니는 아이의 세습 재산을 팔아 아이에게 젖소와 옥수수 따위를 사주어야 하느니라. 세 번째 필요는 모든 사람이 집과 따뜻한 구덩이로 들어가고, 들짐승들이 목숨을 지켜주는 속 빈 나무와 산의 바람 없는 곳을 찾아가는 어두운 안개가 몰려드는 추운 겨울에, 아이가 알몸으로 집 없는 채로 있을 때이니라. 이에 미숙한 아이는 자신의 벌거벗은 사지와 주거지의 결핍, 굶주림과 겨울의 차가운 안개 등에 맞서 보호해 주어야 마땅한 아버지의 부재에 대하여 눈물 흘리고 울부짖으며 한탄을 할 것이니라. 하지만 그의 아버지는 참나무와 땅 밑에 사지가 덮인 채로 어둡고 깊게 묻혀 있느니라."

이 문장은 심사숙고한 장식이라기보다, 시적 문구를 자연스러운 표현 수단으로 삼는 마음의 고상한 영역에서 법이 형성되었음을 보여준다는 점이 더 의미심장하다. 갑작스레 시의 표현을 빌려 왔다는 점에서 고대 프리지아의 사례는 다른 많은 사례의 전형이 된다. 어떤 면에서는 고대 아이슬란드의 속죄 선서문보다 더 전형적이다. 속죄 선서문은 두음(頭音)을 사용하는 시문인데, 평화가 회복되었다는 사실을 확립하고 배상금을 지불한다는 공지를 하며, 새로운 분쟁을 엄금하고 '평화의 훼방꾼'은 '모든 곳'에서 법의 보호를 받지 못한다고 선언한다. 속죄 선서문은 그 '모든 곳'에 대하여 일련의 시적 이미지를 사용하여 더욱 자세히 설명한다.

사람이
늑대를 사냥하고
기독교인들이
교회에 가고
이교도들이
제물을 바치고
불꽃이 타오르고
들판이 푸르고
아이들이 어머니를 부르고
어머니가 아이에게 젖을 주고
난롯불에 주의가 기울여지고
배가 항해하고
방패가 희미하게 빛나고
해가 비치고

눈이 떨어지고

소나무가 자라고

새벽이 길 때

매가 나는

(강한 바람을 양 날개에 맞으며)

어디에서도

하늘이 열리고

집이 관리되고

바람이 포효하고

물이 바다를 향해 흐르고

하인들이 옥수수 씨를 뿌리는

그 어디에서도.

　다른 사례와 비교해 보면 이 문장은 법 조항을 아주 문학적으로 장식하고 있다. 이 시는 실제에 있어 합법적인 문서가 되지는 못할 것이다. 하지만 시가와 성스러운 법률이 당초 통합되어 있었음을 증명한다. 우리는 그것을 아주 중요하게 여긴다.

　모든 시는 놀이에서 태어난다. 숭배의 성스러운 놀이, 구애의 축제적 놀이, 경쟁의 호전적인 놀이, 허풍, 조롱 그리고 비난의 논쟁적인 놀이, 기지와 신속함의 민첩한 놀이 등이 시의 모태가 된다. 그렇다면 문명이 좀 더 복잡해질 때 시의 놀이 특징은 어느 정도로까지 보존될까?

신화, 시가, 놀이

우선 신화, 시가, 놀이 사이의 3중 연결 관계를 살펴보도록 하자. 어떤 형태로 우리에게 나타나건 신화는 항상 시의 형태를 띠고 있다. 이미지 그리고 상상의 도움을 통해 신화는 원시 시대에 일어났을 법한 일들을 이야기한다. 이것은 가장 심오하고 성스러운 의미를 지닌다. 이성적인 방식으로는 결코 나타낼 수 없는 관계를 표현하는 것이다. 문명의 신화시대 단계에서는, 신화의 신성하고 신비스러운 특성이 굉장히 자연스러웠다. 이처럼 신화가 절대적으로 진실 되게 수용되었음에도 불구하고 과연 고대 사람들이 신화를 완전히 진지한 것으로 생각했는지(그것을 정말 문자 그대로 믿었는지) 하는 질문은 아직까지도 남아 있다. 내 생각으로 이렇게 말하면 안전하리라 본다. 신화는 시의 형태로 표현되었고 그런 만큼 그 시가 어느 정도 진지하냐에 따라 신화의 진지함 또한 결정된다. 논리적 판단의 경계를 초월하는 다른 모든 것들처럼, 신화와 시는 둘 다 놀이의 영역에서 움직인다. 이렇게 말한다고 해서 그것들이 '낮은' 영역에 있다는 뜻은 아니다. 왜냐하면 신화(즉, 놀이)는 이성의 한계를 돌파하여 까마득한 통찰의 높이까지 솟아오를 수 있기 때문이다.

현대의 프로파간다는 신화에 어떤 오염된 의미를 강요하려 한다. 하지만 이런 프로파간다를 배제하고 엄정한 관점에서 살펴본다면, 신화는 원시인의 우주론을 표현하는 아주 적절한 매개였다. 그들의 생각 속에는 간신히 상상할 수 있는 것과, 딱 잘라 불가능한 것 사이에 이직

분명한 경계선이 없었다. 논리적 조정과 구성의 힘이 아주 제한되어 있던 원시인들에게는 사실상 모든 것이 가능했다. 부조리한 생각, 허황됨, 끝없는 과장, 무책임한 모순, 변덕스러운 변형에도 불구하고 원시인들은 신화를 불가능한 것으로 보지 않았다. 그렇지만 원시인들의 신화에 대한 믿음이 애시당초부터 어떤 특정한 유머의 요소를 띠지 않았을까 하는 의문을 갖게 된다. 여기서 말하는 유머라는 것은 곧 놀이를 의미한다. 원래 신화와 시는 모두 놀이 영역에서 나왔다. 따라서 원시인의 신념이 부분적으로는 놀이 영역에 존재하지 않는가 하는 생각을 해볼 만하다. 그의 인생이 전적으로 놀이 영역에 속했으니까.

신화의 본질

살아 있는 신화는 놀이와 진지함을 구분하지 않는다. 신화가 하나의 문헌으로 정착될 때, 다시 말해 원시적인 상상력에서 한발 더 성장한 문화 속에서 전통적 설화로 자리매김될 때, 비로소 신화에는 놀이와 진지함의 구분이 스며들어 신화의 전반적 효과를 제약하게 된다. 물론 그 사이에는 그리스 인들이라면 알고 있는 미묘한 중간 단계가 있었다. 이 단계에서는 신화가 여전히 성스럽고 진지했으며 과거의 놀이 언어로 발언했다. 우리는 그리스 신화의 등장인물들에 너무나 익숙하여 그들을 우리의 시 의식(意識)에 쉽게 받아들이며 그로 인해 신화 속 인물들의 야만적인 특성을 관대히 봐주게 된다. 에다의 신화에서 우리는 그런 야만적인 특성을 어렴풋이 감지한다. 물론 바그너가 아름다운 오페라 음악으로 그런 감각을 다소 둔하고 무감각하게 만들기는 했지만.

하지만 신화가 우리의 미적 감각에 직접적인 통제를 가하지 않는 경우에만 그 자체의 온진한 야만성을 우리에게 드러낼 수 있다. 고대 힌두 신화와 민족지학자들이 전 세계적으로 수집한 아주 황당무계한 신화적 이야기들에서 그것을 충분히 알 수 있다. 그렇다고 해도 중립적이고 객관적인 안목을 갖춘 사람은 힌두, 아프리카, 아메리카, 호주 원주민들의 억압되지 않은 공상처럼, 그리스와 게르만 신화의 등장인물들이 윤리는 물론이고 일관성과 고상함도 없다는 것을 알아보리라. 우리의 기준(물론 결정적인 것은 아니지만)으로 판단할 때 그리스와 에다의 신들은 무미건조하고 무질서하며 비열한 행동을 한다. 헤르메스, 토르, 중앙아프리카의 신들도 별반 다를 것이 없다.

전승에 의해 후대에 전해진 이 모든 신화적 인물들은 야만스러운 사회의 유물이며 더 이상 그 이후에 달성된 정신적 수준과는 양립할 수 없다. 따라서 신화가 문헌으로 정착되는 시대에 들어와서는, 그것(신화)이 성스러운 전설로 명예롭게 받들어지기 위해선 성직자의 손에서 신비스러운 해석을 부여 받거나 아니면 하나의 문헌으로 순수하게 가공되어야 했다.

신화를 있는 그대로 받아들이는 믿음의 정도가 줄어들면서 최초부터 신화에 잠재되었던 놀이 요소의 영향력이 어느 정도 증대되었다. 이미 호메루스 생존 당시에도 철저한 믿음의 단계는 지나갔다. 하지만 신화는 우주를 이해하는 상징의 가치를 잃은 후에도 여전히 시적 언어를 통하여 신성함의 표현 기능을 유지했다. 이것은 신화의 미학적 기능이라기보다 의례적인 기능이다. 플라톤과 아리스토텔레스는 자신들의 철학의 정수를 후세에 전하는 데 있어서 가장 힘찬 방법으로 표현하길 바라면서 신화를 그 수단으로 선택했다. 두 철학자는 세상의 제1원인(조물주)을 이렇게 설명했다. 플라톤은 그것을 영혼의 신화로 설명했고 반면에 아리스토텔레스는 사랑의 신화로 설파했다. 이 세상의 모든 피조물은 움직이지 않는 움직이는 자(조물주)에게서 흘러나온 영혼의 변주이거나 아니면 그 조물주를 향하는 사랑의 변양이라는 것이다.[15]

진정한 신화의 특성인 놀이 특성은 『신(新) 에다(*Younger Edda*)』의 첫 부분인 『길피 왕의 환상』과 『시의 언어(*Skáldskaparmál*)』에 가장 명확히 나타나 있다. 우리는 여기서 신화적인 것이 완전히 문학적인 단계로 넘어가 기록으로 정착된 경우를 본다. 그 문학은 그 자체의 이교도적 특성 때문에 공식적으로는 부인되지만 여전히 문학적 유산으로 명예롭게 받들어지고 그런 이유로 계속 읽히고 있다.[16]

---

15 플라톤은 우주론을 설명하는 데 있어서 일자(一者)-누스(존재)-영혼의 개념으로 설명했다. 영혼은 다시 세계 영혼과 개인 영혼으로 나뉘는데 세계 영혼에서 우주, 즉 세상이 나왔고, 개인 영혼으로부터 살아 있는 개별적 피조물이 나왔다고 보았다. 이 일자가 자기는 움직이지 않으면서 모든 것을 움직이는 자, 즉 조물주이다. 일자-누스(nous)-영혼은 기독교의 성부-성자-성령에 영향을 주었다. 아리스토텔레스는 조물주를 절대적으로 완벽한 자로 파악했고, 이 조물주는 피조물들로부터 사랑을 받음으로써 이 세상을 움직인다고 말했다.―옮긴이

16 드 요셀린 드 용, 앞에 나온 책, 부루 섬 사람들의 종교에서 비슷한 상황을 발견했다.

신화를 문자로 정착시킨 이들은 기독교인, 그것도 기독교의 성직자들과 신학자들이었다. 그들이 신화적인 사건들을 나름대로 개작했지만 그래도 거기에는 명백한 익살과 유머의 어조가 남아 있다. 그것은 자신의 신앙이 무찌른 이교도 사상에 대하여 의식적으로 우월함을 과시하는 것도 아니고, 그런 이교도적 풍물을 조롱하려 하는 기독교인들의 어조도 아니며, 과거를 악마 같은 암흑의 시대라고 저주하는 개종자의 어조는 더더욱 아니다. 그보다는 놀이와 진지함의 중간쯤에 위치한 어조, 혹은 이교 숭배 전성기에는 조금은 다르게 들렸을지도 모를, 옛적부터 모든 신화적인 사고에서 울려 퍼졌던 원시적 어조이다.

흐룽그니르, 그로아, 아우르반딜의 이야기들처럼 순수하고 원시적인 환상들의 부조리한 신화적 주제와 고도로 발전된 시적 기교에서는 어떤 부조화의 분위기가 느껴진다. 이러한 부조화는, 그 구성 요소가 비록 투박하더라도 가장 고상한 표현의 형태를 찾는 전 세계 신화의 특징과 잘 어우러진다. 첫 번째 책의 제목, 『길피 왕의 환상』—가령, 길피 왕 속이기—은 그 자체로 굉장한 중요성을 지닌다. 이는 우트가르다로키의 전당에서 토르가 로키를 상대로 벌인, 우주론적 문답 담론이라는 저 오래되고 유명한 형태를 취한다. 넥켈은 이를 '놀이'라는 용어로 정확하게 표현했다.[17]

질문자 길피 왕은 바람, 겨울, 여름 등 사물의 기원에 관한 오래된

---

17 『툴레(Thula)』, XX. 24.

성스러운 질문들을 한다. 질문에 대한 답변은 어떤 기괴한 신화적 인물을 제시하면서 그것을 해결이라고 말한다. 『시의 언어』의 서장들 또한 전부 놀이 영역에 속한다. 우둔하고 무딘 털북숭이 거인들과 사악하고 교묘한 난쟁이들에 대한 원시적이고 스타일 없는 공상, 투박하고 이상한 경이로움과 불가사의 등이 주된 내용인데 결국엔 다행스럽게도 환상에 불과한 것으로 밝혀진다. 이것은 마지막인 쇠락의 단계에 들어간 신화인데 혼돈스럽고, 어리석고, 공상적인 체하는 내용이 그 구체적 증거이다. 하지만 이런 특징을 한때 웅장하고 영웅적이었던 아이디어가 나중에 퇴락한 것이라고 간주하기는 어렵다. 오히려 그런 스타일의 부재야말로 신화의 본질적 부분인 것이다.

시는 말로 하는 놀이

시의 정형적 요소들은 다양하다. 운율과 절 형태, 각운, 리듬, 유사음, 두운, 강세의 요소 그리고 서정시, 희곡, 서사시 등의 형태가 있다. 이런 모든 요소들은 전 세계에서 다양하게 발견된다. 시의 모티프—언어에 따라 시의 모티프는 각양각색이지만—또한 전 세계 모든 곳에서 발견된다. 이런 형태, 형식, 모티프들은 우리에게 너무 친숙해 그것을 당연시한 나머지 어떤 공통분모가 시의 특징인지 거의 묻지 않게 된다. 인간 사회의 모든 시기에서 시적 양식의 놀랄 만한 획일성과 한계를 그어 주는 이 공통분모는 무엇일까. 그것은 우리가 시라고 부르는 창조적 기능이 문화보다 더 오래된 기능, 즉 놀이에 근거를 두었다는 사실에서 찾을 수 있다.

다시 한 번 놀이의 적절한 특성들을 열거해 보자.

첫째, 특정한 시간과 공간의 제약을 갖고 있는 활동이다.

둘째, 자유롭게 받아들여진 규칙에 입각하여 명확한 질서를 확립한다.

셋째, 일상적 필요 혹은 물질적 실용성의 영역 밖에서 지속되는 활동이다. 따라서 놀이 분위기는 황홀과 열정의 분위기이고, 목적에 따라 성스러운 혹은 축제적인 분위기가 된다. 놀이의 행동 뒤에는 고양과 긴장의 감정이 뒤따르고 이어 환희와 이완이 수반된다.

이러한 특징은 시적 창조에도 그대로 적용된다. 사실 우리가 금방놀이에 부여했던 정의는 시의 정의에도 그대로 통용된다. 언어의 리드미컬하고 대칭적인 배열, 각운과 유사운(類似韻)으로 의미의 핵심을 찌르는 것, 의미의 고의적인 가장, 어구의 인공적이고 예술적인 구성 등 이 모든 것이 놀이 정신의 다양한 표현이다. 프랑스 시인 폴 발레리가 말했듯 시를 가리켜 말을 가지고 노는 행위라고 하는 것은 결코비유적 표현이 아니다. 이는 문자 그대로 객관적 사실이다.

시와 놀이의 유사성은 외부에만 드러나는 것이 아니며, 내부적인 것, 그러니까 시가 갖고 있는 창조적 상상력의 구조에서도 명백히 나타난다. 시구의 전환, 모티프의 발전, 분위기의 표현 등 항상 놀이 요소가 작동한다. 신화든 서정시이든, 희곡이든 서사시이든, 아주 먼 과거의 전설이든 현대 소설이든 작가의 목적은 의식·무의식으로 독자를 '매혹시키는' 긴장을 만들어내어 그 상태를 계속 유지하는 것이다. 모든 창조적 글쓰기의 밑바탕에는 다른 사람들에게 이러한 긴장을 전달하기에 충분한 인간적·감정적 상황이 깃들어 있다. 하지만 이런 상황들이 우리 주변에 그리 많지 않다는 게 문제이다. 대체로 보아 그러한 상황들은 갈등, 혹은 사랑, 혹은 이 둘의 종합으로부터 유래한다.

시는 존재와 생각을 이어 준다

갈등과 사랑 모두 경쟁 관계 혹은 경쟁을 내포하는데 경쟁에는 자연히 놀이가 포함된다. 시와 문학의 중심 주제는 일반적으로 갈등이다. 즉 영웅이 수행해야만 하는 임무, 그가 겪어야만 하는 시련, 그가 극복해야만 하는 장애물 등으로부터 갈등의 상황이 빚어진다. 주인공을 '영웅(hero)'이라고 지칭하는 것 자체가 그런 배경을 보여 준다. 영웅의 임무는 터무니없이 어렵고 겉보기에 거의 불가능해 보인다. 대개 상대방이 걸어온 도전, 혹은 맹세, 혹은 애인의 약속(또는 변덕)으로 인해 영웅은 그런 불가능한 임무를 맡게 된다. 이런 모티프들은 경쟁적인 놀이를 연상시킨다.

또 다른 긴장을 형성하는 주제는 영웅의 숨겨진 정체성이다. 영웅은 고의적으로 신분을 감추거나 자신에 대해 알지 못하거나 자신의 모습을 마음대로 바꿀 수 있기 때문에 신분이 자연스럽게 감춰진다. 환언하면 영웅은 가면을 쓰고 있거나 가장을 한 채 나타나거나 비밀을 가지고 있다. 여기서 우리는 감추어진 존재라는 고대의 신성한 게임을 만나게 된다. 그 영웅은 오로지 성년식에 입회한 자에게만 자신의 모습을 드러낸다.

그 자체가 경쟁의 형태인 고대 시가는 고대 수수께끼 시합과 거의 구별되지 않는다. 수수께끼 시합은 지혜를 만들어내고 고대 시가는 아름다운 언어를 빚어낸다. 둘 다 놀이 규칙의 체계에 지배되는데, 그 체계는 생각의 범위와 사용되어야 할 상징, 필요에 따라 성스러운 것, 혹은 시적인 것을 규정한다. 둘 다 전문 용어를 이해하는 성년식 입회자들의 모임을 전제로 한다. 고대 시가와 수수께끼 시합의 타당성은 순전히 놀이 규칙에 얼마만큼 순응하는가에 달려 있다.

특정한 기술의 언어(art-language)를 말할 수 있는 사람만이 시인이라는 호칭을 얻는다. 이 기술 언어는 누구나 이해하는 것은 아닌 특별한 용어, 이미지, 상징 등을 사용한다는 점에서 일상적인 언어와는 다르다. 구체적 실체와 추상적 생각 사이의 까마득한 거리는 오로지 상상이라는 무지개에 의해 연결될 수 있다. 언어에 의해 표현되는 개념은 언제나 인생의 준엄한 현실 앞에서는 적절치 못하다. 그러므로 사물에 표현을 부여할 수 있고 동시에 생각의 광휘 속에 사물을 적실 수 있는 것은 이미지를 만들어내는 단어 혹은 상징적인 단어뿐이다. 생각과 사물은 이미지 속에서 통합된다. 하지만 그 자체로 실용적이고 일꾼의 도구 같은 일생생활의 언어는 지속적으로 단어의 이미지를 약화시키고 단어 그 자체의 표면적 것(외관상의 논리성)만 취하는 반면, 시는 상징적인 것들, 즉 이미지를 담은 언어의 특징을 의두적인 계획을 통해 더욱 고양시킨다.

시적 언어가 이미지를 상대할 수 있는 것은, 그 이미지를 가지고 놀이를 하기 때문이다. 시적 언어는 이미지에 스타일을 부여하고 신비스러움을 주입해 모든 이미지가 수수께끼를 풀어헤치는 대답이 되도록 한다.

시는 놀이 정신의 최후 보루

고대 문화에서 시인들의 언어는 가장 효과적인 표현의 수단이었으며 문학적 열망의 충족이라는 비좁은 기능보다 더 넓고 중요한 기능을 발휘했다. 시인들의 언어는 의례를 언어로 옮겨 놓았고 사회적 관계를 조정했으며 지혜, 정의, 도덕의 수단이 되었다. 이 모든 것은 시자체의 놀이 특성에 손상을 주지 않는다. 왜냐하면 고대 문화의 배경이 놀이 사회(play-circle)이기 때문이다. 이 단계에서는 문화적 활동이 사회적 놀이로서 수행된다. 심지어 가장 공리주의적인 자들도 하나 혹은 그 이상의 놀이 모임에 강하게 끌렸다. 하지만 문명의 정신적 폭이 확대되면서, 전에는 놀이 요소가 허약했거나 거의 감지되지 않았던 영역들이 놀이 요소가 강했던 영역들을 제치고 더욱 발전하게 되었다. 그 결과 문명은 전체적으로 더 진지하게 되었다. 법, 전쟁, 상업, 기술, 과학이 놀이와의 연관성을 잃어버렸고 심지어 한때 놀이 정신이 가장 잘 표현되었던 의례 영역마저도 놀이 정신으로부터 분리되게 되었다. 그리하여 시만이 살아 있는 고상한 놀이의 최후 보루로 남게 되었다.

시적 언어에서 발견되는 놀이 정신은 너무나 명백해 구체적 사례가 불필요하다. 고대 문화에서 시가 중요한 역할을 했다는 점을 감안하면, 그 문화 속에서 시적 기교가 최고조의 엄격함과 세련됨을 획득한 것은 당연한 일이다. 시는 절대적으로 구속력이 있는 대단히 정밀한 규칙을 따르지만 거의 무한한 변형을 허용한다. 시의 이러한 기능은 대대로 보존되었고 고상한 지식 체계로서 후대에 전해졌다. 우리는 이와 유사한 시의 컬트를 멀리 떨어진 사람들의 문학에서도 발견한다. 그들의 문학은 풍요롭고 오래된 문명으로부터 시간적으로나 공간적으로 멀리 떨어져 있어서 영향을 받았을 법하지 않은데도 그런 특성을 간직하고 있다. 가령 이슬람 도래 이전의 아라비아나 고대 아이슬란드의 에다 신화와 설화에서 그런 시의 컬트를 발견하는 건 우연의 일치가 아니다.

운율론이나 시형론의 세부 사항은 따지지 않더라도, 시가와 비밀 언어에 의한 놀이의 상호 연관성을 설명해주는 적절한 사례 하나를 들어 보자. 가령 고대 스칸디나비아의 완곡 대칭법(Kenningar)이 그것이다. 시인이 '혀'를 '발언의 가시'로, '땅'을 '바람의 전당의 바다'으로, '바람'을 '나무 늑대'로 말할 때 시인은 암묵적으로 풀어야 할 시적 수수께끼들을 청중에게 내놓는 것이다. 따라서 시인과 청중은 그런 수수께끼를 수백 개는 알고 있어야 한다. 주요 사물들, 즉 금 같은 것들은 다수의 시적 명칭을 가지고 있다. 『신(新) 에다』이 하나인 『시의 언어』는 그런 시적 표현을 길게 나열한다. 완곡 대칭법은 신화적 지식의 시험으로만 활용되는 것은 아니다. 각각의 신들은 자신의 모험, 모습, 세상 창조의 역할 등을 보여 주는 다수의 가명을 가지고 있다. "헤임달을 어떻게 부르는가?", "그는 '아홉 어머니의 아들' 혹은 '신들의 파수꾼' 혹은 '하얀 아제 신', '로키의 적', '프레야의 목걸이를 찾는 자' 등 많은 명칭으로 불릴 수 있다."[18]

시와 수수께끼 사이의 밀접한 연관은 결코 완전히 사라지지 않았다. 아이슬란드의 스칼드(궁정 음유시인)들은 너무 명확한 묘사는 기술적으로 부적격으로 간주했다. 그리스 인 또한 시인의 언어는 애매모호해야 할 필요가 있다고 말했다. 놀이 기능을 특히 중요한 기술로 평가했던 트루바두르들 사이에서는 난해한 시를 짓는 것(trobarclus)을 특별히 가치 있는 기술로 여겼다.

일반적으로 접근할 수 없는 영역에서 움직이며 수수께끼 같은 말로 의미를 흐릿하게 하는 것을 선호하는 현대 시의 스타일은, 예술의 본질에 충실하게 부응하면서 그것을 옹호하는 것이다. 현대시의 특별한 언어를 이해하는 소수 독자들과 함께 현대 시인들은 굉장히 오래된 계통의 폐쇄적인 문화 모임을 형성하고 있다. 하지만 현대 문명이 시가의 목적을 충분히 인정하여 정말로 중요한 기능을 수행하는 예술로 더욱 활발하게 육성해 줄 것인지는 의문이다.

---

18 완곡 대칭법의 첫 시작을 시 안에서 찾아야 한다고 해서, 그것이 금기 개념과 연관된다는 사실을 부정하는 것은 아니다. Alberta A. Portengen, *De Oudgermaansche dichtertaal in baar etymologisch verband*(Leyden, 1915)를 볼 것.

8장

신화 창조의 요소들

은유는 생명과 변화의 견지에서 사물이나 사건을 묘사하는 수사법인데, 이것으로 효과를 내려고 할 경우 필연적으로 의인화를 하게 된다. 형체 없는 것과 생명 없는 것을 사람으로 나타내는 의인화는 모든 신화 창조와 거의 모든 시의 정수라고 할 수 있다. 하지만 엄격히 말하면 의인화 과정은 정해진 규칙을 그대로 따라가지는 않는다. 사람들은 처음에 무언가 생명이 없고 신체가 없는 것을 상상한 뒤 그것을 신체, 부분, 열정을 가진 무언가로 표현한다고 생각한다. 하지만 실제로는 그렇지 않다. 인지된 것은 처음부터 생명과 변화를 가지고 있는 것으로 상상되며, 은유는 그것(인지된 것)의 일차적 표현이며 나중에 생각된 것(생명이 있는 어떤 것으로 생각된 것)이 아니다. 이런 점에서 의인화는 어떤 사람이 자신이 생각은 다른 사람들과 소통하려는 필요를 느끼

자마자 떠오르는 것이다. 따라서 생각(conception)은 상상(imagination)
과 동시에 태어난다.

이런 생래적인 마음의 습관, 살아 있는 존재들의 상상적 세계(혹은 살
아 움직이는 생각의 세계)를 창조하려는 경향을 가리켜 '마음의 놀이' 혹은
'심리적 게임'이라고 부르는 것이 타당하지 않을까?

의인화는 놀이의 한 요소

의인화의 가장 기초적인 형태를 생각해 보자. 그 형태는 세계와 사
물의 기원에 대하여 신화적으로 가상하는 것이다. 그 신화 속에서 천
지창조는 세계만큼이나 거대한 어떤 거인의 사지(四肢)를 사용하여
특정 신들이 만들어냈다고 상상된다. 우리는 『리그베다』와 『신(新) 에
다』에서 유래한 이 개념에 익숙하다. 오늘날의 문헌학은 그 이야기를
포함하는 텍스트를 후기의 문서적 정착으로 간주하는 경향이 있다.
『리그베다』의 제10찬가는 신화적인 천지창조의 사업에 대해 신비하
게 해석한 것인데, 주로 헌신적인 성직자들에 의해 의례적 관점에서
해석되었다. 원초적 존재인 푸루샤(Purusha, 즉 인간)는 천지창조를 위한
재료로 사용되었다.[1] 만물이 그의 몸으로부터 형성되었다. "공중의
동물들과 황야와 마을들은 그의 몸에서 나왔다", "달은 그의 영혼에

---

1 『리그베다』, x, 90, 8, 13~14, 11.

서 나왔고, 태양은 그의 눈에서 비롯되었다. 입에서는 인드라와 아그니가 나왔으며, 숨결에서는 바람이, 배꼽에서는 하늘이, 머리에서는 하늘이, 발에서는 땅이, 귀에서는 지평선의 4방위가 나왔다. 이와 같이 그들은(신들은)[2] 천지를 창조했다." 신들은 푸루샤를 봉헌의 제물로 태웠다. 이 찬가는 오랜 세월을 거친 신화적 공상들과, 후대에 정립된 종교 문화의 신비스러운 추정이 뒤섞여 만들어진 결과물이다. 말이 난 김에 이 찬가의 11행에서 질문의 형태가 갑작스레 나타나는 사실을 주목하자. "언제 그들이 푸루샤를 나눴으며, 얼마나 많은 부분으로 그를 나눴습니까? 그의 입, 그의 팔, 그의 넓적다리, 그의 발은 무엇이라고 불렸습니까?"

같은 방식으로 강글레리(길피 왕)는 『스노라 에다』에서 이렇게 묻는다. "시작은 무엇인가? 언제 시작이 되었나? 그 전에는 무엇이 있었나?" 그리고 잡다한 모티프들 속에서 세계의 기원에 대한 서술이 따른다. 맨 처음에 뜨거운 공기의 흐름과 얼음 층의 충돌로 인해 원시 거인인 이미르가 태어났다.[3] 신들은 그를 죽여 그의 살로 땅을 만들고, 피로 바다와 호수를 만들었으며 뼈로 산을 만들고, 머리카락으로 나무를 만들고 두개골로는 하늘을 만들었고 그 외에 다른 것을 만들었다.

---

2 우주 창조 신화들은 항상 모든 존재 이전에 원초적 인자(primum agens)가 있었다고 필수적으로 가정한다.

3 광장히 다른 해석의 참고를 위해 독자들에게 앞에서 언급한 H. S. 벨라미의 저서 『달, 신화, 인간, 내홍수 이전』이라는 책을 다시 권면한다.

이런 신화들 중 그 어떤 것도 맨 처음 표현된 형태 날것 그대로의 신화를 간직하고 있지는 않다. 우리 앞에 놓여 있는 신화, 가령 에다에서 나온 사례는 의례의 수준에서 문헌의 수준으로 퇴락한 것이다. 이것은 나중 세대의 교화를 위해 고대 문화의 훌륭한 잔재로서 보존되고 있는 전통적인 자료이다. 이미 우리가 앞에서 지적했듯이, 이 모든 것이 기술되어 있는 『길피 왕의 환상』에서는 전체적인 구조, 어조, 성향 등이 다소 경박한 방식으로 옛 신화적 주제를 놀이하고 있다. 따라서 우리는 최초부터 이런 의인화의 원인이 되는 심리 상태가 특정 놀이와 결합된 것이 아닌지 물어보아야 한다. 그러니까 신화의 일반적 특성을 유념하면서, 사람의 몸에서 세계가 창조되었다는 그런 허구를 원시 힌두 인이나 스칸디나비아 인들이 정말로 완벽하게 믿었을까 하는 의심을 품어 볼 수 있다는 얘기이다. 어쨌든 이런 믿음이 실재했는지 여부는 증명될 수 없다. 하지만 그런 신화를 곧이곧대로 믿지는 않았을 것으로 추정해 볼 수는 있다.

추상 개념의 의인화는 후대의 서생(書生)이 발명해 낸 성과로서, 모든 시대의 예술과 문학이 진부한 것으로 만들어 버린 스타일상의 장치인 알레고리(allegory: 풍유)로서 간주되는 경향이 있다. 실제로 시적 은유가 진실하고 본질적인 신화의 단계로 들어서지를 않고 더 이상 성스러운 행위의 일부분을 형성하지 않는다면, 의인화에 대한 믿음의 가치는 대폭 감소되어 환상적인 것이라고 할 수는 없어도 불확실한 것이 되어 버린다. 의인화에 의해 잘 드러나는 사상이 여전히 신성한 것으로 간주될 때, 의인화는 시의 재료로, 또 의례적인 장치로서 사용된다. 이런 판단은 일부 예전의 의인화 사례에도 적용이 된다. 가령 호메로스가 그런 사례이다. 예를 들면 사람의 마음을 빼앗는 '현혹'은 아테이고, 그 뒤를 따르는 못생기고 사팔뜨기인 '애원'은 리타이인데, 모두 제우스의 딸이다. 헤시오도스에서 발견되는 무수한 의인화는 하나같이 형태가 없고 색도 없으며 인위적이다. 그의 『신통기(神統記, 신들의 계보, *Theogonia*)』는 일련의 추상적 개념 전체를 사악한 에리스의 후손으로 제시한다. 고역, 망각, 기아, 고뇌, 살인, 불화, 기만, 질투 등. 거신 팔라스는 오케아노스의 딸인 스틱스에게서 두 명의 자식을 보았는데 그들은 크라토스(힘)와 비아(폭력)였다. 그들은 제우스가 머무르는 곳에서 한 자리씩 차지하고 앉았고 그가 어디를 가든 따라다녔다.[4]

이 모든 인물이 마음에서 빚어진 허깨비, 즉 알레고리일까? 아마 아닐 것이다. 이런 특징들의 의인화가 가장 오래된 종교 형성의 기층에 속해 있다는 가정에는 일리가 있다. 당시의 원시인들은 그들 주변에서 느꼈던 힘과 영향력을 아직 인간의 형태로 추정하지 않았다. 생명과 자연의 신비스럽고 거대한 힘에 사로 잡혀 신인동형(神人同形: 신과 인간은 동일한 형체를 갖고 있다)을 인식하기 이전에, 인간의 마음은 스스로를 억압하거나 의기양양하게 해주는 것들에게 막연하고 불명확한 이름을 부여했다. 따라서 그것들을 인간의 형태를 가진 명석한 어떤 존재로 보기보다는 그림자같이 어슴푸레한 존재라고 느꼈다.[5]

---

4 『신통기(神統記, 신들의 계보, *Theogonia*)』, 227 sq. 303 sq.

이런 심리 활동의 선사적(先史的) 측면으로부터 괴이하고 원시적인 인물들이 생겨났는데 그리스 철학자 엠페도클레스는 저승에 이런 사람들이 많다고 말했다. 그는 저승을 다음과 같이 서술했다. "살인과 격노, 그리고 지극히 해로운 신들의 무리가 게걸스러운 질병, 부패, 모든 쇠퇴의 결과와 함께 슬픔의 초원 위의 어둠 속에서 방황하는, 즐거움이라고는 전혀 없는 곳."[6] "그곳에도 역시 만물의 생명의 근원인 대지, 멀리까지 번뜩이는 태양의 처녀, 유혈의 투쟁, 엄숙한 눈을 가진 조화, 아름다운 부인, 흉한 부인, 조급한 부인, 느긋한 부인, 사랑스러운 진리 그리고 검은 많은 머리를 한 어둠이 있었다."[7]

유별나게 고풍스러운 종교적 의례를 지닌 로마 인들은 이 원시적 의인화의 기능(엄격한 신인동형(神人同形)은 아니다)을 소위 인디기타멘타(indigitamenta: 신들의 이름과 기도 양식을 적은 제관용(祭官用) 예식서)라는 관행 속에 보존했다. 인디기타멘타는 대중의 흥분을 가라앉히려는 장치였다. 대중에게 신성한 존재로 고정된 형태의 새로운 신들을 제시하고 임명하는 공식적인 의례였다. 그것은 위험한 사회적 긴장을 해소하고 투사와 속죄로 그런 긴장을 불식시키려는 훌륭한 심리적 기술이다. 이런 식으로 창백함(pallor)과 공포(pavor)도 의인화되어 그들만의 사당을 갖게 되었다. 갈리아를 경계해야 한다는 목소리를 냈던 아이우스 로쿠티우스, 한니발을 퇴각시킨 레디쿨루스, 군대를 고향으로

---

5   길버트 머리,『인류학과 고전』, R. R. 마레트 편집(옥스퍼드, 1908), p.75.

6 『파편들(Fragments)』, 121; 참조. Capaelle, 앞에 나온 책, p.242 참조.

7 『파편들』, 122; H. Diels, *Fragmente der Vorsokratiker*, ii, p.219.

안전하게 철수시킨 도미두카 또한 그들만의 사당을 가졌다. 『구약성경』 역시 「시편」 85장에서 자비, 진리, 정의, 평화의 4개의 개념이 의인화된 사례가 있으며 이 넷이 서로 만나 입을 맞추었다고 되어 있다. 『구약성경』「잠언」의 지혜나, 「요한계시록」의 네 명의 말을 탄 자들도 역시 의인화되었다. 마르셀 모스는 캐나다 브리티시컬럼비아 주의 하이다 인디언 부족들이 모시는 번영의 여신에 대해서 언급한 바 있다. 여신의 역할은 사람들에게 재산을 주는 것이었다.[8]

이 모든 경우에 대하여, 이런 의인화 작업이 얼마만큼 신앙의 태도로부터 나오는지(혹은 그런 태도로 귀착되는지)를 물어보는 게 정당하다. 거기서 한 발 더 나아가 모든 의인화가 시작부터 끝까지 단지 마음의 놀이가 아닐까 하는 질문을 던질 수도 있다. 지금과 더 가까운 시대에서 발견되는 사례는 그런 결론으로 우리를 이끈다.

아시시의 성 프란시스는 그의 신부(新婦)인 '가난'을 성스러운 열정과 경건한 기쁨으로 공경했다. 하지만 성 프란시스가 정말로 '가난'이라는 이름을 가진 영적인 천상의 존재를 믿었는지 정색하고 묻는다는 것은 난처한 일이다. 왜냐하면 그런 노골적 질문은 지나치게 쌀쌀맞은 일이고, 추상적 개념의 정서적인 내용을 구체적으로 내보이라고 강요하는 것이니까. 성 프란시스의 태도는 신념과 비(非)신념이 혼합된 것이었다. 교회는 그런 종류의 추상적 개념을 진지하게 믿는

---

8 『증여론』, p.112.

태도를 인정하지 않았다. 그의 '가난' 개념은 시적 상상력과 교리적 신념 사이의 중간쯤에 존재하는 것이었다. 물론 프란시스 자신은 후 자로 마음이 기울었지만 말이다. 그의 심리 상태를 간결하게 표현하 려면 성 프란시스가 가난이라는 의인화된 인물과 놀이를 했다고 말 하면 가장 타당하리라. 성인의 평생은 순수한 놀이 요소와 놀이 비 유로 가득했고, 이런 것들은 성인의 굉장히 매력적인 부분이기도 하 다.

마찬가지로 한 세기 뒤의 독일 신비주의자 헨리 주조(Henry Suso)는 그의 달콤하고 신비스럽고 서정적인 명상 속에서 그의 애인인 영원 한 '지혜'와 유사한 종류의 게임을 벌였다. 성인과 신비주의자의 놀 이터는 평범한 사람들의 영역에서는 상당히 벗어나 있었고 논리에 매인 이성적인 사유로부터는 더욱 멀리 벗어난 것이었다. 신성함과 놀이는 항상 겹치는 경향이 있는데 이는 시적 상상력과 신앙에서도 마찬가지이다.

나는 주로 알랭 드 릴(Alain de Lille)의 시와 신학의 상호 관계를 다 룬 논문에서 중세의 시인들, 예언자들, 신학자들에게서 발견되는 알 레고리 형태의 이상적 가치를 자세히 다룬 적이 있다.[9] 알레고리의 경우, 시적 의인화와 신학에서의 천상(혹은 지옥) 개념을 서로 명확하 게 구분하는 것은 불가능하다. 만약 알랭의 『반(反) 클라우디아누스

---

9 In German, for the Mededeelingen der Kon. Nederl. Akad. van Wetenschappen, afd. Letterkunde, lxxiv, B, No. 6, 1932 p.82 sq.

(*Anticlaudianus*)』나 『자연의 슬퍼함에 관하여(*De Planctu Naturae*)』 같은 풍부한 이미지를 가진 시적 작품을 단순히 문학적 '놀이'라고 서술한다면, 시인이자 신학자인 알랭 드 릴에게 부당한 대접을 하는 게 되리라. 그의 이미지는 그렇게 말하기엔 너무나 심오하며 또 그 이미지로부터 철학적·신학적 심오함이 흘러나오기 때문이다. 반면에 그는 자신의 시적 장치에 내재된 공상적 성격을 잘 알고 있었다.

심지어 빙겐의 힐데가르트마저도 자신의 환상에서 본 '미덕'에 형이상학적 실체가 있다고 말하지는 않았다. 실제로 그녀는 미덕을 그렇게 생각하는 것을 경고하기까지 했다.[10] 그녀에 의하면 미덕과 이미지의 관계는 '드러내는 관계'라고 했다. 그것은 표시하고(designare), 가장하고(praetendere), 설명하고(declarare), 의미하고(significare), 예시하는(praefigurare) 관계이다. 그럼에도 불구하고 환상 속에서 그런 개념들은 살아있는 것처럼 움직였다. 알랭 드 릴의 경우도 그렇지만, 힐데가르트에게 있어서도 시적 상상력이 신비주의적인 경험 안에서 공상과 확신, 놀이와 진지함 사이를 끊임없이 왕복하고 있다.

의인화는 마음의 습관

가장 성스러운 것에서부터 가장 문학적인 것까지, 『베다』의 푸루샤

---

10 같은 책, p.89.

로부터 영국 시인 알렉산더 포프의 장시 『머리카락의 약탈(*Rape of the Lock*)』 속의 매력적인 작은 인물들에 이르기까지, 어떤 형태에서건 의인화는 놀이의 기능이며 최고로 중요한 마음의 습관이다. 의인화는 심지어 현대 문명에서도 일정한 역할을 하고 있으며 때로는 참아 주고 때로는 이용하는 문학적 장치 이상의 대접을 받고 있다. 우리는 일상생활을 영위하면서 의인화로부터 굉장히 벗어나기 힘들다. 어떤 생명 없는 물체를 표현할 때 의인화에 반복적으로 사로잡히지 않는 사람이 과연 있을까? 가령 다루기 힘든 칼라 단추를 만나면 그 흉악한 완고함 때문에 마치 단추가 사람이거나 한 것처럼 사악한 의도를 가지고 있다고 매도하지 않는가? 만약 당신이 그런 비난을 했다면 엄격한 의미에서 단추를 의인화했던 것이다. 하지만 사람들은 하나의 독립체나 개념의 존재로서 칼라 단추를 인정하지는 않는다. 단지 놀이의 태도로 무의식적으로 그런 비유법에 빠져든 것이다.

일상생활 중에서 어떤 물체에 인성을 부여하는 이런 마음의 본능적 경향이 실은 놀이에 근거하고 있다고 볼 때 '굉장히 심각한 문제'와 만나게 된다. 이 문제를 여기서 간단히 짚어 보자. 놀이 태도는 인간의 문화와 말이 존재하기 전부터 실재했음이 틀림없고, 그러므로 의인화와 상상력의 작업에 대한 근거는 아주 오래된 과거로부터 유래되었다. 이제 인류학과 비교종교학은 우리에게 신과 정령을 동물 형태로 구현한 것이 고대 종교 생활에서 가장 중요한 요소였음을 말해 준다. 신이 짐승의 모습을 했다는 상상은 토테미즘 사상의 기저에 깔려있다. 한 부족의 두 분파는 자신들을 캥거루, 거북이로 부를 뿐만 아니라 실제로 자신들을 그런 동물이라고 생각했다. 똑같은 사상의 형태는 세계적으로 널리 알려진 베르시펠리스(versipellis: 변신하는 사람)라는 개념에 포함되어 있다. 베르시펠리스는 자신의 피부를 변화시켜 일시적으로 동물의 형태를 취할 수 있는 사람을 말한다. 예를 들면 늑대인간(werewolf)이 있다.

이는 또한 제우스가 레다, 에우로파, 세멜레, 다나에 등을 유혹하기 위해 행했던 수많은 변신 속에서, 또 이집트의 판테온에서 보이는 사람과 동물의 융합에서도 발견할 수 있다. 원시인과 이집트와 그리스 등의 고대인에게 있어서 동물로 인간을 신성하게 표현하는 것은 완벽하게 '진지한' 사업이었다. 아이들과 마찬가지로 그들은 인간과 동물의 차이를 아주 명확하게 구분한 것은 아니었다. 그리고 어떤 사람이 동물 가면을 뒤집어쓰고 동물로 등장했을 때, 그는 양자를 구분하지 않은 자신이 결국 '더 잘 알고 있는' 사람이라고 생각했다. 이제 원시의 상태로부터 멀리 떨어져 있는 우리가 그들의 마음 상태를 재현할 수 있는 유일한 방법은 이런 것이다. 우리가 아이들에게서 발견하는 그것(놀이 영역)처럼, 그것이 원시인의 한 평생을 감싸 안고 있다고 보는 것이다. 다시 말해 가장 성스러운 감정에서부터 가장 사소하고 아이 같은 놀이에 이르기까지 놀이 영역이 존재한다고 가정하는 것이다. 이렇게 볼 때, 의례, 신화, 종교 속에서 신이 동물로 변하는 요소는 하나의 놀이 태도가 아닐 수 없다. 신수동형(神獸同形: 신과 동물은 같은 형체)을 하나의 놀이라고 제시하는 것은 결코 무모한 주장이 아니다.

이인화와 알레고리의 논의에서 나온 또 다른 심각한 의문이 아직 남아 있다. 위에서 '굉장히 심각한 문제'라고 말한 것과 관련이 된다. 오늘날의 철학과 심리학이 알레고리적인 표현 형태를 전적으로 포기했다고 확실하게 말할 수 있을까? 내가 보기에 두 학문은 그렇게 하지 않았으며 결코 그렇게 할 수 없다. 오래된 알레고리적 사유가 아직도 그들의 전문 용어에 들어 있으며, 의인화는 그들이 정신적 충동과 심리 상태에 부여한 명칭들에서 빈번히 찾아볼 수 있다. 정신분석학 텍스트도 의인화로 가득 차 있다(프로이트의 대표적인 사례 연구들 중에 '쥐 인간'과 '늑대'인간'의 두 사례가 있는데 정신분석의 의인화는 이것을 가리킨다—옮긴이). 우리는 의인화 없이 추상적인 말이 유지될 수 있겠는지 자문해 보아야한다.

서정시, 서사시, 드라마

신화의 요소들뿐 아니라 시의 요소들도 역시 놀이 기능에 의해 가장 잘 이해된다. 왜 사람들은 음율, 억양, 리듬에 말을 종속시키는가? 만약 아름다움이나 심오한 감정 때문이라고 대답하면 점점 이해할 수가 없게 된다. 하지만 사회적 놀이에 대한 필요를 느꼈기 때문에 시를 짓는다고 대답한다면 더욱 진실에 가깝다.

리듬을 가진 말은 그럴 필요가 있기에 생겨났다. 시는 매우 중요한 기능을 향유하며 공동체의 놀이 속에서 완전한 가치를 지닌다. 사회적인 놀이들이 의례적 또는 축제적 성격을 잃는 정도에 따라 시는 그

두 가지(의례적/축제적) 성격 모두를 잃게 된다. 각운과 대구 같은 요소들은 강음과 반(反)강음, 고저, 질문과 응답, 줄이자면 리듬이라는 놀이의 영원한, 계속 반복되는 패턴 속에서 유래하는 것이며 오로지 그 속에서 의미를 갖는다.

이러한 요소들의 기원은 노래와 춤의 원리와 단단하게 묶여 있으며 그들의 순서는 태곳적 놀이의 기능 속에서 이해된다. 시의 세부 사항으로 인식되어 온 시의 모든 특질들은(즉, 아름다움, 신성함, 주술 등) 본래 원시적인 놀이 특질 속에 포함되어 있었다.

우리는 불멸의 그리스 모델 이후 시를 세 가지 큰 형태로 구별한다. 즉 서정시, 서사시, 드라마(희곡)가 그것이다. 이들 중 서정시는 모든 시의 출발점인 놀이 영역에 가장 가깝게 남아 있다. 서정시는 여기서 굉장히 넓은 의미로 이해되어야 한다. 단지 서정이라는 장르만이 아니라, 황홀감을 표현하는 모든 심리를 포함해야 한다. 시적 언어의 영역에서 서정적인 표현은 논리로부터 가장 멀리 떨어져 있는 반면 음악과 춤에 가장 근접해 있다. 서정시는 신비스러운 명상, 신탁, 마법의 언어이다. 여기서 시인은 외부로부터 영감을 받는다는 느낌을 강하게 경험하며 또한 최고의 지혜에 가장 가까워질 뿐만 아니라 어리석음에도 가장 가까워진다. 이성과 논리의 전면적 포기는 원시 사회에서는 성직자와 신탁 언어의 특성이기도 하다. 또한 굉장히 자주 그 언어는 완전한 횡설수설로 변한다. 프랑스의 평론가 에밀 파게는 "현대 서정시에는 헛소리의 요소가 필요하다"라고 말했다.

하지만 그런 어리석음이 필요한 것은 현대 서정시인뿐만이 아니다.

고대와 현대를 막론하고 서정시라는 장르는 지성의 한계 밖으로 움직여야 할 필요가 있다. 서정시적 상상의 기본적 특성은 엄청난 과장을 하는 경향이다. 시는 터무니없어야만 한다. 셰익스피어의 고상한 재능은 아주 대담한 이미지를 갖고 있다는 점에서 『리그베다』의 우주 창조적이고 신비로운 공상과 서로 만난다. 왜냐하면 셰익스피어는 전체 고전주의의 전통을 초월했고 더불어 고대 바테스의 모든 추진력을 유지하고 있기 때문이다. 생각을 가능한 한 거대하게 품고서 사람들을 깜짝 놀라게 하려는 욕구는 서정시에서 흔히 발견되는 것이다.

이는 전형적인 놀이 기능이며 어린아이들의 삶과 특정 정신질환에선 흔한 일이다. 영국 극작가 버나드 쇼와 영국 여배우 엘렌 테리 간에 오고간 편지들을 보면 정원에서 달려 들어오며 소리치는 한 소년의 이야기가 있다. "엄마, 엄마, 나 당근을 봤어요, 하느님만큼 커요!" 또 다른 책에서는 어떤 환자가 정신과 의사에게 사람들이 자신을 마차로 데리러 올 것이라고 말하는 이야기가 나온다. "평범한 마차는 아니겠네요?" "물론이죠. 금으로 된 마차라고요." "그 마차는 어떻게 끌죠?" "4,000만 마리의 수사슴이 끕니다!"

이와 같은 터무니없는 수량과 특질이 불교의 전설 속에서는 흔하게 발견된다. 과대망상 경향은 신화와 성인의 삶을 편집하는 사람들이 선호했던 장치였다. 힌두의 전설은 위대한 고행자 카바나(Cyavana)가 고행 중 산더미 같은 개미 떼 위에 올라 앉아 몸 전체가 개미에 뒤덮여 있었는데 눈만이 타오르는 석탄처럼 빛을 내고 있었다고 말한다. 비스바미트라(Visvamitra)는 천 년 동안 발가락 끝으로 서 있기도 했다. 숫자와 수량에서 경이로움을 보여 주는 이러한 놀이는 굉장히 많은 거인과 난쟁이 이야기의 밑바탕이며, 고대 신화로부터 『걸리버 여행기』에 이르기까지 반복적으로 나타난다. 『스노라 에다』에서 토르와 그의 동료들이 거대한 침실에 이어져 있는 작은 방을 발견하고 그곳에서 밤을 지낸다. 다음 날 그들이 잠을 청했던 방이 실은 거인 스크리미르의 장갑의 엄지 부분으로 판명되었다.[11]

내 생각에, 이런 엄청난 과장 혹은 규모의 혼동으로 사람을 놀라게 하려는 욕구는 결코 진지한 것이 아니다. 신념 체계의 일부분이든 순수 문학이든 어린아이들의 공상 속의 신화든 그런 과장을 어느 정도 가감해서 받아들여야 한다. 이런 모든 경우에서 마음의 놀이 습관이 공통적으로 작동하고 있다. 우리는 무의식적으로 이런 합리적 반응을 보인다. 가령 고대인이 창조해 낸 신화 속의 신념을 우리 자신만의 과학, 철학, 혹은 종교적 확신의 기준으로 판단하려 드는 것이다. 하지만 '~인 체하기(make believe)'에 가까운 반(半) 농담의 요소는 진정 신화와 뗄 수 없는 관계에 놓여 있다. 여기서 우리는 플라톤이 말한 '시의 마술적인 부분'과 직면하게 된다.[12]

그리스 어 포이에시스(ποίησις, poiesis: 창작)의 광의적인 의미에서 살펴보면 시는 항상 놀이 영역에 속한다. 이렇게 말한다고 해서 시의 본질인 놀이 특성이 항상 외부에 드러난다는 얘기는 아니다. 서사시는

---

11 『길피 왕의 환상』, c. 45, 참조. 미드가르드 뱀의 끌어들이기, c. 48.
12 『파이드로스』 260 D.

더 이상 어떤 축제의 목적으로 낭송되지 않고 단지 읽을거리로 전락히는 순간, 놀이와의 연계를 잃어버리게 된다. 또한 시정시는 음악과의 연계를 잃어버리면 놀이 기능을 상실하게 된다. 오로지 드라마(희곡)만이 자체의 기능적 특성과 행위의 성격 때문에 놀이와 영구적으로 연결되어있다.

각 나라의 언어들은 이런 불가분의 영속적 관계를 잘 반영하는데, 특히 라틴 어와 그와 관련된 언어, 게르만 어 등이 그러하다. 드라마는 '놀이'로 불렸고 드라마 공연은 '놀이를 하는 것'으로 불렸다. 우리가 앞에서 말했던 것을 고려하면 그런대로 이해가 가는 일이지만, 드라마를 가장 완벽한 형태로 창조한 그리스 인들이 '놀이'라는 단어를 드라마나 그 공연에 적용하지 않았다는 것은 이례적이다. 하지만 놀이 영역을 전반적으로 통괄하는 단어가 그리스 인들에게 없었다는 사실은 이렇게 간단하게 설명해 볼 수 있다. 고대 그리스 사회는 너무나 놀이 정신에 충만했기 때문에 그 정신을 어떤 특별한 용어로 표현해야 할 필요를 느끼지 못했다.

비극과 희극 모두 놀이에서 유래되었다는 것은 명백하다. 아테네의 희극은 디오니소스 신의 축제에서 벌어진 방탕한 축제 행렬(komos)에서 나온 것이다. 후기에 들어와서야 희극은 문화적 행위가 되었지만 심지어 그때에도(즉 아리스토파네스가 활동하던 시절에도) 디오니소스적 과거의 흔적을 많이 가지고 있었다. 소위 파라바시스(parabasis: 코러스가 무대 앞으로 나와서 극작가의 이름으로 관중에게 말하는 것)에서는, 코러스가 여러 줄로 나뉘어 전후로 움직이며 관중들을 대면하여 비웃음과 조롱으로 희생자를 지적한다. 배우들의 남근 숭배 의상, 동물 가면을 쓴 코러스의 위장한 모습은 태곳적의 특성들이다.

아리스토파네스가 그의 코미디 주제로 벌, 새, 개구리를 선정한 것은 단순히 변덕 때문은 아니다. 신이 짐승의 모습으로 형상화하는 전통이 그 뒤에 어른거리는 것이다. 대중 비판과 찌르는 듯한 비웃음을 가진 '고대 코미디'는 우리가 앞에서 논의했던 비판적이고, 도발적이지만 축제적인 응답 송가에 속한다. 그리스 코미디에서만 그런 것이 아니라, 게르만 문학에서도 의례에서 드라마까지라는 유사한 발전의 동선이 있었다. 이 점은 최근 로베르토 슈툼플이 그의 책 『중세 연극의 기원으로서의 게르만 인의 제의 놀이(*Die Kultspiele der Germanen als Ursprung mittelalterlichen Dramas*)』에서 논증했다. 슈툼플은 그것을 실질적으로 완벽하게 증명하지는 못했지만 상당한 수준으로까지 그 개연성을 구축했다.

비극도 그 기원을 살펴보면 단지 인간의 운명을 문학적으로 표현하는 데서 그치지 않는다. 비극은 무대에서 공연하기 위한 문학 작품이라기보다는 원래 신성한 연극 혹은 극화된 의례였다. 하지만 시간의 흐름에 따라 신화의 주제를 '실연하는 것'은 정기적인 공연으로 바뀌었고 그에 따라 무언극과 대화, 줄거리가 있는 일련의 이야기로 재구성되었다.

희극과 비극은 경쟁이라는 공통분모를 갖고 있는데 경쟁은 앞에서 살펴보았다시피 언제나 놀이였다. 그리스 극작가들은 디오니소스의 축제를 위해 경쟁적으로 창작을 했다. 비록 국가가 그런 경쟁은 지접 조직하지는 않았지만 경쟁의 운영에는 관여했다. 항상 월계관을 따내기 위해 경쟁하는 이류나 삼류 시인들이 굉장히 많있다. 극작가 본인들에게는 불쾌하더라도 관중들은 드라마를 상호 비교했고 그들의 비판은 극도로 신랄했다. 모든 관중들은 대사의 암시를 전부 이해했고 스타일과 표현의 정교함에 열렬히 반응했으며 경쟁의 긴장감을 공유했다. 마치 축구 시합의 관중들처럼. 관중들은 열심히 새로운 코러스의 등장을 기다렸고 코러스에 참가한 시민들은 일 년 내내 연습을 했다.

드라마의 실질적인 내용 또한 아곤적(경쟁적)이었다. 예를 들어 코미디는 어떤 문제를 논의하거나 특정 사람이나 관점을 공격했다. 아리스토파네스가 소크라테스나 에우리피데스를 조롱한 경우가 대표적인 사례이다. 드라마가 공연될 때에는 디오니소스적인 황홀경과 열광적인 기쁨의 분위기가 조성되었다. 배우는 자신이 쓴 가면에 의해 일상적인 세계로부터 벗어날 수 있었고, 극중 인물을 재현한다기보다 바로 그 인물이 되어 버렸다. 관중들도 그런 마음 상태로 배우에게 열광했다.

아이스킬로스(Aeschylus) 드라마의 경우, 과장된 언어의 격렬함, 상상과 표현의 과도함은 드라마의 신성한 기원과 완전 일치한다. 드라마의 출발점인 정신적 영역은 놀이와 진지함 사이에 아무런 구분을 하지 않는다. 아이스킬로스에선 가장 비범한 진지함은 놀이의 형태로 체험된다. 에우리피데스에선 어조가 충만한 진지함과 경박함 사이를 쉴 새 없이 왕복한다. 『향연』에서 소크라테스는 진정한 시인은 비극적인 동시에 희극적이어야 하며, 인간의 삶 전체는 비극과 희곡의 혼합으로 체험되어야 한다고 말했다.[13]

---

13 플라톤, 『향연』 23 D, 『필레부스』 50 B.

HOMO
LUDENS

Johan Huizinga———

9장

철학에서 발견되는 놀이 형태

우리가 놀이의 개념으로 설명하려고 하는 영역의 중심에는 그리스의 소피스트라는 부류의 사람들이 우뚝 서 있다. 소피스트는 고대 문화생활에서 중심적 위치에 있었던 인물로서, 예언자, 의무(醫巫), 점쟁이, 마술사, 그리고 바테스라는 명칭이 가장 잘 어울리는 사람이다. 그는 두 가지 중요한 기능 면에서 고대에 문화를 가르치던 사람들과 공통된다. 소피스트의 사업은 자신의 경이로운 지식과 기술의 신비로움을 드러내고 동시에 공개적인 경쟁에서 라이벌을 물리치는 것이었다. 따라서 고대 사회에서 발견되는 사회적 놀이의 두 가지 중요한 요인이 소피스트에게도 존재하는데, 곧 명예로운 자기선전과 논쟁을 하려는 열망이다.

소피스트가 출현하기 전에 극작가 아이스킬로스는 '소피스트'를 프로메테우스나 필라데메스 같은 고대의 현명한 영웅들을 묘사하는 용어로 사용했다. 알다시피, 이 두 사람은 자기들이 인류의 이익을 위해 발명해 낸 모든 기술들을 자랑스럽게 열거했다. 이렇게 자신의 지식을 뽐낸다는 점에서 그들은 히피아스 폴리히스토르 같은 후기 소피스트들과 비슷했다. 히피아스 폴리히스토르는 천 가지 기술을 가졌고, 기술적 곡예사였으며, 자신이 입은 것은 모두 자신의 손으로 만들었다고 자랑하는 경제적 독립자였고 만능 천재처럼 올림피아에 몇 번이고 나타나 어떠한 주제로도 토론할 수 있었으며(미리 준비했지만), 자신에게 주어진 어떠한 질문에도 대답할 수 있고 자신보다 더 나은 사람을 결코 찾을 수 없다고 주장했다.[1] 이 모든 것은 까다로운 수수께끼를 내놓아서 토론 상대의 목을 떨어지게 한『브라마나』의 수수께끼 푸는 사제인 야즈나발키아와 굉장히 유사하다.[2]

소피스트의 기술

소피스트의 행위는 에피데익시스(ἐπιδειξις, epideixis)라고 했는데 과시 혹은 전시라는 뜻이다. 소피스트는 우리가 위에서 암시했듯이 일정한 레퍼토리를 갖고 있었고 자신의 논설에 대하여 일정한 대금을

---

1 플라톤, 『히피아스 미노르』, 368~369.
2 이 책, 연암서가 판 『호모 루덴스』, 앞부분 p.224를 볼 것.

청구했다. 소피스트의 논설은 가격이 정해져 있었는데 가령 프로디쿠스의 강연은 50드라크마였다. 고르기아스는 자신의 말 재주로 너무나 많은 돈을 벌어 순금으로 만든 자신의 동상을 델포이의 신에게 헌납했다. 프로타고라스처럼 순회하는 소피스트들은 엄청난 성공을 거두었다. 유명한 소피스트가 도시에 들르는 것은 하나의 사건이었다. 사람들은 소피스트를 경이로운 존재처럼 입을 딱 벌리고 멍하니 쳐다보았다. 그들은 운동 경기의 영웅들과 비교되었다. 간단히 말하면 소피스트의 직업은 운동선수와 동등한 대우를 받았다. 관중들은 어떤 효과를 노리고 아주 잘 사용된 경구(警句)마다 박수갈채를 보내며 웃었다. 이는 순수한 놀이였다. 상대방을 논의의 그물로 잡아놓거나[3], 회심의 일격을 날려 쓰러뜨리는 것 등이 너무나 놀이와 유사했다.[4] 까다로운 질문을 던져서 모든 대답이 잘못되도록 유도하는 것 또한 명예로운 행위였다.

프로타고라스는 일찍이 궤변법(sophistry)을 "고대의 기술"이라고 했는데 이것은 사태의 핵심을 잘 짚은 것이었다. 그것은 아주 먼 태고의 문화에서 시작된, 장엄한 의례와 단순한 놀이 사이를 왕복하는, 때로는 지혜의 높이에 솟구치고 때로는 쾌활한 경쟁으로까지 가라앉는 기지 넘치는 고대의 놀이였다. 베르너 예거는 "피타고라스를 일종의 의무(醫巫)로 서술하는 현대적 경향"을 가리켜 너무나 천박한 경향

---

3 『에우튀데모스(Euthydemus)』 303 A.
4 그리스 어 용어 πλnγεἰς, 같은 책, 303 B, E.

이므로 반박할 가치조차 없다고 말했다.[5] 하지만 예거가 잊은 것이 하나 있다. 피타고라스를 의무로 부르든 말든 본질적으로 또 역사적 관점에서 그는 모든 철학자들과 소피스트들의 만형인 것이다. 철학자와 소피스트는 이런 오래된 친족 관계의 흔적을 유지하고 있다.

소피스트들은 자신의 기술에 들어 있는 놀이의 특성을 잘 알았다. 고르기아스는 그의 저서 『헬렌에 대한 찬사(*Encomium on Helen*)』를 게임(paignion)이라고 했으며, 그의 논문 『자연에 관해(*On Nature*)』는 수사학을 놀이삼아 연구한 것이라고 했다.[6] 독일 학자 카펠레처럼[7] 이런 놀이의 관점에 반대하는 사람들은 다음과 같은 사실을 유념해 볼 필요가 있다. 소피스트 웅변의 전 분야에 걸쳐 놀이와 진지함을 명확하게 구분할 수 없으며 '놀이'라는 용어가 가장 잘 소피스트리(궤변법)의 본질을 설명한다는 것이다. 마찬가지로, 플라톤의 소피스트 설명은 캐리커처나 패러디라고 보는 의견도 부분적으로만 맞는 말이다. 소피스트들에게서 발견되는 경박함과 불성실한 특성들은 실제로는 소피스트의 필수적 요소이며 그들의 오래된 기원을 연상시키는 특징이다. 소피스트는 유목민이며 따라서 방랑과 기생(寄生)은 그의 타고난 권리이다.

그럼에도 불구하고 이 소피스트들이 고대 그리스의 교육과 문화적 사상의 터전을 닦아 놓았다. 그리스의 지식과 과학은 우리가 이해

---

5 예거, 『파이데이아』, I. p.160.
6 H. Gomperz, *Sophistik und Rhetorik*, Leipzig, 1912, pp.17, 33.
7 *Vorsokratiker*, p.344.

하고 있는 것처럼 학교의 산물이 아니다. 좀더 부연해서 말하면 그것들은 시민들이 유익한 직업을 가질 수 있게 훈련 받도록 고안된 교육 체계에서 나온 것이 아니었다. 그리스 인들에게는, 마음이 소중하게 여기는 것들은 스콜레(σχολή, skole: 여가)의 결실이며 국가에 봉사하는 것, 즉 전쟁이나 의례가 아닌 나머지 시간은 자유민에게 자유 시간으로 간주되었고, 따라서 그들은 실제로 충분한 여가를 즐겼다.[8]

'학교(school: 그리스 어 σχολή에서 유래)'라는 단어는 아주 흥미로운 역사적 배경을 갖고 있다. 원래 이 단어는 '여가'라는 의미를 갖고 있었다. 그러나 문명이 젊은이들의 자유 시간을 점점 더 제한하고 유년기 이후 일상생활에 전념하도록 젊은이들을 유도함으로써, 이제 스콜레(학교)는 체계적인 작업과 훈련이라는, 원래의 뜻(여가)과 정반대의 의미를 지니게 되었다.

소피스트리와 프로블레마

원칙적으로 수사법의 한 형태로 간주되는 궤변법은 소피스트의 전임자인 바테스에게서 발견되는 원초적 놀이와 깊은 연관이 있다. 또한 궤변은 수수께끼와도 가깝다. 그것은 또한 검투사의 재주이기도 했다. 그리스 어 단어 프로블레마(πρόβλημα, problema : 당신 앞에 던져진 것;

---

8 참조, R. W. 리빙스턴, 『그리스의 이상과 현대 생활(Greek Ideals and Modern Life)』, p.64.

문제)의 원뜻은 방어를 위해 자기 앞에 놔두는 물건(가령 방패)이나 상대방을 거꾸러트리기 위해 그의 발에 집어던지는 물건(예를 들면 도전의 표시)을 가리켰다. 이 두 가지 추상적인 의미는 소피스트의 기술을 아주 잘 묘사해 준다.⁹

소피스트의 질문과 논증은 바로 이런 뜻을 가진 다양한 '프로블레마'인 것이다. 놀이, 혹은 교묘한 말 재주는 까다로운 질문으로서 사람들을 궁지에 빠트리도록 설계되었고, 또 그리스식 대화에서 중요한 부분을 차지했다. 다양한 프로블레마가 기술적인 명칭 아래 체계화되었고 그런 명칭으로는 연쇄추리(sorites), 중립논법(apophaskon), 부정논법(outis), 기만논법(pseudomenos), 반전논법(antistrephon) 등이 있었다.

아리스토텔레스의 제자들 중 하나인 클레아르쿠스는 『수수께끼의 이론』을 저술했는데 보상이나 벌금을 걸고 즐기는 질문 놀이인 그리포스(γρῖφος, griphos: 수수께끼 게임)를 특히 많이 다루었다. "어디든지 같지만 어디서에도 같지 않은 것은?" 대답은, "시간"이다. "당신은 나라는 존재가 아니다. 나는 사람이다. 따라서 당신은 사람이 아니다." 이에 디오게네스는 "당신이 그 명제가 참이기를 바란다면 당신을 먼저 내세울 것이 아니라 나를 먼저 내세워야 할 것이다"라고 답변했다 한다.¹⁰

크리시푸스는 특정 궤변에 대한 논문을 저술했다. 이 모든 까다로

---

9 『소피스테스』 261 B.
10 Prantl, 『논리의 역사(Geschichte der Logik)』, I, p.492. 나를 먼저 내세우는 경우 당신은 사람이 아닌 자가 되고 나(디오게네스)는 사람이 된다.—옮긴이

운 질문들은 상대방이 디오게네스처럼 반대 의견을 제시해 분위기를 망쳐 놓지 않고 놀이의 논리적 타당성을 암묵적으로 받아들인다는 조건에 기초하고 있다. 소피스트의 명제들은 각운, 후렴, 기타 기교들로 장식될 수 있었다.

이런 '속이는 일'이 소피스트들의 장황한 논리를 거쳐 소크라테스의 대화로 발전하는 것은 아주 쉬운 일이었다. 궤변은 일상적인 수수께끼 그리고 신성하고 우주창조론적인 수수께끼 게임 등과 유사하다. 플라톤의『대화편(對話篇)』『에우튀데모스(Euthydemos)』에 등장하는 에우튀데모스는 때로 문법과 논리에서 완전히 아이들 같은 속임수를 쓰지만 때로는 심오한 우주론과 인식론을 내놓기도 한다.[11]

초기 그리스 철학의 심오한 의견들, 가령 "창조도 움직임도 복수(plurality)도 없다"는 엘레아학파의 결론은 문답 놀이 형태로 나타났다. 너무나 추상적이어서 일반적인 타당성의 구축이 불가능하다는 결론이 난 추론도 심지어 단순한 연쇄추리(sorites)나 연속된 질문으로부터 만들어졌다. "옥수수가 들어 있는 자루를 흔들 때, 어떤 낱알이 소리를 내는 것인가? 첫 번째 것?" "아니다." "그럼 두 번째 것?" "아니다." "세 번째 것, 아니면 다른 낱알들이?" "아니다." "그렇다면……."

그리스 인들은 자신들이 이러한 일을 하면서 놀이를 한다는 것을 잘 알았다. 플라톤의『에우튀데모스』에서 소크라테스는 궤변법의 기술이

---

11 『에우튀데모스』293 C;『크라틸루스』306 D.

고의로 사람을 속이는 것이라며 경멸한다. 소크라테스는 "이런 것들은 사물의 본질에 대해서 아무것도 가르쳐주지 않는다. 오로지 미묘하고 애매한 말을 사용하여 사람들을 어떻게 속이는 지만을 가르쳐줄 뿐이다. 이는 누군가를 걸어서 넘어뜨리는 행위 혹은 그가 앉으려고 할 때 의자를 빼버리는 행위보다 나을 것이 별로 없다"라고 말했다. 그는 이런 말도 했다. "당신은 이 소년을 현인으로 만들고 싶다 했는데 그것은 사람을 속이는 것인가, 아니면 진지한 발언인가?"**12**

플라톤의 『소피스트』에서 테아이테토스(Theaetetus)는 엘레아에서 온 이방인에게 소피스트는 "놀이에 몰두하는" 부류라고 말했다.**13** 파르메니데스는 존재의 문제에 대해 의견을 내놓으라는 압력을 받아 이 일은 "어려운 게임을 놀이하는 것"이라고 했다.**14** 이어 그는 굉장히 심오한 존재론적 질문들을 시작하고 내내 문답의 게임을 고수했다. "일자(一者: 조물주)는 부분이 없으며 제한을 받지 않고, 따라서 형태도 없으며 어디에도 없고, 움직임도 없고 시간에 구애받지 않으며 사람의 지식으로 알 수도 없다." 이렇게 전개되는 논리의 실마리는 다시 뒤집히고, 그 후 또다시 먼젓번의 것으로 되돌아간다.**15** 논의는 베틀의 북처럼 앞뒤로 움직이고 그 과정에서 인식론은 고상한 놀이의 형태를 띤다. 이러한 놀이 형태는 소피스트들의 전유물이 아니라 소

---

12 『에우튀데모스』 287 B, 283 B.
13 『소피스테스』 235 A.
14 『파르메니데스』 137 B.
15 같은 책, 142 B, 155 E, 165 E.

크라테스나 플라톤도 활용한 것이었다.[16]

플라톤과 미모스

아리스토텔레스에 따르면, 엘레아의 제논은 메가라학파의 철학자
들과 소피스트들의 고유한 문답 형태로 대화편을 작성한 최초의 인
물이었다. 여기에는 상대방의 발을 걸어 쓰러트리는 기술이 포함되어
있었다. 플라톤은 자신의 『대화편』을 저작할 때 특히 소프론을 따랐다
고 언급했다. 소프론은 미모스(mimos: 익살극) 작가였고 아리스토텔레
스는 『대화편』이 드라마에서 파생된 익살극의 형태를 취하고 있다고
단언했다. 따라서 심지어 소크라테스나 플라톤조차도 소피스트들처
럼 곡예사나 마술사의 카테고리에 포함된다고 생각해 볼 수 있다.[17]

만약 이런 것들이 철학의 놀이 요소를 드러내기에 충분치 않다면
플라톤의 『대화편』 자체에서도 충분한 증거를 찾아볼 수 있다. 『대화
편』은 하나의 예술 형태, 즉 지어낸 이야기이다. 실제 대화에선 그리
스 인들이 아무리 세련되었다 할지라도 결코 문학적 어휘를 대화에
사용하지 않았을 것이다. 플라톤의 손을 거치면서 이 대화는 경박한
문학이 되었으며 인공적인 작품이 되었다. 단편소설 같은 구성을 갖

---

16 참조. Prantl, 앞에 나온 책, i, p.9.
17 아리스토텔레스 『푸에티카』 1447 B; H. 라이히, *Der Mimus*(베를린, 1903), p.334.

고 있는『파르메니데스』의 배경은 이런 주장의 충분한 증거가 되며,
『크라틸루스』의 시작 부분과 이 두 작품 이외의 다른 많은『대화편』
의 쉽고 격식 없는 어조도 증거가 된다. 익살극과의 유사성은 플라톤
『대화편』에서 아주 명백하게 드러난다.『소피스트』에서는 소크라테
스 이전 철학의 첫째 원리들이 굉장히 스케르조(유머러스한 곡조) 방식으
로 다루어지고『프로타고라스』에선 에피메데우스와 프로메테우스의
신화가 분명한 유머로 이야기된다.[18]

『크라틸루스』에서 소크라테스는 이렇게 말한다. "이런 신들의 외양
과 이름에 대해서는, 진지한 설명과 마찬가지로 익살스러운 것도 있
다. 신들은 농담을 좋아하니까." 같은『대화편』의 다른 곳에서 소크라
테스는 말한다. "자네는 내가 프로티쿠스의 50드라크마 강연을 들었
다면 그걸 바로 알아보았을 테지. 하지만 나는 그의 1드라크마 강연만
들었다네!"[19] 이어 소크라테스는 부조리한 어원학을 다루면서 아주
빈정대는 어조로 "내가 풀 수 없는 모든 문제에 내가 적용하는 특별
한 트릭(술수)을 한번 지켜보게!"라고 말한다.[20] 그리고 마지막에 가서
는 "난 오랫동안 내 자신의 지혜를 경이롭게 생각해 왔지. 하지만 그
걸 믿지는 않아"라고 말한다. 그러나『프로타고라스』는 기존의 관점
을 뒤집으면서 끝나고,『메넥세노스』의 장례식 연설이 진지한 것인지

18『소피스테스』242 CD; 참조.『크라틸루스』440, 406 C.
19 같은 책, 384 B.
20 같은 책, 409 D.

그렇지 않은 것인지 알 수 없는 것 등은 모두 유머 정신의 발현이다.

플라톤의 저서에 등장하는 화자들은 스스로 그들의 철학적 몰입을 즐거운 놀이라고 생각한다. 청년들은 논쟁하는 것을 즐기고, 노인들은 명예를 추구한다.[21] 『고르기아스』에서 칼라클레스는 이렇게 말한다. "그것이 결론이다. 철학에서 벗어나 더 큰 것들에 눈을 돌리면 이러한 결론을 이해할 수 있을 것이다. 철학은 젊은 시절에 적당히 추구한다면 아름다운 것이지만 필요 이상으로 몰두하면 사람에게 해로운 것이다."[22]

그러니까 철학과 과학에 불멸의 토대를 쌓은 그 사상가들은 자신들의 일을 청년의 오락 정도로 여겼다는 것이다. 후대를 위해 소피스트들의 기본적인 오류들과 그 논리적·윤리적 결점을 고발할 때, 플라톤은 그들의 느슨하고 손쉬운 대화 방법을 빌리는 일을 주저하지 않았다. 비록 철학에 깊이를 더하긴 했지만 플라톤은 여전히 그것을 고상한 놀이로 여겼다. 플라톤과 아리스토텔레스가 소피스트들의 그릇된 논의와 궤변을 너무나 진지하고 정교해 반론할 만하다고 여긴 것은 무엇 때문일까? 아마도 그들의 철학적 사고가 고대 놀이의 영역으로부터 자유롭지 못하다는 것을 인식했기 때문일 것이다. 여하튼 우리는 이렇게 물을 수 있다. 철학이 놀이 영역에서 자유롭게 되는 것이 가능할까?

---

21 『파르메니데스』 128 E.
22 『고르기아스』 484 C; 참조 『메넥세노스』 234 A, 또한 L. Méridier, Platon, 『전집(Oeuvres complètes)』, v, I(Paris, 1931), p.52.

철학이 발전해 온 단계

우리는 다음과 같이 간략하게 철학의 연속적인 단계를 그려볼 수 있다. 철학은 먼 과거의 성스러운 수수께끼 놀이에서 시작되었고 동시에 의례와 축제의 여흥이었다. 종교적인 면에서 그 놀이는 『우파니샤드』의 심오한 철학과 신지학(神智學), 소크라테스 이전 철학의 직관적인 번뜩임을 낳았으며, 놀이적인 면에서는 소피스트들을 낳았다. 이 두 가지 면은 상호 배타적이지 않다. 플라톤은 진리에 대한 추구로, 자신이 도달할 수 있는 높이까지 철학의 수준을 끌어올렸지만 미모스라는 경박한 대화의 형식을 취했고 그런 가벼운 형태는 과거나 현재나 철학의 알맞은 요소이다. 동시에 낮은 단계에서 이것은 궤변적인 속임수와 지적인 기민함으로 발전했다.

그리스에서 아곤적 요소가 굉장히 강해 순수 철학을 희생하고 수사학이 발전하는 것을 허용했으며 순수 철학은 보통 사람의 문화처럼 보이던 궤변에 가려 그늘 속에 파묻히게 되었다. 고르기아스는 이런 퇴락한 문화의 전형이었다. 그는 진정한 철학에 등을 돌리고 화려한 말과 거짓된 재치를 찬양하고 오용하는 데 그의 정신력을 탕진했다.

아리스토텔레스 이후 철학적인 사고의 수준은 저하되었다. 경쟁은 극단으로 향했으며 편협한 교조주의가 득세했다. 유사한 쇠퇴가 후대의 중세에서 다시 반복되었다. 사물의 심오한 의미를 이해하려고 했던 위대한 스콜라 철학자들의 시대가 지나고 말과 기본 원칙만으로 충분했던 시대가 뒤따랐다.

이 모든 것에 깃들어 있는 놀이 요소를 아주 정확하게 고정하는 것은 쉬운 일이 아니다. 때때로 아이 같은 말장난이나 천박한 경구와 심오한 철학의 차이는 아주 미세했다. 고르기아스는 자신의 유명한 논문 『비존재에 대해(*On Not-Being*)』에서 급진적인 허무주의를 지지하며 모든 진지한 지식을 무조건적으로 거부했다. 하지만 이 책은 그 자신이 노골적으로 놀이라고 불렀던 『헬렌에 대한 찬사』만큼이나 놀이에 충실한 책이다. 가벼운 놀이와 본격적 지식 사이에 어떤 명백하고 의식적인 구분을 하기가 어렵다는 점은 다음의 사실에서도 간파할 수 있다. 스토아학파 철학자들은 문법적인 함정 위에 구축한 어리석은 궤변들과, 메가라학파의 진지한 논문들을 똑 같이 진지하게 다루었다.[23]

다른 철학 학파에서도 논쟁과 연설은 최상의 기술로 자리 잡았으며 공식적인 경쟁의 주제가 되었다. 공식적 연설은 하나의 자기선전 형태였으며 말로 과시를 하고 허풍을 치기 위한 구실이었다. 그리스의 작가가 어떤 논란이 되는 질문을 정립하고 판단을 내리기 원하면 우선 문학적 형태의 논쟁을 제시했다. 따라서 투키디데스는 평화 혹은 전쟁에 대한 사례를 아키다모스와 스테넬라다스의 연설에서 다루었고 다른 문제들도 니키아스와 알키비아데스, 클레온과 디오도토스의 입을 통해 다루었다. 투키디데스는 또한 멜로스의 섬에 대해 행해진 중립성 위반에 관련하여, 고도로 궤변적인 문답 놀이의 형태로 힘 혹은 정의의 문제를 다루었다. 아리스토파네스는 그의 코미디 『구름

---

23 Prantl, 앞에 나온 책, p.494.

(Clouds)』에서 올바른 로고스와 그릇된 로고스 사이의 아곤(결투)을 통하여, 사람들의 공개 토론에 대한 열광을 패러디했다.

소피스트들이 특별히 선호하는 것 중 하나는 안틸로기아(antilogia : 모순 논법) 혹은 이중 추론이었다. 안틸로기아는 자유롭게 표현할 수 있게 허용해 준다는 것 이외에, 소피스트들로 하여금 인간의 정신에서 나오는 모든 판단이 영구적으로 모호하다는 논평을 하게 했다. 다시 말해 사람은 사물을 이렇게도, 저렇게도 볼 수 있다는 것이었다. 사실 말로 승리하는 기술을 순수하고 합법적인 기술로 만들어 주는 것은 그 기술 자체의 놀이 특성 때문이다. 소피스트가 자신의 화려한 말로써 비도덕적인 목표를 추구할 때에만, 그는 지혜를 왜곡하는 자가 된다(가령 칼리클레스가 그의 '주인 도덕'을 제시했을 때처럼)[24] 물론 아곤적 습관 자체가 비도덕적이고 거짓이라는 주장을 하는 것도 지혜의 왜곡이다. 소피스트와 수사학자의 일상적인 행동에서 주된 목표는, 진실이나 욕망 그 자체에 있지 않고 순전히 자신이 옳다는 개인적인 만족을 성취하는 데 있다. 그들은 경쟁의 원시적인 본능, 영광을 위한 투쟁에 의해 움직인다. 일부 니체의 전기 작가들은[25] 니체가 철학의 옛 아곤적 태도를 다시 도입했다고 비난했다. 실제로 니체가 그랬다면 그는 철학을 오래된 근원으로 원위치시킨 것이다.

---

24 『고르기아스』 483 A~484 D.
25 H. L. Miéville, 『니체와 힘의 의지(Nietzsche et la volonté de puissance)』(Lausanne, 1934); Charles Andler, 『니체: 그의 생애와 사상(Nietzsche: sa vie et sa pensée)』(Paris, 1920), i, p.141; iii, p.162.

우리는 얼마나 추론 과정이 놀이 규칙들에 의해 지배되는지, 또 그런 규칙들이 어느 정도 타당한 기준틀 역할을 하는지 자세히 따지기를 원하지 않는다. 하지만 이 한마디는 해두고 싶다. 모든 논법, 특히 삼단논법에서 용어와 개념에 대한 유효성을 당연시하는 암묵적 이해가 항상 전제되어 있다. 마치 사람이 장기를 둘 때 일정 규칙을 당연시하는 것처럼. 이 문제(규칙과 지배의 문제)는 다른 사람들이 풀게 내버려두자! 여기서 우리가 주장하려는 것은 이런 것이다. 고대 그리스 이후에 계승된 연설과 논쟁의 기술 속에는 의심할 여지 없이 놀이의 특질이 들어 있으므로 그것을 대충이나마 주목해 보자는 것이다. 아주 정교한 세부 사항들은 살펴볼 필요가 없다. 왜냐하면 놀이 현상은 항상 같은 형태로 되풀이되었기 때문이다. 그리고 서양에서 그러한 현상의 발전은 주로 찬란한 그리스 놀이 형태에 의존했다.

로마 시대와 중세의 철학

고대 로마의 생활과 문학에 연설과 수사학의 기술을 소개한 사람은 퀸틸리아누스였다. 수사학의 유행은 로마 제국의 전형적인 수사학 학교의 범위를 넘어 더욱 크게 퍼져 나갔다. 수사학자인 디오 크리소스토무스는 소피스트의 저속한 형태 같은 길거리 철학자들에 대하여 이렇게 말했다. "그자들은 선동의 요소가 있는 격언, 경구, 한가한 잡담 등을 뒤범벅시켜 노예들과 선원들의 주목을 끄는 자들이다." 그리하여 베스피아누스 황제는 칙령을 내려 모든 철학자들을 로마에서 쫓아냈다. 하지만 대중들은 하나의 유행이 된 궤변술을 여전히 존중했다. 이에 재차 좀 더 진중한 인물들이 나타나 경고를 했다. 성(聖) 아우구스티누스는 "사람들을 속이려는 유해한 논쟁과 어린아이 같은 호언장담"에 반대하며 훈계를 했다.[26] "당신은 어떤 뿔도 잃어버리지 않았기에 뿔을 가지고 있다. 따라서 당신은 아직까지도 뿔이 있다!" 이런 궤변적 농담이 철학 학파들의 문헌을 통해 되풀이되었고 그 교묘한 논리적 호소력을 계속 유지하여 사람들의 인기를 끌었다. 보통 사람의 머리로는 그런 주장의 어리석음과 논리적 오류를 찾아내기가 쉽지 않았다.

중세의 암흑 시기 동안 철학이 취한 놀이의 풍경은 589년 스페인의 톨레도에서 서고트(西Goth) 인들이 아리우스주의(Arianism)에서 가톨릭교회로 개종한 사실에서 찾아볼 수 있다. 당시 양측의 고위 성직자들은 신학적인 문제를 놓고서 토너먼트를 벌였다. 이 중대한 사건이 벌어지는 동안 난만하게 꽃피어난 철학의 놀이 정신은 연대기 작가 리헤르(Richer)[27]에 의해 잘 묘사되어 있다.

후에 교황 실베스터 2세가 되는 제르베르(Gerbert)의 생애 중에 이런 이야기가 전해진다. 마그데부르크 성당 소속 학자인 오르트리크는 제르베르의 학문적 명성을 질투하여 서기 중 한 명을 랭스로 보내

---

26 『기독교의 교리에 대하여(De Doctrina Christiana)』, ii, p.31.
27 『역사의 책(Historiarum liber)』(Mon. Germ. Hist. Scriptores), iv, III, c. 55~65.

제르베르의 가르침을 비밀스럽게 듣고서 그의 잘못된 견해를 포착하여 황제 오토 2세에게 보고하라고 했다. 첩자는 제르베르의 말을 오해하고 그 오해한 생각을 정식으로 보고했다. 이듬해인 980년 황제는 라벤나에서 두 학자를 만나게 하여 저명한 청중들 앞에서 논쟁을 벌이게 한다. 논쟁은 해가 지고 청중들이 지칠 때까지 계속됐다. 일련의 과정 중 가장 긴장이 높아진 순간은 오르트리크가 수학을 물리학의 일부분[28]이라고 제르베르가 잘못 주장했다며 비난했을 때였다. 하지만 제르베르는 실제로 둘은 같으며 동시적이라고 주장했다.

"카롤링거 르네상스"라고 불리던 시대(박식함, 시, 경건파적인 금언이 팽배함이 과장되게 표현된 시대)에, 놀이 정신이 필수적인 한 부분이 아니었는지 찾아내려고 시도해 본다면 그것은 가치 있는 일이 될 것이다. 그 시대의 지도자적 영향력을 가진 사람들은 스스로를 고전이나 성경의 이름으로 장식하기를 좋아했다. 알쿠인은 호라티우스로, 안길베르트는 호메로스로, 카를 대제 자신은 다윗 등으로 자신을 불렀다. 궁정 문화는 특히 놀이 형태를 채택하는 경향이 있었다. 그 문화는 작고 제한된 범위 안에서 움직였다. 황제 앞에서 느껴지는 경외감은 그 자체로 모든 종류의 규칙과 의제를 규정했다. 카를 대제가 설립한 '황제 학술원(Academia Palatina)'의 공공연한 이상은 '새로운 아테네 신전(Athenae Novae)의 설립'이었지만, 실제에 있어서 이런 고상한 열망은 우아한 놀이에 의해 조정되었다. 궁정 신하들은 시를 짓거나 서로를 조롱하

---

28 두 단어(수학과 물리학) 모두 여기서 중세적인 의미로 사용되었다.

며 경쟁했다. 그들은 고전적 우아함을 지향했지만 그렇다고 해서 아주 오래된 놀이의 특성을 완전 배제하지는 않았다. 카를 대제의 아들 피핀이 알쿠인과 나눈 다음의 문답 담론을 보라.

"저술이란 무엇인가?"라고 피핀이 물었다.

"지식의 보관자"라고 알쿠인은 대답했다.

"말은 무엇인가?"

"생각의 배신자."

"혀란 무엇인가?"

"공기의 회초리."

"공기란 무엇인가?"

"생명의 보호자."

"생명이란 무엇인가?"

"죽음의 노예, 한 장소의 손님, 지나가는 여행자."

이 모든 것이 과거 수수께끼 게임의 분위기를 연상시킨다. 그것은 문답 담론이라는 오래된 놀이이자 수수께끼 경쟁이며 중요한 의미를 살짝 숨겨 놓는 완곡 대칭법(Kenning)이다. 요약해서 말하자면, 고대 힌두 인, 이슬람 도래 이전의 아랍 인, 스칸디나비아 인 등에게서 발견되는 지식 놀이의 모든 특징이 이 궁정 문화에서 다시 한 번 발견되는 것이다.

12세기의 학교와 학파

　11세기 말에 이르자 서양의 신생 국가들은 생명과 모든 피조물에 대한 총체적 지식을 흡수하려는 갈증이 엄청났다. 이러한 지적 갈증은 머지않아 중세 문명의 가장 위대한 창조물 중 하나인 대학으로 구체화되었고 또한 스콜라 철학에서 가장 정교하게 표현되었다. 이런 위대한 정신적 흥분의 시작은 열광적인 동요를 특징으로 하는데, 그런 동요는 모든 주요 문화의 혁신을 예고하는 지표 같은 것이었다.

　아곤적(논쟁적) 요소는 불가피하게 그 당시 학문에서 중요한 위치를 차지했다. 이 요소는 즉시 다양한 방식으로 그 존재를 드러냈다. 이성이나 말의 힘으로 상대를 제압하는 것은 무기를 전문적으로 사용하는 것에 필적할 만한 스포츠였다. 오래된 유혈적 형태의 토너먼트가 등장했다. 상호간 파멸에 집중해 시골을 배회하는 기사의 무리나 가치 있는 적을 찾는 단신(單身)의 챔피언(후기 문학에 의해 굉장히 사랑받게 되는 방랑하는 기사의 역사적 원형)이 그런 토너먼트의 주인공이었다. 이러한 토너먼트의 출현은 11세기 이탈리아의 개혁파 성자(聖者)인 피터 다미아니가 개탄했던 사악한 전문적인 수다쟁이들의 출현 시기와 일치했다. 그들은 옛 그리스 소피스트들처럼 자신들의 기술을 자랑하며 온 세상을 돌아다니면서 혁혁한 승리를 거두었다.

　12세기의 학파에선 가장 격렬한 경쟁 관계가 절대적으로 지배했고 그 바람에 온갖 중상모략이 자행되었다. 교회의 작가들은 당시의 학파에서 어떤 일이 일어났는지 민첩하게 묘사했다. 당시의 학파 내에서는 전반적으로 논쟁으로 시끌벅적하고, 평계와 사소한 일을 따지는 거짓말이 팽배했다. 제자들과 스승들은 무수한 책략과 모호함이 담긴 "단어의 덫과 음절의 그물"로 다른 사람을 우롱했다. 유명한 스승들은 누구나 찾아와서 그 밑에서 공부하려 했고 당연히 높이 숭배되었다. 사람들은 그들을 만났거나 제자로 그 밑에서 공부한 것을 자랑했다.[29]

이런 스승들은 종종 그리스에서 소피스트들이 그랬던 것처럼 막대한 돈을 벌었다. 로스켈리누스는 아벨라르에 관하여 적대적인 중상을 퍼부었는데, 아벨라르가 매일 저녁마다 그의 거짓 가르침으로 벌어들인 돈을 세면서 유흥에 탕진했다고 비난했다. 아벨라르 자신도 돈을 벌기 위해 학문 연구를 했으며 그로 인해 상당한 돈을 벌었다고 시인했다. 그가 물리학(즉, 철학)을 가르치다 성서의 해석으로 갑작스레 방향 전환을 한 것은 내기 때문이었다. 그의 동료들이 그에게 묘기 시범의 한 가지 수단으로 그것에 도전해 보라고 했던 것이다.[30] 그는 오랫동안 전쟁에서 사용되어 온 무기보다 논쟁의 무기를 선호했고, 파리 대학에서 교수를 하고 있는 경쟁자를 공격하기 위해 성 즈느비에브 언덕에 "자신의 학교를 세우기" 전까지 웅변술을 가르치는 여러 학교들을 전전했다.[31] 이런 수사학, 전쟁, 놀이의 혼합은 또한 이슬람

29 Hugo de Sancto Victore, *Didascalia*, Migne P. L. t. 176, 772 D, 803; 『세상의 덧없음에 대하여(*De Vanitate Mundi*)』, ibid. 709; John of Salisbury, *Metalogicus*, i, c. 3; *Policraticus*, v, c. 15.
30 『작품집(*Opera*)』, i, pp.7, 9, 19; ii, p.3.
31 같은 책, i, p.4.

교 신학자들의 학문적 경쟁에서도 발견된다.**32**

학문의 아곤적 성격

경쟁은 스콜라 철학과 대학교의 발전 과정에서 두드러지는 특징이다. 철학적인 논의의 중심적 주제로서는 '보편적 특성'의 문제가 지속적으로 유행했다. 이 유행은 실재론자와 유명론자 사이에 분열을 일으켰고 근본적으로 아곤적이었다.**33**

이러한 유행은 어쩌면 논쟁 중인 문제에 대하여 당파를 형성하려는 기본적인 필요에서 나온 것일지도 모른다. 당파심은 문화적 성장에서 떼어놓을 수 없다. 논쟁 중인 문제는 상대적으로 사소한 것일 수도 있다. 비록 보편적 특성의 문제는 인간의 정신에 중대한 사항이기는 하지만 말이다. 이와 관련된 논란은 오늘날까지도 여전히 해결되지 않았다.

중세 대학의 모든 기능은 충분히 아곤적이고 놀이적이었다. 학문적 논의(현대에서 정기 간행물 등에서 벌어지는 논쟁)를 대신하는 끝없는 논쟁, 여전히 대학 생활의 현저한 특징인 장엄한 의례, 나라별, 부별, 과별, 분

---

32 이 정보에 대해선 스노우크 휘르흐로녜(C. Snouck Hurgronje) 교수에게 감사한다.
33 실재론(realism)은 이데아 같은 보편적 개념이 개인의 생각 바깥, 즉 객관적 세상에 실제로 존재한다고 보는 입장이고 유명론(nominalism)은 이데아는 개인의 생각 속에만 존재하고 바깥세상에는 존재하지 않으며 보편이라는 개념은 이름에 불과하다는 입장임.—옮긴이

파별, 그리고 메울 수 없는 차이로 모임을 만드는 학자들, 이 모든 것이 경쟁과 놀이 규칙의 영역에 속한 현상들이다.

에라스뮈스는 완고하고 오만한 상대인 노엘 베디에에게 편지를 보내 불평하면서 이 문제에 대한 완벽한 인식을 보여 준다. 편지에서 에라스뮈스는 학파의 편협함에 대해 비난한다. 학파의 선배들로부터 물려받은 자료만을 다루고, 논란이 벌어지면 자신들의 특정한 가르침과 불일치하는 관점은 아예 금지한다는 것이다. 에라스뮈스는 말했다. "제 의견으로는, 규칙을 위반하면 게임을 망치는 카드놀이나 주사위 놀이처럼 학파가 어떤 일정한 규칙에 따라 행동할 필요는 없다고 봅니다. 학문적인 토론에서는 새로운 아이디어의 제안이 중요하며 그러한 제안을 도리에 어긋나거나 위험스러운 것으로 생각해서는 안 됩니다."[34]

모든 지식(이는 자연스레 철학도 포함한다)은 본질적으로 논쟁을 불러일으키며, 논쟁은 아곤으로부터 떨어질 수 없다. 새로운 정신의 위대한 보물이 등장하던 시기는 일반적으로 격렬한 논란의 시기였다. 가령 17세기에는 권위와 고전이 약화되고 신앙이 쇠퇴함과 동시에 자연 과학이 영광스럽게 개화했다. 모든 것이 새로운 자세를 잡았으나 당파와 파벌은 여전히 존재했다. 사람들은 데카르트나 뉴턴을 지지하거나 반대했고, '현대파(les modernes)'인지 '고대파(les anciens)'인지 선택해야만 되었다. 또한 지구의 양 극단이 평평한지, 혹은 종두(種痘,

---

34 『에라스뮈스의 저작 중 서간집』, ed. Allen, vi, No. 1581, 621, sq.

inoculation)를 어떻게 보는지에 대해서도 찬반의 양론이 있었다.

18세기에는 여러 국가의 학자들 사이에 활발한 지적 교환이 벌어졌다. 다행스럽게도 당시의 제한된 기술 덕분에 오늘날 굉장한 두통거리인 인쇄물의 홍수는 방지할 수 있었다. 이 시대는 진지한 혹은 오락적인 필전(筆戰: 펜을 가지고 벌이는 싸움)을 하기에 아주 적합한 시대였다. 음악, 가발, 경박한 합리주의와 더불어 로코코 양식의 우아함과 살롱의 매력이 넘쳐나던 시대였다. 펜을 가지고 벌이는 엄청난 싸움은 그런 놀이 정신의 필수적 한 부분이었다. 18세기의 이런 특징은 누구나 인정하는 사항인데, 우리는 때때로 그것을 부러워하게 된다.

H⊕MO
LUDENS

Johan Huizinga———

10장

예술에서 발견되는
놀이 형태

이미 살펴보았듯이 놀이는 시의 본능 같은 것이며, 모든 형태의 시적 표현이 놀이의 구조와 긴밀하게 연결되어 있어 그 유대는 끊을 수 없다. 심지어 더 높은 단계, 즉 놀이와 음악의 관계에서도 그러한 유대가 발견된다.

앞에서 몇몇 언어들에서 악기 다루기가 '놀이하기'로 표현된다고 언급했는데 구체적으로 아랍 어, 게르만 어, 슬라브 어 등이 그러하다. 이처럼 동양과 서양에서 악기 다루기를 같은 단어로 지시하는 현상은 차용, 혹은 우연의 일치라고 보기 어렵기 때문에, 음악과 놀이 사이의 유사성을 드러내는 이러한 상징에 뿌리 깊은 심리적 원인이 놓여 있을 것이다.

음악과 놀이

둘 사이의 유사성은 겉으로는 자연스럽게 보여도 그 근본적 이유를 명확한 정립하는 것은 쉬운 일이 아니다. 그보다는 음악과 놀이의 공통 요소를 열거하는 것이 더 쉽게 느껴진다. 앞에서 우리는 놀이가 실용적인 생활의 합리성 밖에 존재하며 따라서 필요성, 실용성, 의무 혹은 진실과는 아무런 상관이 없다고 했는데 이런 설명은 음악에도 똑같이 적용된다. 더욱이 음악적 형태는 논리적 개념을 초월하는, 심지어 보이는 것과 만지는 것에 대한 상식을 초월하는 가치에 의해 결정된다. 이런 음악적 가치들은 일반적으로 사용되는 명칭, 즉 리듬이나 하모니 같은 특수한 명칭들의 관점에서만 이해될 수 있는데 이는 놀이, 혹은 시에도 똑같이 적용된다.

실제로 시, 음악, 놀이는 리듬과 하모니를 공통 요소로 취한다. 하지만 시에서는 일부 시어(詩語)의 의미가 시를 순수한 놀이 밖으로 나오게 하여 관념화와 판단의 영역으로 들어서게 하는 반면 음악은 그 비구상성 때문에 처음부터 끝까지 놀이 영역을 벗어나는 법이 없다. 시가 고대 문화에서 그토록 중요한 의례적·사회적 기능을 발휘했던 이유는 음악적 낭송과 밀접한(또는 떨어질 수 없는) 관계였기 때문이다.

모든 진정한 의례는 노래 부르고, 춤추고, 놀이하기를 동시다발적으로 수행했다. 현대인들은 의례와 신성한 놀이에 대한 감각을 잃어버렸다. 우리의 문명은 오랜 세월이 흐르면서 너무 정교해졌다. 하지만 음악적 감성은 여전히 그런 감각을 되살려 준다. 우리는 음악의 분위기를 타는 순간 의례를 느끼게 된다. 음악을 즐기면서, 그것이 종교적인 개념을 표현하는 것이든 아니든 아름다움의 감각과 성스러움에 대한 느낌이 하나로 합쳐지고 놀이와 진지함의 구분이 사라져서 하나로 융합된다.

그리스의 음악 사상

그리스 사상에서 놀이, 일, 미학적 즐거움의 상호 관계가 어떻게 하여 현대의 그것과 아주 다르게 형성되었는지 이해하는 것이 중요하다. 그리스 어의 μουσική(무시케, mousiche)라는 단어는 우리의 '음악(music)'이라는 단어보다 훨씬 넓은 범위를 갖고 있었다. 이 단어는 악기에 맞춰 노래 부르고 춤추는 것을 포함할 뿐만 아니라 아폴로와 뮤즈가 관장하는 기술, 예술, 장인의 솜씨 등을 포함했다.[1] 이런 기술들

---

1 'muse'라는 단어는 많은 언어에서 발견된다. 그리고 이 단어의 어원을 찾는 여러 저술들이 이미 나와 있다. 그리스 어 mousa는 추구하다, 갈망하다, 선망하다는 뜻을 가진 동사 μάειν에서 유래했다고 여겨지는데 이 단어는 '여성 발명가', 추구와 욕구로부터 추측된 발명을 뜻한다. mousa는 또한 본래 μάειν과 그의 변형들(μεμα ώς: 흥분된, μαίνεσθαι: 분노하다, μανία: 광분, μάντις: 예언자)에 함축된 '날카로운 광분'의 감정에 관련되었다. 이 모든 의미들은 다른 언어들의 같은 어원 형태가 보여 주듯이 영어 동사 'muse'에 포함된다. 욕구(desire)는 심사숙고, 명상을 내포하며 명상은 여가(leisure)를 내포한다. 그리고 둘 모두 '명랑한' 상태를 나타내며 명랑할 때는 중얼거리거나 속삭이는 경향이 있다. 따라서 μύξειν은 중얼거리다 이며 노르웨이 어의 mussa, mysja는 속삭인다는 뜻이다. 참조. 이탈리아 어 mussare. 이 단어는 입을 크게 벌리다, 심각하게 의아해하는 상태를 가리킨다. 이탈리아 어 muso는 입을 가리키고 여기서 muzzle(주둥이)이 나왔다. musing에서의 여가 요소는 독일어 Musse(한가함)에서 직접적으로 표현되고 간접적으로는 amusement(즐거움)에서 나온다 —영역자 주

은 뮤즈의 영역 밖에 있는 조형 예술, 기계 예술과는 구분이 되었고 총칭하여 '음악적' 예술이라고 했다. 그리스 사상에서 '음악적'인 모든 것은 의례, 특히 축제와 관련이 있었다. 의례는 이 축제 속에서 고유의 기능을 담당했다.

의례, 춤, 음악, 놀이 사이의 관계는 플라톤의 『법률』에 가장 명쾌하게 서술되어 있다.[2] 플라톤에 의하면, 신들이 슬픔을 안고 태어난 인간을 동정하여 그들이 고민으로부터 잠시 벗어나 휴식을 취하도록 추수감사 축제를 정하고 뮤즈의 수장인 아폴로와 디오니소스를 보내 인간의 동료로서 어울리게 했다는 것이다. 이런 축제 때의 신성한 사교로 인해 인간들 사이의 질서가 회복되었다. 이어 플라톤은 젊은이들이 몸과 목소리를 가만히 내버려두지 못하고 끊임없이 움직이며 즐거움의 소음을 내며 나아가 온 사방으로 뛰어다니고 춤추고 온갖 종류의 고함을 질러대고 싶어 한다는 것을 지적한다. 플라톤은 이것을 자주 인용되는 그의 「놀이론」에서 설명한다. 다른 생물들은 질서와 무질서의 구분, 즉 리듬과 하모니의 개념을 구분하지 못하는 반면 우리 인간은 춤의 동료로 축제에 동참하는 신들로부터 리듬과 하모니의 가르침을 받았다. 이 리듬과 하모니의 인식엔 항상 즐거움이 수반된다. 바로 음악과 놀이의 직접적 연관이 분명하게 성립된다.

이러한 사상이 비록 중요하기는 하지만, 앞에서 언급한 바 있듯이, 그리스 인의 마음에 놀이 전반을 가리키는 단어를 정립하도록 강

---

2 『법률』, ii, 653.

요하지는 못했다. 그리하여 놀이에 해당하는 그리스 어 단어 파이디 아는 포괄적으로 놀이 현상을 가리키지 못하고 아이들의 놀이, 유치 한 것, 하찮은 것이라는 의미만 내포했다. 따라서 파이디아는 더 높 은 형태의 놀이를 지시하는 용어로는 사용되지 않았다. 따라서 더 높 은 형태의 놀이는 아곤(ἀγών, agon: 경쟁적 경기)이나 스콜라제인(σχολάξε ιν, skolazein: 여가 시간을 보내다), 디아고게(διαγωγή, diagoge: 문자 그대로는 '시 간을 보내다'의 뜻이지만 대략적으로 '오락, 취미' 정도로 번역될 수 있다) 같은 단어로 표현해야 되었다.[3] 하지만 이런 단어들은 놀이의 요소를 배제했다.

이렇게 볼 때 그리스 인들은 이런 모든 아이디어를 통합하여 하나 의 일반적인 개념(단어)으로 정립하는 데는 실패했다. 이에 비해 라틴 어 루두스(ludus), 그리고 유럽의 여러 언어에서 놀이에 해당하는 단어 들이 일반적 개념을 명쾌하게 품고 있다. 이런 일반적 용어가 없었기 때문에 플라톤과 아리스토텔레스는 음악이 놀이 이상의 것인지, 그 렇다면 어떤 기능을 발휘하는지 등을 결론내기 위해 장황하게 서술 해야만 되었다. 앞에서 잠깐 인용한 플라톤의 『법률』은 다음과 같이 계속된다.[4]

실용성도 진실도 유사함도 없으면서 그 효과에서 아직까지 해로움 도 없는 그것은 그 안에 있는 카리스(charis: 매력)의 기준, 그리고 그것

---

3   아래 참조.
4   『법률』, ii, 667 E.

이 제공하는 즐거움에 의해 판단될 수 있다. 이렇다 할 선도 악도 포함하지 않는 그런 즐거움이 바로 파이디아(παιδιά, paidia : 놀이)이다.

우리는 플라톤이 음악적 낭송(즉, 우리가 이해하는 음악)에 대해서 위와 같이 말했다는 것을 주목해야 한다. 그는 음악이 이런 즐거움보다 더 높은 것을 추구해야 한다고 말했다. 이어 아리스토텔레스의 말을 주목해 보자.[5]

음악의 본질은 정의하기 쉽지 않고, 또 우리가 음악의 지식으로부터 이끌어내는 이득도 정의하기가 쉽지 않다. 놀이(παιδιά, paidia : 우리는 여기서 이 단어를 '즐거움' 혹은 '기분 전환'으로 해석할 수 있다)와 오락을 위한 음악은 잠을 자거나 술을 마시는 것과 비슷한 게 아닐까? 그 자체로 중요하지도 진지하지도(σπουδῖα, spoudaia) 않지만 즐거움을 가져와 근심을 없애주는 효과는 마찬가지이니 말이다. 많은 사람들이 음악을 이런 방식으로 이용하고 있고 또 이 세 가지—음악, 술, 수면—에 춤을 추가하고 있다. 그렇다면 음악이 체육처럼 신체를 건강하게 해주고 특정한 정신을 함양하며 적절한 방식으로 사물을 즐기게 해주므로 인간을 미덕으로 이끈다고 할 수 있을까? 아니면 마지막으로(아리스토텔레스에 의하면 이는 세 번째 기능이다), 음악이 정신적인 오락(diagoge)과 이해(φρόνησις, phronesis)에 기여한다고 할 수 있을까?

---

5 『정치학』, viii, 1399 A.

디아고게

디아고게(διαγωγή)라는 그리스 어는 굉장히 중요한 말이다. 문자 그대로는 시간을 '보내는 것', 혹은 '소비하는 것'이지만 이를 '취미'로 표현할 때에는 아리스토텔레스의 일과 여가에 대한 사상을 전제로 해야만 비로소 제대로 이해할 수 있다. 아리스토텔레스는 이렇게 말했다.[6] "오늘날 대부분의 사람들은 즐거움을 위해 음악을 연습하지만, 옛사람들은 파이데이아(παιδεία, paideia: 교육. 파이디아(παιδιά: 놀이)와는 다른 단어이므로 주의를 요함—옮긴이)를 위해서도 연습했다. 왜냐하면 자연은 우리에게 일을 잘 하기를 바랄 뿐만 아니라 잘 빈둥거리는 것 또한 바라기 때문이다." 아리스토텔레스에게는 빈둥거림, 즉 여가는 우주의 원칙이었다. 빈둥거리는 것은 일하는 것보다 나았으며, 실제로 그 자체가 모든 일의 텔로스(τέλος, telos: 목적)였다. 일을 중시하고 여가를 대수롭지 않게 보는 우리의 노동관을 전도시킨 이러한 사상은 분명 이상하게 보일 것이다. 하지만 그리스에서 자유민은 생계를 위해 일할 필요가 없었던 만큼 교육적 성격의 고상한 직업에서 인생의 목표를 추구할 여가가 있었으므로, 이런 사상을 이해하지 못할 것도 아니다. 그리스의 자유민에게 중요한 문제는 어떻게 그의 디아고게, 즉 자유 시간을 선용할 것인가였다. 하지만 파이디아에는 자유 시간을 소비하지 않았다. 그렇게 된다면 놀이가 인생의 목표가 되는 것이니 말

---

6 같은 책, 1337 B

이다. 아리스토텔레스에게는 파이디아가 단지 아이들의 놀이였기에 그런 생활 목표는 불가능한 것이었다.

파이디아는 일에서 받은 긴장을 완화하고, 정신에 휴식을 제공하는 일종의 강장제로 여겨졌다. 하지만 여가는 그 자체에 모든 즐거움과 인생의 기쁨을 담고 있었다. 평상시에 자기에게 없는 것을 열심히 추구하다가 어느 순간에 이르러 그런 노력을 중단함으로써 얻게 되는 행복, 그것이 삶의 목적(telos)이었다. 하지만 모든 사람은 같은 것에서 행복을 찾지 않는다. 더욱이 여가를 즐기는 사람들이 가장 선량한 사람이고 또 그들의 열망이 가장 고상할 때 행복은 최고가 된다. 따라서 이 디아고게를 얻고, 또 특정한 것들을 배우기 위해 자기 자신을 교육해야 한다고 그리스 인은 생각했다. 그 특정한 것들은 어떤 실용적 일들을 위해서가 아니라 그 특정한 것들 자체를 위해서 배워야 했다. 이런 이유로 그리스 인들은 음악을 파이데이아(교육, 문화)라고 간주했다. 읽기와 쓰기는 실제 생활에 반드시 필요하거나 유용한 것은 아니었지만 자유 시간을 보내는 데에는 아주 적절한 기능으로서 이것들을 배우는 것이야말로 파이데이아의 특징이었다.

이러한 설명에서 우리는 옛사람들이 놀이와 진지함을 구분하는 기준은 우리의 그것과 굉장히 달랐다는 것과, 또 그(놀이와 진지함에 대한) 평가 기준이 우리의 그것과 다르다는 것을 알 수 있다. 디아고게는 자유민에게 어울리는 지적·미학적 열중을 은연중에 의미하게 되었다. 아리스토텔레스는 이렇게 말했다.[7] 아이들은 아직 디아고게를 즐길 수 없다. 디아고게는 최종 목표이고 완성이며, 따라서 이 완전한 것에는 불완전한 자가 접근할 수 없기 때문이다. 음악을 즐기는 것은 그런 마지막 행동 목표에 가까운 것인데, 이는 미래의 이익을 위해 추구하는 것이 아니라 음악 그 자체를 추구하는 것이기 때문이다.

미메시스

이러한 음악 사상은 음악을 고상한 놀이와 '예술을 위한 예술'의 중간쯤에 위치시킨다. 하지만 우리는 아리스토텔레스의 관점이 음악의 본질과 중요성에 대한 그리스 사상을 대표한다고 단언할 수는 없다. 그의 견해는 다른 더 간단하고 더 대중적인 견해와 대비되는데, 이 견해에 따르면 기술적으로, 심리적으로, 무엇보다도 도덕적으로 굉장히 분명한 기능을 음악이 발휘한다는 것이다. 음악은 모방 예술에 속하며, 이러한 미메시스(mimesis: 모방)의 효과는 긍정적이거나 혹은 부정적인 종류의 도덕적 감정을 일깨운다는 것이다.[8] 음악의 멜로디, 음계, 춤 속의 자세 등은 무언가를 나타내고, 설명하고, 묘사하며 이렇게 묘사된 사물이 좋은지 나쁜지, 아름다운지 추한지에 따라 음악도 그런 특성(선악과 미추)을 갖게 된다는 것이다. 바로 여기에 음악의 도덕적·교육적인 가치가 있다. 왜냐하면 모방의 경험은 모방된

---

7 『정치학』, viii, 1339 A, 29.

8 플라톤, 『법률』, ii, 668.

감정을 깨우기 때문이다.[9]

따라서 올림피아의 멜로디는 열정을 깨우고 다른 리듬과 멜로디는 분노, 진정, 용기, 명상 등을 제시한다. 촉각과 미각은 그 어떤 도덕적인 효과도 없고 시각은 아주 미약한 효과를 갖고 있지만 다양한 성질의 멜로디는 정신(ethos)을 표현하고 따라서 특정한 음계는 도덕적 중요성의 수단이 된다. 리디아의 음계(The Lydian mode)는 사람을 슬프게 하고 프리기아의 음계(The Phrygian)는 사람을 진정시키고 플루트는 사람을 흥분시키는 등 각 악기는 다른 윤리적 기능을 가지고 있다.

플라톤에게 있어서 미메시스(모방)는 예술가의 정신적 태도를 서술하는 일반적 용어였다.[10] 미메테스(mimetes : 모방하는 사람), 즉 창조하고 제작하는 예술가는 그가 모방하는 사물이 좋은지 나쁜지 스스로 알지 못했다. 미메시스는 그에게 단지 놀이일 뿐 진지한 일이 아니었다.[11] 심지어 비극 시인들도 마찬가지였다. 플라톤은 그들 역시 모방자(mimetikoi)라고 했다. 창조적인 작업에 대한 이 다소 깔보는 정의가 무엇을 의미하는지, 그에 대한 질문은 잠시 제쳐 두기로 하자. 그 의미는 아주 명확하게 밝힐 수 있는 것이 아니기 때문이다. 하지만 요점은 플라톤이 창조성을 놀이로 이해했다는 사실이다.

---

9 아리스토텔레스, 『정치학』, viii, 1340 A.

10 『국가』, x, 602 B.

11 einai paidian tina kai ou spouden ten mimesin(미메시스는 별 힘이 들지 않는 놀이이다).

음악의 기능

그리스의 음악 사상을 논하는 과정에서 다음의 사실이 분명해졌다. 음악의 본질과 기능을 정의하려는 과정에서 인간의 생각은 언제나 순수한 놀이의 영역으로 기울어졌다. 모든 음악적 행동의 본질이 놀이라는 근본적 사실이 항상 명료하게 표명되지 않더라도 모든 곳에서 암묵적으로 이해되고 있다. 원시적인 문화의 단계에서, 음악의 다양한 특성들은 거칠고 순진하게 구별되고 규정되었다. 사람들은 천상의 합창, 천상의 영역 등의 표현으로 신성한 음악이 일으키는 황홀을 표현했다.

종교적인 기능과는 별개로 음악은 교육적인 오락, 즐거운 기술, 또는 단순히 쾌활한 여흥으로 칭송되었다. 음악이 그 가치를 인정받고 공개적으로 고도의 개인적인 체험, 마음 깊은 곳의 감성적인 경험의 원천, 그리고 인생의 가장 훌륭한 축복 중 하나로 인지되기까지 굉장히 오랜 시간이 걸렸다. 오랫동안 음악의 기능은 순전히 사교적이고 놀이적인 것이었으며 비록 연주자의 기술적인 능력은 굉장히 찬사를 받았으나 정작 음악가 자신은 경멸당했고 음악은 비천한 일로 분류되었다. 아리스토텔레스는 음악가들을 비천한 사람들이라 했고, 음악가들은 거의 우리 시대에 이르기까지 요술쟁이, 곡예사, 광대 등과 같은 부류로 취급받는 방랑자였다.

17세기에 군주는 음악가들을 경주마를 다루는 것처럼 다뤘으며 궁정의 오케스트라는 완전히 하위 취급을 받았다. 루이 14세 때에는

'왕실 악단(musique du roi)'에 상근 작곡가를 두었다. 왕의 '24개의 바이올린들'은 동시에 무대 연기자이기도 했다. 음악가들 중 한 명인 보캉(Bocan)은 춤의 달인이었다. 심지어 하이든이 에스테르하지 가문에서 제복을 입고 공작으로부터 매일 지시를 받았다는 것은 주지의 사실이다.

그 당시의 귀족 청중들은 굉장한 음악 감식가였지만 그에 비하여 예술의 장엄함과 그 연주자들에 대한 존경심은 지나칠 정도로 낮았다. 오늘날 이해되는 음악회의 예절, 즉 신성한 곳을 찾아간 듯 절대적으로 침묵하는 것과, 지휘자에게서 마법과도 같은 경이로움을 느끼는 것은 아주 최근의 일이다. 18세기 음악회의 장면을 담은 그림은 청중이 우아한 대화에 몰두하고 있는 장면을 보여 준다. 연주 도중 오케스트라나 지휘자를 향해 말을 거는 것은 프랑스의 음악적 환경에서 흔한 일이었고 심지어 30년 전에도 그랬다.

음악은 여전히 주로 막간의 여흥이며 음악에서 가장 찬사를 받는 것은 묘기였다. 작곡가의 창작물은 결코 신성불가침의 것은 아니었으며, 양도할 수 없는 그의 권리 혹은 자산으로 여겨지지 않았다. 연주자들이 자유롭게 카덴차를 아낌없이 남발하자 그것을 억제하려는 조치가 취해졌다. 예를 들면, 프리드리히 대왕은 가수들에게 음악의 본질을 바꿔놓을 정도로 기교를 부려가며 윤색하는 것을 금지시켰다.

음악보다 더 경쟁을 중시하는 행위는 없을 것이다. 이러한 경쟁 분위기는 마르시아스와 아폴로 사이의 대결 이래로 계속 유지되었다. 바그너는 이런 노래 대결들을 그의 오페라 「마이스터징거

(Meistersinger)」에서 불멸화시켰다. 「마이스터징거」 시대 이후의 예를 들면 우리는 헨델과 스카를라티 사이의 대결이 1709년에 오토보니 추기경에 의해 조직된 사례를 들 수 있다. 두 작곡가에게 선택하라고 제시된 악기는 하프시코드와 오르간이었다. 1717년에는 작센의 선제후이자 폴란드의 왕이었던 강건왕 아우구스투스(Augustus the Strong)가 요한 세바스찬 바흐와 마르샹(Marchand) 사이의 대결을 성사시키려 했으나 마르샹이 나타나지 않아 불발로 그쳤다. 1726년에는 두 이탈리아 가수 파우스티나와 쿠초니 사이의 경쟁이 치열하여 런던 사교계가 그 소문으로 들끓었다. 물론 난투극과 야유도 벌어졌다. 음악적인 삶에는 놀라울 정도로 손쉽게 당파가 생겨난다. 18세기는 음악적인 파당들로 가득했다. 보농치니와 헨델의 대결, 글루크와 피치니의 대결, 파리를 본산으로 하는 '부퐁'과 오페라의 대결 등이 구체적 사례였다. 이런 음악적인 다툼은 때때로 지속적이고 격화된 대립의 특성을 보이기도 했다. 가장 좋은 예가 바그너 파와 브람스 파의 대립이다.[12]

다양하게 우리의 미학 사상을 자극했던 낭만주의 또한 음악을 인생의 심오한 가치로 널리 홍보시킨 주요한 촉매제였다. 물론 이런 진가의 확인이 음악의 더 오래된 기능들을 배제하지는 않았다. 여전히 경쟁적인 요소는 번창했다. 나는 신문에서 1937년 파리에서 첫 번째로

---

12 브람스와 바그너의 대립은 낭만주의 시대의 보수와 혁신의 갈등을 말한다. 브람스 파는 독일 고전음악의 완성자인 동시에 낭만주의를 예시한 베토벤의 위업을 충실히 계승하는 것이 우선 과제라고 본 반면, 바그너 파는 베토벤을 정점으로 기악곡이 완성에 이른 만큼, 오페라에서 새로운 혁신을 일으키는 것이 긴요하다고 보았다. 하지만 19세기 말 바그너 파가 득세했다. 옮긴이

국제 음악 경쟁이 열렸다는 기사를 봤다. 작고한 상원의원 앙리 드 주브넬(Henry de Jouvenel)에 의해 제정된 상은 작곡가 포레의 여섯 번째 피아노 야상곡을 가장 훌륭하게 연주한 사람에게 돌아갔다.

무용은 순수 놀이

　모든 음악적인 것에서 놀이의 영역을 발견한다면 음악의 쌍둥이 자매인 춤에서는 더욱 그러하다. 우리가 원시인들의 신성하거나 혹은 마법적인 춤을 생각하든, 그리스 의례에서의 춤을 생각하든, 계약의 궤(Ark of Covenant) 앞에서 추었다는 다윗 왕의 춤을 생각하든, 단순히 축제의 일부분인 춤을 생각하든, 무용은 항상 모든 시기, 모든 사람들에게 순수한 놀이였으며 존재하는 놀이 형태들 중에서 가장 순수하고 가장 완벽한 것이다. 춤의 모든 형태가 이런 놀이 특질을 보여 주는 것은 아니다. 놀이 요소는 코랄(choral), 혹은 피겨(figure) 댄스에서 가장 쉽게 식별할 수 있지만 독무(solo dance)에서도 발견된다. 사실 춤이 공연, 전시, 그리고 미뉴에트나 카드리유에서처럼 리드미컬한 움직임의 표현인 한, 어느 곳에서든 그런 놀이 요소를 확인할 수 있다.

　윤무, 코랄 그리고 피겨 댄스가 둘이 추는 춤—왈츠나 폴카에서처럼 순회하는 형태를 취하든, 현대 춤의 미끄러짐, 그리고 심지어 곡예 형태를 취하든—으로 대체된 것은 쇠퇴하는 문화의 증상이다. 만약 우리가 춤의 역사와 춤이 예전 시대에 성취했던 아름다움과 양식에서의 높은 기준을 살펴보고, 또한 아직까지 예술 형태로 부흥된 춤의 형태(예로, 발레가 있다)를 살펴본다면 그렇게 단정하는 근거를 충분히 발견할 수 있다. 그 외에 현대 춤에서는 놀이 특질이 희미해지는 경향을 보인다.

놀이와 춤의 관계는 너무나 밀접해서 설명이 불필요하다. 이렇게 말한다고 해서 춤이 그 안에 놀이의 어떤 특질을 가지고 있다는 것은 아니고, 춤이 놀이의 필수적 한 부분이라는 것을 말해 두고 싶다. 놀이와 춤의 관계는 직접적인 참여의 관계이며, 거의 본질적으로 동일하다고 할 수 있다. 춤은 놀이하기의 구체적이면서도 완벽한 형태이다.

조형 예술의 비(非) 놀이적 특징

시, 음악, 춤과는 다르게 조형 예술과 놀이의 관계는 덜 명확하다. 그리스 정신은 시, 음악, 춤은 뮤즈의 소관으로 할당하고 조형 예술에 속한다고 생각되는 것들에게는 그런 위엄을 부여하지 않음으로써, 두 분야의 미학적 생산과 인식에 기본적 차이점이 있음을 명확히 했다. 조형 예술은 신성한 신들의 지도를 별로 받지 못했으며 그런 지도를 받는다고 생각될 때에는 헤파이스토스나 아테나 에르가네(일을 관장하는 아테나 여신)의 몫이라고 생각되었다. 조형 예술가들은 시인들이 받았던 주목과 인정을 받지 못했다. 그렇다고 해서 예술가의 명예가 뮤즈 소속이냐 아니냐에 따라 결정된다고 말하려는 것은 아니다

왜냐하면 이미 우리가 앞에서 살펴보았듯이 음악가의 사회적 위치도 전체적으로 굉장히 낮았기 때문이다.

조형 예술과 음악 예술, 이렇게 둘을 놓고 볼 때, 전자에는 대체적으로 놀이 특질이 결여된 반면 후자에는 명백하게 존재한다. 여기서 그 주요 원인을 찾을 필요는 없다. 미학적으로 뮤즈의 예술, 혹은 '음악' 예술을 활성하기 위해서는 연주가 되어야 한다. 하나의 예술 작품은 비록 사전에 작곡되고, 연습되고, 기록되기는 하지만 실제로는 무대 위에서 실연할 때 비로소 생생하게 살아난다. 문자 그대로 청중 앞에서 재현되거나 생산되어야 한다. '음악' 예술은 행동이며 매번 그런 행동이 공연에서 반복되어야 즐길 수 있다.

이 주장은 천문학, 서사시, 역사가 각각 고유한 뮤즈를 가지고 있다는 사실에 의해 반박될 수도 있다. 하지만 아홉 뮤즈에게 특별한 기능을 귀속시킨 것은 후대에 추가된 사항이며, 최소한 서사시와 역사(각각 클리오와 칼리오페의 영역)는 원래 바테스가 하는 일의 일부분이었다. 그렇기 때문에 서사시는 읽거나 연구하는 것이 아니라, 장엄한 음악 반주에 맞춰 시로 낭송되어야 했다. 서사시는 음악과 춤처럼 하나의 행동이었고 그것들처럼 공연을 해야 되었다. 이러한 특징은 서사시의 즐거움이 듣는 것에서 읽는 것으로 옮겨간다고 해도 상실되지 않는다. 뮤즈에 의해 관장되는 예술들의 정수인 '행동'을 가리켜 놀이라고 불러도 무방할 것이다.

그러나 조형 예술에서는 사정이 많이 다르다. 물질과 물질적 형태의 제약에 묶여 있다는 그 사실만으로도 자유로운 놀이가 어렵고, 음악과 시처럼 천상의 공간으로 날아가는 것도 하기 어렵다. 이런 점에서 춤은 다소 절충적인 위치에 있다. 춤은 음악적인 동시에 조형적인 까닭이다. 리듬과 움직임이 주요 요소라는 점에서는 음악적인가 하면, 물질에 묶여 있을 수밖에 없다는 점에서는 조형적이다. 춤의 실행은 제한적으로 움직이는 인간의 신체에 의존하고 그 아름다움은 움직이는 신체 그 자체의 아름다움이다. 춤은 조각과 마찬가지로 조형적 창조이지만 어느 한순간의 창조이다. 춤을 수반하는 필수적 조건인 음악과 마찬가지로 춤은 반복 능력을 통해 생명을 얻는다.

조형 예술과 '음악' 예술 사이에 존재하는 본질적인 구분은 뇌두더라도 정서와 작용의 측면에서도 차이가 있다. 건축가, 조각가, 화가, 제도공, 도예가, 장식 예술가들은 일반적으로 수고를 아끼지 않는 근면한 작업을 통해서 물질에 어떤 미학적인 충동을 부여하고 그것을 고정시킨다. 그들의 작품은 지속성을 갖고 있고, 그 어느 때든 관중에 의해서 관람될 수 있다. 조형 예술의 정서적 효과나 작용은 음악에서처럼 다른 사람들 혹은 예술가 자신의 특별한 공연에 의존하지 않는다. 일단 그 작품이 완성되면, 말이 없고 움직일 수 없더라도 그것을 보아 주는 관중이 있는 한 그 효과는 계속 생산된다.

조형 예술 작품은 생생하게 살아나기 위해 공적인 '행위'를 필요로 하지 않고, 이 때문에 놀이 요소가 개입할 여지가 없다. 조형 예술가는 비록 창조적 충동에 사로잡힌다고 하더라도 그런 충동에 그쳐서는 안 되고 언제나 진지하고 열심히 작업을 해야만 하며 항상 자신을 점검하고 교정해야 한다. 그의 영감은 구상 단계에서는 자유롭고 격렬할지도 모르지만, 그 영감을 구현하는 과정에서는 손의 기술과 숙달에 의존해야 한다. 어느 모로 보니 조형 예술 작품의 실행에서는 놀이 요소가 결여되어 있고 그 작품을 응시하고 감상하는 데에도 마찬가지이다. 왜냐하면 가시적인 '행동'이 없는 곳에서는 놀이가 있을 수 없기 때문이다.

조형 예술에서 이런 손재주, 근면함, 끈질김의 특질이 놀이 요소를 막고 있다는 점 이외에 실용적인 목적이 그런(비 놀이적) 측면을 더욱 강화한다. 이것은 미학적 충동과는 아무런 상관이 없다. 어떤 것을 만들도록 위임 받은 사람은 진지하고 책임감 있게 그 일을 해내야 한다. 그 어떤 놀이의 개념도 여기선 통하지 않는다. 그는 의례의 기능이나 인간적 용도에 충실히 봉사할 수 있는 건물 가령 사원이나 주택을 지어야 한다. 아니면 용기(容器), 의복, 동상 따위를 만들어야 하는데 이런 것들은 당초의 상징적 혹은 미메시스적 용도에 부응해야 한다.

따라서 조형 예술의 과정은 완전히 놀이의 영역 밖에서 진행되지만 그 작품은 어떤 의례, 축제, 오락 혹은 사회적 사건 등에서 널리 전시된다. 동상의 제막, 초석(礎石)의 정립 등은 그 자체로는 창조적 과정의 비본질적 부분으로서 대부분 최근에 나타난 현상이다. '음악' 예술은 같이 기뻐하는 분위기 속에서 살아나고 번성하지만 조형 예술은 그렇지 않다.

예술 작품의 의례적 성질

이런 근본적 차이에도 불구하고 조형 예술에서 놀이 요소의 자취를 찾는 것은 어느 정도 가능하다. 고대 문화에서 조형 예술 작품은 주로 의례에서 신성한 중요성을 가진 물체로서 인식되고 기능을 발휘했다. 아름답게 장식된 건물들, 동상들, 의복들, 무기들은 모두 종교적인 세계에 속하기도 했다. 그런 물체들은 마법적인 힘을 지녔으며, 굉장히 자주 신비적인 존재를 대표했기 때문에 상징적인 가치를 지녔다. 의례와 놀이는 아주 밀접하게 연관되어 있으므로, 조형 예술 작품의 제작과 감상에서 의례의 놀이 특질을 자연스럽게 찾아낼 수 있다. 여기서 나는 과감하게 의례, 예술, 놀이 사이의 어원적 연결이 그리스 단어 아갈마(ἄγαλμα, agalma)에 숨겨져 있다고 말하고자 한다.

아갈마는 다양한 의미를 가진 어원에서 유래했는데 주로 환희와 축하의 개념이고 독일어 프롤로켄(frohlocken)에 해당하며 이 독일어 단어 역시 종교적 의미로 자주 사용된다. 주변적인 의미로는 '축하하다', '빛나게 하다', '자랑삼아 보이다', '기뻐하다', '꾸미다' 등이 있다. 명사로 사용될 때 주요 의미는 장식, 전시물, 귀중한 물건, 즉 항상 즐거움을 주는 아름다운 물건이다. '밤의 아갈마'라는 어구는 별들을 시적으로 묘사한 그리스 어 표현이다.

이러한 의미로부터 약간 떨어진 의미로서, 아갈마는 동상, 특히 신의 동상을 의미한다. 나는 이 단어가 '봉헌의 선물'을 의미하는 중간 용어를 거쳐 이런 의미를 얻게 되었으리라고 추측한다. 이렇게 본 때 그리스 인들은 기뻐하고 찬양하면서 드리는 봉헌 행위의 용어(아갈마)를 기지고 신의 동상(즉 성스러운 예술의 본질)을 가리켰다. 이런 추측을 받아들인다면 우리는 고대 의례의 특성인 성스러운 놀이의 분위기에 굉장히 가까이 다가가게 된다. 하지만 이러한 관찰로부터 더 이상의 단정적인 결론은 내리지 않겠다.

실러의 놀이 본능

선천적인 '놀이 본능(Spieltrieb)'의 용어로 조형 예술의 기원을 설명하고자 했던 이론은 오래전 실러(Schiller)[13]에 의해 제안되었다. 실제로 사물을 장식하려는 본능적이고 자발적인 욕구는 부정할 수 없다. 그리고 이를 편하게 놀이 기능으로 부를 수도 있다. 이런 것은 연필을 손에 쥐고 지루한 회의에 참석해 본 사람이라면 금방 알 수 있다. 자신이 무엇을 하고 있는지 거의 의식하지 않은 채 우리는 선, 평면, 곡선, 덩어리를 그리며 놀게 되는데 이런 멍한 낙서에서 환상적인 아라베스크, 기묘한 동물 혹은 인간 형태가 나타나게 된다. 어떤 무의식이 이런 지루함과 무기력의 최고 예술을 만들어내는지 그 문제는 심리학자들에게 맡겨두고 잊어버리기로 하자. 하지만 이런 놀이는 더 높

---

13 실러, 『인간의 미학적 교육에 대하여(*Ueber die aesthetische Erziehung des Menschen*)』, 1795, 열네 번째 편지.

은 구조를 갖춘 조직화된 놀이가 아직 없었을 때 갓 태어난 아이의 놀이와 유사한 저급의 놀이 기능일 뿐이다.

조형적 창조는 뇌두고라도 예술에서의 장식적인 모티프의 기원을 설명함에 있어서도 이런 종류의 심리적 기능은 좀 부적절하다. 목적 없는 손의 정처 없는 움직임이 그런 장식적 모티프를 만들어낼 수 있다는 가정은 불가능하다. 이와는 별개로 조형적 욕구는 결코 단순한 표면의 장식에 만족하지 않는다. 조형적 욕구는 세 가지 방향으로 움직이는데 장식, 건설, 모방이 그것이다.

예술 전체를 어떤 가상의 '놀이 본능'에서 왔다고 한다면 건축과 회화에도 어쩔 수 없이 같은 말을 해야 한다. 예를 들어 알타미라 동굴 벽화를 단지 낙서라고 하는 것은 터무니없는 얘기이다. 만약 그 벽화가 '놀이 본능'에서 온 것이라고 해도 결과는 같다. 건축에 대해서도 놀이 본능의 가설은 아주 불합리하다. 왜냐하면 미학적 충동은 벌과 비버[海狸]의 집짓기에서 명백히 증명되는 것처럼 일차적 동인(動因)이 아니기 때문이다. 비록 놀이가 문화적 요소로서 아주 중요하다는 것이 『호모 루덴스』의 주요 논제이기는 하지만, 예술의 기원에 본능적 요소가 있다 할지라도 그것이 놀이 '본능'과 관계된다고 보지는 않는다.

물론 조형적 형태의 풍부한 보고(寶庫)에서 특정한 사례를 숙고할 때, 공상의 놀이, 정신 또는 손의 즐거운 창조성이 작동한다는 사실은 인정해야 한다. 원시인들 사이에서 사용되는 무용 가면의 기괴한 야생의 느낌, 토템 기둥의 괴물 같은 뒤얽힘, 장식적 모티프의 마법적 미궁, 인간과 동물 형태의 캐리커처 같은 왜곡, 이 모든 것들은 놀이가 예술의 출발점이 될 수도 있음을 암시한다. 하지만 암시 이상의 것은 되지 못한다.

조형 예술의 아곤적 요소

예술적 창조의 과정에서 놀이 요소가 조형 예술보다는 '음악' 예술, 혹은 뮤즈의 예술에서 더 풍부하게 나타나지만, 우리가 예술 작품의 제작으로부터 그것들이 수용되는 사회적 환경으로 시선을 돌려보면 상황은 즉시 달라진다. 여기서 조형 기술은 어떤 다른 재능 못지않게 치열한 경쟁의 대상이 되고 있다. 많은 문화 분야에서 강력하게 작용하고 있는 아곤적 충동은 예술에서도 강력하게 작용한다. 무언가 어려운, 겉보기에 불가능한 예술적 기술의 재주로 라이벌에게 도전하고 싶은 욕구는 문명의 기원에 깊숙이 자리 잡고 있다. 그리하여 지식, 시, 용기의 분야에서는 다양한 경쟁이 벌어졌다. 따라서 조형적 기술의 걸작이나 대표작을 제작하기 위한 경쟁이 건축을 촉진시켰다고 말해 볼 수 있다. 이것은 성스러운 수수께끼 시합이 철학을 발전시키고, 노래와 시 짓기 시합이 시의 발전을 가져온 것과 동일한 이치인 것이다. 그러니 조형 예술 또한 경쟁을 통해 발전한 것이 아닐까?

이 질문에 답변하기 전에 먼저 창조(제작)의 경쟁과 우수함의 경쟁을 칼같이 구분하는 것이 정말 어렵다는 것을 깨달아야 한다. 오디세우스가 열두 개 도끼머리의 구멍을 화살을 가지고 꿰뚫은 힘과 기술의 사례는 완전히 놀이 영역에 속한다. 이런 재주는 상당한 예술적 기교이긴 하지만 우리가 이해하고 있는 예술 작품은 아니다. 문명의 고대 단계에서 그리고 그 뒤 긴 세월 동안 '예술(기술)'이라는 단어는 단지 창조적인 것뿐만 아니라 거의 모든 인간 손재주를 포함했다. 따라서 정신과 손으로 만들어낸 모든 가치 있는 걸작은 그 어떤 역작이든 예술로 분류할 수 있으며 그것들 모두에서 놀이 요소를 찾아볼 수 있다. 우수함을 위한 경쟁은 로마 대상(Prix de Rome) 같은 상이 수여되는 대회에서 여전히 살아 있다. 이러한 대회에서 경쟁자들보다 자신이 우수하다는 것을 증명하려는 저 오래된 경쟁의 형태를 보게 된다.

고대 사람들에게 있어서 예술과 기술, 손재주와 창조력은 남들보다 뛰어나 이기고 싶다는 영원한 욕구에서 비롯되는 것이었다. 사회적 경쟁에서 굉장히 낮은 단계의 것으로서 켈레우스마타(κελεύσματα, keleusmata)라는 경쟁이 있는데, 이것은 그리스의 술 마시기 시합에서 주연(酒宴)의 주인이 그의 동료들에게 농담조로 시합을 하라고 명령을 내리는 경쟁이었다. 이와 유사한 것으로 로마 시대의 술 마시기 시합인 포에니테트(poenitet)가 있었다. 벌금 놀이와, 매듭을 매고 푸는 놀이는 이와 유사한 범주에 포함된다. 매듭을 매고 푸는 놀이는 그 안에 어떤 신성한 관습의 흔적을 간직하고 있다. 알렉산더 대왕이 고르디아누스 왕의 매듭을 잘랐을 때 그는 놀이의 분위기를 깨뜨리는 사람처럼 행동했다. 놀이와 종교의 규칙을 모두 경멸해 버린 것이었다.

경쟁이 예술의 발전에 어느 정도까지 기여했는지 나타내기 위해서는 더 많은 곁가지 이야기들을 동원해야 한다. 실제로 경쟁에 의해 이룩된 경탄스러운 기술의 모든 사례들은 예술(기술)의 역사 그 자체보다도 신화, 전설, 문학에서 더 많이 발견된다. 엄청난 것, 기적적인 것, 터무니없는 것에서 느끼는 정신의 환희는 옛날의 경이로운 예술가들에 대한 환상적인 이야기에서 풍부하게 발견된다. 신화가 우리에게 말해 주듯이, 위대한 문화 영웅들은 이젠 문명의 보물인 모든 예술과 기술을 종종 목숨까지 거는 경쟁의 결과로 발명했다. 『베다』에서는 공예의 신을 가리키는 특별한 이름이 있었는데 그 이름은 트바슈타르, 즉 만드는 자였다. 인드라에게 천둥과 벼락을 만들어준 신이 바로 그였다. 그는 각각 인드라의 말, 아스빈(힌두 어로는 Dioscuri)의 마차, 브라스파티의 경이로운 소[牛]를 만든 세 명의 신성한 장인들(rbhu)과 기술 경쟁을 벌였다.

　그리스 신화에는 폴리테크노스와 그의 배우자 아에돈의 전설이 있다. 이 부부는 제우스와 헤라 부부보다 자신들이 더 부부애가 강하다고 자랑하고 다녔다. 이에 제우스는 그 부부에게 에리스—경쟁—를 보내 각종 기술에 대하여 경쟁하도록 불화의 씨앗을 뿌렸다. 북유럽 신화의 난쟁이 장인들에게도 같은 전설이 있다. 이 전설은 대장장이 비란트가 만든 칼을 주제로 한 것이다. 그가 만든 칼은 너무나 날카로워 흘러가는 물 위에 떠다니는 양의 털도 자를 수 있었다. 또 다른 장인으로는 다이달로스(Daedalus, Daedalos)의 전설이 있다. 그는 어떤 일도 할 수 있었다. 그는 미궁을 지었으며 걸어 다니는 동상을 만들었고 조개의 회선을 통해 실을 넣는 작업에 직면했을 때 실을 개미에 묶어

이 까다로운 문제를 해결했다.

여기서 기술적 역작은 수수께끼와 결합된다. 하지만 훌륭한 수수께 끼는 어떤 예기치 않은 놀라운 정신의 교묘한 수완—일종의 정신적 비약—에 의해 해결되는 반면 기술의 경우는 너무나 황당무계하여 종종 부조리에 빠져버린다. 위의 사례들이나 돌을 꿰기 위해 모래 밧줄을 사용했다는 이야기[14]는 그런 사례이다. 객관적인 관점에서 살펴 본다면 기독교 성인들의 성스러움을 증명하기 위해 기독교인들이 주장했던 기적들은 이러한 고대적 사고방식의 연장이다. 우리는 기적과 놀이 정신 사이의 명백한 연관을 보기 위해 성인 연구로까지 나아갈 필요는 없을 것이다.

경쟁적인 기술은 신화와 전설에서 영원히 순환하는 주제였으며 또한 실제의 예술과 기술의 발전에서도 상당히 중요한 역할을 했다. 폴리테크노스와 아에돈이 보여 주는 것은 신화적 경쟁이었지만, 실제 역사에서도 그와 유사한 경쟁이 있었다. "아약스와 오디세우스의 싸움을 가장 잘 말하기"라는 주제로 사모스 섬에서 파라시오스와 그의 라이벌이 벌였던 경쟁, 파나이노스와 칼키스의 티마고라스가 피디아 축제에서 벌였던 경쟁, 그리고 가장 아름다운 아마존 동상을 만들기 위하여 피디아스, 폴리클레투스, 그 외의 사람들이 참가한 경쟁 등이 그런 사례이다. 이런 시합들의 역사성은 풍자시와 비문에 의해 증

---

14 『아히카르의 이야기』, ed. F. C. Conybeare, J. Rendel Harris and Agnes Smith Lewis(Cambridge, 1913).

명된다. 예를 들어 승리의 여신 니케 동상의 받침대에는 이런 비문이 들어 있다. "이 동상은 파나이노스에 의해 만들어졌다…… 그는 또한 사원의 아크로테리아도 만든 공로로 상을 받은 바 있다."[15]

결국 시험이나 공개적 논쟁 등은 어떤 재주나 솜씨를 겨루는 과거의 경쟁 형태에서 온 것이다. 중세 길드는 중세 대학처럼 이런 기술 경쟁으로 충만했다. 그런 일감이 한 사람 혹은 많은 사람에게 주어졌는지는 그다지 중요하지 않았다. 전체적인 길드 체계는 이교도적 의례에 깊이 뿌리내리고 있어 경쟁적 요소가 아주 강했다. 명장의 조합에 가입하려는 장인은 걸작을 내놓아 자신의 능력을 증명해야 되었다. 이것은 비교적 후대에 필수적 관습으로 고정된 듯하다. 하지만 그 기원에서 사회적 경쟁의 먼 옛적 형태를 가지고 있다. 길드 그 자체도 부분적으로만 경제의 산물이다. 11세기 이후에 도시 생활의 부활로 장인과 상인의 조합이 우세하게 되기 전까지는 의례에 기초한 사회적 연합의 오래된 형태를 유지해 왔다. 최후까지도 길드 체계는 고대 놀이의 흔적을 많이 보존했고 그것은 입문 의례, 연설, 기장, 휘장, 연회, 술잔치 등에서 잘 드러난다. 하지만 이런 것들은 점차적으로 일차원적인 경제적 이해관계에 의해 밀려났다.

13세기 건축가 빌라르 드 오느쿠르(Villard de Honnecourt)의 유명한 스케치북에는 건축과 관련된 경쟁의 두 가지 사례가 들어 있다. 한 스케치에선 이런 설명이 되어 있다. "이 성전은 빌라르 드 오느쿠르와

---

15 V. Ehrenberg, 『동양과 서양』, p.76.

피에르 드 코르비가 상호 논쟁을 통해 고안한 것이다." 다른 곳에서는 영구 작동기(perpetuum mobile)를 만들려는 시도를 언급하면서 이렇게 말한다. "많은 날 동안 어떻게 바퀴가 스스로 돌게 할 것인가에 대해 장인들끼리 논쟁을 벌였다."**16**

전 세계에서 벌어진 경쟁의 오래된 역사를 모르는 사람들은 실용성과 효율성이 그런 경쟁적 예술의 형태를 오늘날까지 지속시켰다고 생각할지 모른다. 가장 훌륭한 시청 건물의 도면에 상이 주어지거나 예술 학교에서 가장 훌륭한 학생에게 장학금을 줄 때 발명을 자극하고 재능을 발견하고 가장 나은 결과를 얻은 사례에서 그렇게 추론할 수도 있다. 하지만 이런 실용적인 목적들 뒤에는 항상 그런 경쟁에 수반되는 원초적 놀이의 기능이 숨어있다.

역사적인 사례들에선 실제적 유용함이 아곤적(경쟁적) 열정을 얼마만큼 압도했는지 결론내기란 불가능하다. 가령 1418년 피렌체 시(市)가 성당의 돔을 짓기 위해 경쟁에 불붙여 열네 명의 경쟁자들 중 브루넬레스키를 수상했을 때가 그런 경우이다. 이런 빛나는 작품을 오로지 기능주의의 공로로 돌려 버릴 수는 없다. 그보다 두 세기 전에 피렌체는 그 자체의 유명한 '탑의 숲'을 과시했는데 각기의 탑은 어떤 귀족 가문의 자존심에서 비롯되었거나 아니면 다른 가문에 도전하려는 욕구에서 만들어졌다. 예술과 전쟁을 연구하는 역사가들은 이런

---

16 『빌라르 드 오느쿠르의 앨범(*Album de Villard de Honnecourt*)』, ed. H. Omont, pl. xxix, fol. 15.

피렌체의 탑(torri)들을 진지한 방어의 목적이라기보다 '허세를 위한 탑'으로 간주한다. 그리하여 이 중세 도시는 그 무수한 망루 탑을 통하여 그들의 놀이 개념을 장엄하게 과시하고 있다.

11장

놀이의 관점으로 살펴본[1] 서양 문명

특정 놀이 요소가 문화적 과정에서 아주 활발한 역할을 하고 또 사회적 삶의 많은 기본적인 형태를 만들어낸다. 이것을 입증하는 것은 그리 어려운 일이 아니다. 놀이적 경쟁 정신은 사회적 충동이라는 측면에서 문화 그 자체보다 더 오래된 것이며, 실질적인 효소(酵素)가 되어 삶의 모든 측면에 배어들었다. 의례는 성스러운 놀이에서 성장했고 시는 놀이에서 태어났고 길러졌다. 음악과 춤은 순수한 놀이이다. 지혜와 철학은 종교적 경기에서 유래한 말과 형태로 표현된다. 전쟁의 규칙, 고상한 삶의 관례는 놀이 양식 위에서 세워졌다. 따라서 문

---

1 "놀이의 관점으로 살펴본"에 해당하는 원어는 sub specie ludi라는 라틴 어로서, 직역하면 "놀이의 외양을 갖고 있는"의 뜻이나 여기에서는 의역하였음 —옮긴이

명은 초기 단계에서 놀이 중심으로 이루어졌다고 결론 내릴 수 있다. 물론 문명이 자궁에서 아이가 나오는 것처럼 놀이에서 나왔다는 얘기는 아니다. 문명은 놀이의 정신 속에서 놀이의 양태(樣態)로 생겨나며 결코 놀이를 떠나지 않는다.

만약 이런 견해가 옳다고 할 경우—이런 견해를 거부한다는 것은 거의 불가능해 보이지만—즉시 떠오르는 질문은 그것을 증명할 수 있는가,이다. 문명은 놀이 영역을 벗어나지 않는가? 지금까지 이 책에서 주로 다루어온 초기 시대들에 비해 더 발전되고 세련되고 정교해진 후기 문화의 단계에서 어느 정도까지 놀이 요소를 발견할 수 있는가? 우리는 고대 문화에서 발견되는 놀이 요소의 사례들과 나란히 18세기 혹은 20세기에서 발견되는 유사한 사례들을 거듭 병치시켰다. 특히 18세기는 놀이 요소와 놀이 정신이 충만한 시대인 것처럼 보인다. 18세기는 현대로부터 얼마 떨어지지 않은 시대이다. 어떻게 하다가 우리는 이런 가까운 과거와의 정신적 유사성을 잃게 된 것일까? 현대, 현재의 세대, 전 세계에 놀이 정신이 얼마만큼 남아 있는지 묻는 것으로써 이 책의 대미를 장식해야 할 듯하다. 로마 제국 이래 서양 문명이 발전해 온 단계를 재빠르게 일별하는 것으로써 이 마지막 질문에 답변해 보도록 하자.

로마 제국 시대

　로마 제국의 문화는 그리스 문화와 좋은 대조를 이룬다는 점에서 주목을 받는다. 로마 사회는 일견 놀이 특성이 그리스보다 더 적은 것처럼 보인다. 고대 라틴의 본질은 절제, 성실, 엄격, 실용적인 경제적·법률적 사상, 빈약한 상상 그리고 무미건조한 미신 등의 특질로 요약된다. 순진하고 소박한 숭배의 형태는 들판과 난로불의 냄새를 풍긴다. 공화정 시대의 로마 문화는 씨족과 부족 공동체를 간신히 면한 분위기를 갖고 있었다. 국가에 대한 관심은 가족 신 수호(genus loci)의 특징을 그대로 간직하고 있었다. 이렇다 할 게 없는 종교적인 개념들은 빈약하게 상상되고 표현되었다. 추상적 개념을 재빠르게 의인화하는 능력은 고도로 발전된 추상화의 능력과는 무관하다. 그것(의인화)은 아이 같은 유치한 놀이에 가까운 원시적인 생각의 형태였다.[2]

　풍요(Abundantia), 화합(Concordia), 경건(Pietas), 평화(Pax), 덕(Virtus) 등과 같은 형태들은 고도로 발전된 사회적 사고방식에서 나온 결과물이 아니다. 신적인 힘들과의 거래를 통해 이익을 보호하고 추구하려는 원시적 공동체의 조잡하고 유물론적인 이상들일 뿐이다. 따라서 이런 종교적 위안의 체계에선 수많은 축제들이 중요한 위치를 차지한다. 이런 의례들이 항상 로마 인들에게 루디(ludi: 놀이들)라고 불린 것은 우연이 아니다. 왜냐하면 그 의례들이 문자 그대로 놀이 그 이상

　2　이 책, 영안서가 판 『호모 루덴스』, p.272ff를 볼 것.

그 이하도 아니었기 때문이다. 로마 문명에서 강력하게 발휘되는 놀이 요소는 그 문명의 현저하게 의례적인 구조에 함축되어있다. 다만 로마 시대의 놀이가 그리스나 중국 문명에서 보였던 것처럼 생기 있는 색채와 풍부한 상상력을 띠지 않았을 뿐이다.

로마는 세계 제국, 세계 시장의 중심지로 성장했다. 그 이전에 사라진 구세계, 즉 이집트와 그리스 문화의 유산과, 오리엔트 문화의 절반 정도가 로마 제국에 그대로 남게 되었다. 로마의 문화는 다양한 다른 문화의 유입을 바탕으로 성장했다. 행정과 법률, 가도(街道) 건설과 전쟁 기술은 세계가 결코 보지 못했던 완벽의 상태에 도달했고 문학과 예술은 그리스의 줄기에 성공적으로 접목되었다. 그럼에도 불구하고 이런 장엄한 정치적 체계의 기초는 여전히 허술했다. 국가의 존재 이유는 고대적 의례와의 연계를 근거로 했다. 정치적으로 성공한 아우구스투스는 최고의 권력을 차지하자마자 온갖 의례 행위가 동원되어 그의 인격과 권위를 신성화시키는 작업이 진행되었다. 아우구스투스는 성스러운 힘을 가진 자, 신성의 화신, 구원자, 회복자, 평화와 번영을 가져오는 자, 안락과 풍요를 나누어주는 자이자 그것을 보증하는 자가 되었다. 모든 물질적인 복지와 생명의 보존을 바라는 원시적 부족의 열망이 지배자에게로 투영되고, 이에 그 지배자는 신의 구체적 현현으로 간주되었다. 이런 의례화(儀禮化)는 고대의 개념들을 가져와 거기다가 새롭게 멋진 의상을 입힌 것이었다. 로마의 지도자는 헤라클레스나 아폴로와 동일한 인물로 신성시되었고 과거 원시생활에 문화를 가져다 준 영웅을 당대에 다시 소생시킨다는 의도가 있었다.

이런 관념들이 소유되고 번식된 로마 사회는 많은 점에서 극도로 진보된 사회였다. 이런 황제의 신성을 숭배한 사람들은 동시에 세련된 그리스 철학, 과학, 취향을 경험하고 회의와 불신에 빠지게 된 사람들이었다. 베르길리우스와 호라티우스가 새로 개막된 시대를 고도의 교양 있는 시들로 찬미했을 때 우리는 그들이 문화적 놀이를 벌이고 있다는 느낌을 지울 수가 없다.

로마의 국가는 결코 문자 그대로 공리적인 기관이 아니었다. 국가라는 제도는 창유리의 성에꽃처럼 시간의 표면 위에 얼어 있는 것으로서, 예측할 수 없고 덧없는 것이었다. 그 패턴으로 살펴볼 때 그 외양만큼이나 경직된 인과관계를 갖고 있었다. 다양한 기원을 가진 여러 다른 힘들에 의해 생겨나고 좌우되는 문화적 충동은 우리가 '국가'라고 부르는 힘의 집합에서 구현된다. 국가는 일단 성립되면 그 존재 이유를 찾아 나서는데 특정 가문이나 특정 민족의 우수성에 기생하여 그것(존재의 이유)을 발견한다.

국가는 그 자체의 작동 원칙을 공표하는 방식에서 종종 환상적인 본질을 보여 주고, 심지어 부조리하고 자살적인 행동이라 할 만한 그런 본질을 드러내기도 한다. 로마 제국은 이런 불합리성의 특징을 품고 있었는데 그것을 신성한 권리 주장으로 가장하려 들었다. 로마 제국은 사회적·경제적 구조에서 작은 구멍이 많고 빈약했다. 물자 공급, 행정, 교육의 전반적인 체계가 도시에 집중되었다. 이것은 전체 공동체나 국가에 이득이 되지 않았으며 오로지 공민권을 박탈당한 프롤레티리아 계급을 이용해 초외초시하는 소수 집단에만 이득을 주었다.

고대 로마에서는 자치 도시가 항상 핵심적 기능을 발휘했고 모든 사회적 삶과 문화의 이상적인 중심지 역할을 했으며 그 도시를 교양 있는 지배 계급이 통치하는 상태가 아무런 합리적 이유도 없이 계속되었다. 따라서 황제들은 수백 개의 도시를 지속적으로 건설했고 사막의 구석에 이르기까지 도시가 없는 곳이 없었다. 이런 도시들이 자연스러운 유기체, 혹은 국가적인 삶에서 유력한 기관으로 발전할 수 있는지에 대해서는 의문이 제기되지 않았다. 이 도시들의 장대한 폐허들을 살펴보면서 우리는 이런 질문을 던지게 된다. 문화 중심이었다고 하는 이런 도시들이 과연 그 화려한 외관에 걸맞은 기능을 발휘했는가?

로마 제국 후기의 성취로 판단해 보면 이런 주둔 도시들은 아무리 훌륭한 계획 아래 건설되었다 하더라도 물자와 서비스를 순환시키는 중요한 동맥이 되지 못했으며, 로마 제국 전반기의 훌륭한 문물들도 그 도시들 안에서 살아남을 수 없었다. 종교의 사원은 쇠퇴하여 전통적인 형태로 석화되었고 미신에 물들었으며 공무를 보고 재판을 하던 전당과 회당도 정치적, 경제적 격변으로 인해 서서히 퇴락했다. 제국의 통치 구조는 노예 국유화 체계, 착취, 직권 남용으로 인한 부정 이득, 족벌주의, 서커스, 유혈적이고 야만적인 놀이들을 위한 원형극장, 방종한 무대, 신체를 상쾌하게 하는 게 아니라, 쇠락하게 하는 목욕탕 등으로 인해 질식되어 갔다. 이런 것들 중 어느 것도 로마 문명을 굳건한 토대 위에 올려놓고 지속시켜 주지는 못했다. 그런 것들의 대부분은 단순히 쇼, 오락 그리고 쓸데없는 영예를 위해서나 필요한 것이었다.

　로마 제국은 허울뿐이었으며 내부에서부터 썩어갔다. 과시적인 비문들을 읽어보면, 경이로운 위대함과 풍부함의 상상을 불러일으키는 관대한 손을 가진 기부자들의 부(富)는 실제로는 굉장히 허약한 토대 위에서 축적된 것이었고, 한 번의 강한 충격에도 부서질 정도로 취약했다. 식량 공급은 결코 안정적이지 못했고 국가는 자체의 건강과 부의 구조를 약화시키고 있었다.

　겉만 꾸미는 저속한 반짝거림이 로마 문명 전체에 퍼져 있었다. 로마의 종교, 예술, 학문은 항상 로마와 그 자손들에겐 모든 것이 잘되고 있으며 풍요로움은 보장되어 있고 승리는 틀림없으며 모든 것이 추호도 의심할 수 없을 정도로 원만하다고 강조했다. 훌륭한 건물들, 기둥, 개선문들, 프레스코와 프리즈로 되어있는 제단, 저택의 벽화와 모자이크도 그런 허장성세를 뒷받침했다. 성스러운 것과 세속적인 것이 로마의 장식 예술에서는 완전하게 하나로 융합된다. 로마의 장식 예술은 님프와 지니(정령)로 가득 찬 우아하고 순진한 광경을 자랑한다. 집에서 구워낸 작은 입상들은 어떤 변덕스러운 매력을 가지고 있지만 신선한 스타일은 없으며, 과일과 꽃에 둘러싸여, 자애롭고 다소 소박한 신들의 관리 아래에서 풍요로움을 나눠 주고 있다. 모두 평온함과 안전함을 이야기하고 그 알레고리는 겉으로는 우아하지만 실제로는 천박하다. 이런 모든 것들은 위협적인 현실로부터 괴롭힘을 당하고 있지만 전원적이고 소박한 것에서 피난처를 찾으려는 불안한 마음의 거짓된 쾌활함을 은연중에 드러낸다. 놀이 요소는 여기서 굉장히 두드러지지만, 사회 구조와 유기적인 연관은 결핍되어 있고 그런 만큼 더 이상 진정한 문화는 생산되지 않는다. 오로지 쇠락히는 문명만이 이런 예술을 생산한다.

로마 황제들의 정책 역시 제국의 안녕과 주민들의 행복을 소리 높이 공표해야 한다는 만고불변의 요구에 뿌리를 내리고 있었다. 하지만 이런 정책 목표들 중 아주 작은 부분만이 합리적이었다. 이런 비합리적 성격은 제국이 존속하는 내내 거의 달라지지 않았다. 새롭게 영토를 정복하는 것은 물자 공급용의 새로운 지역을 획득하여 번영과 안전을 보장하겠다는 뜻이었고 공격받기 쉬운 제국의 심장부로부터 제국의 경계를 더 멀리 밀어내겠다는 의도였다. 아우구스투스의 평화(Pax Augusta)의 유지는 그 자체로는 명확하고 합리적인 목표였지만 공리적인 동기는 언제나 종교적 이상에 의해 뒷전으로 밀려났다.

개선 행렬, 월계관, 전쟁의 영광은 목적을 위한 수단이 아니라 하늘에서 황제에게 부여한 신성한 직무였다.[3] 개선 행진(triumphus)은 군사적 성공의 장엄한 축하 이상의 것이다. 그것은 국가가 전쟁의 긴장으로부터 회복하고 행복을 다시 경험하는 것을 대내외에 공표하는 의례이다. 모든 정책의 기초가 위신을 얻고 유지하는 목표를 지향했기 때문에 이런 원시적인 경쟁의 이상은 로마 제국의 거대한 구조 전체에 널리 퍼질 수밖에 없었다. 모든 국가는 그들이 치렀거나 진행 중인

---

3 참조. M. Rostovtzeff, 『로마 제국의 사회적·경제적 역사(*Social and Economic History of the Roman Empire*)』(Oxford, 1926).

전쟁이 국가의 안위를 위한 수많은 영광스러운 투쟁이었다고 선전한다. 갈리아 전쟁과 포에니 전쟁에 관하여 로마 공화정이 그런 주장을 펴는 것은 어느 정도 일리가 있다. 야만족들이 온 사방에서 제국을 위협할 때에도 그런 주장이 먹혀들어 갔다. 하지만 문제는 전쟁 수행의 첫 번째 충동이 주로 아곤적이었다는 점이다. 국민의 굶주림과 국가 방위를 해결하기 위해서라기보다 제국의 권력과 영광에 대한 선망이나 갈망이 앞장섰던 것이다.

로마의 놀이 요소는 '빵과 서커스 놀이(panem et circenses)'라는 구호에서 가장 명확히 표현된다. 현대인들의 귀는 이 구호를 무직자 프롤레타리아가 구호품과 무료 극장 티켓을 요구하는 정도로 인지하는 성향이 있다. 하지만 여기에는 더 깊은 의미가 들어 있었다. 로마 사회는 경기 없이는 존속할 수 없었다. 경기는 빵처럼 로마 사회의 존립에 필요한 것이었다. 경기는 신성한 행사였고 그런 경기를 보는 사람들의 권리는 신성한 이권이었다. 경기의 기본적인 기능은 단지 공동체가 이미 얻은 그러한 번영을 축하하는 데 있지 않고, 의례를 통하여 그런 번영을 강화하고 또 미래의 번영을 보장하는 데 있었다. 대규모적이고 유혈 낭자한 로마의 경기는 고대의 놀이 요소가 쇠퇴한 형태로 살아남은 것이다. 관중들 중 야수성을 띤 폭도는 이런 경기 안에 원래 들어 있었던 종교적인 특질을 전혀 느끼지 못했으며, 황제의 관대함은 절망적인 프롤레타리아 계층에 대규모 구호품을 던져 주는 행위로 전락했다. 로마 문화가 놀이 기능에 엄청난 중요성을 부여했다는 것은 다음 사실에 의해 증명된다. 사막의 모래 위에 지어진 수많은 새로운 도시들 중 원형극장을 짓지 않은 도시는 하나도 없었으며, 이런 원형극장은 세월의 풍상을 견뎌내고 굉장히 단명했던 도시의 옛 영광을 증명하는 유일한 자취가 되었다. 스페인 문화의 투우는 로마 루디(ludi)의 직접적인 후계자이다. 물론 그 중간에 중세의 토너먼트라는 경유 과정이 있었지만, 그래도 코리다(corrida: 투우)는 고대 검투사의 결투와 더 가족적인 유사성을 가지고 있다.

도시의 민중들에게 시혜를 베푸는 행위는 황제 혼자만의 것은 아니었다. 제국의 첫 세기 동안 사회 각계의 수천 명에 달하는 시민들이 전당, 욕탕, 극장을 세우고 대량으로 음식을 배급하고 새로운 경기를 만들어 내거나 갖추는 등 경쟁적으로 기부를 했다. 이 모든 시혜 행위는 후대에 전해지기 위해 자랑하는 비문에 적혀졌다. 이런 광분의 행위 뒤에는 어떤 원동력, 혹은 철학이 있었을까? 이런 자선 행위를 기독교적 사랑의 표현으로, 혹은 그런 사랑의 선구자로 볼 수 있을까? 전혀 그렇지 않다. 이런 관대함의 목표와 형태는 기독교적 사랑과는 무관했다. 그렇다면 그 관대함에 현대적 의미의 공공 정신을 부여할 수 있을까? 의심할 여지 없이 고대인들이 즐겨 했던 기부 행위는 기독교적 사랑보다도 공공 정신과 더 관련성이 많다. 이런 기부 행위의 진정한 본질은 포틀래치의 관점에서 파악해 보면 적절히 파악될 수 있다. 명예와 영광을 위해 그리고 이웃을 능가하고 물리치기 위해 과시적으로 내보이는 행위인 것이다. 바로 이런 과시의 정신 속에서 저 오래된 의례적·아곤적 배경이 로마 문명에도 들어 있음을 발견하게 된다.

로마의 문학과 예술에서도 놀이 요소는 굉장히 명확하게 나타난다.

과장된 찬사와 공허한 수사는 로마 문학의 특징이며 천박한 내부 구조를 겨우 가린 표면 장식, 알맹이 없는 풍속화로 희롱하거나 혹은 축 늘어진 우아함으로 타락한 벽화가 예술을 지배했다. 이런 특징들이 고대 로마의 위대한 전기 문화에 뿌리 깊은 천박함을 각인시키는 후기 로마의 특징이다.

생활은 문화의 놀이가 되었고 의례적 형태는 남아 있지만 종교적 정신은 사라졌다. 모든 심오한 정신적 충동은 이런 표면적 문화에서 이탈하여 신비 종교(기독교)에 새롭게 뿌리를 내렸다. 마침내 기독교가 로마 문명에서 그 의례적 기초를 분리하자 로마 문명은 빠르게 시들어버렸다.

고대 로마의 놀이 요소가 그 후에도 남아 있었음을 보여 주는 하나의 흥미로운 증거가 있는데 그것은 비잔티움 경기장의 놀이 원칙이었다. 로마 제국이 기독교를 국교로 승인한 기독교 시대에, 전차 경주에 대한 열광은 그 의례적인 기원에서 완전히 단절되었지만 여전히 사회적 생활의 중심이었다. 과거에 인간과 야수의 유혈적 결투에 의해 진정되었던 로마 제국의 대중적 열정은 이제 전차 경주로 만족되어야 했다. 전차 경주는 순전히 세속적인 즐거움의 행사가 되어버려 전혀 성스러운 경기가 아니었지만 그래도 대중적인 관심을 집중시켰다.

서커스(circus: 원형 경기장)는 문자 그대로 전차 경주뿐만 아니라 정치적 중심지, 심지어 종교적 당파의 중심지가 되었다. 전차를 모는 사람들이 입는 네 가지 색깔을 로고로 삼는 전차경주협회는 경기 대회를 조직할 뿐만 아니라 정치적 기관으로도 인식되었다. 그런 모임은 데

메스(demes)라 했고, 모임의 지도자는 데마르크(demarch)라고 했다. 경기장에서 승리를 거두고 돌아오는 장군은 개선 행진을 하며 승리를 유세했으며, 비잔틴 황제는 관중들 사이에 모습을 드러냈고, 때때로 재판이 열리기도 했다. 축제 분위기와 공공 생활의 혼합은 한때 고대 문화의 성장에 굉장히 중요한 역할을 했던 놀이와 의례의 일원성과는 거의 무관했다. 그것은 쇠퇴하는 문명이 보여 주는 끝물 놀이였을 뿐이다.

중세 시대

중세의 놀이 요소에 대해서는 이미 다른 곳[4]에서 굉장히 길게 다루었기 때문에 여기서는 몇 마디면 충분할 것으로 생각한다. 중세의 삶은 놀이가 넘치도록 가득했다. 사람들의 놀이는 기쁨에 차고 자유로 웠으며, 신성한 의미를 배제하고 익살로 변해 버린 이교도적인 요소로 가득했다. 또한 장엄함을 과시하는 기사도의 놀이, 궁중 연애의 정교한 놀이 등이 있었다. 이런 형태들 중 극소수만이 진정한 문화 창조 기능을 가지고 있었다. 예외가 있다면 궁중 연애의 이상(理想)이 있는데 이는 '달콤한 새로운 스타일(dolce stil nuovo)'과 단테의 신생(Vita Nuova)으로 연결되었다.

---

4 요한 하위징아, 『중세의 가을(The Waning of the Middle Ages)』.

중세는 고전적인 고대로부터 시, 의례, 학문, 철학, 정치 그리고 전쟁의 위대한 문화 형태를 물려받았고 그런 유산들은 이미 고정된 형태를 갖추고 있었다. 많은 면에서 중세의 문화는 조잡하고 엉성하나 원시적인 것은 아니었다. 기독교든 고전이든 전통적인 재료를 잘 다듬어 새로이 자신의 것으로 흡수했다. 하지만 고대에 뿌리내리지 않은 곳, 교회 조직과 그리스와 로마의 정신으로 양육되지 않은 곳에는 놀이 요소가 '놀이하여(작동하여)' 완전히 새로운 어떤 것을 창조할 여지가 있었다. 켈트-게르만적 과거 혹은 그 이전의 자생(自生) 문화 위에 직접 지어진 중세 문명이 그런 경우이다. 중세 기사도의 체계는 이런 식으로 구축되었으며(비록 중세 학자들은 기사도의 사례를 트로이나 다른 고전적 영웅에서 찾을지도 모르지만) 봉건 제도의 상당 부분이 이 자생문화에 바탕을 두고 있다. 기사의 입문과 작위 수여, 종신 영지 수여, 마상 시합, 문장(紋章), 기사도 규칙, 맹세 등 이 모든 것들은 고전을 넘어 완전히 원시적인 과거로 되돌아가는 것이며 그 와중에 놀이 요소가 강력하게 작용하여 아주 창조적인 힘을 발휘한다.

좀 더 정밀하게 분석해 보면 이런 것이 다른 분야에서도 작용하고 있음을 알 수 있다. 예를 들면 법과 재판의 집행에서는 상징, 규정된 몸짓, 단호한 상투적 문구가 지속적으로 사용되는데, 소송의 결과는 종종 단어나 음절의 정확한 발음에 의해 결판났다. 현대인으로 잘 이해할 수 없지만, 동물들을 상대로 법적 소송을 벌인다는 아이디어도 놀이 정신이 발휘된 경우이다. 결국 중세에서는 놀이 정신의 영향이 아주 컸다. 하지만 그 정신은 고전 시대에 기원을 둔 사회 제도의 내부적인 구조에는 영향을 미치지 못했다. 하지만 그런 구조가 겉으로 표현되고 아름답게 장식되는 의례의 측면에서 상당한 영향을 미쳤다.

르네상스와 휴머니즘 시대

르네상스와 휴머니즘의 시대를 빠르게 일견해 보자. 어떤 엘리트가 스스로의 장점을 완전히 인식하고 저속한 민중들로부터 벗어나 예술적 완성의 놀이로 인생을 살았다면, 그 엘리트는 르네상스 정신의 정수라 할 것이다. 여기서 놀이가 진지함을 배제하지 않는다는 것을 다시 강조하고 싶다. 르네상스의 정신은 경박한 것과는 굉장히 거리가 멀었다. 르네상스는 고대를 모방했고 그런 만큼 삶의 놀이는 신성한 진지함을 추구했다. 조형적 창조와 지적 발견에 대하여 과거 고전시대의 이상에 적극 헌신했으며, 그러한 태도는 우리가 상상하지 못할 정도로 치열하고 심오하고 순수했다. 우리는 레오나르도나 미켈란젤로보다도 더 진지한 정신을 상상하기 힘들다.

하지만 르네상스의 전체적인 정신적 태도는 놀이의 태도였다. 형태의 아름다움과 고귀함을 얻기 위한 정교하고도 자발적인 노력은 놀이하는 문화의 구체적 사례였다. 르네상스의 훌륭함은 이상화된 과거를 화려하고 장엄하게 가장했다는 것이다. 어디서 왔는지 알 수 없는, 역사적·점성학적으로 중요성이 가득한 신화적 형태, 알레고리, 상징들은 체스판 위의 말들처럼 움직인다. 르네상스 건축에서의 공상적인 장식과 고전적인 모티프를 아낌없이 사용한 그래픽 아트는, 중세 채식사(彩飾師)들이 그들의 원고에 갑작스럽게 유머를 집어넣는 경우보다 더 놀이 정신이 활발하다.

중세 시대에는 놀이 정신이 멋지게 이상화 된 두 가지 있는데('놀이의 두 황금시대'라고도 하는데), 하나는 전원생활이고 다른 하나는 기사도적인 삶이다. 르네상스는 이 둘을 깊은 잠에서 깨워 문학과 공공 축제의 새로운 생활로 이끌었다. 우리는 16세기 이탈리아 시인 아리오스토보다 더 순수하게 놀이 정신을 구현한 시인을 찾아보기 힘들 것이다. 그의 시에서는 르네상스의 전반적인 분위기가 표현되고 있다. 시가 그렇게 구속받지 않고, 절대적으로 놀이에 만족하는 경우가 또다시 있었던가? 교묘하면서도 애매모호하게 이 시인은 영웅적인 것과 애처로운 것 사이를 왕복한다. 아리오스토 시의 영역은 현실과 아주 거리가 멀고 그 안의 사람들은 명랑하고 즐겁고 활발한 모습을 하고 있으며, 놀이와 시가 같은 것이라고 말하는 시인의 목소리에 의해 끝없이 영광스러운 환희에 둘러싸인다.

'휴머니즘'이라는 단어는 르네상스라는 단어보다 덜 채색되고 더 진지하다는 인상을 준다. 그럼에도 불구하고 우리가 말해 온 르네상스의 놀이 정신은 휴머니즘에도 그대로 적용된다. 휴머니즘은 르네상스에 비하여 특정 지식인들이나 전문가의 모임에 국한되는 경향을 보였다. 휴머니스트들은 고대의 정신에 입각하여 엄격하게 공식화된 삶의 이상을 추구했다. 그들은 심지어 고전주의자처럼 그들의 기독교적 신앙을 라틴 어로 표현하려 했고 그로 인해 이교도적인 특성을 은연중에 풍기게 되었다. 이런 이교도적인 경향의 중요성은 종종 과장되었다. 하지만 휴머니스트들이 실천한 기독교적 신앙에는 어떤 기교, 어떤 인위적인 것, 무언가 진지하지 않은 것의 기미가 있었다. 그들은 예수 그리스도의 어조가 아닌 다른 어조로 이야기를 했다.

칼뱅과 루터는 휴머니스트 에라스뮈스가 신성한 것을 논하는 어조를 견딜 수가 없었다. 에라스뮈스! 그의 모든 존재는 놀이 정신을 발하고 있는 것처럼 보인다. 이런 놀이 정신은 『담화집(Colloquies)』과 『우신예찬(Laus Stultitiae)』뿐만 아니라, 그리스와 라틴 문학에서 나온 놀라운 경구들의 모임에 가벼운 풍자와 멋진 익살로 주석을 달아 놓은 『격언집(Adagia)』에서도 빛을 발한다. 그의 수많은 편지와 때때로 무게 있는 신학적인 논문에는 쾌활한 위트가 배어 있다. 그는 평생을 이런 쾌활한 위트와 놀이 정신 속에서 살았다.

몰리네(Jean Molinet)와 르메르(Jean Lemaire de Belges) 같은 '대압운 시인들(grands rhetoriqueurs)'을 위시하여 새로운 전원시의 창조자인 산나자로 혹은 구아리노 같은 르네상스 시인들까지 연구해 본 사람이라면 그들에게서 특수한 재능의 본질인 놀이 정신을 발견할 것이다. 프랑스 소설가 라블레보다 더 쾌활한 사람은 없다. 놀이 정신의 화신인 라블레는 그의 작품 『아마디스의 이야기(Amadis de Guale)』에서 영웅적인 모험을 순수한 소극(笑劇)으로 격하시켰다. 한편 세르반테스는 눈물과 웃음을 동시에 이끌어내는 최고의 마법사였다. 나바르의 마르그리트 왕비(Marguerite de Navarre)의 『7일 설화(Heptameron)』에서는 기분증(嗜糞症: 똥을 좋아하는 정신 이상적 증세)과 정신적 연애의 이상한 혼합

358

물을 발견할 수 있다. 휴머니스트 법학자들이 법률을 멋지고 미학적인 어떤 것으로 만들려 했다는 사실은 이 시대의 강력한 놀이 정신을 잘 보여 준다.

바로크 시대

17세기를 말할 때 '바로크'라는 용어를 원래보다 훨씬 더 넓은 범위에 확대 적용하는 것이 하나의 유행이었다. 바로크는 원래 건축과 조각의 특정 양식을 가리키는 말이었으나, 17세기 문명의 본질을 묘사하는 여러 관념들의 커다란 복합체를 가리키게 되었다. 이런 유행은 약 40년 전 독일 학계에서 시작되어 슈펭글러(Spengler)의 『서구의 쇠퇴(Decline of West)』를 통해 대중들에게 퍼지게 되었다. 이제는 그림, 시, 문학, 심지어 정치와 신학에도 적용되어, 17세기의 기술과 학문이 '바로크'라는 사전 개념의 잣대에 비추어 평가된다. 어떤 사람들은 이 용어를 화려하고 다채로운 상상을 즐기던 17세기의 초기에 적용하는가 하면, 또 다른 사람들은 어둑하고 장엄한 위엄이 지배했던 후기에 사용한다. 대체로 이 용어는 의례적 과장, 강요하는, 위압하는, 거대한, 명백히 비현실적인 어떤 것 등을 연상시킨다. 바로크 형식은 엄밀하게 말하자면 하나의 예술 형태이다. 바로크 양식은 성스럽고 종교적인 것을 다룰 때에도 미학적인 요소를 많이 받아들였기 때문에, 후대의 사람들은 그런 종교적 주제가 진지한 종교적 감정과는 무관하다고 생각하게 되었다.

바로크의 특성인 사물을 과장하는 경향은 창조적 충동의 놀이 내용(play-content)으로 가장 잘 설명된다. 루벤스(Rubens), 베르니니(Bernini), 네덜란드 시의 대가라는 요스트 반 덴 폰델(Joost van den Vondel)의 작품을 완전하게 즐기려면 우리는 처음부터 그들의 과장된 표현을 어느 정도 에누리하여 받아들여야 한다. 여기에 반대하는 견해도 있을 수 있으나 아무튼 이러한 경향은 대부분의 바로크 예술과 시에서 진실이다. 이것은 또한 우리의 중요한 주장—놀이의 근본적인 중요성—에 대하여 또 다른 증거를 제공한다. 이처럼 바로크 시대는 놀라울 정도로 놀이 요소를 많이 가지고 있다.

우리는 예술가 자신이 어느 정도까지 자신의 작품을 진지하게 여기는지, 혹은 그런 진지함을 의도했는지 물어볼 수 없다. 그 이유는 두 가지이다.

첫째, 어떤 사람이 철저하게 예술가의 느낌과 의도를 이해하는 것은 불가능하고,

둘째, 예술가 고유의 주관적인 느낌은 작품과는 별 관계가 없기 때문이다.

예술 작품은 그 스스로 하나의 류(類)를 이루는(sui generis) 독자적 실체인 것이다. 구체적 사례로 휴고 그로티우스(Hugo Grotius)를 살펴보자. 그로티우스는 이례적으로 진지한 성격을 지녔으며, 유머가 별로 없고, 진리에 대한 끝없는 사랑을 가지고 살아간 사람이었다. 그는 프랑스 왕 루이 13세에게 헌정한, 불멸의 기념비적 걸작『전쟁과 평화

의 법(*De jure belli et pacis*)』을 저술했다. 이 책에 들어 있는 헌사는 보편적으로 인정되는 왕의 무한한 정의를 주제로 써내려간 가장 허풍스러운 바로크적 과장이다. 그 헌사의 허풍은 고대 로마의 장엄한 과장을 무색하게 만든다. 그의 펜이 한번 스치고 지나가면 과장된 찬사는 최고의 찬사로 둔갑했다. 우리는 그로티우스의 사람됨을 잘 알고 있고, 또 루이 13세가 유약하고 신뢰할 수 없는 인품의 소유자였다는 것도 알고 있다. 그러므로 이렇게 묻지 않을 수 없다. 헌사를 쓰고 있는 그로티우스는 진심인가? 아니면 거짓말을 하고 있는 것인가? 물론 대답은 진심도 거짓말도 아니라는 것이다. 그로티우스는 그 시대에 적합한 스타일로 헌사를 작성하는 놀이 정신을 발휘했을 뿐이다.

17세기처럼 스타일에 집착했던 시대도 없다. 삶, 정신, 외양을 바로크(더 나은 단어가 없어서 이 용어를 씀)의 패턴에 맞추어야 했던 이 시대에, 그것을 가장 특징적으로 보여 주는 물건은 복장이다. 우선 이런 독특한 양식이 여성보다는 남성복에서 발견된다는 것, 특히 궁정 의복에서 더욱 빈번하게 발견된다는 것에 주목해야 한다. 남성의 패션은 17세기 내내 폭넓게 변화했다. 남성 패션은 단순하고 자연스럽고 실용적인 것에서 점점 더 벗어나는 경향을 보였고 1665년 즈음에는 변형의 극치에 도달했다. 허리가 잘록한 남성상의(doublet)는 굉장히 짧아져 거의 겨드랑이까지 올라붙었다. 셔츠의 4분의 3이 상의와 하의 사이로 드러났으며 바지는 비상식적으로 짧고 넓어져 더 이상 바지인지 어쩐지 구분하지 못하게 되었다. 프랑스 극작가 몰리에르와 다른 작가들에 의해 언급된 '렝그라브(rhingrave)'는 모두 걸보기에 작은 페티코트나 에이프런이어서 모두들 그것인 줄 알았다. 하지만 약 20년 전 이 옷의 진짜 견본이 영국의 한 의상실에서 발견되면서 결국 반바지로 증명되었다. 이런 환상적인 옷은 리본, 나비넥타이, 레이스로 온 부분이 장식되었고 심지어 무릎 주변에도 그런 장식이 달려 있었다. 그 옷은 아주 우스꽝스러웠지만 망토, 모자, 가발 덕분에 우아함과 위엄을 그런대로 유지했다.

가발은 그 자체로도 의복의 역사일 뿐만 아니라 문명사의 한 챕터를 구성한다. 17세기와 18세기에 사용되던 가발보다 더 적절하게 문화적 충동의 쾌활함을 나타내 주는 물건은 없다. 18세기를 가발의 시대라고 부르는 것은 다소 불완전한 역사 인식이다. 왜냐하면 실제로 17세기의 가발이 훨씬 더 독특하고 더 기묘하기 때문이다. 데카르트, 파스칼, 스피노자 등이 활약한 아주 진지한 시대, 렘브란트와 밀턴의 시대, 해외 식민지를 개척하던 시대, 강인한 항해자, 모험적인 상인, 과학이 개화하고 위대한 도덕가들이 나타나던 시대가 또한 우스꽝스런 물건인 가발의 시대라니 이 얼마나 아이러니컬한가!

우리는 그림을 통해 1620년대 짧은 머리에서 긴 머리로의 변화를 알 수 있다. 그리고 17세기의 중반에 이르면 가발이 신사, 귀족, 의원, 변호사, 병사, 성직자, 상인 등 모든 사람에게 필수적인 머리 장식이 되었다. 심지어 해군 제독들까지도 축제 의상(gala-dress)의 맨 위에 가발을 쓰고 다녔다. 1660년대엔 소위 알롱즈(allonge)라고 하는 어깨까지 내려오는 호화스럽고 기괴한 형태의 가발까지 나오게 되었다. 광적인 유행의 사례로서 이보다 더 과장되고 엄청나며 더 우스꽝스러운 것은 없으리라. 하지만 가발을 욕하고 조롱하는 것만으로는 충분하지 않다. 가발이 굉장히 오래 유행으로 남아 있었다는 사실은 좀 더 세밀하게 살펴볼 필요가 있다.

가발은 1630년대와 1640년대에 자연 모발보다 더 많은 머리카락을 필요로 하는 남자들의 머리 스타일 때문에 만들어지기 시작했다. 가발은 빈약한 머리카락을 가려 주는 대체물로 시작됐고 결과적으로 풍성한 자연 모발을 위장해 주었다. 하지만 곧 가발을 쓰는 것이 공통의 유행이 되었다. 가발로 부족한 모발을 위장한다는 구실은 사라졌고 그 대신 스타일의 한 요소가 되었다. 따라서 가발은 거의 출발점부터 하나의 예술 작품이었다. 그것은 액자처럼 얼굴의 틀을 잡았으며, 그림에 액자를 끼우는 것은 가발의 유행과 거의 동시에 벌어진 일이었다. 가발은 얼굴을 신체로부터 격리시켰고 얼굴에 믿을 수 없을 정도로 고귀한 분위기를 주었다. 이것은 바로크의 절정이기도 했다.

알롱즈 가발에서 얼굴 면적이 좀 넓어지기는 하지만 그래도 전체적인 스타일은 우아함과 위엄을 강조하는 자연스러운 웅장함을 얻었다. 젊은 루이 14세와 그 시대의 스타일을 표현하는 보조 도구로는 완벽하게 역할을 수행했다. 여기서 우리는 알롱즈 가발이 진정한 아름다움의 효과를 획득했다는 것을 인정해야 한다. 알롱즈 가발은 하나의 응용 예술이다. 17세기의 초상화와 관련하여 그것(초상화)이 우리에게 안겨 준 아름다움의 환상은, 17세기 사람들이 초상화의 실물(사람, 사물, 풍경 등)을 보았을 때 느꼈던 아름다움에 비해 훨씬 더 크다는 것을 잊지 말아야 한다. 17세기 그림과 판화는 당대의 누추한 이면을 표현하지 않은 까닭에 극단적으로 아름답게 보이는 것이다.

가발의 유행에 관해 주목할 만한 사항은 그것이 부자연스럽고, 거추장스럽고, 불결한데도 한 세기 반 동안 유지되었다는 것이다. 이것은 가발이 한때의 변덕이 아닌 지속적인 현상이었음을 보여 준다. 그외에도 주목할 만한 것은 자연 모발을 위장하는 데에서 진일보하여 점점 더 양식화했다는 사실이다. 이런 양식화는 분(powder), 고수머리(curls), 끈(laces)이라는 세 가지 측면에서 진행되었다. 18세기 초 가발은 오로지 흰색 혹은 회색을 분칠한 것만 사용되었다. 검은색, 갈색, 금색 가발은 폐지되었다. 어떤 문화적인 혹은 심리적 이유에서 이런 분칠 습관이 나왔는지 알 수 없지만, 초상화 제작이 그런 습관을 부추긴 것은 분명하다. 18세기 중반에 이르러 가발은 높게 빗은 머리로 앞에 장식을 만들고 팽팽한 고수머리로 귀를 덮었으며 뒤는 끈으로 묶어 고정시키는 형식이 되었고, 자연(모발)을 모방(위장)한다는 구실은 폐기되어 완전한 장식품이 되었다.

여기서 두 가지 관련 사항을 간단히 언급하고 싶다.

첫째, 여성들은 가발을 써야 할 경우가 있을 때만 썼고 전체적으로 머리 장식은 남성들의 유행을 따랐지만 18세기 말에 이르러 사치와 가공이 극에 달했다.

둘째, 가발의 영향력은 결코 절대적이 아니었다.

비록 낮은 계층들도 뜨개실이나 몇몇 다른 재료로 가발을 흉내 내긴 했지만 일시적인 현상이었을 뿐이다. 고전 비극의 배우들은 시대의 유행에 따라 가발을 쓰고 연기했지만, 1800년대부터 자연스럽게 머리를 기른 젊은 남자의 초상화를—특히 영국에서—드물지 않게 볼 수 있다. 이것은 반대 방향으로 흐르는 저류(底流)를 보여 주는 것이다. 그것은 자유롭고 편안하고 캐주얼한 것을 지향하는 저류였으며, 프랑스 화가 바토(Watteau)로부터 시작하여 18세기 내내 지속된 운동, 즉 완고함과 인공적인 것을 물리치고 그 대신 자연스럽고 순수한 것을 지지하는 운동으로 확산되었다. 우리는 여기서 루소주의와 낭만주의의 기원을 슬쩍 엿볼 수 있다. 다른 문화 분야에서 이런 낭만주의의 경향을 추적해 보는 것은 흥미로운 연구 과제가 될 것이고, 또 놀이와 문화의 연관성을 많이 밝혀낼 수 있을 것이다. 하지만 이런 종류의 연구까지 시선을 돌리려면 연구 범위가 너무 광범위해진다. 가발에 대하여 지금껏 길게 써 왔는데 현상이 문화 속에 들어있는 놀이 요소의 주목할 만한 사례임을 보여 주는 것으로 만족하려 한다.

프랑스 혁명은 가발에 조종(弔鐘)을 울렸으나 갑작스레 가발이 끊긴 것은 아니었다. 가발에 뒤이어 등장한 털과 턱수염의 역사는 지금까지 거의 연구되지 않은 흥미로운 지식의 보고이다. 하지만 이 문제 또한 지나쳐갈 수밖에 없다.

로코코 시대

우리가 바로크 시대에서 놀이의 생생한 요소를 발견했다면 그 다음 시대인 로코코에서는 더 많은 요소를 발견하게 된다. 이 로코코라는

용어 역시 그 적용 범위가 넓어지면서 뜻이 다소 애매모호해졌다. 막
연한 추상적 개념을 배격하는 영어에서는 로코코의 의미가 명확하지
만, 다른 대륙의 언어들에서는 그런 애매모호함의 경향이 있었다. 그
러나 본래의 예술 양식을 의미하는 뜻만으로도 로코코는 놀이 및 놀
이 정신과 많은 연관을 가지고 있고 따라서 그 정의가 곧 놀이의 정의
라고 해도 무방하다. 게다가 예술의 '양식(스타일)'이라는 바로 그 개념
에 특정한 놀이 요소에 대한 암묵적인 승인이 깃들어 있는 게 아닐까?
양식의 탄생 그 자체가 새로운 형태를 찾는 정신의 놀이가 아닐까?

양식이라고 하는 것은 놀이와 마찬가지로 리듬, 하모니, 정규적인
변화와 반복, 강조와 가락 등에 의해 비로소 생명을 지니게 된다. 양
식과 패션은 정통 미학이 인정하는 것 이상으로 같은 혈족이다. 패션
에서 미학적 충동은 모든 종류의 외부적 감정들, 가령 남을 기쁘게 하
려는 욕구, 허영심, 자존심 같은 것들과 뒤섞인다. 양식은 순수한 형
태로 결정(結晶)된다. 로코코에서처럼 양식과 패션, 예술과 놀이가 밀
접하게 뒤섞인 경우도 찾아보기 어려울 것이다. 아마 예외적인 경우
라면 일본 문화 정도일 것이다. 우리가 마이센(Meissen)의 도자기를 생
각하든, 고대 로마의 시인 베르길리우스를 연상시키는 유연하고 섬
세하고 세련된 전원시를 생각하든, 바토나 랑크레(Lancret)의 그림을
생각하든, 18세기 내부 장식을 생각하든, 터키·인도·중국을 유럽 문
학에 소개했던 이국 풍물에 대한 열정을 생각하든, 18세기에 놀이 정
신이 풍성했다는 사실은 어렵지 않게 발견할 수 있다.

하지만 이런 18세기의 놀이 요소는 표면에 보이는 것보다 더 깊은

정치적 의미를 갖고 있다. 비밀 음모단, 밀실의 음모, 정치적 의사 방해가 횡행한 18세기에 정치 기술은 너무나 분명한 놀이였으며, 그 결과 알베로니(Alberoni), 리페르다(Ripperda), 코르시카의 왕 테오도르 노이호프(Theodore Neuhoff) 같은 정치가들이 배출되었다. 대신과 군주들은 전능한 만큼 무책임했고 성가신 국제 법정 따위는 아랑곳하지 않은 채로 세련된 미사여구를 사용하며 입술에 미소를 띠고 자기 나라의 운명을 걸고서 아무 때나 자유롭게 도박을 했다. 마치 장기판 위의 말들을 옮기듯 정치를 했다. 그들의 근시안적 정책의 효과가 다른 장애 요소들, 즉 느린 통신 수단과 상대적으로 열악한 파괴 도구 등에 의해 제약받았다는 것은 유럽을 위해 실로 다행스러운 일이었다. 그럼에도 불구하고 이런 정치적 놀이의 결과는 개탄스러운 것이었다.

문화적 측면을 살펴보면 어디에서든 야심적인 경쟁의 정신을 발견할 수 있다. 이것은 클럽, 비밀 단체, 문학 살롱, 예술적 그룹, 협회, 모임, 비밀 집회 등에 의해 증명된다. 모든 이해관계와 전문 직업은 자발적인 결사(結社)의 중심점이 되었다. 박물 연구 수집과 골동품 수집은 대유행이었다. 여기서 이런 충동들이 무가치 하다고 말하려는 것은 아니다. 오히려 놀이에의 몰두, 놀이로의 약진은 그들을 문화에 기여하는 존재로 만들었음을 지적하려는 것이다. 놀이 정신은 또한 문학적·과학적 논쟁에도 스며들었는데 이런 논쟁은 국제적인 엘리트들의 고차원적 소일과 즐거움에 굉장히 많은 부분을 차지했다. 18세기 프랑스 작가 퐁트넬(Fontenelle)은 자신의 고정 독자층을 위해『세계의 다양성에 관한 대화(*Entretiens sur la pluralité des mondes*)』를 저술했다 그 독자들은 어떤 논점 혹은 다른 논점을 중심으로 모였다가 해산하고 다시 집합하는 그런 군중이었다. 18세기 문학은 대부분 담시(譚詩: lay)와 놀이 형태로 구성되어 있고, 추상, 창백한 알레고리, 활기 없는 설교 등을 주된 내용으로 삼고 있다. 변덕스러운 위트의 걸작인 영국 시인 알렉산더 포프의 장시 『머리카락의 약탈』은 18세기이기 때문에 저술될 수 있었다.

우리 시대(20세기)는 18세기 예술의 높은 수준을 알아보는 데 굉장히 시간이 걸렸다. 19세기는 18세기의 놀이 특질들에 대하여 전혀 동정심을 갖지 않았고 그 밑에 내재되어 있는 진지함을 알아보지도 못했다. 로코코의 우아한 복잡함과 풍성함과 관련하여, 빅토리아 시대(19세기) 사람들은 직선을 감춘 음악적 장식을 보지 못했고 오로지 허약함과 부자연스러움만을 보았다. 이런 화려함 밑에서 18세기의 정신이 자연으로 돌아가는 방법을 찾고 있고, 스타일이 그런 방법의 하나였음을 빅토리아 시대 사람들은 이해하지 못했다. 19세기는 18세기의 풍성한 건축의 걸작들도 외면했다. 건물의 장식이 결코 엄격하고 절제하는 건축의 동선을 피해 입히지 않았고 따라서 이런 건물들이 모두 조화로운 균형 속에서 고상한 위엄을 보존하고 있다는 사실을 무시해버렸다. 로코코처럼 놀이와 진지함이 우아한 균형을 이룬 예술의 시대는 찾아보기 어려우며 조형 예술과 음악 예술이 그렇게 아름답게 조화된 시대도 드물다.

이미 말했지만 음악은 놀이 기능(facultas ludendi)을 가장 고상하고 순수하게 표현한 형태이다. 조금 대담한 주장처럼 들릴지 모르지만, 18

세기 음악의 가장 큰 의미는 놀이 내용과 미학적 내용 사이에 완벽한 균형을 이뤘다는 점이다. 순수하게 청각적 현상인 음악은 다양한 방식으로 세련되어졌고 풍부해졌다. 옛 악기들이 개선되었고 새로운 악기들이 발명되었으며, 그 결과 오케스트라는 더 큰 음량과 더 넓은 폭의 변화를 성취할 수 있었다. 여성의 목소리는 음악적 공연에서 더 많은 부분을 담당하게 되었다. 기악이 점점 성악의 자리를 대신하자 음악과 말의 상호 연관은 느슨해졌고 기악의 위치가 독립 예술로서 더 확고해졌다. 일상생활 속에서 퍼져 나가는 점증하는 세속화 운동도 이에 기여했다. 자신의 즐거움을 위해 연습하던 음악이 이제 하나의 정규적인 직업이 되었다. 하지만 음악은 주로 예배나 축제적 목적을 위해 주문 받아 작곡되었으므로 오늘날 같은 명성을 누리지는 못했다.

이런 모든 사항에서 18세기 음악이 갖고 있는 놀이 내용, 즉 사회적 놀이로서의 기능은 아주 분명해진다. 하지만 그 미학적인 내용이 얼마만큼 놀이 정신에 부합하는가? 그 대답으로 음악적 형태가 곧 놀이 형태라는 우리의 이전 주장을 검토해 보아야 한다. 놀이와 마찬가지로 음악은 시간, 음조, 멜로디, 하모니 등의 관습적인 규칙의 체계를 자발적으로 수용하고 엄격하게 적용함으로써 비로소 존재 이유를 얻게 된다. 우리에게 친숙한 다른 규칙들이 포기되는 곳에서도 음악의 규칙은 지켜지는데 그래야 음악으로서 가치를 얻기 때문이다. 음악적 가치의 관례는 세계의 여러 지방에서 아주 다르다는 것을 잘 알려진 사실이다. 가까 혹은 중국이 음악 그리고 서양의 음악, 혹은 중세와 현대의 음악을 연결하는 통일된 청각 원칙은 없다. 모든 문명은 고유의 음악적 관례가 있고 대체로 귀는 오로지 익숙한 청각 형태만 허용할 뿐이다. 음악의 이런 내부적 다양성은 그것이 본질적으로 하나의 놀이라는 새로운 증거를 제시한다.

음악은 한정된 한계 내에서 유효한 계약이며, 실용적 목적에 이바지하지 않으면서도 즐거움, 기분 전환, 정신의 고양을 가져온다. 치열한 연습의 필요성, 허용되는 것과 되지 않는 것을 규정하는 규범, 아름다움의 효과를 얻기 위한 엄격한 음악적 요구 사항, 이 모든 것들이 놀이 특질의 전형이다. 다른 어떤 예술보다도 더 엄격하게 법칙을 만드는 것이 음악의 놀이 특질이다. 이러한 규칙을 위반하면 그것은 더 이상 음악도 놀이도 아니다.

고대의 사람들은 음악이 정서를 환기하는 신성한 힘이며 놀이라는 것을 잘 알고 있었다. 하지만 훨씬 뒤에 와서 음악은 비로소 삶에 있어서 중요한 부가물, 삶의 표현, 더 나아가 본격적 의미의 예술로 인정받게 되었다. 음악을 풍성하게 생산했음에도 불구하고 18세기는 음악의 정서적 기능을 잘 인식하지 못했다. 이것은 프랑스 사상가 루소가 음악을 가리켜 자연의 소리를 모방한 것이라고 하찮은 해석을 내리고 있는 데서 잘 알 수 있다. 후대에 생겨난 학문인 음악 심리학은 어쩌면 18세기 음악의 놀이 내용과 미학적 내용 사이에 균형이 잡혀 있었음을 밝혀낼지도 모른다. 음악은 그 자체의 깊은 정서적 효과를 무의식적으로 아주 자연스럽게 내포하고 있다. 바흐나 모차르트의 음악은 가장 고귀한 형태의 이상, 즉 아리스토텔레스적 의미의 디아고게(diagoge: 순수 오락)를 추구하면서도 이에 대한 자의식이 없었다. 바로 이런 고상한 순수함 때문에 두 위대한 음악가는 완벽함의 높이로 비상할 수 있었던 게 아닐까?

신고전주의와 낭만주의 시대

로코코 직후의 시대에는 그 어떤 놀이 특질도 없다고 보는 것이 논리적일지 모른다. 신고전주의와 신흥 낭만주의의 시대는 음침하고 우울한 인물들, 뚫고 들어갈 수 없는 우울함, 슬픈 진지함 따위를 연상시킨다. 이 모든 것은 놀이의 가능성을 배제하는 듯하다. 하지만 좀 더 자세히 살펴보면 그와는 정반대가 사실이다. 어떤 스타일과 시대정신(Zeitgeist)이 놀이 속에서 태어난 시기를 들라면 18세기 중반을 들 수 있으리라. 유럽의 사상은 항상 고대로 되돌아가 거기서 아이디어의 원천을 발견해 왔다. 신고전주의는 바로 그렇게 했고 고대의 사상에서 당대에 필요한 아이디어를 가져왔다. 잿더미에 파묻혔던 고대로마의 도시 폼페이는 시의 적절하게 무덤에서 일어나 차갑고 냉정하고 겉만 번드레한 쪽으로 기울어져 가던 시대에 새로운 모티프를 많이 제공했다. 이렇게 하여 아담 형제(Robert Adam, James Adam), 웨지우드(Wedgwood) 그리고 플랙스먼(Flaxman)의 신고전주의는 18세기의 가볍고 쾌활한 특성을 물려받을 수 있었다.

신고전주의의 바로 뒤를 잇는 낭만주의는 많은 목소리와 얼굴을 가지고 있다. 낭만주의를 1750년 즈음에 일어난 운동, 혹은 조류인데 다음과 같은 특징으로 요약할 수 있다. 이 운동은 모든 정서적·미학적 삶을 이상화된 과거로 회귀시키려는 경향을 갖고 있는데 그 과거는 모든 것이 흐릿하고, 구조가 없으며 신비와 공포로 가득 찬 그런 시대이다. 생각이 뛰어놀 수 있는 이상적 공간을 만들자는 낭만적 계획은 그 자체가 하나의 놀이 과정이다. 하지만 여기에는 그 이상의 것이 있다. 우리는 문학적·역사적 사실인 낭만주의가 놀이 속에서 태어나는 것을 관찰할 수 있다.

낭만주의의 출생 증명은 영국 소설가 호레이스 월폴(Horace Walpole)의 편지들이 제공한다. 그 편지들을 정독하면 낭만주의의 아버지인 이 주목할 만한 소설가가 문학적 관점이나 확신에서 여전히 극단적으로 고전주의자였다는 것을 알 수 있다. 낭만주의라는 사조에 구체적 형태와 내용을 그 누구보다 많이 제공한 월폴이었지만 낭만주의라는 사상은 그저 하나의 취미에 지나지 않았다. 월폴의 『오트란토 성(Castle of Otranto)』은 중세를 무대로 하는 스릴러 소설인데 절반은 변덕스러운 심정으로, 나머지 절반은 '우울증'의 심정으로 썼다고 한다. 월폴은 자신의 저택 스트로베리 힐의 다락방까지 골동품을 쟁여 놓고 그것들을 '고딕 양식'이라고 불렀지만 속으로는 그것들을 예술도 신성한 유물도 아닌 '골동품' 정도로 치부했다. 그는 개인적으로 소위 고딕주의(Gothicism)에 심취하지도 않았다. 그 사상을 하찮고 시시한 것으로 보았으며, 다른 사람들의 고딕주의 또한 경멸했다. 이렇게 볼 때 『오트란토 성』라는 소설은 낭만적 분위기와 공상을 내세워 놀이를 한 것에 지나지 않았다.

고딕주의에 대한 열광과 동시에 감상주의(Sentimentalism)도 유럽의 삶과 문학에서 한 가닥 역할을 수행했다. 눈물 잘 흘리는 여주인공들의 감수성과는 굉장히 다른 사고와 행동 방식을 가진 유럽 세계에서, 이런 감상적 사상이 25년여 동안 횡행했다는 것은 어떻게 설명해 볼 수 있을까? 우리는 이와 유사한 사례를 12세기나 13세기의 궁정 연애의 이상에서 찾아볼 수 있다. 18세기 중반의 낭만주의나 12~13세기의 궁정 연애에 있어서, 사회의 상류층은 삶과 연애라는 인위적이면서도 기이한 이상에 의해 교화되었다. 물론 18세기 중반의 유럽 엘리트들은 12세기 음유시인인 베르트랑 드 본(Bertran de Born)에서 단테에 이르는 봉건 귀족 세계의 엘리트들보다 훨씬 숫자가 많았다.

우리는 부르주아에 의해 내쫓긴 귀족들의 최초 문학 모임을 감상주의에서 발견할 수 있다. 감상주의는 그 시대의 모든 사회적·교육적 이상을 담은 지적 보따리였다. 그렇다 하더라도 양자(감정주의와 12세기의 궁정 연애)의 유사성은 두드러진다. 모든 개인적인 감정은 요람에서부터 무덤까지 어떤 예술적 형태로 수납되었다. 모든 것이 사랑과 결혼을 중심으로 회전한다. 사랑 혹은 결혼의 기쁨이 이때처럼 열렬한 이상화의 소재가 되었던 시대는 없으리라. 여기에는 일방적인 짝사랑과 죽음에 의해 갑자기 중단되어 버린 슬픈 사랑이 단골 메뉴로 등장한다. 하지만 12세기의 음유시인들과는 다르게, 18세기 중반의 낭만주의자들은 '실제' 생활로부터 가져온 여러 상황에다 그들의 이상을 서어 넣었다. 교육의 문제, 부모와 자식 간의 관계, 병상에서의 고동, 상(喪) 중의 애처로운 상태에 대한 묘사, 죽음과 소멸, 이 모든 것은 대중 독자들이 날마다 일용하는 정신적 양식이었다.

감상주의자들은 얼마만큼 "진지했을까?" 16세기의 휴머니스트들, 혹은 18세기와 19세기의 낭만주의자들과 '감상주의자'들 중에서, 누가 당대의 스타일을 더 진지하게 공언했으며 더 풍부하게 경험했는가? 고딕주의의 애호가들이 아련하고 이상화된 과거를 확신했던 강도보다는 휴머니스트들이 고전적 이상이라는 타당한 표준을 확신했던 강도가 더 강해 보인다. 괴테가 달빛이 비치는 교회 묘지에서 춤추고 있는 해골들을 「죽음의 춤(Totentanz)」이라는 시에서 묘사했을 때 그는 일종의 놀이를 한 것이었다. 모든 감상주의는 거기서 한 발 더 나아갔다. 초상화 제작의 모델로 나오기 위해 '고대' 의복의 옷차림을 하고 나온 17세기의 네덜란드 귀족들은 자신이 로마 원로원 의원을 가장하고 있음을 잘 알았다. 그가 과연 그런 겉포장처럼 공민도덕의 모범으로 살고 있는지 여부는 문제가 아니었다. 비록 괴테는 「죽음의 춤(Totentanz)」에서 의심할 여지 없이 놀이를 했지만, 쥘리가 등장하는 루소의 『신 엘로이즈』나 『젊은 베르테르의 슬픔』의 독자들은 진지하게 감상주의의 이상에 따라 살아가려 했고, 종종 그런 감상 구체적으로 실천(자살)하기도 했다. 다른 말로, 감상주의는 휴머니스트 시대나 바로크 시대에서 키케로나 플라톤을 모방하는 것보다 훨씬 더 진심으로 고전을 모방(imitatio)했다. 해방된 정신의 소유자 디드로(Dederot)가 아주 진지하게 프랑스 화가 그뢰즈의 「아버지의 저주」에 나타난 감정 표출(주로 도덕적인 훈계)에 대해 격찬을 했다는 사실, 또

괴테와 나폴레옹까지도 3세기의 전설적인 스코틀랜드 시인 오시앙 (Ossian)의 서사시를 신뢰했다는 사실 등은 우리의 주장을 증명해 주고도 남음이 있다.

그러나 삶과 생각을 감성적 코드에 적응시키려는 노력은 그리 깊은 경지를 파고들지는 못했다. 감상주의의 이상은 적나라한 개인적 삶과 동시대 역사적 사실들로부터 지속적으로 도전을 받았다. 감수성의 문학적 배양이라는 측면을 제외하면, 감상주의가 자유롭게 놀이 할 수 있는 분야는 차츰 쇠약해져 가는 가족생활의 풍경과 자연(특히 자연의 비바람 치는 거센 분위기)에 대한 명상 정도였다.

시기가 20세기에 가까워질수록 문화적 충동의 가치를 객관적으로 평가하는 것이 더 어려워진다. 우리의 직업이 놀이 속에서 추구되는 것이냐, 아니면 진지함 속에서 추구되는 것이냐 하는 의심과 함께 혹시 우리가 진지함을 가장하는 것이 아닐까 하는 불편한 위선의 느낌이 들이닥치기 때문이다. 하지만 이런 진지함과 위장 사이의 불확실한 균형이 문화의 필수적인 부분이라는 것, 그리고 놀이 요소가 모든 의례와 종교의 중심에 있다는 것 등을 명심할 필요가 있다. 따라서 우리는 이런 애매모호함(불확실한 균형)을 늘 가지고 살아야 하는데, 의례를 배제하는 문화 현상에서는 때때로 그것(진지함과 위장을 구분할 수 없는 애매모호함)이 문제가 된다. 그렇다고 해서 진지함의 특징을 많이 가지고 있는 문화적 현상을 하나의 놀이로 해석하지 못할 것도 없다. 하지만 낭만주의와 관련 운동들이 의례를 배제하게 되면서 그 운동의 태도가 진지함인지 아니면 진지함을 위장한 것인지 애매모호하다는 공격을 받게 되었다.

놀이를 배척한 19세기

19세기는 놀이의 공간을 별로 남겨두지 않은 것처럼 보인다. 우리가 놀이라고 표현했던 모든 것들에 직접적으로 반대하는 경향들이 점점 더 뚜렷해졌다. 심지어 18세기에도 무미건조한 효율성과 사회적 복지의 부르주아적 이상인—모두 바로크에는 치명적이다—공리주의가 사회 깊숙이 스며들고 있었다. 이런 경향들은 산업혁명과 그로 인한 기술 분야의 발전에 의해 더욱 심화되었다. 노동과 생산이 시대의 이상이자 우상이 되었다. 유럽 전역은 작업복을 입었다. 따라서 사회적 의식, 교육적 열망, 과학적 판단이 문명의 지배 요소가 되었다. 동력이 증기 기관에서 전기로 진보하면서, 산업의 힘은 크게 발전했고 태양 에너지의 개발에 역사의 진보가 달려 있다는 환상이 널리 퍼졌다.

이처럼 물질문명을 중시하는 사상이 팽배해지면서, 마르크시즘이라는 창피스럽고 잘못된 사상이 등장했고 심지어 신봉되기까지 했다. 마르크시즘은 경제적인 힘과 물질적인 이익이 역사의 진로를 결정한다고 보았다. 이처럼 경제적인 요소를 과대평가하는 태도는 기술의 진보를 숭배하는 심리가 팽배해지면서 더욱 심해졌다. 그런 숭배 심리는 합리주의와 공리주의의 결과물인데, 이 두 사상은 인간으로부터 신비한 의례를 제거하고 인간을 원죄의식과 죄책감으로부터 방면해 주었다. 하지만 인간은 두 사상(합리주의와 공리주의)에도 불구하고 어리석음과 근시안으로부터 자유롭게 되지는 못했고 그런 진부한 패턴(어리석음과 근시안)에 맞춰 세계를 형성해 나갔다.

이렇게 19세기를 최악의 면에서 한번 살펴보았다. 19세기 사상의 커다란 조류는, 어느 측면에서 바라보든, 사회적 삶 속의 놀이 요소를 적대시하고 배제했다. 자유주의나 사회주의는 놀이 요소에 그 어떤 양분도 제공하지 않았다. 19세기의 실험과 분석 과학, 철학, 개혁주의, 교회와 국가, 경제학 등 모든 것이 오로지 진지함만을 추구했다. 낭만주의의 '최초의 훌륭한 자연스러운 황홀'이 소진되면서 심지어 예술과 문학도 놀이와의 연관을 시시하게 여기며 포기하려 했다. 그리하여 사실주의, 자연주의, 인상주의 그리고 기타 문학과 미술의 사상은 그 이전의 사상들과는 다르게 놀이 정신을 배척했다.

이처럼 진지함을 대표 철학으로 삼고 있는 시대는 다시 찾아보기 어려우리라. 문화는 '놀이되는' 것을 중단했다. 더 이상 겉으로 드러난 형태는 픽션의 외양을 꾸미지 않았다. 예전 시대에서는 그런 픽션이 삶의 더 높은 이상적 형태를 제공했는데 말이다. 놀이 요소가 쇠퇴하는 가장 놀라운 증상은 의복에서 찾아볼 수 있다. 프랑스 혁명 이후 남성복에서 상상적이고 공상적인 요소가 모두 사라졌다. 많은 나라에서 농부, 어부, 항해사의 전통적 복장이었던 긴 바지—코메디아 델라르테(Commedia dell'Arte) 쇼에서 나오는 인물들이 보여 주는 것처럼—가 갑자기 신사의 패션이 되었다. 신사들은 머리카락을 산발한 채로 다녔는데, 이것은 프랑스 혁명의 열정을 표현하는 것이었다. 프러시아의 루이제 여왕(Queen Louise of Prussia)을 그린 샤도(Schadow)의 초상화에서도 우리는 여성의 헤어스타일이 헝클어진 형태임을 볼 수 있다. 잠시 동안 '엥크루아야블(Incroyable: 프랑스 혁명 시대의 멋쟁이)'과 '메르베이외즈(Merveilleuses: 18세기 말의 프랑스 멋쟁이)', 그리고 나폴레옹 시대의 군복(화려하고, 낭만적이고 비실용적인) 등에서 화려한 스타일이 유행했지만, 그런 공상적인 패션은 마침내 종말을 맞이했다. 그때부터 남성복은 점점 색채나 형태가 없게 되었으며 변화를 거부하게 되었다. 이전 시대의 우아한 신사들, 즉 자신의 위엄에 맞게 화려한 의복을 입어 화려한 맵시를 뽐내던 신사들이 이제 진지한 시민이 되었다.

의복의 관점에서 말해 보자면, 신사들은 더 이상 영웅, 전사 혹은 귀족의 역할을 하지 않았다. 신사들이 쓰는 중산모(Top-Hat)는 그들의 진지함을 드러내는 상징이었다. 오직 사소한 낭비와 사치만이 남성의 의복에서 놀이 요소의 역할을 했을 뿐이다. 과거에 남성복이 약진에 약진을 거듭했던 것과는 대비되게, 딱 맞는 바지, 자루식 칼라(Stock-Collar), 턱받이(Jaw-Scrappers) 같은 미세한 변형만이 유행했다. 이런 장식들의 마지막 자취가 사라지고 난 뒤엔 오로지 야회복에만 과거의 위엄이 희미하게 남았다. 화사한 색깔은 완전히 사라졌고 좋은 재질의 옷감도 음침하고 편리한 스코틀랜드산으로 대체되었다. 한때 신사복의 필수품이었던 연미복은 재킷에 완전히 밀려 웨이터들의 제복으로 격하되면서 지난 수 세기 동안 누려 왔던 영광을 마감했다. 스포츠 복장을 제외하고는, 남성복 변형이 실질적으로 중단되었다. 어떤 신사가 1890년대의 복장을 하고 오늘날 거리에 나선다면, 이상한 재봉사를 단골로 두고 있는 괴팍한 사람이라는 인상을 주기 딱 좋을 것이다.

이런 남성 패션의 수준 저하와 민주화는 결코 사소한 문제가 아니다. 프랑스 혁명 이후 인간의 정신과 사회에 벌어진 변화가 그 안에 잘 표현되어 있기 때문이다.

여성복, 혹은 귀부인의 복장(이 문제에 관한 한 문명을 대표하는 것은 상류층 여성이기에)은 남성 패션의 변화와 침체를 따라가지 않았다. 미학적 요소와 섹스어필은 여성복에서 굉장히 중요하며 여성복을 전혀 다른 수준으로 진화시켰다. 하지만 이런 진화가 그 자체로는 주목할 만한 사항이 되지는 못한다. 오히려 주목할 만한 사항은 이런 것이다. 여성복은 중세 시대 이래로 여성복의 낭비와 어리석음을 비난하는 모든 풍자에도 불구하고 남성복에 비해 훨씬 적은 변형과 훨씬 적은 과도함을 경험했다.

1500년과 1700년 사이의 기간을 생각해 보면 남성복은 격렬하고 반복적인 변화를 거쳐 갔지만 여성복에서는 상당한 안정성이 있었다. 이것은 어느 정도까지는 예상할 수 있는 것이었다. 여성의 품위를 지켜야 한다는 규범이 있었고 그 결과 너무 헐겁거나 짧거나 파인 패션은 기피하게 되어 발까지 닿는 스커트, 보디스라는 여성복의 두 기본 구조에서 크게 이탈할 수 없었기 때문이다.

18세기에 들어서자 여성복에 진정으로 '놀이'가 시작되었다. 로코고 시대에는 우뚝 솟은 머리 형태가 유행했다. 낭만주의의 정신은 유사 네글리제 비슷한 의상과, 나른하고 힘없어 보이는 외관, 흐르는 머리카락, 맨 팔과 발목의 노출 등에서 숨을 쉬었다. 기묘한 일이지만, 중세 도덕가들이 맹렬하게 비난한 사실에서 알 수 있듯이 데콜테 (décolleté: 가슴, 등, 어깨 등이 깊게 파인 옷)는 맨 팔을 드러내기 전부터 수 세기 동안 유행해 왔다. 집정부(프랑스 혁명 때의 내각) 시대 이후에 여성복 패션은 변화의 빈도나 범위에서 남성복 패션을 제치고 앞으로 나섰다. 그 이전 시대에서는—고대를 제외하고—1860년대의 크리놀린(철사를 골조로 해 종 모양으로 만든 티셔츠)과 스커트 자락을 부풀게 하는 허리받이(bustle) 같은 것은 전혀 유행되지 않았다. 이어 20세기가 시작되면서 여성복 패션의 조류는 방향 전환을 하여 1300년대 이래로 유행되지 않았던 단순함과 자연스러움 쪽으로 돌아갔다.

12장

현대 문명에서 발견되는
놀이 요소

'현대'의 의미를 따지느라고 시간을 낭비하지는 말자. 우리가 말하고 있는 시대는 이미 역사적 과거가 되어 버렸다. 우리가 그 시대로부터 물러설수록 그 시대의 후방은 허물어져 버리는 듯하다. 젊은 세대들이 '옛날'이라고 말하는 시대는 늙은 세대에게 있어서는 '우리들의 시대'인 것이다. 늙은 세대는 그 시대에 대한 개인적 추억을 갖고 있을 뿐만 아니라 자신이 여전히 그 문화를 실천 중이라고 생각한다. 이렇게 시간 감각이 달라지는 것은 자신이 어떤 시대에 속하느냐에 따라 결정되는 것이 아니라, 옛날 것과 현재의 것에 대하여 어떤 지식을 갖고 있느냐에 따라 결정된다. 현재라는 아주 비좁고 근시안적인 순간에 집착하는 사람들에 비해 역사인식이 뚜렷한 사람은 과거의 상당히 많은 부분을 '현대'로 인식한다. 따라서 우리가 말하는 '현대' 문명은

20세기뿐만 아니라 19세기의 깊숙한 부분까지 파고들어 간다.

우리가 이제 대면해야 할 질문은 이런 것이다. 우리가 현재 살고 있는 문명은 어느 정도까지 놀이 요소를 발전시켰는가? 놀이 정신은 현대 문명에 참여하는 사람들의 생활을 어느 정도까지 지배하는가? 11장에서 언급했지만 19세기는 예전 시대들이 갖고 있던 놀이의 특징을 많이 잃어버렸다. 이러한 현상은 20세기에 들어와 더 심해졌는가 아니면 완화되었는가?

현대 스포츠

기술, 힘, 지구력의 경쟁은 의례는 물론이고 재미나 축제와 관련된 문화에서 중요한 역할을 했다. 중세 사회는 토너먼트에 몰두했고 그 이외의 것은 대중적 오락에 지나지 않았다. 연극적 무대 효과와 귀족적 장식을 자랑하는 토너먼트는 오늘날 스포츠라고 할 수가 없다. 그것은 연극의 기능을 수행했다. 수적으로 아주 적은 상류층만이 토너먼트에 가담했다. 중세 스포츠 생활이 이처럼 일방적 성격을 갖게 된 것은 대체로 보아 교회의 영향 때문이었다. 기독교 사상은 스포츠 행사의 조직이나 신체 단련을 그리 높게 평가하지 않았다. 신체 단련은 교양 교육 정도로 치부했다.

마찬가지로 르네상스 시대도 완성을 위한 신체 단련의 사례가 많이 있지만 그것은 어디까지나 개인 수준의 일이었고 단체나 계급별로 조직되지는 않았다. 휴머니스트들은 학문과 교양을 중시하기는 했지만 예전의 신체 폄하 경향을 그대로 계승했다. 종교개혁과 반(反) 종교개혁 시대에도 도덕과 지성을 강조했지 신체 단련은 저평가했다. 이런 식으로 18세기가 끝나갈 때까지 게임과 신체 단련은 문화적 가치로서 낮게 평가 되어 있었다.

놀이적 경쟁의 기본 형태는 시대를 막론하고 늘 거기에 있었다. 일부 형태에서는 힘과 속도 겨루기가 경쟁의 본질이었다. 가령 달리기와 스케이트 시합, 전차와 말 달리기 경주, 역도, 헤엄치기, 다이빙, 활쏘기 등이 그러했다.[1] 역사의 초창기 이래 인류는 이런 활동에 몰두했지만 이런 것들은 조직된 게임의 형태를 갖추지는 못했다. 하지만 그런 행위에 들어 있는 아곤적 원칙은 아무도 부정하지 않았고 그래서 놀이의 형태를 갖춘 게임이라고 불렀다. 게임은 때때로 아주 진지한 활동이었다. 하지만 다른 형태의 놀이적 경쟁은 '스포츠'로 굳어지게 되었다. 특히 축구, 야구, 농구 등의 공놀이가 그러하다.

우리가 여기서 주목하는 현상은 가끔씩 벌어지던 오락 행사가 조직된 클럽 혹은 대회의 시스템으로 발전했다는 것이다. 17세기 네덜란드 그림들을 보면 도시민과 농민이 콜프(Kolf) 게임에 몰두하는 장면들이 나온다. 하지만 이런 게임이 클럽으로 조직되거나 대회로 확대되었다는 얘기는 들어본 적이 없다. 두 집단이 정기적으로 이런 게

---

1 수영에서도 경쟁을 한 사례가 『베오울프』에서 발견되는데, 그 목적은 상대방을 수면 아래로 억눌러서 그를 익사시키는 것이다.

임들을 벌일 때 이런 종류의 고정된 조직이 생겨날 가능성이 높다. 공놀이[球技]는 항구적인 팀을 필요로 하는데 여기서 현대 스포츠가 출발한다. 마을과 마을, 학교와 학교, 도시와 도시의 대항전에서 이런 조직화 과정이 생겨나게 되었다. 이런 과정이 19세기 영국에서 시작되었다는 사실은 어느 정도 이해할 만한 일이다. 앵글로-색슨적 심성이 구체적으로 어느 정도까지 그 과정에 작용했는지 살펴보는 것은 그리 간단한 일은 아니지만 말이다. 아무튼 영국 사회생활의 구조가 그 과정의 촉진제 역할을 했다. 지방 자치는 연합과 유대의 정신을 촉진했다. 의무적 군사 훈련이 없었기 때문에 공놀이를 통한 신체 단련의 필요나 기회가 더욱 많았다. 교육 형태도 이런 쪽으로의 발전을 지원했고 또 평평한 땅이 많은 영국의 지형도 한몫 거들었다. 그래서 전국 어디서나 평평한 공유지가 있었고 이것이 자연스럽게 놀이터가 되었다. 이렇게 하여 영국은 현대 스포츠 생활의 요람이요 출발지가 되었다.

놀이와 분리된 스포츠

19세기 후반, 1875년경 이후부터 스포츠라는 게임은 점점 더 진지한 색깔을 띠기 시작했다.[2] 경기 규칙은 점점 엄격하고 까다로워졌다. 전보다 더 빠르고 더 높고 더 날렵한 스포츠 기록들이 수립되었다. 19세기 전반에 나온 판화에는 크리켓 선수가 중산모를 쓰고 있는 광경이 많이 들어 있다. 이것은 그 자체로 스포츠의 확산을 보여 주는 것이다.

이처럼 스포츠가 조직화, 제도화 하면서 순수한 놀이 특질은 점점 사라졌다. 우리는 아마추어와 프로를 분명하게 구분하는 현상에서 이것을 간파할 수 있다(전에는 '신사와 선수'라는 완곡어법을 사용했다). 놀이 집단은 놀이하기가 더 이상 놀이가 아닌 사람들을 따로 구분했고, 그들이 놀이 정신에서는 열등하지만 기량의 측면에서는 월등하다는 것을 인정했다. 전문 선수의 정신은 더 이상 순수한 놀이 정신이 될 수 없었다. 프로에게는 자발성과 무사무욕의 정신이 없었다.[3]

프로의 등장은 아마추어에게도 영향을 주어 열등감에 시달리게 만들었다. 프로는 점점 더 스포츠를 놀이의 영역으로부터 멀리 밀어냈고, 그리하여 스포츠는 그 자체로 특별한 종(種)이 되었다. 프로 스포츠는 놀이도 진지함도 아니다. 현대의 사회생활에서 스포츠는 문화 과정의 옆자리를 차지하면서도 실은 그 과정으로부터 떨어져 있다. 고대 문화에서 발견되는 위대한 경쟁들은 언제나 신성한 축제의 일부였고 전체 부족의 건강과 복지에 필수적인 것이었다. 이런 의례적 유대는 이제 완전히 단절되었다. 스포츠는 세속적인 것, '성스럽지 않

---

2 우리가 경기를 '게임'이라 하지 않고 '스포츠'라고 하는 것은 의미심장한 일이다. 하위징 아는 지난 10~20년 동안 유럽과 미국에서 벌어진 스포츠의 발전 상황에 어두웠기 때문에, 스포츠가 하나의 사업으로 정착되었고, 더 노골적으로 말해서, 상업적 돈벌이가 되었다는 중요한 사실을 강조하지 못한 것 같다.—영역자 주
3 G. K. 체스터턴의 다음과 같은 재담을 한번 생각해 보라. "뭔가 해볼 만한 가치가 있는 일이라면, 설기 서투르게 하더라도 해볼 가치가 있는 것이다!"—영역자 주

은' 이 되었고, 사회 조직과는 무관한 것이 되었으며 정부의 지시에 의해 주도되는 스포츠 행사는 더욱 그렇게 되었다. 현대의 사회적 테크닉의 발달로 인해 운동장에서 거창하게 대규모 행사를 조직할 수 있게 되었다. 하지만 올림픽 게임이나 미국 대학들의 조직적인 운동 대회나 요란하게 선전하는 국제 대회 등이 스포츠를 문화 창조의 행위로 격상시키지 못한다. 그런 대회가 운동선수나 관중들에게 중요할지 몰라도 결국에는 문화적으로 불모(不毛)의 행사인 것이다. 예전의 놀이 요소는 완전 위축되어 버렸다.

이러한 견해는 오늘날의 대중적 생각과는 역행되는 것인지도 모른다. 사람들이 스포츠를 현대 문명의 가장 뚜렷한 놀이 요소라고 생각하니까 말이다. 하지만 그런 대중들의 생각은 잘못된 것이다. 나는 현대의 스포츠가 지나치게 진지함 쪽으로 쏠리는 현상을 강조하고 싶은데, 그런 경향은 비(非) 체육 게임에도 영향을 미쳤다. 가령 체스와 카드놀이는 치밀한 계산이 아주 중요한데 이런 게임에도 현대 스포츠가 영향을 주고 있다.

카드놀이의 폐해

문명이 시작된 이래 많은 반상(盤上) 게임이 생겨났다. 어떤 게임들은 원시 사회에서 생겨났는데 그 사행성 특징 때문에 중요한 의미를 획득했다. 행운을 다투는 게임이든 기량을 다투는 게임이든 모두 진지함의 요소를 포함하고 있다. 반면에 즐거운 분위기는 별로 없다. 체스, 체커 놀이, 주사위 놀이, 핼머(halma: 서양장기의 일종. 256개의 눈이 있는 판으로 2~4명이 하는 놀이—옮긴이) 등 행운이 작용할 여지가 없는 게임일수록 더욱 그러하다. 그래도 『호모 루덴스』의 1장에서 이런 게임들이 모두 놀이의 정의 안에 들어간다고 진단했다. 그러나 최근에 들어와 이런 게임들이 챔피언십이니 세계 토너먼트니 하는 체육 대회의 성격을 띠게 되면서 사람들의 이목을 집중시키게 되었다. 그리고 각종 전문지와 언론들은 이런 대회들을 자세히 보도하고 있는데, 순수한 외부인들이 볼 때에는 우스꽝스러운 일이 아닐 수 없다.

하지만 카드놀이는 반상 게임과는 달라서 행운의 요소를 완전 배제하지는 못했다. 행운이 지배할수록 도박의 범주에 들어가게 되어 클럽 조직이나 공식 대회에는 적절하지 못하다. 그러나 머리를 많이 쓰는 카드놀이는 사람들을 끌어 모으는 경향이 강하다. 그래서 이 분야에서 진지함, 혹은 과도한 진지함으로의 쏠림 현상이 눈에 띈다. 옴브레와 카드리유의 시대로부터 시작하여 휘스트와 브리지 게임에 이르기까지, 카드 게임은 점점 세련되는 과정을 거쳐 왔다. 하지만 오로지 브리지만이 현대적인 사회적 테크닉을 달성하여 카드 게임의 최고위를 차지하게 되었다. 각종 교본, 시스템, 전문적 훈련 과정 등으로 인해 브리지는 아주 진지한 사업이 되었다. 최근의 신문 보도에 의하면 직업 브리지 선수인 컬버트슨 부부의 연간 소득은 20만 달러 이상이 될 것이라고 한다. 이처럼 브리지 게임에 엄청난 정신적 에너지가 투입되고 있지만 상금이 이 사람 저 사람 손으로 옮겨 다니는 것 이외에 아무런 구체적 결과도 없다. 이런 있으나 마나한 활동에 의하여 사회는 덕을 보는 것도 없고 손해를 보는 것도 없다. 브리지 게임을 아리스토텔레스 개념인 디아고게(인간의 정신을 고양시키는 오락)로 보기도 어렵다. 브리지 게임을 능숙하게 잘한다는 것은 쓸모없는 기술이다. 특정 정신의 능력을 날카롭게 만들기는 하지만 인간의 영혼을 풍성하게 해주지는 못하며, 다른 곳에 사용되었더라면 좋았을 정신적 에너지를 낭비시킨다. 아무튼 정신적 에너지가 더 나쁜 곳에 투자될 수도 있었지만 그렇지 않으니 그나마 다행이라고 위로할 수 있을 뿐이다.

현대 사회에서 브리지 게임이 이처럼 성행하는 것은, 겉보기에 놀이 요소가 오늘날 크게 증가했다는 인상을 줄 수도 있다. 하지만 외양은 사람을 잘 속인다. 진정한 놀이가 되려면 어른이 동심으로 돌아가 놀이하는 그런 게임이 되어야 한다. 브리지에서 이런 동심을 발견할 수 있을까? 만약 그렇지 못하다면 그 게임에서 놀이 정신의 미덕은 사라진 것이다.

현대의 상거래

복잡한 현대 생활에서 놀이 내용을 평가하려고 하면 반드시 모순적 결론에 도달하게 된다. 스포츠의 경우, 원래 놀이였던 행위가 아주 철저하게 전문화된 조직적 대회로 발전하여 진정한 놀이 정신이 거의 소멸될 지경에 이르렀다. 이처럼 과도하게 진지해지는 경향에 더하여, 정반대(놀이) 방향을 가리키는 다른 현상들이 존재한다. 당초 물질적 이득을 추구하여 놀이와는 무관해 보이는 행위들이 앞으로 발전하면서 2차적 특징으로 놀이의 형태를 취하는 경우이다. 스포츠와 체육은 놀이가 진지함으로 굳어진 것이나 여전히 놀이의 상태를 유지한다. 그런데 어떤 상거래는 놀이가 되었으면서도 여전히 진지함을 유지하고 있다. 이러한 두 가지 현상은 강력한 아곤적 습관에 의하여 연결되어 있다. 놀이를 촉진시키는 아곤적 습관은 현대와 들어와 비록 형태가 달라지기는 했지만 그래도 보편적 영향력을 행사한다.

이러한 아곤적 원칙의 부활은 문화 그 자체와는 상관없는 외부적 요소에서 유래한다. 모든 종류의 소통을 원활하게 해주는 커뮤니케이션 기술이 발달하면서 그런 경쟁 원칙이 생겨났다. 테크놀로지, 광고, 프로파간다 등은 전 세계에서 경쟁심을 촉진시키고 전대미문의 스케일로 그것을 만족시키는 수단을 제공했다. 물론 상업적 경쟁은 태곳적의 신성한 놀이 형태에 속하지는 않는다. 무역업이 활발해지면서 각자 상대방보다 더 뛰어나려고 애쓰는 활동 분야가 생겨났다. 상업적 경쟁은 곧 제약 규칙의 제정을 요구했고, 그리하여 무역 관행이 수립되었다. 과거에 무역은 원시적 상태로 남아 있었으나 최근에 들어와 현대적 통신수단, 프로파간다, 통계 자료가 발달하면서 치열해지기 시작했다.

물론 초창기에도 기업 경쟁에 특정 놀이 요소가 개입했다. 통계 자료가 활성화되면서 스포츠 기록을 방불케 하는 무역 기록이 생겨났다. 기록은 과거 시절에는 비망록에 불과한 것이었다. 여인숙 주인이

여인숙 벽에다 어떤 기사, 어떤 여행자가 몇 마일 여행을 한 뒤 처음으로 도착했다는 것을 벽에다 적어 놓은 노트였다. 하지만 무역과 생산의 통계 자료는 경제생활에 스포츠의 요소를 도입시켰다. 그리하여 상업과 테크놀로지의 승리 뒤에는 스포츠의 측면이 따라붙게 되었다. 최고의 매출액, 최고의 선적량(船積量), 가장 빠른 항해 속도, 가장 높은 비행 고도 등.

이렇게 하여 순수한 놀이 요소가 다시 한 번 실용적 고려 사항을 제압했다. 전문가들은 거대한 증기선이나 비행기가 아닌 작은 증기선이나 수송기를 사용하는 것이 장기적으로 더 효율적이라고 말한다. 우리는 여기서 거대 스포츠처럼 거대하게 조직되지 않은 놀이 본연의 특성을 발견한다. 그리하여 기업은 놀이가 되었다. 이러한 과정은 아주 심도 깊게 진행되어 일부 대기업들은 생산량을 높이기 위해 의도적으로 노동자들에게 놀이 정신을 주입시키고 있다. 이러한 경향때문에 좀 역설적으로 들릴지 모르지만 놀이가 기업이 되었다. 로테르담 상과대학이 명예박사 학위를 수여한 기업의 한 총수는 이렇게 말했다.

내가 기업에 처음 들어온 이래 기술제작부와 영업부 사이에 경쟁이 붙었습니다. 기술제작부는 영업부가 다 팔지 못할 정도로 많은 물품을 만들어내려 했고, 반면에 영업부는 아주 많이 팔아서 기술제작부가 따라오지 못하게 할 속셈이었습니다. 이 경쟁은 늘 있었습니다. 때로는 제작부가 때로는 영업부가 앞섰습니다. 내 동생과 나는 기업을 일이라기보다 게임이라고 생각해 왔습니다. 우리는 이런 놀이 정신을 젊은 직원들에게 심어 주려고 애를 썼습니다.

물론 이 말은 약간 에누리해서 들어야 할 것이다. 하지만 많은 대기업들이 회사를 축구 클럽처럼 만들어 놓고 전문 기술을 함양하기보다는 베스트 일레븐(축구팀의 선발 11명)에 들어가도록 만들고자 하는 사례들이 많이 발견된다. 이렇게 하여 변화의 바퀴는 다시 돌기 시작한다.

현대 예술

현대 예술의 놀이 요소를 찾아내는 것은 현대 상거래의 경우보다 한결 복잡하다. 이 책의 10장에서 언급했듯이 예술 작품을 창조하고 '생산하는' 과정에는 필연적으로 놀이 정신이 깃들게 된다. 이것은 뮤즈의 예술, 특히 음악 예술에서 그러하다. 음악은 강력한 놀이 요소가 근본적이면서도 본질적이다. 조형 예술의 경우에는 놀이 정신이 각종 형태의 장식들과 관련이 있다. 다시 말해서 정신과 양손이 자유롭게 움직이는 곳에서 놀이의 기능이 잘 작동한다. 특히 고관대작의 발주를 받아서 제작된 거작, 전시물, 특별한 재주를 부린 작품 등에서 놀이 정신을 발견할 수 있다. 이제 살펴보아야 할 사항은 18세기가 끝난 후 예술의 놀이 요소가 더 강력해졌는가 아니면 허약해졌는가 하는 것이다.

예술은 여러 세기에 걸친 점진적 과정에 의하여 탈기능화 해왔고 점점 더 예술가 개인의 자유롭고 독립된 정신에 의존하게 되었다. 이러한 해방을 증명하는 이정표 중 하나는 패널과 벽화 대신에 캔버스가 최종 승리를 거두었다는 것이다. 마찬가지로 판화도 세밀화와 채색화를 누르고 득세하게 되었다. 이처럼 사회로부터 개인 쪽으로 방향 전환을 한 유사한 사례는 르네상스 시대에서도 발견된다. 그 당시 건축은 더 이상 교회나 왕궁을 짓는 것이 아니라 개인의 저택을 짓는 일에 집중했다. 화려한 갤러리가 아니라 개인의 거실과 침실을 지었던 것이다. 예술은 보다 친밀해졌으나 동시에 더 격리되었다. 그것은 개인의 문제 혹은 취향이 되었다. 마찬가지로 음악에서도 일반 대중을 상대로 하는 곡보다는 개인의 미적 감각을 만족시키는 실내악이나 성악곡이 더 중요해지고 더 표현력이 풍부해졌다.

이런 예술 형태의 변화와 함께 더 중요한 기능과 평가의 변화가 따라왔다. 예술은 점점 더 독립적이면서도 중요한 가치로 인정받게 되었다. 18세기 초반에만 해도 예술은 가치의 스케일에서 종속적인 위치에 있었다. 예술은 특권층 사람들이 즐기는 장식품 정도였다. 미적 감수성은 지금 못지않게 높았으나 종교적 환희의 측면이나 오락과 유희의 관점에서 해석되었다. 예술가는 여러 면에서 손으로 작업하는 장인이었던 반면, 과학자와 학자는 유한계급의 지위를 갖고 있었다.

18세기 중반에 신고전주의와 낭만주의가 새로운 미적 충동을 제공함에 따라 일대 방향 전환이 이루어졌다. 곧 낭만주의가 대세로 굳어졌다. 이 두 사조는 전에 없이 미적 감수성을 끌어올렸고 그 열렬한 열기는 종교를 대체할 기세였다. 그것은 문명의 역사 중 가장 중요한 단계 중 하나였다. 우리는 예술을 가장 숭상하던 이 시대는 이 정도로 해두고, 단지 예술-사제(司祭)의 라인이 독일 미술 사학자 요한 빙켈만에서 영국 건축 평론가 존 러스킨을 이어 그 다음으로까지 연면하게 이어졌다는 것만 지적해 두고자 한다. 그렇지만 예술을 숭배하고 감식하는 태도는 오로지 소수의 특권으로 남았다.

19세기 말에 이르러 사진 기술에 힘입어 예술 감상의 기회가 덜 교육받은 일반 대중으로까지 확대되었다. 예술은 공공의 재산이 되었고 예술을 사랑하는 태도는 교양 있는 좋은 태도가 되었다. 예술가가 우월한 존재라는 사상이 힘을 얻었고 일반 대중은 스노비즘(대중이 귀족인 체하는 경향)의 세례를 받았다. 동시에 독창성에 대한 동경이 창조적 충동을 왜곡시켰다. 새롭고 기이한 것에 대한 동경이 예술을 인상주의의 등성이로 밀어 넣어 과장과 군더더기를 선호하게 만들었다. 과학에 비해 볼 때, 예술은 현대 생산 기술의 유해한 영향력 앞에 더 많이 노출되었다. 기계화, 광고, 화제 만들기 등이 예술에 커다란 영향을 미쳤다. 예술은 시장의 동향을 의식하지 않을 수 없고 온갖 테크닉을 자유롭게 선택할 수 있었기 때문이다.

이런 여러 조건들을 열거했다고 해서 현대 예술의 놀이 요소를 다 말했다고 볼 수는 없다. 18세기 이래 예술은 하나의 문화 요소로 인정받았는데, 그로 인해 놀이 정신을 얻었다기보다 잃어 왔다고 볼 수 있다. 하지만 총결산을 해볼 때 적자인가 아니면 흑자인가? 예술은 자신의 무게과 자신이 창조하는 아름다움을 의식하지 않을 때가 가장 축복받은 때이다(이것은 음악의 경우 특히 그러하다). 예술이 자기를 의식하게 되면, 다시 말해 그 우아함을 의식하게 되면 어린아이 같은 순진성을 일부 잃어버리게 된다.

또 다른 측면에서 볼 때, 예술가가 일반인들의 일상생활로부터 훌쩍 벗어나 있다는 점에서 예술의 놀이 요소가 더 강화되었다고 말할 수도 있으리라. 우월한 존재인 예술가는 충분히 존경 받을 자격이 있다. 자신의 우월성을 충분히 느끼기 위해 예술가는 그를 존경하는 대중 혹은 소수의 추종자 세력을 필요로 한다. 소수의 추종자는 공허한 칭찬을 남발하는 일반 대중보다는 더 세련되게 그들의 존경심을 표시할 것이다. 과거에도 그렇지만 오늘날에도 예술은 비교주의(秘敎主義)를 필요로 한다. 비교주의의 신도들은 하나의 규약을 필요로 한다. 우리 신도들은 이런 일을 이렇게 저렇게 하면서 그것을 이해하고 존경할 것입니다, 라고 말하는 규약. 달리 말해서 비교주의의 신도들은 그들만의 신비에 빠져들 수 있는 놀이 공동체를 필요로 한다. 무슨, 무슨 주의(-ism)로 끝나는 말 뒤에는 곧이어 놀이 공동체가 따라 나온다. 과장된 예술 비판, 전시회, 강연회 등 현대의 홍보 장치들은 예술의 놀이 특성을 고양(高揚)시키기 위한 것이다.

현대 과학

현대 과학의 놀이 내용을 결정하려는 것은 아주 어려운 일이다. 예술과는 근본적으로 다른 대상을 상대해야 하기 때문이다. 예술의 경우 우리는 놀이를 일차적 체험, 혹은 일반적으로 받아들이는 개념으로 여겼다. 하지만 과학의 경우 그런 체험과 개념을 근본적으로 새롭게 정의해야 한다. 과학에 놀이의 정의(고정된 규칙에 따라 특정한 시간, 공간, 의미에 따라 발생하는 행위)를 적용한다면, 과학과 기타 학문 분야가 모두 놀이의 형태라는 놀라우면서도 황당한 결론에 도달하게 된다. 각 학문은 자신의 고유한 영역이 있고 엄격한 방법론의 규칙에 구속되기 때문이다.

하지만 놀이의 광의적 정의를 적용하면 어떤 행위가 놀이라는 명칭을 얻기 위해서는 제약과 규칙 이상의 것이 필요함을 알 수 있다. 게임은 시간의 제약을 받는다고 우리는 앞에서 말했다. 게임 이외의 다른 현실과는 접촉하지 않으며 그 게임을 놀이하는 동안에만 존속한다. 일상생활의 긴장으로부터 기분 좋게 이완되는 그런 즐거운 느낌이 수반된다.

이런 것들은 과학에 적용되지 않는다. 과학은 그 유용성을 확보하기 위해 끊임없이 현실과 접촉해야 한다. 또 현실에 응용될 수 있어야 한다. 순수 과학으로 인정받으려면 보편타당한 현실의 패턴을 수립해야 한다. 과학의 규칙은 놀이의 규칙과는 다르게 언제나 도전을 받는다. 그 규칙은 실험과 체험에 의해 끊임없이 수정되는 반면 게임의 규칙은 변경되지 않으며 그것을 바꾸면 게임의 흥을 깨트리고 만다.

따라서 모든 과학이 하나의 게임에 불과하다는 결론은 너무 손쉽게 얻은 값싼 주장으로 폐기되어야 한다. 하지만 과학이 그 특유의 방법론 내에서 놀이에 빠져들 수도 있지 않을까 하고 물어볼 수는 있다.

가령 어떤 시스템을 수립하려는 과학자들의 지속적인 경향은 놀이의 방향을 가리킨다. 고대의 과학은 경험의 바탕이 부족했기 때문에 각종 개념과 속성의 체계화에 쓸데없이 매달렸다. 이 경우 관찰과 계측이 브레이크(견제)의 역할을 했지만, 어느 정도의 변덕이 끼어드는 것은 막지 못했다. 심지어 가장 미묘한 실험 분석도 사전 정립된 이론에 봉사하기 위하여 놀이되는(조작까지는 아니더라도) 경우가 있었다. 실제로 그런 놀이의 폭이 언제나 발견되었고 이런 발견 자체는 놀이의 존재를 입증하는 것이다.

과거의 법률학자들도 이와 유사한 행동을 했다고 비난받았다. 문헌학자들도 이런 점으로부터 완전히 자유롭지는 못하다. 가령 『구약성경』과 『베다』의 시대 이래 그들은 위태로운 어원(語源) 놀이에 빠졌고, 심지어 오늘날에도 지식보다 호기심이 강한 사람들은 그런 위태로운 놀이를 하고 있다. 게다가 유능하든 무능하든 오늘날의 심리학자들 또한 프로이트의 용어를 너무나 확신하는 나머지 아주 손쉽게 사용하고 있다.

과학자나 아마추어들이 그들의 방법론을 가지고 씨름하는 문제 이외에도, 그들은 경쟁적 충동 때문에 놀이의 길로 들어서게 된다. 과학의 경쟁은 예술처럼 경제적 요인으로부터 직접 영향 받지는 않지만, 과학(문명의 논리적 발전)은 미학보다 한결 엄격하게 변증법의 영향을 받는다. 이 책의 9장에서 우리는 과학과 철학의 근원을 논의했고 이 학문들이 아곤적 영역에 있다는 것을 발견했다. 누군가 말했듯이 과학은 논쟁적이다. 하지만 과학적 발견의 길에서 다른 사람을 방해하거나 그를 파괴하려는 욕망이 너무 분명하게 드러난다면 그것은 불길한 징조이다. 진정한 탐구자는 라이벌에게 이기는 문제를 대수롭지 않게 여긴다.

우리는 잠정적으로 이런 결론을 내릴 수 있다. 현대 과학이 정확성과 진실성의 엄격한 요구를 준수하는 한 놀이의 영역으로 떨어질 가능성은 거의 없다. 하지만 고대로부터 시작하여 르네상스에 이르기까지 과학적 사상과 방법은 의심할 바 없이 놀이 특징을 드러냈었다.

유치하고 그릇된 놀이

현대 예술과 과학의 놀이 요소에 대해서는 미처 하지 못한 말들이 많이 있으나 이 정도로 해두겠다. 우리는 이제 끝을 향해 나아가고 있는데 그 전에 현대 사회생활(특히 정치)의 놀이 요소를 언급하고자 한다. 하지만 이와 관련하여 두 가지 오해 사항을 경계해야 한다.

첫째, 어떤 놀이 형태는 사회적 혹은 정치적 의도를 위장하기 위해 의식·무의식적으로 사용된다는 것이다. 이럴 경우 그것은 이 책의 주제인 영원한 놀이 요소와는 무관한 것이 되며 거짓된 놀이라고 명명할 수 있으리라.

둘째, 피상적으로 사태를 관찰하는 사람에게는 어떤 놀이가 항구적인 놀이 경향을 갖고 있는 현상처럼 보이지만 실제로는 전혀 놀이가 아닌 경우도 있다. 현대의 사회생활은 점점 더 놀이와 비슷하여 놀이 요소인 것처럼 보이는 현상에 지배되고 있다. 나는 그것을 유치한 놀이(Puerilism)라고 명명하겠다.[4] 지난 20~30년 동안 전 세계에 만연한 유치함과 야만성이 결합된 현상을 가리키는 용어로 적절하다고 생각한다.

전에는 의젓한 어른들의 영역이었던 문명 생활의 상당 부분에서 청소년 같은 심리와 행동이 판을 치고 있는 듯하다. 이러한 버릇은 세상 그 자체만큼이나 오래된 것이다. 하지만 그런 버릇이 우리 문명에서 중요한 자리를 차지하고서 야만적인 힘을 발휘한다는 데에 문제가 있다. 이러한 버릇들 중 군거성(群居性)은 가장 강력하면서도 위험스러운 것이다. 그것은 아주 저급한 유치하고 그릇된 놀이를 가져온다. 소리를 지르거나 요란하게 인사를 하고 휘장을 달고 다니고 각종 정치적 복장을 구사한다. 행진하는 방식으로 걸어 다니고 우스꽝스러운 집단적 행위를 한다. 이와 아주 유사하지만 더 깊은 심리적 차원을 갖고 있는 행위로는 사소한 오락과 투박한 선정주의에 대한 갈망, 집단 대회, 집단 시위, 행진 등에 대한 열광을 들 수 있다(완곡하게 표현하고 있지만 이 부분은 그 당시 막 집권하여 기이한 대중 선동 행위를 하던 독일 히틀러의 나치 당원들을 비난하고 있다—옮긴이).

클럽은 아주 오래된 제도이지만 온 나라가 클럽화하면 문제가 된다. 클럽이 우정과 유대 관계를 촉진시키는 점이 있기는 하지만 당파주의, 불관용, 의심, 거만함, 자기애와 집단의식에 아첨하는 환상 등의

---

4 요한 하위징아, 『내일의 그늘 속에서』, 하이네만, 1936, 16장 참조.

온상이 되어버린다. 우리는 위대한 나라들이 명예, 유머, 예절, 페어플레이의 정신을 송두리째 잃어버리는 것을 보아 왔다. 여기서는 문명이 이처럼 천박하게 변질하는 이유, 발달 상황, 발달 범위 등을 깊이 따져보지는 않겠지만, 무식한 대중이 국제적 정신 교류에 가담하게 된 것, 도덕이 위축된 것, 테크닉이 과도한 수준으로 비대해진 것 등이 커다란 원인이다.

여기서 정부가 유치하고 그릇된 놀이를 강요한 한 가지 사례를 들어보겠다. 우리가 역사에서 배운 바이지만 어떤 정부가 혁명적 열기에 휩싸이게 되면 존경할 만한 도시, 사람, 기관, 캘린더의 이름을 바꿔 치우는 경향이 있다. 1935년 1월 9일자 「프라우다」지는 이런 사실을 보도했다. 쿠르스크 지역의 3개 콜호즈(집단농장)에서 식량 생산의 실적이 자꾸 뒤처지자, 이미 한번 이름을 바꾸어 부데니, 크루프스카야, 붉은 옥수수 밭 등으로 되어 있던 마을 이름을, 또다시 현지 소비에트가 '게으른 자', '사보타주', '무위도식자'라는 마을 이름으로 개명했다. 이런 과당 충성은 소련 중앙위원회에 의해 공식적으로 비난받았고, 그리하여 모욕적인 마을 이름은 취소되었지만, 유치하고 그릇된 놀이의 사례로는 충분하다고 하겠다.

고(故) 베이든-파월 경의 멋진 이노베이션은 전혀 다른 사례이다. 그는 청소년들의 사회적 힘을 잘 결집시켜서 좋은 쪽으로 활용했다. 이것은 청소년들의 마음과 태도를 잘 이해한 바탕 위에서 나온 것이므로 유치하고 그릇된 놀이와는 거리가 멀다. 여기서 우리는 게임(놀이)이 진정한 정신을 보게 되는데 그것은 고대 사회에서 문화를 창조하던 힘과 아주 닮은 정신이다.

하지만 보이스카우트 정신이 왜곡된 형태로 정치에 스며들면서, 오늘날 우리 사회에 만연한 유치하고 그릇된 놀이가 과연 놀이 기능을 제대로 발휘하는지 물어보지 않을 수 없다. 일견 놀이 기능을 하는 것처럼 보이는 경우도 있어서, 나는 다른 연구서에서 이 현상을 긍정적으로 해석했다.[5] 하지만 지금은 다른 결론에 도달했다. 우리는 놀이의 엄밀한 정의에 입각하여 유치하고 그릇된 놀이와 놀이 정신을 구분해야 한다. 오늘날의 유치하고 그릇된 놀이가 진정한 놀이가 되려면 의례, 스타일, 위엄 등이 혼연일체가 되었던 레크리에이션의 고대적 형태를 획득해야 한다. 사회가 노예제도의 상태로 빠져들고 있는 작금의 광경이 어떤 사람들에게는 새로운 밀레니엄의 새벽일지도 모른다. 하지만 그들은 잘못 생각하고 있는 것이다.

정치의 놀이 요소

놀이 정신이 활짝 개화했던 18세기 이래 문화 속의 놀이 요소가 점점 조락해 왔다는 슬픈 결론을 내리지 않을 수 없다. 오늘날의 문명은 더 이상 놀이를 하지 않고, 설령 놀이를 하는 척해도 그것은 가짜 놀이

---

5   요한 하위징아, 『문화 속의 놀이와 진지함의 경계에 대하여』, p.25; 『내일의 그늘 속에서』, 16장.

에 지나지 않는다. 나는 가짜라는 말을 썼지만 실제로 놀이와 놀이 아닌 것의 경계를 구분한다는 것은 점점 더 어려운 일이 되어가고 있다. 이것은 정치 분야에서 특히 더 그러하다. 오래되지 않은 과거에 의회 민주주의 형태의 정치 생활은 분명히 놀이의 특징이 가득했다. 나의 제자 한 사람은 최근에 놀이에 관한 나의 주장을 바탕으로 하여 프랑스와 영국의 의회주의를 분석한 논문을 작성했다. 이 논문에 의하면 18세기 말 이래 영국 하원에서의 토론은 게임의 규칙과 페어플레이 정신에 입각하여 놀이되었다는 것이다. 개인적 라이벌 정신이 언제나 작용하여 상대방을 제압하려는 시합이 벌어졌지만 그들이 진지하게 봉사하는 국가의 이익에는 전혀 피해를 입히지 않았다.

의회 민주주의의 분위기와 매너는 최근까지만 해도, 영국과 영국의 제도를 기꺼이 모방한 나라들에서, 페어플레이 정신에 입각한 것이었다. 우정이 충만하여 치열한 토론이 끝난 다음에는 최고 적수들과도 다정한 대화를 나누었다. 바로 이런 스타일에서 '신사협정'이라는 말이 생겨났다. 하지만 불운하게도 그 협정에 가담한 일부 나라들은 젠틀맨이라는 단어에 내포된 의무 사항을 늘 인식했던 것은 아니었다. 영국에서는 의정 활동을 건강하게 만드는 이런 놀이 요소가 있기 때문에 의회 민주주의가 잘 돌아간다. 최근에 그 제도에 대하여 비난이 퍼부어진 일도 있지만 그것은 일회적인 현상에 지나지 않는다. 정치적 제도를 밑받침하고 있는 인간관계의 유연성 덕분에 정치 제도는 '놀이'를 할 수 있다. 놀이가 없었더라면 참을 수 없거나 위험스러 있을 긴장을 나름대로 이완시키는 것이다. 사실 유머의 결핍이야말로 지독히 나쁜 결과를 가져온다. 이런 놀이 요소가 각종 선거 제도에 들어 있어서 순기능을 하고 있다.

그것은 미국 정치에서 아주 분명하게 드러난다. 미국은 양당 제도가 확립되어 이 두 당의 정강정책이 외부인들이 보기에는 거의 다르지 않지만, 이런 제도가 확립되기 훨씬 오래전부터 선거 활동이 일종의 국민적 스포츠로 발달되어 있었다. 1840년의 대통령 선거는 추후에 있을 모든 선거의 모범이 되었다. 당시 휘그당은 1812년 인디언들과의 전투에서 대승을 거둔 해리슨 장군을 후보로 영입했으나 정강정책이 없었다. 하지만 그들은 그보다 더 좋은 상징—늙은 전사가 은퇴하여 살고 있던 통나무집—을 갖고 있었고 그것을 바탕으로 승리했다. 1860년 과반 투표(즉 가장 커다란 함성)로 후보에 옹립된 링컨 또한 그런 이미지를 내세워 정권을 잡았다. 미국 정치에 깃들어 있는 이런 정서적 분위기는 미국이라는 나라의 기원과 깊은 관련이 있다. 미국인들은 건국 이래 개척자 생활의 난관과 우여곡절에 익숙해져 있었다. 미국 정치에는 순진함과 자발성 등 좋은 측면이 많이 있다. 현대 유럽 정치의 난폭함, 강제 동원, 기타 더 나쁜 사례들에서는 그런 순박한 기질을 찾아보기가 어렵다.

국제 정치와 현대의 전쟁

국내 정치에서는 놀이의 요소가 풍성하게 발견되지만, 국제 관계에서는 그런 기회가 일견 거의 없을 것처럼 보인다. 비록 국제 정치가 폭력과 예측 불가능으로 얼룩지기는 했지만 그렇다고 해서 놀이의 가능성이 완전 배제된 것은 아니다. 우리가 여러 사례에서 살펴보았듯이, 놀이는 잔인하고 유혈적이 될 수 있으며, 때로는 가짜 놀이가 될 수도 있다. 법을 지키는 공동체나 국가들의 공동체는 이런저런 방식으로 놀이 공동체와 연계를 맺는다. 국가들 사이에 적용되는 국제법은 특정한 원칙의 상호 인정에 의하여 유지되는데, 그 원칙이 형이상학적 바탕을 갖고 있음에도 불구하고 놀이 규칙과 비슷하게 운영된다. 만약 그렇지 않다면, pacta sunt servanda(협약은 반드시 지켜져야 한다) 원칙을 제정할 필요가 없었을 것이다. 이 원칙은 국제법 제도의 건강성은 그 규칙을 지키려는 일반 의지에 있다는 것을 명백하게 보여 준다. 어떤 나라가 이 암묵적 합의를 깨버렸는데, 나머지 국가들이 그 위반국을 강제하여 응징할 힘이 없다면, 국제법 체계는 일시에 붕괴될 것이다.

국제법은 명예, 예의, 신의와 성실 등 엄격한 법 영역 바깥에 있는 원칙들에 의하여 유지된다. 유럽의 교전 규칙이 기사도의 명예 코드로부터 유래했다는 것은 나름대로 의미 있는 일이었다. 국제법은 패전국이 신사처럼 행동할 것을 암묵적으로 가정하고 있으나, 불행하게도 그렇게 행동하는 적이 별로 없었다. 전쟁에 돌입하기 전에 전쟁을 선포하는 것이 국제적 예의이지만, 침략국은 종종 이런 거추장스러운 관습을 무시하고 외곽의 식민지들을 덥석 점령부터 하고 본다. 하지만 얼마 전까지만 해도 전쟁은 고상한 게임—왕들의 스포츠—으로 간주되었고, 전쟁의 규칙은 고대의 전쟁에서 만개했던 놀이 요소들을 기반으로 했다.

오늘날 독일 정치 문헌에서는 평화에서 전쟁으로의 국면 전환을 가리켜 das Eintreten des Ernstfalles라고 하는데 "진지한 경우로의 들어감"이라고 번역할 수 있다. 순전히 군사적인 관점에서 본다면 이 표현은 정확하다. 기동 작전, 연습, 훈련 등의 가짜 전투와 실제 전쟁의 관계는 놀이와 진지함의 관계와 똑같다. 하지만 독일의 정치학자들은 그 이상을 말하고 있다. Ernstfall(진지한 경우)이라는 단어는 외교 정책이 아직 진지함의 정도를 획득하지 못했고, 실제 교전 상태로 들어가야 진지함을 달성할 수 있다는 뉘앙스를 풍긴다. 그러니까 국가간의 진지한 관계는 전쟁의 관계밖에 없다는 얘기이다. 협상과 합의를 중시하는 외교 과정은 전쟁의 서곡 혹은 두 전쟁 사이의 간주곡에 불과하다는 것이다. 이런 끔찍한 사상이 많은 사람들에 의해 받아들여지고 또 공언되기도 했다.

그러니 전쟁과 전쟁 준비를 진지한 정치의 유일한 형태로 생각하는 사람들은 전쟁이 경기와 관련 있고, 나아가 놀이와 연계된다는 사상을 거부할 것이다. 그들은 이런 반론을 제기한다. 아곤적 요소는 문명의 원시적 단계에서는 잘 작동했을지 모르나, 현대의 전쟁은 원시 부족민의 경쟁과는 차원이 다른 것이다. 현대 전쟁은 '적과 친구의 원칙'을 바탕으로 움직인다. 국가들의 '진지한' 관계는 이 필연적인 원칙에 의해 지배된다.[6]

---

6 카를 슈미트, 『정치의 개념』(함부르크, 1933).

슈미트에 따르면 나 아닌 '다른' 그룹은 친구이거나 아니면 적이다. 여기서 말하는 적이란 이니미쿠스(inimicus)나 에크트로스(ekthros), 즉 싫어하거나 미워하는 사람이 아니라, 호스티스(hostis) 혹은 폴레미오스(polemios)로서 나의 앞길을 방해하는 낯선 자 혹은 외국인을 의미한다. 슈미트 이론은 적을 라이벌이나 상대자로 인정하기를 거부한다. 그는 나의 앞길을 가로막는 자, 그래서 파괴해야 마땅한 자이다. 적의 개념을 이처럼 지나치게 단순화하여 거의 기계적 관계로 타락시킨 이론이 역사에 보편적으로 적용된다고 한다면, 우리가 앞에서 살펴본 프라트리아, 씨족, 부족 간의 원시적·아곤적 경쟁은 설명할 길이 없어지고 과대 포장되거나 왜곡된 것이 되어버린다. 슈미트 이론에 의하면 문명은 우리를 이런 단계에서 훌쩍 벗어난 지점으로 데려왔다는 것이다.

나는 '친구와 적' 원칙을 주장하는 슈미트의 야만적이고 병리적인 망상을 보고서 인간의 이성이 이처럼 슬프고 절망적인 상태로 전락할 수 있을까 하는 생각이 들었다. 그의 비인간적인 사고방식은 논리의 관점에서도 성립되지 않는다. 왜냐하면 정말로 진지한 경우는 전쟁이 아니라 평화이기 때문이다. 전쟁과 그에 관련된 모든 것은 놀이의 주술적이고 마법적인 구속 안에 머무는 것이 마땅하다. 친구와 적이라는 한심한 원칙을 초월할 때 인류는 비로소 인간적 위엄의 상태로 들어가게 된다. 슈미트 식의 '진지함'은 우리를 야만의 단계로 끌어내릴 뿐이다.

여기서 놀이와 진지함의 대립적 관계가 다시 한 번 대두한다. 우리는 이 책을 통하여 문명이 고상한 놀이에 뿌리를 내리고 있다는 것을 점진적으로 확신하게 되었다. 문명이 위엄과 스타일 속에서 전개되려면 그 놀이 요소를 무시해서는 절대로 안 된다. 놀이 규칙의 준수는 국가 간 관계에서 특히 엄정하게 단속되어야 한다. 그런 관계가 붕괴하면 사회는 야만과 혼란 속으로 추락하게 된다. 위신과 영광을 지키기 위해서라도 현대의 전쟁은 고대 전쟁의 아곤적 태도를 회복해야한다.

그런데 여기에 우리의 문제점이 있다. 현대의 전쟁은 표면적으로 살펴볼 때 놀이와의 연계를 모두 잃어버렸다. 고도의 문화적 외양을 갖춘 국가들이 국가 간 예의를 지키지 않으면서 후안무치하게 pacta non sunt servanda(협약은 반드시 지켜야 하는 것이 아니다)를 외치고 있다. 그렇게 함으로써 그들은 국제법 체계 속에 깃든 놀이 규칙을 파괴한다. 이렇게 볼 때 그들의 전쟁놀이는 진정한 놀이가 아니고 가짜 놀이이다. 현대 정치는 전쟁을 대비하면서 진행되는 만큼 예전의 놀이 태도의 흔적은 찾아보기 어렵다. 명예의 코드는 무시되고 게임의 규칙은 방치되고 국제법은 위반되며, 예전에 전쟁이 의례 및 종교와 맺었던 관계는 사라졌다. 그럼에도 불구하고 전쟁 정책이 수립되고 전쟁이 준비되는 방식에는 원시 사회에서 발견되는 아곤적 태도의 흔적이 많이 남아 있다. 정치는 과거에서 지금까지 늘 행운의 게임 같은 요소가 있었다. 온갖 도전, 도발, 위협, 비난 등을 생각해 보면 전쟁과 전쟁을 유도하는 정책들이 일종의 도박이라는 것을 알게 된다. 실제로 영국 총리를 지낸 네빌 체임벌린은 1939년 9월 초순에 전쟁은 일종의 도박이라고 말했다. 겉보기에는 전혀 그렇지 않지만, 전쟁은 아직도 놀이의 마법의 동그라미로부터 완전히 자유롭게 되지는 못했다.

그렇다면 전쟁이 아직도 게임이라는 뜻인가? 침략 받은 사람들, 박해 받은 사람들, 자신의 권리와 자유를 위해 싸우는 사람들에게도? 여기서 전쟁이 놀이인지 진지한 행위인지에 대한 우리의 질문이 명료한 답변을 얻게 된다. 전쟁을 진지하게 만드는 것은 그 행위의 '도덕적' 내용이다. 전투가 윤리적 가치를 지니게 되면 그것은 더 이상 놀이가 아니다. 윤리적 기준의 객관적인 타당성을 부정하는 사람들은 이런 난처한 딜레마로부터 빠져 나오는 길을 알지 못한다. 따라서 전쟁이 '진지한 경우로의 들어감'이라는 명제를 받아들인 것은 일리가 있으나 카를 슈미트의 의도와는 아주 다른 각도에서 일리가 있다. 그의 관점은 윤리적 고려 사항에 구속되지 않는 침략자의 관점이다. 정치와 경제는 경기로서 놀이되는 원시적 문화 토양에 깊이 뿌리를 내리고 있다. 친구-적의 원칙을 초월하여 자기, 집단, 국가의 만족보다 더 높은 목표를 지향하는 에토스(풍토)가 정립될 때, 비로소 정치적 사회는 전쟁의 '놀이'를 넘어서서 진정한 진지함의 길로 나아가게 될 것이다.

맺는 말

이렇게 하여 우리는 우회로를 통과하여 다음과 같은 결론에 도달했다. 진정한 문명은 특정 놀이 요소가 없는 곳에서는 존재할 수 없다.

왜냐하면 문명은 자아의 제약과 통제를 전제로 하기 때문이다. 자기의 이기적 경향을 더 높은 궁극적 목표와 혼동해서는 안 되고, 자신이 자유롭게 받아들인 일정한 한계에 의해 둘러싸여 있음을 잊어버려서는 안 된다. 어떻게 보면 문명은 일정한 규칙에 의거하여 놀이되는 것이며, 진정한 문명은 언제나 페어플레이를 요구한다. 페어플레이는 놀이의 관점으로 표현된 신의 성실을 말하는 것이다. 따라서 속이거나 놀이 정신을 망치는 행위는 문명 그 자체를 동요시킨다. 건전한 문화 창조의 힘이 되기 위해서 이 놀이 요소는 순수해야 한다. 이성, 믿음, 인간성 등에 의해 설정된 기준을 훼손하거나 타락시켜서는 안 된다. 그럴 듯한 놀이 형태를 앞에 내세우면서 실은 그 뒤에 숨어 있는 정치적 의도를 위장하는 가짜 놀이가 되어서는 안 된다. 진정한 놀이는 프로파간다를 모른다. 놀이 자체가 그 목적이며 놀이 정신은 행복한 영감의 원천이 된다.

지금까지 우리는 일반적으로 받아들여지는 놀이의 긍정적 측면을 가지고 놀이 개념을 설명해 왔다. 우리는 일상적 의미의 놀이를 주제로 삼으면서 모든 인간의 활동이 놀이라고 말하는 철학적 비약을 피하려고 애써왔다. 이제 논의를 마무리 지으려는 마당에 이러한 놀이의 개념이 진지하게 받아들여지기를 바란다.

후대의 그리스 전승은 철학자 헤라클레이토스에 관하여 이렇게 말한다.[7] "그는 인간의 모든 의견을 가리켜 어린아이들의 놀이"라고 했

---

7 『파편들』, 70.

다. 이 돌에 새긴 말씀에 대한 보충 설명으로 이 책의 1장에서 소개했던 플라톤의 심오한 말을 다시 한 번 되새겨 보자.

인간의 일은 아주 진지하게 대할 가치가 있는 것은 아니지만 그래도 진지하게 대해야 한다. 행복은 별개의 것이다…… 나는 인간이 진지한 사항에 대해서는 진지하게 대해야 하고 그 반대로 대해서는 안 된다고 말한다. 오로지 하느님만이 최고의 진지함을 행사할 수 있다. 인간은 하느님의 놀이를 놀아 주는 자이고 그것이 그의 가장 좋은 역할이다. 따라서 모든 남녀는 이에 따라 생활하면서 가장 고상한 게임을 놀이해야 하고 지금과는 다른 마음을 가져야 한다…… 그러나 사람들은 전쟁을 진지한 것으로 생각한다. 하지만 전쟁에는 놀이도 문화도, 진지한 것이라고 이름 붙일 만한 것도 없다. 따라서 모든 사람은 가능한 한 평화를 유지하면서 살아야 한다. 그렇다면 올바른 생활 방법은 무엇인가? 인생은 놀이처럼 영위되어야 한다. 일정한 게임들을 놀이하고, 희생을 바치고, 노래하고 춤춰야 한다. 이렇게 하면 인간은 신들을 기쁘게 할 것이고, 적들로부터 자신을 보호할 것이며, 경기에서 승리하게 될 것이다." 이렇게 하여 "인간은 자연을 따라 살아갈 것이다. 왜냐하면 인간은 대부분의 측면에서 꼭 두각시나 진리에 약간의 몫을 갖고 있기 때문이다." 여기에 대하여 플라톤의 친구는 이렇게 답한다. "그렇게 말하다니 인간을 전적으로 나쁘게 말씀하시는군요." 플라톤이 다시 말했다. "나를 용서하시오. 내가 그렇게 말한 것은 하느님에게 내 눈을 고정시키고 그분으로부터 영감을 받았기 때문이오. 하지만 인간은 전적으로 나쁜 존재는 아니고 약간의 배려를 받을 만한 가치가 있는 존재요.[8]

인간의 마음은 궁극적인 것으로 시선을 돌릴 때 놀이라는 마법의 동그라미로부터 풀려날 수 있다. 논리적 사고방식은 큰 도움이 되지 못한다. 고상한 정신과 장엄한 업적을 모두 살펴보아도, 진지한 판단의 밑바닥에는 여전히 문제적인 어떤 것이 남아 있다. 우리는 마음속 깊은 곳에서 우리의 언명이 절대적으로 확정적인 것은 아님을 깨닫는다. 우리의 판단이 이처럼 동요할 때, 이 세상은 진지한 어떤 것이라는 믿음 또한 동요한다. "모든 것이 헛되다"라는 예전의 격언 대신에, "모든 것이 놀이다"라는 더 긍정적인 결론이 우리를 압박해 온다. 물론 이것은 값싼 은유이고 무능한 정신의 소치이다. 하지만 플라톤은 "인간은 하느님의 놀이를 놀아주는 자"라고 말했을 때 이런 지혜 (모든 것이 놀이)에 도달했다. 이런 독특한 이미지는 『구약성경』「잠언」에서도 발견된다. '지혜'는 이렇게 말한다. "주님께서는 그 옛날 모든 일을 하시기 전에 당신의 첫 작품으로 나를 지으셨다. 나는 한 처음 세상이 시작되기 전에 영원에서부터 모습이 갖추어졌다…… 나는 그분이 세상을 지을 때 그 옆에 있었다. 나는 날마다 그분께 즐거움이었고 언제나 그분 앞에서 뛰놀았다(play). 나는 그분께서 지으신 땅 위에서 뛰놀며 사람들을 내 기쁨으로 삼았다."[9]

놀이란 무엇인가? 진지함이란 무엇인가? 이런 질문으로 우리의 복잡한 머리가 현기증을 느낄 때, 우리는 윤리의 영역에서 다시 한 번 움직이지 않는 고정된 점을 발견한다(논리로는 그 점을 발견하지 못한다). 이 책의 앞에서 놀이가 도덕의 바깥에 위치한다고 말했다. 놀이 그 자체는 선하지도 악하지도 않다. 우리가 의지를 발동하여 하려고 하는 일이 진지한 의무인지 아니면 합당한 놀이인가, 하는 난처한 질문에 답변을 하려고 할 때, 도덕적 양심이 다시 한 번 시금석을 제공한다.

진리와 정의, 동정과 용서 등이 우리의 행동에 결정적 동인이 될 때, 그 난처한 질문은 의미를 상실해 버린다. 일말의 동정이라도 가미되면 우리의 행동은 그런 지적 구분의 범위를 훌쩍 벗어난다. 정의와 신의 은총에 대한 믿음에서 비롯되는 것이긴 하지만, 양심 혹은 도덕적 의식은, 끝까지 대답하기 난처한 그 질문을 제압하여 영원히 침묵시킨다.

---

9 「잠언」 8장 22~23, 39~41. 이 문장은 불가타 성서(Vulgate: 라틴 어 성서)에 바탕을 둔 두에이(Douay) 번역본에서 가져왔다. 영역본인 A. V.(Authorized Version: 흠정판 성서. 미국에서는 King James Version이라고 함)와 R. V.(Revised Authorized Version: 현대어로 수정한 흠정판 성서)는 'play'의 아이디어를 분명하게 드러내지 않는다.

호모 사피엔스, 호모 파베르, 그리고 호모 루덴스

하위징아는 이 책의 제1장에서 놀이의 본질과 의미를 설명하면서 놀이를 여섯 가지 정도로 정의한다.

1) 놀이는 특정 시간과 공간 내에서 벌어지는 자발적 행동, 혹은 몰입 행위이다.

2) 자유롭게 받아들여진 규칙을 따르되, 그 규칙의 적용은 아주 엄격하다.

3) 그 자체에 목적이 있고 일상생활과는 다른 긴장, 즐거움, 의식(意識)을 수반한다.

4) 질서를 창조하고, 그 다음에는 스스로 하나의 질서가 된다.

5) 경쟁적 요소, 즉 남보다 뛰어나려는 충동이 강하다.

6) 신성한 의례에서 출발하여 축제를 거치는 동안 자연스럽게 집단의 안녕과 복지에 봉사한다.

이 중에서도 저자는 경쟁적 요소를 가장 중시한다. 2장에서 놀이를 언어적으로 살펴보면서 그리스 어 아곤에 대해서 설명할 때 그것이 잘 드러난다. 영어의 play는 놀이를 하다, 작용을 하다, 의례를 치르다, 경쟁을 하다, 역할을 수행하다, 연극에서 연기를 하다 등 놀이의 일반적인 개념을 거의 다 포섭하고 있다. 한국어 사전에서 '놀다'를 찾아보면 어떤 놀이를 하여 승부를 겨루다, 어떤 행동이나 작용·역할을 하다, 어떤 연기를 하다 등으로 나와 있어 영단어 play에 대응하고 있다. 반면에 고등 형태의 놀이를 가장 많이 갖추었던 그리스 문화는 이런 일반적인 단어를 갖고 있지 않았다. 그리스 어에서는 '어린아이들의 놀이'라는 뜻의 파이디아(paidia)와 '경기'라는 뜻의 아곤(agon) 이렇게 두 가지가 있었고, 아곤은 거의 언제나 의례-축제-드라마 공연-현상(懸賞) 경기와 관련이 되어 있었다.

아곤은 옥스퍼드 판 그리스 어-영어 대사전에 의하면 (1) 올림픽 같은 전국적인 게임에 모인 사람들, (2) 그러한 게임에서 현상(懸賞)을 노리고 벌어지는 경기, 여기서 발전하여 (3) 투쟁, 심판, 위험의 뜻을 갖게 되었고, (4) 싸움과 법적 소송이라는 뜻으로 확대된다.

하위징아는 이 아곤을 바탕으로 하여 놀이와 전쟁의 관계, 놀이와 법률(소송)의 관계, 놀이와 철학, 현대 상거래, 정치, 중세 기사도, 궁정 연애 등에서 벌어지는 아곤적 요소를 정밀하게 서술하고 있다. 그리스 어는 놀이가 파이디아와 아곤으로 나누어져 있었지만, 라틴 어에서는 영어의 play에 가장 근접한 ludus(놀이), ludere(놀이하다)라는 단어가 있고, 이 책의 제목 "homo ludens" 중 루덴스는 라틴 어 ludere

의 분사형이다.

이어 3장에서 저자는 놀이와 문화의 관계를 살펴본다.

문화는 놀이의 형태로 발생했고 아주 태초부터 놀이되었다고 말한다. 생활의 기본적 활동인 사냥 등도 원시 사회에서는 놀이 형태를 취했다. 이 형태가 사회생활에 스며들어 사회의 가치를 높였다. 물론 하위징아는 자궁에서 아이가 태어나듯이 놀이에서 문화가 나왔다고 직접적으로 말하지는 않는다. 그는 문화가 놀이 속에서(in play) 그리고 놀이의 양태로서(as play) 발달해 왔다고 말한다.

이어 4~9장까지 법률, 전쟁, 종교, 시가, 신화, 철학, 예술 등에서 놀이가 구체적으로 어떻게 기능을 발휘하고 또 문화를 추진시켰는지 구체적으로 살펴본다. 4~9장에서 제시되는 각종 해박한 전거들을 읽고 있노라면 저자가 평생 이 주제를 탐구해 왔음을 알 수 있고, 그 도저한 탐구 정신에 깊은 존경심을 느끼게 된다. 문화와 놀이의 관계를 통사적 관점에 입각하여 이 정도로 깊이 있게 분석했다는 사실 하나만으로도 기념비적 저서라 할 수 있다.

그러나 위의 놀이 정의 중 "(4) 놀이가 질서를 창조하고, 그 다음에는 스스로 하나의 질서가 된다"는 주장에 대하여 여러 반론이 제기되었다. 볼케슈타인 교수는 1933년 하위징아의 강연(놀이와 문화)에 대하여 이의를 제기했다. 『호모 루덴스』 내에 소개되어 있는 볼케슈타인 교수의 반론은 이런 것이다.

"의례에 뿌리를 두고 있는 경기와 사소한 경기를 싸잡아서 놀이 카테고리에 포함시킨 것은 부당하다. 우리가 올림픽 경기(games)를 말할 때, 부주의하게도 라틴 어 용어를 사용하면서 경기에 대한 로마의 평가를 받아들였는데, 로마의 평가는 그리스 인들의 평가와는 사뭇 다른 것이었다. 경쟁의 충동이 강하게 드러나는 아곤적 행위는 '놀이'와는 상관이 없다. 그리스 인들의 생활 전체가 그들에게 하나의 놀이였다고 주장한다면 모르겠지만!"

또한 빅터 에렌베르크 교수는 아곤의 원칙이 오로지 그리스에만 있었다고 하다가 나중에 전 세계 어디서나 발견되는 보편적 인간 특성이라고 한발 물러서기는 했으나, 역사적으로 흥미 없고 의미 없는 원칙이라고 말했다. 그는 신성함과 주술의 목적을 가진 경기를 무시했고 그리스 자료에 대한 민속적 접근을 공격했다. 그에 의하면 경쟁적 충동은 그리스 이외의 지역에서 사회적·초개인적 세력이 되지 못했다는 것이다.

올림픽 경기에서는 죽을 때까지 싸우는 아곤적 결투가 있었다. 고대 그리스의 저술가 플루타르코스는 이런 형태의 경기는 아곤의 사상에 맞지 않는다고 보았고, 영국의 민족지학자 제인 해리슨 교수도 『테미스: 그리스 종교의 사회적 기원에 관한 연구』에서 플루타르코스의 견해에 동의했으나, 하위징아는 해리슨의 견해가 잘못되었다고 비판한다. 이어 하위징아는 그리스 인의 생활 전체가 아곤적 놀이였다고 보아도 무방하다는 견해를 보인다. 저자는 10장에서 아리스토텔레스의 "디아고게" 개념을 설명하면서, 그리고 이 책의 전편을 걸쳐서 비록 명시적인 것은 아니지만 암시적으로 그런 뉘앙스를 풍기고 있다.

그리스 인 생활 전체가 놀이라는 얘기는, 문화가 곧 놀이요 문화 속에 놀이 아닌 것은 없다, 라는 주장이 되는데, 이것은 우리의 현실 감각과는 거리가 있다. 우리는 주변에서 놀이 아닌 것을 매일 만나고 있다. 가령 기독교 신자들이 교회에서 매일 드리는 예배나 미사가 놀이일까? 세상의 창조와 선과 악의 문제를 깊이 명상하는 철학이 놀이일까? 미국과 이라크의 전쟁이 놀이일까? 인권 단체가 국가를 상대로 벌이는 소송이 놀이일까?

이 책에서 설명하고 있듯이, 의례, 전쟁, 소송, 철학이 놀이의 형태로 발전해 온 것은 사실이지만, 일단 문화 속의 제도로 정착되면 그런 것들은 놀이 아닌 것의 범주에 들어간다. 비유적으로 말하자면 물을 가지고 얼음을 만들었다고 해서 얼음을 가리켜 물이라고 할 수 없는 것과 마찬가지이다. 각종 경기나 놀이가 많이 벌어지는 축제일은 다른 날에 비하여 놀이를 하기 좋거나 놀이하는 사람의 컨디션이 특별히 좋은 날이라고 할 수 없지만, 그것을 축일로 정한 제도가 있기 때문에, 놀이 행사도 벌어지고 놀이 정신도 상승하는 것이다. 이렇게 볼 때 놀이와 놀이 아닌 것(가령 축제일을 노는 날로 정한 제도)을 종합적으로 다루는 게 더 바람직하다. 실상 하위징아 자신도 『호모 루덴스』를 집필하면서 이 문제를 염두에 두었던 것 같다. 그래서 틈틈이 놀이 아닌 것(진지함)에 대하여 언급하고 있다.

우리가 놀이와 진지함의 대립적 관계를 면밀히 살펴볼 때, 이 둘의 가치는 동일하지 않다는 것을 발견한다. 놀이는 긍정적인 반면 진지함은 부정적이다. '진지함'의 의미는 '놀이'의 부정에 의해 정의되고 또 파악된다. 이렇게 볼 때 진지함은 '놀이하지 않음'일 뿐이고 그 이상의 의미는 없다.(2장 끝)

놀이란 무엇인가? 진지함이란 무엇인가? 이런 질문으로 우리의 복잡한 머리가 현기증을 느낄 때, 우리는 윤리의 영역에서 다시 한 번 움직이지 않는 고정된 점을 발견한다……

진리와 정의, 동정과 용서 등이 우리의 행동에 결정적 동인이 될 때, 그 난처한 질문은 의미를 상실해 버린다. 일말의 동정이라도 가미되면 우리의 행동은 그런 지적 구분의 범위를 훌쩍 벗어난다. 정의와 신의 은총에 대한 믿음에서 비롯되는 것이긴 하지만, 양심 혹은 도덕적 의식은, 끝까지 대답하기 난처한 그 질문을 제압하여 영원히 침묵시킨다.(12장 끝)

놀이의 의미를 강조하기 위하여 놀이 아닌 것(진지함)을 억압하고 윤리의 기준을 도입하여 놀이와 진지함의 질문을 초월하려는 저자의 뜻은 이해가 된다. 하지만 여기서 말하는 진지함 혹은 윤리라는 것이 실은 문화 속에 고정되어 있는 원칙(제도)이 아닐까 생각된다. 그것이 놀이를 상보하여 어떤 균형을 잡아 줌으로써 비로소 놀이의 기능이 더 완벽해진다.

하위징아는 놀이의 중요성을 강조하기 위하여 『호모 루덴스』에서 플라톤의 『법률』에 나오는 놀이 이론을 세 번이나 인용하고 있다.(1장, 9

장. 11장). 플라톤에 의하면, 인간은 신들의 놀이를 놀아 주는 노리개라는 것이다. 물론 신들의 놀이에는 일정한 규칙이 있다. 그렇다면 그 규칙은 놀이에 속하는가, 아니면 놀이 아닌 것(진지함)에 속하는가? 가령 의례 혹은 축제에 참석하여 아름답게 춤추는 사람이 있다고 해보자. 그 아름다움은 그 춤 자체에 있는가, 춤추는 사람의 신체에 있는가, 그 춤을 만들어내는 규칙에 있는가? 다시 말해 놀이의 생명은 놀이 그 자체에 있는가, 놀이하는 사람에게 있는가, 놀이를 규정하는 원칙(놀이 아닌 것)에 있는가? 여기에 대해서 하위징아는 명시적인 언급을 하지 않는다.

그런데 플라톤의 『법률』 2권 653장은 아주 흥미로운 단서를 제시한다. 쾌락과 고통을 통하여 인간의 영혼이 미덕과 악덕을 구분하게 된다는 것이다. 다시 말해 인간의 신체적 감각이 선도하여 그로부터 어떤 추상적 원칙에 대한 깨달음이 나오는데, 그 과정에서 놀이가 작용한다는 것이다. 인간이 신들의 놀이를 놀아 주는 노리개라는 것은, 인간이 원칙과 감각의 중간에서 놀이를 하면서 감각을 억제하고 원칙을 고양하면서 신의 질서를 향해 나아간다는 뜻이다. 여기서 놀이와 놀이 아닌 것(원칙과 감각)의 3자 관계를 엿볼 수 있다.

이와 관련하여 『호모 루덴스』의 11장에 소개된 실러의 미학 이론이 하나의 참고가 된다. 하위징아는 실러의 『인간의 미학적 교육에 대하여』 중 열네 번째 편지를 언급하면서 실러의 놀이 본능(Spieltrieb)을 약간 폄하하고 있다. 놀이 본능에서 나온 놀이는 조직화된 놀이가 아직 없었을 때 갓 태어난 아이의 놀이와 유사한 저급의 놀이 기능이라는 것이다. 하위징아는 실러의 놀이 충동을 그냥 놀이라는 점에서만 인용하고 있으나 그 열네 번째 편지는 놀이 충동만이 아니라 다른 두 가지 충동도 함께 설명하고 있다. 실러는 원칙(도덕) 충동과 감각(신체) 충동이 인간을 움직이는 두 가지 힘인데 그 중간에서 놀이 충동이 원만하게 교섭, 절충함으로써 인간이 비로소 온전함으로 나아간다고 말하고 있다. 이 3충동은 신체감각—놀이—추상개념이라는 플라톤의 놀이 이론(『법률』 2권)을 다시 풀어쓴 것에 지나지 않는다. 하위징아가 이 3자 관계를 보다 명확하게 설정했더라면 놀이 개념의 이해가 더욱 선명해졌을 텐데 하는 생각이 든다.

마지막으로 이 책과 『중세의 가을』의 관계에 대해서 간략히 언급하고자 한다. 『호모 루덴스』에서 중세의 놀이 특징으로 제시된 기사도와 궁정 연애는 『중세의 가을』에 아주 잘 설명되어 있다. 그 과정에서 아름다운 인생, 영웅적 꿈, 사랑의 형태, 죽음의 비전, 예술과 인생, 이미지와 단어, 상징과 상상력의 쇠퇴, 종교적 열광 등 중세 정신의 여러 측면들이 세밀하게 묘사되어 있다. 중세의 가을에 해당하는 14세기와 15세기에는 놀이 정신이 충만했다는 사실을 확인할 수 있다. 『호모 루덴스』를 읽고 그 놀이 정신을 구체적 시대 상황 속에서 보다 선명하게 파악하기를 원하는 독자는 『중세의 가을』을 꼭 읽어 보라고 권하고 싶다. 하위징아는 『호모 루덴스』 5장에서 "우리가 알고 있는 고상하고 아름다운 전투에 대한 얘기들은 대부분 역사가나 연대기 작가의 실록에 들어 있지 않고, 당대와 후대의 서사시와 노래 등 문학 작품 속에 들어 있다"라고 말했는데 중세의 로맨스들, 가령 『페르시발, 성배의 이야기』, 『트리스탄과 이졸데』, 『아서 왕의 죽음』, 『거웨인 경과 녹색의 기사』도 함께 읽으면 중세의 가을을 더 잘 이해할 수 있다. 이런 작품들 중에서 하나만 읽어야 한다면 『거웨인 경과 녹색의 기사』를 추천한다.

호모 루덴스 온 라이프

연암서가 판 『호모 루덴스』는 2010년에 초판이 나온 이래 꾸준히 독자들의 사랑을 받아 와 이번에 개정판을 내게 되었다. 책 뒤에 붙어 있던 주석을 전부 본문 아래쪽의 각주로 바꾸어 읽기 편리하게 했고, 이번에 판을 새롭게 짜는 것을 계기로 역자도 책을 통독하면서 초판본 번역 때에 너무 미세하여 자구를 놓친 것과, 번역이 매끄럽지 못한 것, 잘 읽히지 않는 직역 투 등을 찾아내어 여러 군데에서 가필함으로써 초판본보다 훨씬 좋아진 개정판을 내게 되었다. 이처럼 지금보다 더 좋은 책을 만들기 위해 늘 애쓰는 출판사 연암서가에 경의를 표하고 싶다. 역자는 이번에 수정 작업을 하면서 "놀이"의 개념을 좀 더 깊이 있게 파악했고 그것이 인간의 근본적인 질문과 연결된다는 것을 알게 되었다. 그 근본적인 질문은, "인생이란 무엇인가?"라는 것이다. 그리하여 "호모 루덴스 온 라이프(homo ludens on life: 호모 루덴스는 인생을 어떻게 놀이하는가)"라는 제목으로 그 놀이 방식 세 가지를 살펴보았다.

인생은 꿈이다

『장자(莊子)』 내편(內篇)의 「제물론(齊物論)」에 이런 얘기가 나온다. "옛날에 장주(莊周)가 꿈에 나비가 되었다. 그는 나비가 되어 펄펄 날아다녔다. 자기 자신은 유쾌하게 느꼈지만 자기가 장주임을 알지 못하였다. 갑자기 꿈을 깨니 엄연히 자신은 장주였다. 그러니 장주가 꿈에 나비가 되었던 것인지 나비가 꿈에 장주가 되어 있는 것인지 알 수가 없었다."〔『장자(莊子)』,김학주 옮김, 연암서가, 2010, pp.98~99〕 이 인용문 중, "장주가 꿈에 나비가 되었던 것인지 나비가 꿈에 장주가 되어 있는 것인지"를 원문 그대로 직역하면 이러하다. "알지 못한다, 주(周)가 꿈에 호접(胡蝶)이 되었는가, 호접의 꿈에 주가 되었는가(不知周之夢爲胡蝶與, 胡蝶之夢爲周與)."

여기서 우리가 의문을 갖게 되는 부분은 당연히 "호접지몽(胡蝶之夢)", 즉 "나비의 꿈"이다. 우리의 상식에 비추어볼 때, 장주가 꿈속에서 나비가 된다는 것은 이해가 되지만 그 반대, 곧 나비가 장주를 꿈꾼다는 것은 잘 이해가 되지 않는다. 그러나 이것을 수사적 형태(rhetorical figure)로 보면 이해가 된다. "장주가 나비 되고, 나비가 장주 되다" 같은 형식의 수사법을 가리켜 안티메타볼레(antimetabole)라고 한다. 이것은 그리스 어에서 나온 말로, 앞에서 사용한 낱말의 순서를 바꾸어서 다시 사용하는 방식이다. 호접몽 우언(寓言)에서 장주는 현실이고 나비는 꿈의 상징이다. 그리하여 나비가 장주 된다는 얘기는 곧 꿈이 현실이 되고 다시 뒤집어서 현실(우리의 인생)이 꿈이라는 뜻이다. 이러한 생각은 불교에서 더욱 정교하게 전개되었다. 임진왜란 때 호국승려로 이름이 높았던 휴정(休靜) 서산(西山) 대사가 지은 삼몽시(三夢詩 : 세 개의 꿈에 대한 시)는 이러하다.

> 주인의 꿈은 손님에 대해서 말하고(主人夢說客),
> 손님의 꿈은 주인에 대해서 말하네(客夢說主人).
> 지금 그 꿈을 말하는 주인과 손님(今說二夢客)
> 그 역시도 꿈속의 사람이라네(亦是夢中人).

여기서 주인은 장주이고, 손님은 나비이다. 장주의 꿈이든 나비의 꿈이든, 화자의 꿈이든(더 나아가 독자의 꿈이든) 그게 모두 일장춘몽이기는 마찬가지라는 것이다.

인생은 천국의 예고편

아리스토텔레스는 인생의 궁극적 의미는 행복을 얻는 것이라고 하면서 "에우다이모니아(eudaimonia)"를 주장한다. 이것은 '좋은 것'과 '사람의 운명'이 합쳐져서 만들어진 말이다. 즉, 행복은 용기, 관대함, 친절함 등 '좋은 것(행동)'으로 구성된다는 것이다. 따라서 인생의 목적은 즐거움, 재미, 놀이의 문제로 국한되는 것이 아니라 자기 자신보다 더 큰 것, 가령 가정, 친구, 공동체에 연결되어 있는 유대감의 문제가 된다. 그러나 이러한 현세 중심의 아리스토텔레스 철학은 곧 기독교의 가르침에 의해 밀려나게 된다.

서기 325년 니케아 종교 회의에서 콘스탄티누스 대제는 기독교를 승인했고, 이어 기독교는 380년에 로마 제국의 유일한 합법 종교가 되었다. 이렇게 하여 기독교의 인생관이 유럽 전역에 퍼져 나갔다. 의로움 때문에 지상에서 고통 받는 사람이 나중에 천국에서 보상을 받는다는 기독교의 산상수훈은 중세가 시작되던 5세기부터 유럽 사람들의 생각에 커다란 변화를 가져왔다. 고대 그리스-로마의 사상은 현세 지향적인 것이었으나, 기독교는 내세 사상을 강조했다. 다시 말해 사람은 지상에 있는 동안 나그네에 지나지 않고 신앙은 '나그네의 양식(esca viatoris)'이며 그의 영원한 집은 '천상'이라는 것이다.

그러다가 유럽에서 완전히 잊혔던 아리스토텔레스의 저서가 1200년경에 스페인의 무슬림 제국을 통하여 아랍 어 번역으로 유럽에 역수입되었다. 다시 발견된 그의 철학은 중세 유럽의 인생관에 충격을 주었고 그리하여 유럽의 신학자, 철학자, 과학자들은 그 사상을 주목하게 되었다. 인생의 의미가 천상에서 비로소 실현되는 것이 아니라 여기 현실에서도 얼마든지 달성 가능하다는 에우다이모니아 사상은 그들을 매혹시켰다.

이런 사상적 반발이 생겨나자 가톨릭교회는 지상에서의 행복을 중시하는 아리스토텔레스 철학과 기독교 교리 사이의 갈등을 해소해야 되었다. 이것을 해결하기 위하여 토마스 아퀴나스는 "두 갈래의 행복"이라는 새로운 개념을 정립했다. 이승에서 행복을 발견하는 것은 가능하지만, 지상의 행복은 천상의 그것에 비하면 촛불과 태양의 차이이며 결국 천상의 예고편에 지나지 않는다는 것이다. 다시 말해 현세에서도 행복을 누릴 수 있으나, 그것은 천상의 행복을 슬쩍 엿보게 해주는 예고편이라는 것이다.

인생은 지금 여기에

그러나 계몽 시대에 들어와 인생은 일장춘몽도 예고편도 아니고, 지금 여기에서 뭔가를 성취하는 것이라는 사상이 나왔다. 천상의 행복보다는 지상의 행복, 지금 여기에서 실현되는 삶의 의미가 더 중요하다는 것이다. 그리하여 영국의 철학자 존 로크는 "행복의 추구"라는 표현을 처음 썼는데 이것은 나중에 미국 독립 선언문에도 들어가 생명과 자유와 함께 인간의 기본적인 권리로 정립되었다.

이 지상에서 행복을 성취해야 한다는 사상은 중세 1천 년 동안 사람들을 사로잡아 온 문제, 즉 "어떻게 하면 구원을 받아 천국에 갈 수 있을까", 와는 좋은 대조를 이룬다. 계몽 시대 이후에 행복 추구는 인간의 가장 보편적인 삶의 목표가 되었고 그 결과 1800년대는 모든 사람이 행복한 이상적 사회를 창조하려는 열망에 사로잡혀, 가난, 불평등, 기타 온갖 비참함의 원인이 완전 제거된 유토피아를 꿈꿨다. 바로 이런 시대 분위기에 편승하여 카를 마르크스와 프리드리히 엥겔스는, 지금까지의 철학자는 세상을 해석하려고만 했을 뿐 바꾸려고 하지 않았다면서 세상을 바꾸는 구체적 방법으로 공산주의 사상을 주창했다. 지상에서 충분히 인간의 행복을 실현할 수 있으며 그것을 내세로 미루는 것은 종교적 환상에 지나지 않는다는 인생관은 지금 여기에서 에우다이모니아를 성취해야 한다는 아리스토텔레스의 사상을 많이 닮았다. 하지만 이 사상은 러시아에서 70년 동안 실천된 끝에 1989년의 베를린 장벽 붕괴와, 1991년의 소련 해체로 탁상공론임이 판명되었다.

지금 여기에서 생의 의미를 실현해야 한다는 또 다른 사상으로는 프리드리히 니체의 "영원 회귀"의 이론이 있다. 그는 『차라투스트라는 이렇게 말했다』에서 "영원 회귀"를 이렇게 설명한다. "최대의 것에서나 최소의 것에서나 지금과 동일한 바로 이 삶으로 나는 영원히 돌아오리라. 다시금 모든 사물에게 영원 회귀를 가르치기 위하여……다시금 대지와 인간의 위대한 정오에 관해 말하기 위하여. 그리하여 다시금 인간에게 초인을 알리기 위하여." 니체는 기독교적 의미의 영원을 거부하고 새로운 개념의 영원(영원 회귀)을 제시했다. 대지와 세상을 인간 유일의 진정한 집으로 찬양하고 인간의 몸을 인간의 진정한 영혼이라고 부르는 것이다. 절반은 동물적이고 절반은 형이상학적인 인간의 의식은 대지라는 뚜렷한 대상을 가져야 하고, 그 대지 위에서 벌어지는 삶에 대하여 초인과 같은 사랑을 가져야 한다는 것이다. 인생을 아주 충실하게 살아내면 그것이 곧 영원의 삶이지 삶을 헛것이라고 보아 해탈해야 된다거나 최종 목적지로 가기 위한 기착지라고 생각할 필요가 없다는 것이다.

이상으로 인생에 대한 세 가지 사상적 놀이를 살펴보았다. 호모 루덴스는 현실을 꿈처럼, 현실을 최종 목적지로 가기 위한 기착지처럼, 현실을 영원 회귀하는 것처럼 저마다 다른 '애스 이프(as if: 마치 ~인 것처럼)'의 놀이를 하고 있다. 그러나 호모 루덴스는 언젠가 인생을 '애스 잇 이스(as it is: 본질 그대로의 모습)'으로 고정시켜야 한다. 놀이는 그것을 얻기 위한 예비 동작이라는 것을, 『호모 루덴스』12장의 맨 마지막 문장은 말하고 있다.

하위징아는 또한 1장과 11장에서 "놀이의 외양 아래에서(sub specie ludi)"라는 말을 두 번이나 쓰고 있다. 이 말은 스피노자의 "수브 스페키에 아에테르니타티스(sub specie aeternitates: 영원의 형상 아래에서)"에서 가져온 것인데, 인생의 목적이 이 "영원의 형상 아래에서" 사는 것이라는 뜻이다. 여기서 우리는 인간의 문화가 존속하는 한 놀이는 영원히 거기에 있을 것이며 또 놀이를 통하여 "영원의 형상"으로 나아가야 한다는 하위징아의 확신을 읽을 수 있다. 그리하여 호모 루덴스는 본질 그대로의 모습을 보여주어야 하는 순간이 오면 곧바로 행동에 나서는 것이다. 나치가 네덜란드를 침공했을 때 하위징아는 그런 모습을 보여주었다. 그는 호모 루덴스를 통하여 "호모 아겐스(homo agens: 행동하는 인간)"의 길로 나아갔던 것이다.

찾아보기

438